옮긴이 양준호

인천대학교 경제학과 교수이자 동 대학 후기산업사회연구소 소장. '이타심 경영', '아메바 경영'과 같은 이나모리 경영철학을 국내에서 가장 깊이 이해하고 있는 전문가로 평가받는다. 《이나모리 가즈오의 마지막 수업》《아메바 경영》《일심일언》《생각의 힘》 등 이나모리 가즈오의 수많은 저서들을 우리말로 옮겼고. 지난 2017년 설립된 세이와주쿠 한국의 초대 교장으로 부임하여 이나모리 경영철학과 경영학을 전파하는 일에 힘썼다. 정치·경제학적인 문제의식을 바탕으로, 대안적인 기업모델을 연구함과 동시에 '후기산업사회' 시대에 필요한 기업들의 새로운 경영철학을 이나모리 가즈오의 문제의식에서 찾는 데 주력하고 있다. 지은 책으로 《교토기업의 글로벌 경쟁력》《식민지기 인천지역의 기업 및 기업가》 등이 있다.

KB191916

경영,

이나모리 가즈오 원점을 말하다

| 일러두기 |

이 책에는 1970년대부터 2010년대까지의 방대한 분량의 강연록을 편집하여 수록했습니다.
에피소드가 중복되거나 현재의 관점에서는 다소 부적절한 표현도 일부 포함되어 있지만,
시대 배경과 강연의 현장감을 존중하는 차원에서 강연록 내용을 그대로 실었습니다.

경영

経営 稲盛和夫、原点を語る

이나모리 가즈오
원점을 말하다

이나모리 라이브러리 + 다이아몬드사
'이나모리 가즈오 경영 강연 선집' 공동팀 편집
양준호 옮김

21세기북스

일본에서 고성장 시대의 경영의 신은 마쓰시타 고노스케이지만 저성장 시대의 경영의 신은 이나모리 가즈오였다. 한국도 이제 저성장 시대를 진입하지만 변변한 교과서나 길잡이가 없다. 어려운 시대, 처음 경험하는 저성장 시대를 제대로 헤쳐나가기 위해서는 이나모리 가즈오의 경영철학과 행동, 전략만큼 좋은 길잡이가 없다. 한국의 많은 경영자들과 사장님들, 그리고 기업인들에게 일독을 권한다. —김현철(경영학자, 서울대학교 국제대학원장)

이나모리 가즈오는 일본 경영사에서 신화를 쓴 인물로 많은 실패와 좌절을 이겨내고 멋진 삶을 산 인간 승리의 주역이다. 80대가 되어서도 쟁쟁한 기업인들을 제치고 일본인들에게 가장 존경받는 경영인이었으며 맡은 사업마다 모두가 불가능하다고 생각한 일들을 가능케 만든 업적으로 '경영의 신'으로 불렸다. 재벌기업의 틈바구니에서 맨손으로 창업, 일본의 10대 부자에 들어간 기업가이기도 하다. 그가 일본 벤처기업의 대부로 통하는 이유다. 그는 세상을 위해 사람을 위해 일한다는 철학을 일평생 지키고 실천했다. 유명한 '이나모리즘'이다. 2022년 타계할 때까지 한평생을 구도자처럼 살다 간 그에겐 일터가 바로 수도장이었다. 일은 단순한 생계수단이 아니라 영혼을 닦는 수련 과정이라는 그의 노동관은 가슴에 새겨야 할 대목이다. 열과 성을 다해 주어진 일에 전념하는 사람만이 성공할 수 있다는 가치관은 인생 성공 방정식으로 이어진다. 성공 =사고방식×열의×능력. 이 방정식에서 사고방식은 마이너스나 0이 아닌 플러스여야 한다는 데 무릎을 치게 된다. 미래 주역인 젊은이들에게 그의 열정과 철학, 경영의 역사가 고스란히 담긴 이 책을 꼭 읽어보라고 추천하고 싶다. 특히 치열한 생존경쟁을 해야 하는 기업 경영자들에게도 일독을 권한다.

—김형철(언론인, 사단법인 바른언론시민행동 이사장·사랑의열매 사회복지공동모금회 부회장)

이나모리 경영과 유한킴벌리의 뉴패러다임 경영은 '현대경영학의 창시자' 피터 드러커의 경영철학과 맥을 같이한다. 15년 전 '모시 도라もしドラ'[1] 열풍처럼, 이 책을 계기로 '모시 모리' 열풍이 일어, 아시아 기업들에 '사람 중심 혁신과 재창조 리더십', '기업가정신'이 다시 넘치기를 바란다. 이나모리처럼 경영하면, 어떤 난관도 극복해내고, 기업가정신이 넘치는 임직원, 고수익, 사회적 신뢰와 공유가치, 역동적 비전과 미래를 창출해낼 수 있을 것이다. 모든 경영 리더들이 '아하!' 할 지혜와 통찰력이 담긴 책이다. —문국현(경영인, 뉴패러다임 인스티튜트 대표이사 회장)

---

1 일본 다이아몬드사에서 출간한 베스트셀러《もし高校野球の女子マネージャーがドラッカーの『マネジメント』を読んだら(만약 고교야구부의 여자 매니저가 드러커의 '매니지먼트'를 읽는다면)》의 약어로, 우리나라에도 번역 출간되었다.

이 책의 출판에 즈음하여

'이나모리 가즈오의 경영학을 집대성한 책을 펴낼 수 있게 해주십시오.'

2015년 2월, 이나모리 가즈오는 일본 다이아몬드 출판사로부터 위와 같은 출판기획 제안을 받았습니다.

잠깐의 유행으로 읽히는 책이 아니라 긴 시간 동안 많은 이에게 읽힐 한 권의 책을 이 세상에 내놓고 싶다는 출판사의 의뢰를 이나모리는 흔쾌히 수락했고, 일본 다이아몬드 출판사와 '이나모리 라이브러리' 양자는 공동작업에 착수했습니다.

그 후, '건곤일척乾坤一擲'의 경영서를 탄생시키기 위해 수년에 걸쳐 원고 검토에 매진하던 중, 2022년 8월 이나모리는 세상을 떠났습니다. 본인이 관여할 수 없게 된 이상, 출판 작업을 중지할 수밖에 없었습니다. 그래서 다이아몬드 출판사의 양해를 얻어 '이나모리 가즈오'를 저자명으로 하는 그의 '마지막 책'을 이 세상에 내놓는 것은 단념했습니다.

그러나 수년에 걸쳐 함께 작업을 해온 저희 프로젝트 팀에게는 동일한 '생각'이 있었습니다.

그것은 '이나모리 경영학의 결정판을 이 세상에 내놓는 것은 우리의 사명이니, 어떻게든 책임을 지고 그 사명을 다해야 한다'라는, 굳건한 신념과도 같은 생각이었습니다. 또한 이나모리 본인도 그것을 바라지 않았을까 하는 생각도 들었습니다.

다행히도 저희에게는 같은 팀에서 작업한 《이나모리 가즈오 경영 강연 선집稲盛和夫経営講演選集(전체 6권)》이 이미 출간되어 있었습니다. 1970년대부터 2010년대까지의 이나모리 경영 강연록입니다. 이 강연 선집 자체가 방대한 양의 이나모리 강연록에서 선별한 것인데, 그중에서 '이나모리 경영론의 원점'이라고 할 수 있는 핵심적인 강연만을 추린, 그야말로 '선집 중의 선집'이 바로 이 책입니다. 이나모리의 경영사상 전체를 조감하면서 그 원리원칙을 망라한 책이라고 할 수 있습니다.

이나모리의 유지를 받들어, 이나모리의 생전 발언 그대로를 담은 이 책이 많은 분에게 전달되어 경영을 발전시키는 데 기여할 수 있기를 진심으로 바랍니다.

이나모리 라이브러리,
'이나모리 가즈오 경영 강연 선집' 편집팀

| 차례 |

経営

1973년, 사내 궐기대회에서 직원들에게 동기부여를 하는 모습.

실로 높은 곳에 있는 그러나 전 직원이 진심으로 공감할 수 있는 목표를 내걸고 이를 달성하여 회사의 성장 및 발전을 이룩해온 이나모리의 '경영'은 1970년대 발발한 세계적 차원의 석유파동 대불황 때도 순조롭게 기능했다. 교세라는 타사와는 비교가 되지 않을 정도로 빨리 실적을 회복하여 1975년에 '일본 최고의 주가'를 기록했다.

제 1 부

40대의
이나모리 가즈오
1970년대~

나의 기업가정신

1장

나의
기업가정신

•

구마모토 일일신문 주최 정보문화 간담회,
1976년 12월 2일

교세라를 창업한 지 17년이 되는 해의 강연이다. 당시 매출 약 400억 엔, 직원 수 약 4,000명의 '젊은' 기업을 이끌던 이나모리는 44세가 되었다. 행사장에 모인 약 160명의 청중을 향해 석유파동 후의 저성장 시대에도 교세라가 고수익 기업일 수 있었던 이유는 '사람의 마음'을 중시하는 경영에 있었다고 강조하면서, 조직을 이끄는 리더에게 필요한 '사고방식'에 관해 설파했다. 그리고 리더는 자신의 재능을 사회를 위해 발휘하는 동시에 회사에 자신의 모든 걸 바칠 각오가 되어 있어야 한다고 강조했다.

경영에 있어 무엇보다 중요한 것

방금 소개받은 이나모리 가즈오입니다. 제가 오늘 이 자리에 온 것은 여러분 앞에 서서 기업 경영에 관해 발언해달라고 저희 주주분들이 요청하셨기 때문입니다. 저희는 에메랄드의 합성에 성공하여 '크레상베르クレサンベール[1] 라는 주얼리 브랜드로 재결정 보석을 제조, 판매하고 있는데요. 그 판매 대리점을 맡아주고 계시기도 한 주주 한 분을 교토에서 만나 뵈었는데, 그때 그분이 구마모토에 와서 강연을 한번 해달라고 부탁하셔서 오늘 이 자리에 서게 되었습니다.

제가 여러분 앞에서 뭘 잘난 체하며 떠들 수 있겠습니까만 오

---

1 CRESCENT VERT. 교세라만의 기술로 만든, 불순물이 섞이지 않고 흠집이 없는 이상적인 보석 브랜드.

늘 이렇게 특별한 자리를 마련해주셨기에 어떻게든 서로에게 유익할 수 있는 이야기를 조금 나눠보도록 하겠습니다. 저는 여러분이 살고 계시는 이 구마모토와 가까운 가고시마 출신으로, 대학을 졸업할 때까지 가고시마에서 자랐습니다. 저 같은 '촌놈'이 어떻게 그래도 나름 성공한 기업가가 되었는지를 주제로 말씀을 드리고자 합니다. '저 정도밖에 안 되는 사람도 저런 일을 하는데, 내가 못 할 것도 없다'라고 생각하면서 들어주시면 감사하겠습니다.

저는 국립 가고시마대학교 공학부에서 응용화학을 전공했습니다. 일본 최고의 기술자들이 모인 교토의 기업에 취직하기 전까지는 가고시마 사투리밖에 못 쓰는 '촌놈'이었습니다. 대학에 다닐 때 교수님께서 "자네는 교토에 있는 회사에 취업도 했는데 가고시마 사투리만 쓰면 어떻게 하나? 그래서 어디 회사생활을 제대로 할 수 있겠나?"라고 말씀하신 적이 있을 정도입니다. 취업한 교토의 회사에서는 연구 부문, 즉 R&D 부서로 발령받았습니다. '이제 전자제품이 주력상품이 되는 시대니까, 그런 제품을 만드는 데 필요한 소재를 개발해야겠다'라는 마음으로 그 회사에서 본격적인 재료개발 연구를 시작했습니다.

그러나 회사생활은 제 생각대로 되지 않았습니다. 입사 초기에는 걸려 온 전화를 받는 것조차 두려울 정도로 부담스러웠습니다. 사실 저는 입사 전까지는 전화를 본 적이 없었습니다. 제가 자란 곳 언저리에서는 전화를 구경할 수도 없었으니까요. 제게 전화기는 매우 생소한 물건이었습니다. 전화기에서 들려오는 목소리는 어딘가 매우 먼 곳에서 전해져 오는 느낌이라 그 목소리를 좀처럼 정확하게 듣고 내용을 알아차릴 수 없었던 기억이 지금도 생생합니다. 그렇듯, 전화를 받는 것도 무서워하고 표준어도 전혀 쓰지 못했던 제가 대학을 졸업해서 고향을 떠나온 지도 벌써 21년이나 되었습니다.

1959년에는 우연한 기회에 제 회사를 차리게 되었습니다. 물론 스스로 사업을 성공시킬 수 있다고 생각해서 창업한 것은 아니었습니다. 이전 회사에서 연구에 매진하고 있을 때 기술적인 문제를 둘러싸고 상사와 의견이 맞지 않아 말다툼을 했습니다. 그때, 규슈 남자들의 단점이기도 한데 "그럼 제가 그만두겠습니다"라고 말하고는 뒤도 안 돌아보고 회사에 사표를 냈습니다.

그 후, 외국이라도 나가서 연구를 좀 더 해볼까 하는 생각도 했는데, 주변 사람들이 "지금까지 그렇게 열심히 연구를 해왔으니, 그 연구 성과를 살려 회사를 직접 차려보면 어때"라며 다들 권유했던 것을 계기로 지금의 이 회사를 창업한 것입니다. 그러나 저는 회사를 차릴 만큼의 자본금이 없었습니다. 그런 상황에서 교토에서 알게 된 어느 지인이 제게 돈을 빌려주셨을 뿐 아니라 무엇보다 '사람의 마음'이 귀하고 중요하다는 것을 제게 가르쳐주셨습니다.

맨 처음 그분을 만나 뵈었을 때 저는 "지금까지 제가 해온 연구를 살려 어떻게든 전자공업에 필요한 새로운 재료를 만들어 보겠습니다"라고 말씀드렸습니다. 그랬더니 그분은 "자네는 아직 젊고 어리지만 멋진 생각을 지니고 있군. 매우 성실한 사람이기도 하고. 내가 도와주지. 300만 엔을 투자하겠네. 단, 자네를 고용하는 것은 아닐세. 자네에게 인간적으로 반해서 300만엔을 내주는 것이고, 회사는 자네가 직접 경영해나가야 하네. 어떤 상황에 부딪히더라도 돈에 휘둘려서는 안 되네. 자네와 함께 일하고자 하는 동료가 있다면, 돈도 없고 아무런 기반도 없는 상황에서도 다들 힘을 합칠 수 있는, 훌륭한 마음가짐을 가진 집단을 만들어야 한다네. 그건 무엇과도 바꿀 수 없는 것일세. 바로 거기에 기대어 경영을 해나가야 하는 걸세"라며 제게 일생 최대의 가르침을 주셨습니다.

저는 일곱 명의 동료와 중학교를 막 졸업한 스무 명의 직원을 고용해 총 스물여덟 명으로 회사를 시작했습니다. 저희에게는 정말이지 아무런 기반도 없었기 때문에 저는 그분이 가르쳐주신 그대로 '사람의 마음'을 경영의 출발점으로 삼고자 했습니다.

'돈'으로 대표되는 물질적인 것은 사업을 해나가는 데 있어 분명히 필요합니다. 반면 '사람의 마음'이라는 것은 매우 믿을 수 없는 것이기도 합니다. 아무리 믿고 의지하는 사이라도 배신당하거나 속아 넘어가는 일이 일상다반사입니다.

이렇게 늘 변화무쌍하고 또 덧없는 것이 '사람의 마음'이기도
하지만 동시에 그것만큼 어떤 역경 가운데서도 큰 의지가 되는
것도 없습니다. 저는 멋지고 훌륭한 '사람의 마음'을 바탕으로
경영을 해나가기로 다짐했습니다.

경영의 기본을 결정한 다음, 저는 '의지할 수 없는 사람의 마
음도 있고, 또 의지할 수 있는 사람의 마음도 있다. 그 차이는 어
떻게 생기는 것일까?' 하고 생각하기 시작했습니다.

당시 저는 스물일곱 살로 매우 젊고 어렸지만, '이제부터는 사
장의 자리에 앉아 정말 혼신의 힘을 다해 그들을 지도하고 또
그들의 생활까지 챙기지 않으면 안 된다'라는 책임감을 느꼈습
니다. 그래서 위의 질문에 진지하게 생각하고 고민했습니다.

그리고 '훌륭한 사람의 마음을 아무리 갈구한다 해도 내 마음
이 훌륭하지 않으면 그런 마음을 가진 사람이 내게 찾아오지 않
을 것'이라는 결론에 이르렀습니다. 동료나 직원에게 절대적인
신뢰를 받을 수 있는 마음을 스스로 가지고 있는지부터 성찰하
고 그런 마음을 갖기 위해 노력하는 것, 바로 이것이 가장 중요
하다고 생각하게 되었습니다. 직원들에게 신뢰받기에 모자람이
없는 마음을 경영자 자신이 갖지 않으면 사업이 제대로 돌아갈
리 만무하다고 생각한 것이지요.

'인간은 어떤 존재여야 하는가'

제게 큰 가르침을 주셨던, 아까 말씀드린 그분은 니가타현 출신으로 니가타고등학교를 졸업한 후 일본의 양대 명문대 중 한 곳인 교토대학교의 전기공학과를 졸업하고 전공과 관련된 회사에서 전무직을 맡고 있었습니다. 저와 같은 기술자이시면서 사찰에서 태어나기도 하셔서 불교사상에 입각해 제게 많은 가르침을 주셨습니다.

그분에게 여러 가지를 배우면서 경영의 '경' 자도 몰랐던 저는 경영자로서의 길을 걸어나갔습니다.

회사를 경영하게 된 이후는 거의 매일이 도전의 연속이었습니다. 제 부모님은 사업하시는 분들이 아니었습니다. 저의 친척 중에도 경영자는 단 한 명도 없습니다. 회사 경영을 해나가면서 일일이 누군가에게 가르침을 받을 수가 없었습니다.

보통은 자문을 해주는 사람이 있어서 "이럴 때는 어떻게 해야 합니까?"라고 상의를 해가며 답을 얻은 후에 회사 경영에 임합니다. 하지만 제 경우는 오늘 말씀드린 그 한 분을 제외하면 회사 경영과 관련해 상담을 할 사람이 아무도 없었습니다. 게다가 그분은 매우 바쁘셔서 자주 만날 수도 없었습니다.

그래서 경영의 '경' 자도 몰랐던 저는 '경영을 해나가면서 무엇을 기본원칙으로 삼아야 하는가?'라는 물음을 붙잡고 홀로 생각을 거듭했습니다. 그러던 중 어린 시절부터 부모님에게 배운, 또한 초등학교, 중학교, 고등학교를 다니며 선생님들에게 배운 '인간은 어떤 존재여야 하는가?'라는 질문으로 거슬러 올라갔습니다. 제가 알고 있는 것이라고는, 부모님이나 선생님에게 야단을 맞으면서 배우고 느낀, 인간으로서 지녀야 할 매우 기본적인 자세인 '바른 인간으로서 살아가는 길'밖에 없었기 때문입니다.

그 이후부터 지금까지 회사를 경영하면서 저는 경영의 기본을 바로 그것에, 즉 '바른 인간으로서 살아가는 길'에 두어왔습니다. 긴급한 사안에 대해 판단해야 할 때도, 기술적인 판단을 내려야 할 때도, 나아가 회사 조직에 관해 판단해야 할 때도 '인간은 어떤 존재여야 하는가?'라는 단 한 가지 물음이 기본원칙으로 자리 잡고 있었습니다. 이 질문에 대한 대답 중 하나는 옳은 일을 옳은 방법으로 관철해나가는 것이라고 믿습니다.

매우 단순하지만, 그래서 더 제게는 매우 유효했다고 생각합니다. 예컨대 현재 저희 회사는 은행 예금을 150억 엔 정도 보유하고 있습니다. 그 외에 채권도 90억 엔 정도 보유하고 있으니, 언제라도 환금할 수 있는 여유자금이 240억 엔 정도인 셈입니다. 그래서 지난번 물가 폭등 때도 자금적으로 꽤 여유가 있어서 대형 시중 은행 지점장님이 몇 분이나 저희를 찾아왔었습니다.

당시는 금리가 떨어지면서 물가가 계속 상승하는 동시에, 땅값도 계속 올라가는 이른바 '부동산 버블'이 일어나던 상황이었지만 저희는 여유자금을 그저 은행에 예금할 뿐이었습니다. 저희의 이런 대응을 마냥 보고만 있을 수 없던 시중 은행 지점장님들은 하나같이 이렇게 말했습니다.

"귀사는 저희에게 정말 도움이 되는 VIP 거래 기업입니다. 그런데 사장님이 지나치게 정도正道만 걷는 분이셔서 솔직히 좀 안됐다는 생각을 하기도 했습니다. 지금 부동산 가격이 계속 올라서 너 나 할 것 없이 부동산을 사고 있고 또 은행도 엄청난 규모의 대출을 제공하고 있지요. 상황이 이런데도 귀사는 부동산을 단 한 건도 매입하지 않고 저희 은행에 예금만 해주고 계십니다. 지금 모든 사람, 모든 기업이 부동산을 사들이고 있다는 걸 모르고 계셔서 부동산 매입에 관심이 없는 것은 아닌지요? 은행 입장에서야 막대한 자금을 늘 예금으로 맡겨주시니 정말 감사하지만, 상황이 이런데 아무 말씀도 드리지 않는 것은 도의에 어긋난다는 생각이 들기까지 합니다. 소개해드리고 싶은, 조건이 아주 좋은 토지와 건물이 많으니 꼭 매입하실 것을 권유드립니다. 다만, 저희 은행에 맡기신 예금을 인출하지 마시고 대출을 해드릴 테니 부동산을 꼭 매입하시기 바랍니다."

하지만 저는 어릴 적부터 부모님에게 "이마에 땀을 흘리는 수고와 노력을 해서 돈을 벌지 않으면 안 된다"라는 가르침을 받았습니다. 바로 그 때문에, 투기성이 강한 부동산 매입으로 돈을 벌어서는 안 된다고 생각하여 은행의 마음 씀씀이에 대해서는 감사의 뜻을 표했지만 제안은 단호하게 거절했습니다.

그 후, 이른바 '부동산 버블'이 꺼지고 저성장 국면에 접어들자 은행뿐 아니라 일본 재계를 대표하는 꽤 많은 분이 저를 찾아와 말씀하셨습니다. "교세라라는 회사는 지가가 계속 올라가는데도 부동산을 단 한 건도 사지 않고 은행 예금과 유동성 높은 여유자금을 풍부하게 보유했습니다. 그리고 자기자본비율이 무려 74%나 되는, 무차입경영을 고수해왔습니다. 지금과 같은 저성장 시대에 우리 일본 기업이 정말 본받아야 할 훌륭한 기업입니다." 다들 이렇게 저희 회사를 높게 평가해주셨지요. "부동산 버블이 꺼질 것을 예상하고 이같은 경영을 하다니 놀라운 선견지명입니다"라고까지 칭찬을 해주셨습니다.

그러나 저는 그와 같은 예상이나 예견을 해본 적이 없습니다. 그저 부모님에게 배운 그대로 투기적인 돈벌이를 싫어했을 뿐입니다. '부동산 버블'이 꺼지고 난 뒤 경제적으로 아주 힘든 시기가 일본에 도래하리라고는 예상도 못 했습니다.

경영은 방법론이나 술책이 아니다

세상이 아무리 변화해도 경영 그 자체는 그리 간단하게 변해서는 안 됩니다. 경영자는 경영에 대한 확고한 '철학'이 없으면 안 됩니다. 70년대에 세계 석유파동의 파급이 일본에까지 미쳐서 고도성장 시대에서 저성장 또는 장기불황 시대로 국면이 바뀐 이후, 일본의 언론과 경제평론가는 한결같이 저성장 시대에 기업이 살아남는 방법과 기술에 대해 참 많이도 떠들어댔습니다. 그러나 저는 그와 같은 논평에는 귀를 기울이지 않았습니다.

경제라는 현상적인 측면에서는 표면상 이런저런 형태로 여러 가지가 변화할 것입니다. 그러나 경영 자체는 그와 같은 변화에 부화뇌동해서는 안 된다고 생각합니다. 방법론만으로 회사를 경영하는, 즉 경영학에서 가르칠 수 있는 것만 가지고 '기업 경영은 이러한 것이다'라며 경영의 방법이나 술책만을 경영으로 파악하는 분들은 주위가 변화하면 그것에 바로 휩쓸립니다. 그러나 경영자는 어떤 변화가 생겨도 근본까지 파고든 확실한 경영철학을 견지해야지, 경영이라는 것을 그리 간단하게 바꿔서는 안 된다고 생각합니다.

저희 회사는 자기자본비율이 무려 74%인 무차입경영을 하고 있습니다. 그 덕분에 "저성장 시대에 금리 부담도 없는 안정적인 경영을 하고 있다"라는 평가를 받아왔습니다. 많은 분이 "교세라 같은 경영을 해야 한다" 또는 "교세라의 경영을 배워야 한다"라고 논평해주시기도 했습니다.

그러나 지금 같은 시대가 도래했다고 해서 저희 회사의 경영을 하루아침에 따라 할 수 있는 것은 아닙니다.

저는 1959년에 창업한 이후 지금까지 돈을 빌리는 것만큼은 하고 싶지 않다는 일념으로 경영을 해왔습니다. 차입금 상환에만 전념하고 돈을 갚은 후에도 또 돈을 빌리는 일만큼은 하고 싶지 않다고 생각했기 때문에, 수익이 생기면 바로바로 저금을 했을 뿐입니다. 그야말로 무차입에 가까운, 자기자본비율이 높은 훌륭한 기업이라며 칭찬을 받으리라고는 꿈에도 생각 못 했습니다. 어디까지나 제 나름대로 '기업으로서 격을 갖춰야 한다'는 신념을 갖고 경영에 임해왔을 뿐입니다.

창업한 지 2~3년 정도 되었을 때로 기억하는데, 창업 당시에 빌린 1,000만 엔을 갚으려고 필사적으로 발버둥 치고 있을 때 앞에서도 말씀드린 저에게 많은 가르침을 주신 그분으로부터 "자네는 훌륭한 기술자이긴 하지만 결코 훌륭한 사업가는 아닐세"라는 이야기를 들었습니다.

"왜 그렇지요?"라고 제가 여쭤봤더니 이렇게 충고하셨습니다. "자네는 창업 초기에 빌린 1,000만 엔을 어떻게 하면 빨리 갚을 수 있을지만 생각하고 있지. 다른 사람에게 빌린 돈을 유효하게 써서 사업을 확대해나가는 사람이 사업가지, 자네처럼 빚을 빨리 갚겠다는 생각만 하다가는 큰 회사를 경영하는 훌륭한 사업가로는 성장하지 못할걸세."

그렇지만 저는 돈을 빌려 쓰는 데 아무리 태연하게 굴려 해도 불안감이 있었기 때문에 빌린 돈을 꾸준히 갚아나갔습니다.

그리고 그 후에 저희 회사를 오사카 증권거래소 제2부에 상장하겠다고 그분께 보고를 드렸는데, 그분은 상장하지 말라고 하셨습니다. 제가 이유를 여쭙자, "자네는 지금까지 꽤 많은 고생을 해왔네. 회사를 상장하면 자연스럽게 주주도 늘어나지. 주주들의 요구에 맞추다 보면 지금까지보다 더 힘들어질 테니 상장하지 않는 편이 좋을걸세"라고 조언해주셨습니다.

그분께서 경영하는 회사는 제가 교세라를 창업하던 1959년과 규모 면에서 전혀 달라지지 않았습니다. 저는 실례를 무릅쓰고 "시간이 많이 흘렀는데도 선생님 회사의 규모는 조금도 커지지를 않았습니다. 저희 회사는 창업 이후 지금까지 꽤 많이 커져 여기까지 왔습니다. 처음에 하신 말씀과는 많이 다른 결과가 된 것 같은데요"라고 농담조로 말씀드렸습니다. 매우 친분이 있는 사이였기에 할 수 있는 말이었지요.

그랬더니, 그분은 "아, 회사 규모를 키우려고 상장하려는 거였나? 나는 돈을 빌리지도 않고 회사 규모를 키운 사람을 지금껏 본 적이 없다네. 자금을 차입하지 않고도 회사를 키울 방법이 있다는 걸 자네 때문에 처음으로 알게 됐네"라고 웃으면서 말씀하셨습니다.

상장에 관한 당시의 제 생각이 무조건 옳다는 말씀을 드리려는 게 아닙니다. '요즘 기업들은 이런 경영을 하니까 우리 회사도 똑같이 해보자'라고 겉만 보고 방법론을 흉내 내는 식으로는 훌륭한 경영을 할 수 없습니다. 자신이 믿고 관철할 '철학'을 분명하고 강고하게 갖춰 경영에 임할 필요가 있다고 생각합니다.

미국과 일본의 사고방식 차이로 고생하다

하나의 예로, 회사를 창업한 후 4년이 지났을 때의 에피소드를 말씀드리겠습니다. 당시 저희 회사는 전자공업의 최첨단을 달리는 제품을 만들고 있었습니다. 그러나 교세라라고 하는, 일본의 대기업 계열사도 아니고 또 이름도 알려지지 않은 회사가 만든 제품을 대기업 전자제품 제조업체는 사주지 않았습니다. 그들에게 꼭 필요할 뿐 아니라 가격경쟁력과 품질경쟁력이 타사보다 앞섰던 저희 교세라 제품을 그들은 무시했습니다.

어느 회사가 만들어도 거의 비슷한 수준의 부품이면 모르겠는데, 저희 회사가 제조하고 있던 것은 브라운관 TV의 전자총[1]이나 컴퓨터 심장부에 들어가는 매우 중요한 부품이었기에 "이름도 없는 회사가 만든 제품으로는 시장의 신뢰를 받을 수 없다"라며 좀처럼 써주지 않더군요. 수주를 받기 위해 몇 번이나 찾아갔지만 번번이 문전박대를 당했습니다.

---

1 electron-gun, e-gun. 전자관 안에서 전자빔을 만들어내는 장치.

'이렇게 가다가는 아무것도 안 되겠구나' 싶어서 저희 제품을 팔기 위해 미국으로 건너가기로 결심했습니다. 일본의 전자산업계는 전후에 미국에서 전자산업 기술을 도입해 발전했습니다. 그렇다면 직접 미국으로 가서 미국의 전자산업계에서 가장 앞서나가는 제조업체가 저희 제품을 쓸 수 있게 하면 평판이 좋아지고 그 후에는 자연스레 일본의 대기업도 저희 제품을 써주리라 생각했던 것입니다. 실제로 보자기에 저희 제품을 싸서 야심만만하게 미국으로 건너갔습니다.

그러나 일본에서조차 무시당하던 제가 미국에서는 어땠겠습니까? 당연히, 그곳에서도 저를 아무도 상대해주지 않았습니다. 맨 처음 미국에 넘어갔을 때는 영어도 제대로 못 하는 주제에 미국 전역을 필사적으로 다녔습니다. 서러움에 눈물 흘리며 뜬눈으로 매일 밤을 지새우던 기억이 지금도 선명합니다. 당시 돈으로 약 100만 엔이나 애써 마련해 미국에 가서 혼신의 힘을 쏟아가며 영업했지만 제품은 단 하나도 팔리지 않았습니다. 잠자리도, 음식도 맞질 않아 정말 힘들고 지쳤지만 그래도 '빈손으로 일본으로 돌아가면 직원들 볼 면목이 없다'라고 생각하며 최선을 다했습니다. 그래도 저희 제품은 팔리지 않았습니다.

그럼에도 먹여 살려야 하는 직원들을 머릿속에 떠올리니 포기할 수가 없었습니다. 그래서 악으로 깡으로 두 번, 세 번 미국으로 건너가 제품의 질만큼은 자신 있는 저희 회사 물건을 계속해서 영업했습니다.

그리고 마침내 그 효과가 나타나기 시작했습니다. 미국 전자 산업계의 대기업인 텍사스 인스트루먼트Texas Instrument로부터 '아폴로 계획'[1]에 투입될 우주선에 필요한 전자부품 납품을 수주한 것입니다. 이 우주선에 전자부품을 납품한 일본 기업은 저희 외에는 없었습니다. 일본 기업 최초로 달 착륙 프로젝트에 전자부품을 납품하게 된 것이지요. 그 수주 이후에는 마루베니丸紅 같은 일본의 종합상사 기업에서 "교세라 제품을 우리가 팔 수 있게 해달라"는 요청이 들어왔고 일본의 전자기업들 역시 "교세라가 만든 제품을 꼭 쓰고 싶다"라며 저희에게 발주하기 시작했습니다.

지금 저희 회사는 미국 샌디에이고에 직원이 900명 정도 되는 공장을 갖기에 이르렀습니다. 처음에는 작은 공장을 매수해서 생산을 시작했는데 그것이 출발점이었습니다.

일본의 전자부품 생산업체이면서 미국 현지에 공장을 차려 몇백 명이나 되는 미국인을 고용해 성공한 사례는 아직 별로 찾아보기 어려울 것입니다. 다양한 기업이 미국으로 건너가 생산활동을 하고는 있지만 성공한 사례는 거의 없습니다.

미국과 유럽 사람의 사고방식은 일본인의 그것과는 전혀 다

---

1 1961년부터 1972년까지 NASA 주도로 이루어진 미국의 유인 달 탐사 계획.

릅니다. 그에 더해 언어의 장벽도 있습니다. 물론 인생관이나 종교관도 다릅니다. 또 문화도 다르지요. 아니, 큰 차이가 납니다. 그런 상황에서 기업을 경영한다는 것은 매우 어려운 일이었습니다. 저희 회사로서도 그와 같은 '차이'는 큰 난관이었습니다.

방금 말씀드린 저희 회사가 차린 최초의 미국 공장은 본디 저희 회사의 단골 거래처였던 페어 차일드Fair Child라는 미국의 반도체 생산업체가 샌디에이고에 차려놓은 공장이었습니다. 그 공장이 계속 적자를 내자 저희에게 공장을 사달라고 요청한 것이 계기였어요. 기술자 다섯 명 정도를 데리고 미국으로 건너가 구마모토 출신으로 규슈대학교를 졸업한 직원을 리더로 임명해 조업에 착수했습니다.

그 이후, 참으로 많은 고생을 했습니다. 미국 사람과는 개인적으로 오래 교제를 해오면서 그들이 꽤 시원시원하고 또 매너 있다고 생각했기 때문에 일을 같이해도 잘되리라고 매우 낙관적으로 생각했었습니다. 그러나 지금까지와 달리 다른 사람이 사장으로서 그들을 고용하는 입장이 되니, 그전까지는 생각도 못했던 문제들이 불거지기 시작했습니다.

극단적인 예를 하나 들겠습니다. 그들과 이야기를 나누는 가운데 제2차 세계대전이 문제가 된 적이 있습니다. 공장 일을 함께해야 하는 이상 일을 대충 할 수는 없었지요. 기술과 생산, 판매 부문에서 확실하게 정해놓지 않으면 안 되는 원칙과 규칙이 있습니다. 그런 차원에서 제가 아주 엄격하게 직원들을 교육했더니, 일본 오키나와 전쟁에 참전해 총상으로 탄환 자국이 남은 한 미국인 직원이 "전승국의 백인이 패전국의 황인종에게 잔소리를 들을 수는 없다. 참을 수 없는 일이다. 아시아 사람에게 이런 대우를 받으니 회사를 그만두겠다"라며 덤벼들었습니다. 낙관적으로만 생각했는데 이른바 인종문제로까지 번져버리니 정말 당혹스러웠습니다. 그 사태를 수습하느라 꽤 많은 고생을 한 기억이 납니다.

또 저와 오랫동안 친한 친구로 지내온 미국인을 그 공장의 간부로 영입해 전반적인 공장 경영을 맡긴 적이 있습니다. 처음에는 저에 대한 신뢰나 존경심도 조금은 있었기에 잘되는 것처럼 보였지만, 얼마 지나지 않아 사사건건 의견 대립이 생겼습니다.

제가 뭔가 말할 때마다 그는 "그런 방식이 일본에서는 통할지 모르지만 일본과 미국은 풍토, 기후, 문화, 교육 등 모든 면에서 다릅니다. 그러니 미국식으로 공장 경영을 해야만 합니다. 당신처럼 일본의 방식을 직원들에게 강요하면 통하지 않습니다"라며 제게 반론을 제기했습니다. 즉 공장 경영에 있어 일본식과 미국식을 둘러싸고 심한 의견 대립이 있었습니다.

더구나 미국은 일본에 비해 개인주의적인 풍토가 강해서 회사에 대한 충성심이 약할 수밖에 없었습니다. '나만 좋으면 된다. 회사는 어찌 되어도 상관없다'라고 생각하는 사람이 많았습니다. 물론 전부가 그렇지는 않았지만 대부분이 그랬습니다. 이같은 상황이다 보니 회사를 제대로 경영하기가 너무 힘들어 정말 고생을 많이 했습니다. 게다가 매달 적자가 쌓이기 시작했습니다. '이번 달까지만 하고 그만둘까? 아니면 다음 달까지 해보고 그만둬야 하나?' 하고 정말 수도 없이 고민했습니다.

여기서 끝이 아닙니다. 미국 공장으로 부임한 일본 직원들의 가족은 현지에서 소수이다 보니 늘 따돌림을 당했습니다. 그들은 일본에서 가족까지 다 데리고 왔는데 부인과 자녀들은 영어를 하지 못했습니다. 당시에는 일본인 학교도 없어서 직원 자녀들은 미국 학교에 다니는 것 자체가 고역이었습니다. 직원 부인들은 마트에 가서 식료품을 사는 것조차 힘들어했습니다.

직원 가족들에게 그렇게 큰 고생을 시키면서도 공장은 매달 적자를 쌓고 있었습니다. 직원들은 '사장님이 특별히 우리에게 공장 경영을 맡기셨는데 이렇게 큰 적자를 계속해서 보는 것은 정말 도리가 아니다'라는 생각으로 미국 생활을 했을 것입니다. 제가 미국에 가서 함께 회의를 한 후에 다 같이 저녁 식사를 하는데 그들이 눈물을 흘리며 제게 그 어려움을 고백했습니다.

회의와 미팅을 한 후 그들과 함께 공장에 들어가, 새로운 지시를 내리고 일본으로 돌아올 때도 괴로운 상황을 어떻게든 견뎌보려는 그들의 눈에는 눈물이 가득했습니다. '이들을 이대로 놔두고 귀국해도 되나?' 하는 생각이 들 정도였습니다. '이렇게까지 직원들을 힘들게 해가면서 공장을 유지할 필요가 있을까?
'그냥 처분해버려야 하나' 하는 생각까지 들었습니다.

'사람의 마음'을 바탕으로 하는
경영을 미국에서도 실천하다

그 후, 미국인 직원들이 이야기하는 '미국식'을 적용해보기도 하
고 또 그렇게 하다가는 아무것도 안 되겠다는 생각에 다시 '일
본식'을 적용하기도 하는 등 몇 번이나 시행착오를 거치다가 결
국은 가고시마의 시골 마을에서 부모님에게 배운 '인간은 어떤
존재여야 하는가?', '인간에게 옳은 것은 무엇인가?'라는 물음에
충실한, 그간 일본의 교세라가 지향해온 것과 똑같은 경영 방식
을 미국에서도 관철하기로 결정했습니다.

인종이 다르면 구사하는 언어도 다르고 또 문화적인 배경도
다를 수밖에 없지만, 그들도 같은 사람이라는 점에 눈을 뜨기
시작했습니다. '일본에서 이런 방식으로 성공했으니, 미국에서
도 성공할 것이다'라고 확신하며, 그 이후에는 미국의 간부 직
원들이 아무리 '미국식'을 강하게 주장해도 곧바로 받아들이지
않고 "미국식이니 일본식이니 하는 구분은 의미가 없다. 즉 경
영이란 이처럼 구분될 수 있는 것이 아니다. 회사를 경영하는

방식은 어느 나라든 또 어떤 문화권이든 동일하다. 내가 하는 이야기에 당신들이 따라와줘야 한다"라고 단호하게 대응하면서 제가 믿는 경영을 밀어붙이기 시작했습니다.

제가 공장 현장으로 직접 나가 여공들의 일을 좀 도우려 했더니 공장장이 제게 와서 "사장실이 마련되어 있으니 그곳에 가 계시지요. 이러시면 정말 곤란합니다. 사장님께서 작업복을 입고 공장 현장에 나오셔서 여공들과 같이 일을 하시면 사장의 권위가 땅에 떨어집니다. 미국에서는 그렇게 권위가 실추된 사람을 직원들이 존경하지 않습니다. 사장실로 돌아가 계셔주세요"라고 말했습니다.

그러나 저는 "내 권위가 땅에 떨어져도 상관없습니다. 그런 것 때문에 사장의 권위가 땅에 떨어진다면 그래도 나는 아무 문제가 없어요"라고 대답하고 여공들과 함께 계속 작업을 했습니다. 또 점심때는 공장 내 구내식당에서 식사를 했는데, 메뉴에 피자가 있었습니다. 가격이 매우 싸서 5불 정도로 다섯 명은 먹을 수 있는 양이라 서너 개 주문해서 같이 일하던 여공 모두와 함께 먹었습니다. 자주 그렇게 했지요.

그랬더니 여직원들은 저와 함께 식사하는 것을 편하게 생각했는지 서로 경쟁이라도 하듯 점심시간에 제 옆자리에 먼저 앉으려고 했고 또 오늘 점심때는 누가 사장 옆에 앉았는지가 화제가 될 정도가 되었습니다. 또 "사장님은 미국에 오시면 늘 혼자

이셔서 식사도 제대로 못 하시겠어요. 제가 도시락을 싸서 사장님께 드리겠습니다"라며 여직원들이 저를 위해 도시락을 준비해서 회사에 가지고 와주었습니다. 지금까지도 제가 미국 공장에 가면 그 여직원들은 그렇게 해줍니다. 물론 저뿐 아니라 일본에서 간부들이 미국으로 가면 똑같이 마음을 담은 도시락을 챙겨주었습니다.

이를 목격한 미국인 간부는 "이 같은 광경은 그동안 본 적이 없다. 어떻게 이런 인간관계를 구축할 수 있을까"라며 혀를 차며 감탄했습니다.

더욱이 지금으로부터 4년 정도 전에, 미국 공장의 채산 상황이 아직 좋지 않았을 때 제가 "공장의 모든 직원이 정말 열심히 노력해주었기에 보너스를 지급하겠다"라고 하자, 미국인 간부 직원모두가 이에 반대한 적이 있습니다. 그들은 이렇게 말했습니다.

"사장님은 여기를 일본과 똑같이 생각하시고, 보너스를 지급하면 직원들이 회사를 더 좋아하게 될 것이고 여기서 더 오랫동안 일해줄 거라고 생각하시는 거지요? 하지만 미국 사람들은 그렇게 생각하지 않습니다. 보너스를 지급해줘도 인근의 다른회사가 조금이라도 월급을 많이 주면 망설이지 않고 그 회사로 가버립니다. 직원들에게 보너스를 챙겨주시는 건 아무 소용이 없습니다. 차라리 저희 경영 간부들에게 보너스를 지급하시는게 맞습니다."

저는 "나는 오히려 직원들에게 보너스를 더 많이 지급하고 싶을 정도"라고 말하며 적자 상황일지라도 결산 때는 반드시 한 달분의 보너스를 지급하고 실적이 더 좋아지면 보너스를 더 많이 지급하겠다고 약속했습니다. 그러자 직원들은 "믿을 수 없다. 거짓말 아닌가? 진짜 보너스를 지급해주는 건가? 왜 보너스를 주는 거지? 그 의미를 잘 모르겠다"라며 다들 놀랐습니다. 그럼에도 "지금은 내가 왜 보너스를 지급하려고 하는지 그 의미를 잘 이해할 수 없겠지만 시간이 지나면 반드시 이해하게 될 것입니다"라고 확신하면서 직원들에게 보너스를 지급했습니다.

그 결과, 지금은 그 누구도 '우리와 다른 인종의 사장에게 고용되었다'는 반감이나 콤플렉스를 갖지 않게 되었습니다. 게다가 작년 초부터 미국 최대 노동조합의 상부단체가 "샌디에이고에 일본인이 경영하는 회사가 있는데, 그곳에서 일하는 직원들이 일본인 경영자 밑에서 착취당하고 있는 듯하다. 거기에 노동조합을 만들어 노동조건 개선 등을 강하게 요구해야 한다"라며 저희 공장에 연일 찾아와서 농성을 벌이고 유인물까지 뿌리며 노동조합을 만들어야 한다며 선동을 했습니다. 동시에 미국에서는 정말 보기 드문 공산당 당원들도 회사에 찾아와서 직원들에게 유인물을 뿌리고 이 회사에 공산당 계열의 노동조합을 만들어야 한다며 강도 높은 농성을 이어갔습니다.

그러나 저희 직원 중 두세 명만 그들이 주장하는 노동조합에 가입하려고 했을 뿐, 직원 대부분은 그에 응하지 않았습니다. 지금은 그와 같은 농성도 유인물도 찾아볼 수 없게 되었지요.

그런 일도 있고 해서인지, 미국의 공장도 일본의 공장과 마찬 가지로 매우 순조롭게 유지될 수 있었습니다. 지금은 100억 엔 매출로 24억 엔의 이익을 내는, 매우 훌륭한 공장으로 발전했 습니다. 이는 제가 방법론과 술책에 의존하는 경영이 아니라 본 질, 즉 '인간 그 자체'에 판단 기준을 둔 경영을 관철해왔기 때문 에 가능한 일이었다고 생각하고 있습니다.

후쿠자와 유키치가 주창한
이상적인 리더의 모습

저희는 기술자이기 때문에 기술이 없으면 경영을 할 수 없습니 다. 그다음으로는 저희가 만든 제품을 잘 영업해서 많이 팔기 위한 방법론도 필요할 것입니다. 그러나 이 같은 기술과 영업 에 관한 방법론 이전에 사람들 위에 서서 그들을 통솔하는 경영 자는 리더로서 훌륭한 인간성을 갖추지 않으면 안 됩니다. 바로 그것이 저는 가장 중요하다고 생각합니다.

일본이 근대적인 산업사회로 이행하기 전에, 후쿠자와 유키 치福沢諭가 '기업가는 어떤 사람이어야 하는가?'라는 물음에 대해서 설파한 명언이 있습니다. 저는 이 말을 매우 좋아해서 자주 예로 듭니다. 그는 이와 같이 말했습니다.

사상은 철학자와 같이 심원해야 하며, 마음은 겐로쿠元禄 **무사와 같이 고상하고 정직해야 하고, 이에 더해 쇼조쿠리**小俗吏[1] **와 같은 재능이 있어야 하며, 또한 농부의 신체를 갖춰야만 비로소 산업사회의 대인**大人**이 될 수 있다.**

산업사회에서 크게 성공하는 훌륭한 실업가가 되려면 사상은 철학자처럼 심원해야 하고, 심성은 지극히 정직하고 성실했던 에도시대의 겐로쿠 무사처럼 훌륭해야 한다는 의미입니다.

그리고 그처럼 고상한 측면뿐 아니라 '간웅'이라고 불렸던 조조처럼 교묘하다고 평가받을 만큼 책략 부분에서 재능을 갖추지 않으면 안 된다고 말합니다. 산업사회, 즉 비즈니스 업계는 '눈 감으면 코를 베어 갈' 만큼 잽싸고 약아서 방심할 수 없는 세계이기 때문에 그 안에서 살아남으려면 역시 그와 같은 재능을 갖추지 않으면 안 된다는 뜻입니다.

하지만 그와 같은 재능은 나쁜 일에 쓰일 수도 있지요. 그래서

---

1 뇌물을 받거나 악행을 저지르며 권력을 과시했던 메이지유신 때의 '속물적인' 관리를 칭하는 말로, 일본 문학에서는 그렇게 나쁜 짓을 저지르면서도 자리에서 살아남을 정도로 능력 있는, 즉 재능이 탁월한 사람을 일컫는다.

그 재능을 발휘하는 사람의 심성과 사상이 매우 높은 수준에 도달하지 않으면 쇼조쿠리처럼 자신의 재능을 온갖 악행에 써먹으며 사회에 큰 해를 끼치는 실업가가 되어버리고 만다는 의미입니다. 나아가, 농부와 같은 강인한 신체를 갖추지 않으면 산업사회, 즉 비즈니스 업계에서 큰 사람이 될 수 없다고 말합니다.

일본 경제의 여명기라 할 수 있는 메이지시대에 후쿠자와 유키치가 남긴 실업가, 경영자, 비즈니스맨의 조건에 관한 명언에 저는 큰 감명을 받았습니다. 저는 후쿠자와 유키치가 남긴 말의 내용을 항상 명심하고 곱씹으며 지금까지 경영자로서의 삶을 살아왔습니다.

우리에겐 멋진 꿈과 로망이 있다

또한 저희는 연구와 기술개발에 중점을 두고 회사를 경영하고 있습니다. 그래서 '이런 연구를 하거나 기술을 개발하자'라고 결정하고 나서 일을 시작하는 것이 상례인데, 저는 그 판단을 내리기 전에 '어떤 연구를 해야만 그것을 향후 사업화할 수 있을까?'를 깊이 고민합니다. 물론 여러분도 저와 비슷한 고민을 하셨으리라 생각합니다.

경영을 하는 분들로부터 가끔 "어떤 사업을 해야 할지 모르겠습니다. 뭔가 좋은 사업 아이템이 없겠습니까?"라는 질문을 받는데, 이 세상에는 사업을 일으킬 수 있을 정도의 아이디어는 얼마든지 있다고 생각합니다. 그 아이디어를 구체화해낼 수 있을지 없을지는 '그 사람이 자신의 인생과 사업에 대해 얼마만큼 꿈을 그릴 수 있는 사람인가'에 달려 있다고 생각합니다.

저희는 전자산업에 필요한 새로운 부품을 만들고 있지만, 기초가 된 것은 도자기 기술이었습니다. 저처럼 대학에서 화학을 전공한 사람들 사이에서는 '도자기를 만드는 회사는 대학 성적이 가장 나쁜 학생들이 취직하는 곳이고, 또 도자기 업계는 매력도 없거니와 발전성도 없는 세계'라는 평이 지배적이었습니다.

그러나 이 같은 화학 전공자의 세계에서 저는 제가 꿈꿔왔던 것을 추구하고 지향해왔습니다. 예컨대, '보석 중 하나인 사파이어를 인공적으로 제조할 수 있는 방법이 있을 것이다'라는 생각, 즉 원대한 꿈을 꾸면서 그 방법을 치열하게 고민하고 또 모색했습니다.

불경기로 인해 저희 회사도 생산량이 확 줄어들었습니다. 이전의 절반에도 못 미치는 수준으로 일감이 줄어든 것이지요. 이에 직원들도 회사가 어려워지는 것을 크게 걱정했습니다. 그런데 저는 직원들에게 이렇게 호소했습니다. "불황이 있으면 반드시 호황도 찾아오기 마련이다. 지금은 우리 회사도 매우 힘든 상황이지만, 나는 결단코 다른 회사처럼 인원 감축 등의 구조조정을 할 생각이 없다. 오전 조업만 하고 작업이 끝나는 날이 연일 계속되고는 있지만 오히려 이것이 우리에게는 좋은 상황 아니겠나. 지금이야말로 우리의 꿈을 키워갈 수 있는 시간이다. 우리에게는 여러 가지 가능성이 있기 때문에 임직원 여러분도 그 꿈에 대해 같이 생각하고 또 고민하자. 지금의 이 불경기 속에서 우리에게 일어나는 일이 결코 나쁜 것만은 아니다. 우리에게는 멋진 꿈과 로망이 있다. 희망에 불타면서 하나하나 실현해 나가자."

어떤 일이건 옆에서 보는 것만큼 쉽지는 않습니다. 어려움도 있기 마련이지요. 그런 상황에서 어려움을 돌파할 수 있게 해주는 것이 바로 '꿈'입니다. 임직원에게 꿈과 로망을 부여하는 경영자가 되지 않으면 안 됩니다.

우직하게 성공을 확신하며 정면 돌파한다

저희는 인공보석 이외에도 의료용 세라믹스 등의 새로운 사업을 벌이고 있는데, 그런 제품을 개발해나가는 데 있어 결코 도중에 포기한 적이 없습니다. 5년이 걸리건 10년이 걸리건 간에, 절대로 포기하지 않습니다. 그저 '우직하게' 성공만을 생각하며 그 꿈을 향해 달려나갔습니다. 성공을 제대로 확신하면 사람은 그것을 향해 미친 듯이 달려나가게 되어 있습니다. 그렇기에 그 일은 반드시 성공을 합니다.

새로운 일을 하고 싶어서 일을 벌여놓고도 잘되지 않으면 금세 포기해버리는 사람이 꽤 많습니다. 더 치열하게 파고들면 매우 훌륭한 사업으로 성장했을지도 모르는데 일에 대한 열정을 불태우지도 않고 '혹시 잘되면 계속하자. 그렇지만 잘 안 되면 손을 떼자'라는 식으로 일을 대하는 사람이 많습니다. 저희는 이와 정반대였습니다. 최초의 단계에서부터 우직하게 성공을 확신하면서 한결같이 돌진해나가는 것, 저희는 오로지 이 같은 마음가짐으로 일을 추진해왔습니다.

일에 대한 이와 같은 방식은 어찌 보면 매우 위험하게 보일 수도 있지만, 사실 이는 회사의 성공에 하나의 중요한 동력으로 작용합니다. 즉 성공의 조건입니다. 최근 일본 요업[1]협회에서 올해 연차 총회가 열렸었습니다. 저처럼 세라믹스를 연구하고 있는 대학 교수 200~300명이 모인 자리에서 저는 '기술개발에 모든 것을 건다'라는 주제로 특별강연을 했습니다. 미국에서 오신 학자들과 함께 강연을 한 것입니다. 그때 강연에서도 말했지만, 대기업은 큰 연구소를 가지고 있고 또 연구자도 많이 보

---

[1] 점토나 비금속의 무기 재료로 도자기, 벽돌, 기와 등 생활에 필요한 물품을 만드는 제조업.

유해 정말 다양한 연구를 진행하는데 열 개에서 스무 개나 되는 연구 과제 가운데 한 개 또는 두 개만 성공하면 된다는 생각을 한다고 합니다. 저희는 그와 같은 여유가 없기 때문에 선정한 연구 주제는 반드시 성공시켜내지 않으면 안 되었고, 또 저희는 그것을 성공시켜냈습니다.

제가 이런 말씀을 드리면 거의 대부분이 "그게 가능한 일인가? 연구를 하며 100% 성공하는 건 불가능한 일이다. 대기업 연구소가 그 많은 연구원을 데리고 있으면서도 열 개 연구 과제 중 한 개 또는 두 개 정도밖에 성공시키지 못하는데, 교세라만 연구에 100% 성공할 리가 만무하다"라고들 말씀하십니다. 그러나 경영자가 '우리는 연구 주제가 열 개, 스무 개나 있으니까 그중에서 한 개 아니면 두 개 정도만 성공하면 된다'라고 생각하고 있기 때문에 그와 같은 결과가 나오는 것입니다.

그와는 달리, 저희는 '어떻게든 성공시키지 않으면 안 된다'라고 생각했기 때문에 계속해서 성공을 해온 것입니다.

잠재의식에까지 파고드는 열망

아까 미국에 저희 제품을 팔러 갔을 때의 이야기를 들려드렸는데, 맨 처음 미국으로 건너갔을 때 저는 영어도 못했고 또 서양식 화장실을 사용하는 방법조차 잘 몰랐습니다. 제 친구 중에 도쿄에 있는 회사에 근무하는 사람이 있었습니다. 그 친구는 도쿄에서 조금 떨어진 지바현 북서쪽의 마쓰도松戸시의 공영주택에 살았는데요, 당시 수세식 그러니까 서양식 화장실을 쓰던 제 주위의 몇 안 되는 사람이었습니다. 그래서 저는 영업을 위해 미국으로 건너가기 전에 그 친구에게 전화를 해서 "미안하지만 내일 미국에 가야 할 일이 생겼는데, 오늘 자네 집에서 하루 묵게 해주게. 서양식 화장실 사용법을 익히지 않으면 곤란하거든"이라고 부탁해 그 친구한테 수세식 화장실 사용법을 배웠습니다.

다소 비위 상하는 말씀을 드려 죄송한데, 저는 지금까지도 서양식 변기에 앉기만 하면 "미국에 가야만 한다"라는 말이 입에서 저절로 나옵니다. 미국에는 매년 예닐곱 번이나 가기 때문에 벌써 셀 수 없을 정도로 많이 다녀왔습니다. 비행기를 타는 것만으로도 피곤해서 솔직히 말씀드리면 미국까지 가고 싶지 않습니다. 그런데도 서양식 변기에 앉기만 하면 "미국에 가야만 한다"라는 말이 제 입에서 자동적으로 튀어나옵니다.

이는 제가 '회사의 미래를 위해 미국으로 건너가 이 사업을 어떻게든 성공시켜내지 않으면 안 된다'라고 열망했기 때문이겠지요. '내 목숨을 걸어서라도 이 일을 성공시켜내고 싶다'라고 할 정도로 열망과 투지의 수준을 높이면 그 열망이 사람의 잠재의식 속으로 스며듭니다.

사람에겐 의식적으로 행동할 때와 무의식적으로 행동할 때가 있습니다. 의식적으로 행동할 때는 '반드시 성공해내야 한다'라고 생각하는 동안에만 사업에 대해 생각하게 됩니다. 반면 잠재의식에까지 그 열망이 스며들면 예컨대 잠을 자고 있을 때도 사업에 대해 생각하게 됩니다. '이 사업이 성공하면 좋겠다'라는 수준의 기대가 아니라 '내 목숨과 바꿔서라도 이 사업을 성공시키고 싶다'라는 수준의 강렬한 열망이 잠재의식 속으로 파고듭니다.

　그 단계에 도달하면, 자나 깨나 사업만 생각하기 때문에 반드시 성공하게 되는 법입니다. 또한 그렇게까지 높은 열망이 있다면, 연구와 기술개발뿐 아니라 다른 일에서도 성공할 수 있을 것입니다.

　자신의 일에 대해 아무런 자부심도 감격도 없이 그저 '잘되면 그때 더 발전시켜나가면 되겠지' 정도의 희망이나 기대밖에 없는 사람은 무엇을 해도 절대로 성공할 수 없습니다. 어떤 일을 하든 어려움과 고난은 따르는 법입니다. 그걸 각오하고 온몸과 마음을 다 바쳐서 일에 임하면 무엇을 하든 성공할 수 있다고 확신합니다.

자신의 재능은 사회를 위해

저는 가고시마의 시골을 떠나 다행히도 사업에 성공할 수 있었지만, '미국에 있는 공장까지 포함해서 약 4,000명의 직원과 상당수에 이르는 주주들을 위해 내가 과연 교세라의 사장으로 존재할 필연성이 있을까?'라는 문제를 깊이 생각한 적이 있습니다.

저는 반드시 '이나모리 가즈오'라는 인간이 교세라의 사장이어야 할 필연성은 없다고 생각합니다. 표현이 매우 거칠 수도 있지만, 이 세상은 머리 좋은 사람도 또 머리 나쁜 사람도 일정한 확률로 존재하기 때문에 성립합니다. 머리 좋은 사람만 있어도 또 머리가 나쁜 사람만 있어도 이 세상은 성립하지 않을 것입니다. 신이 정하신 일정한 비율로 머리가 좋은 사람도 또 머리가 나쁜 사람도 모두 존재하는 것이 '사회'라고 생각합니다.

교세라라는 회사를 경영하는 사람은 반드시 제가 아니어도 되고, 다른 사람이 경영해도 괜찮습니다. 즉 신이 경영의 재능을 가진 사람을 무심코 결정했는데 그들 중에 제가 우연히 포함되었을 뿐입니다.

그 증거로, 제 부모님은 똑똑한 사업가가 아닙니다. 그렇다고 훌륭한 부모님 슬하에 반드시 훌륭한 자식이 나오는 것도 아닙니다. 이 세상에 그런 사람들이 일정한 비율로 존재하도록 신이 만드셨을 뿐, 그것이 저여야 할 필요는 없는 것입니다. 저를 대신할 수 있는 사람이면 누구여도 좋고, 제가 사장이어야 할 필연성은 전혀 없다고 생각합니다.

그렇게 생각한 후 '나는 앞으로 어떻게 살아야 할 것인가?'라는 물음에 대해 진지하고 치열하게 고민했습니다. 그리고 우연히도 제가 회사를 경영하는 재능의 축복을 받아 교세라의 사장이 되었지만, 그 재능을 저만을 위해 사용해서는 안 된다는 결론에 도달했습니다. 이 세상이 성립하려면 어떤 집단의 리더가 될 사람이 필요하고, 그중 한 명이 우연히도 저였던 것입니다. 그렇기에 '큰 회사의 사장을 맡고 있는 나는 대단한 사람이고 부자여야 마땅하다'라는 식의 오만한 생각을 가슴에 품어서는 안 된다고 생각합니다.

본래대로라면 꼭 제가 사장일 필요가 전혀 없었지만, 신이 제게 '집단의 리더가 되어라'라고 명령했다면 그 재능은 사회를 위해 쓰지 않으면 안 됩니다. 직원이나 주주 등 저를 둘러싼 모든 이들을 위해 저의 재능을 사용해야 합니다. 자신의 재능을 혼자만의 것으로 착각해 나만을 위해 사용해서는 안 된다고 생각합니다.

이 세상의 어떤 사람이 리더가 되어야 할 필연성이 있다면, 그 것은 신이 리더의 존재가 필요하다고 인정하시고 그들에게 재능을 부여했기 때문입니다. 그렇기에 그 재능을 사회를 위해 발휘해야지, 자신의 개인적인 욕망을 위해 사용해서는 안 된다고 생각합니다.

회사에 전 생명과 전 인격을 투입하다

마지막으로, 이런 생각도 하고 있습니다. 조금은 어려운 이야기일 수도 있는데, 제게는 교세라의 사장인 저와 이나모리 가즈오 개인인 저, 즉 두 개의 '인격'이 있습니다. 교세라를 대표하는 '공인'으로서의 저와 '개인'으로서의 제가 존재한다는 의미입니다.

그리고 회사는 하나의 '생명체'와도 같아서 매일매일 여러 가지를 결정하지 않으면 안 됩니다. 즉 회사는 '살아 있는' 존재고, 거기에 생명과 인격을 불어넣는 역할은 사장인 저밖에 할 수 없습니다.

교세라라는 회사는 수많은 임직원의 생활을 책임지고 있는 매우 중요한 조직입니다. 그럼에도 주식회사라는 '무생물'이며 그 자체만으로는 살아갈 수가 없습니다. 제가 최고경영자로서 저의 전 생명과 전 인격을 쏟아붓는 동안에만 회사는 살아갈 수 있습니다. 사장이 '개인'으로 돌아가 있는 동안은 호흡도 심장박동도 멈추고 살아 있기를 중지해버리고 맙니다.

저는 바로 그 점이 걱정되어 개인으로서의 저로 돌아갈 수가 없습니다. 교세라라는 '무생물'에 온종일 생명을 불어넣는 것이 저의 역할입니다. 이 역할을 수행하다 보면 제가 개인으로 돌아갈 시간이 없지요. 가족을 희생해서 그리고 그 외의 모든 것을 희생해서라도 회사에 생명과 인격을 불어넣지 않을 수가 없습니다. 이런 정도의 각오가 되어 있지 않은 사람은 기업 경영을 해서는 안 됩니다. 그렇게 하지 않으면 임직원에게도 또 주주에게도 그리고 그 외 모든 사람에게도 피해를 주고 맙니다. 최고 경영자, 즉 기업의 가장 높은 곳에 있는 리더가 대충대충 회사를 경영했다가는 모두가 불행해집니다.

저는 그런 걱정을 했기 때문에 전신전령을 다해 회사 경영에 임하고 있습니다. 1년 365일 중 절반 이상은 미국이나 유럽 등으로 출장을 나갑니다. 일본에 있다 해도 그중 절반 정도밖에 자택에 있지 못해 가족과 만날 기회도 많지 않습니다.

하지만 다행스럽게도, 제 세 딸은 아버지가 집에 거의 없는 것에 대해 어떤 불평불만도 내뱉지 않고 제 사정을 잘 이해해주고 있습니다. 집에 있는 짧은 시간 동안 가족과 대화를 나누면서 가끔 제가 어떻게 살고 있는지를 이야기하는 것만으로도 제가 회사에 온몸과 마음을 쏟고 있다는 것을 알아주는 것입니다.

이처럼 아주 짧은 시간 동안만 개인으로 돌아갈 수 있기 때문에, 그런 의미에서 제 삶이 매우 불행하다고 생각하시는 분도 있을 수 있습니다. 그러나 저의 사정을 가족이 이해해주고 있기 때문에 그걸로 괜찮다고 생각합니다. 그리고 공인으로서의 시간을 더 많이 가짐으로써 회사를 둘러싼 많은 사람을 챙기고 있다는 생각 역시 저를 행복하게 해줍니다.

벌써 강연을 마칠 시간이 되었습니다. 앞으로도 가고시마 시골에서 교토로 막 올라왔던 그때와 변함없는 순박한 마음과 순수한 사고방식으로 고삐를 늦추지 않고 더 노력해나가고 싶습니다. 구마모토보다 더 가난하고 낙후된 이웃 현 가고시마현에서 태어나 성인이 되기까지 시골에서 자란 저 같은 사람도 이정도의 일을 할 수 있었습니다. 그러니 여러분이 '저런 촌놈이 저 정도의 일을 할 수 있다면 내가 못 할 이유가 있겠나'라고 생각해주신다면 오늘 제가 여기에 온 보람이 있을 것입니다.

대단하지도 않은 이야기를 장황하게 늘어놓았는데, 이상으로 오늘의 강연을 마치도록 하겠습니다. 감사합니다.

❶ 사람의 마음은 매우 변덕스럽고 변하기 쉽지만, 동시에 사람의 마음만큼 역경 속에서 의지가 되는 것도 없다. 따라서 이처럼 큰 힘이 되는 사람의 마음을 바탕으로 경영을 해야 한다.

❷ 훌륭한 사람의 마음을 아무리 찾아 나선대도 자신의 마음이 훌륭하지 않으면 결단코 훌륭한 마음을 가진 사람이 자신에게 모여들지 않는다. 동료나 부하직원에게 절대적인 신뢰를 받을 수 있을 만큼의 마음을 스스로 갖추고 있는가. 신뢰받기에 충분한 마음을 스스로 키워나가지 않으면 사업은 절대로 흥할 수 없다.

❸ 긴급한 판단을 하든, 기술적인 판단을 하든, 조직과 관련된 판단을 하든, 그 바탕에는 '과연 인간이란 어떤 존재여야 하는가'라는 물음을 둔다. 옳은 것을 바르게 관철해나가는 것, 그것이 경영에 있어서 절대적인 해답이다.

❹ 세상이 아무리 변해도 경영 자체는 그리 간단하게 변해서는 안 된다. 경영자는 경영에 대한 확고한 '철학'을 갖추어야 한다.

❺ 경제라는 현상적 측면에서는 표면적으로 다양한 변화가 일어난다. 그러나 경영 그 자체는 그러한 변화에 부화뇌동해서는 안 된다. 경영자는 어떠한 변화가 일어나더라도 확고하고 깊이 있는, 치열하게 고민한 귀결로서의 경영철학을 갖추고, 경영의 기조를 쉽게 바꿔서는 안 된다.

❻ 상식을 절대화해서는 안 된다. 지금 세상에서 유행하는 방법론을 겉만 보고 흉내 내려고 해서는 결코 훌륭한 경영을 펼쳐낼 수 없다. 자신이 확고하게 믿고 의지하는 '철학'을 탄탄하게 갖춘 다음에 경영에 임해야 한다.

❼ 인종이 다르고, 언어가 다르고, 문화적 배경이 다른 외국인 도 같은 인간이다. 외국에서도 '인간으로서 무엇이 옳은가' 라는 물음에 충실한 경영을 해나가면 된다.

❽ 산업사회에서 성공하는 훌륭한 실업가가 되려면 그 사람이 가진 사상은 철학자처럼 심원해야 하고, 마음가짐은 정직하 고 충직하며 성실한 겐로쿠 무사처럼 고상해야 하며, 살아 남기에 특출났던 쇼조쿠리와 같은 재능을 갖춰야 한다. '눈 감으면 코도 베어 갈' 만큼 잽싸고 약아서 방심할 수 없는 비즈니스의 세계에서 살아남으려면 깨끗하고 고상한 면모 만이 아니라 그와 같은 재주도 필요하다. 단, 그런 재능은 악 하고 나쁜 곳에 쓰일 가능성이 크기 때문에 그것을 발휘하 는 사람의 마음과 사상은 매우 높은 수준이어야 한다. 나아 가 농부와 같은 강인한 체력이 없으면 실업사회 또는 비즈 니스 세계의 대인이 될 수 없다.

❾ 이 세상에 사업을 일으킬 수 있는 아이디어는 얼마든지 있 다. 그 아이템과 아이디어를 구체화할 수 있을지 없을지는 '그 사람이 자신의 인생과 사업에 대해 얼마만큼의 꿈을 꿀 수 있는 사람인가'에 달려 있다.

❿ 호황이 있으면 불황이 있고, 불황이 있으면 호황이 반드시 있다. 불경기에도 결코 나쁜 일만 일어나는 것은 아니다. 희망으로 자신을 불태우면서 멋진 꿈과 로망을 하나하나 실현해나가야 한다.

⓫ 어떤 일이든 어려움은 닥치기 마련이다. 어려움 속에서도 직원에게 꿈과 희망을 던져줄 수 있는 사람이 되지 않으면 회사를 경영할 수 없다.

⓬ 새로운 일을 금방 포기해버리는 사람이 매우 많다. 포기하지 않고 더 파고들면 매우 훌륭한 사업으로 발전시켜낼 수 있었을지도 모르는 일이 있다. '잘되면 계속하고, 잘 안 되면 포기하면 된다'라는 생각으로 임할 게 아니라 그저 우직하게 성공을 확신하면서 정면 돌파하는 것이 중요하다.

⓭ 우리에게는 의식적으로 행동하는 경우와 무의식적으로 행동하는 경우가 있다. 의식적으로 행동할 때는 '반드시 성공시켜야 한다'라고 생각하는 동안에만 사업에 관해 생각하게 된다. 그러나 잠재의식까지 스며들면 예컨대 잠을 잘 때도 사업 생각을 하게 된다.

⓮ '내 목숨과 바꿔서라도 성공시켜내고 싶다'라고 생각할 정
도의 열망이 잠재의식까지 스며들게 한다. 그 정도로 자나
깨나 사업 생각을 하면 반드시 성공한다. 또 그 정도로 고조
된 열망을 가질 수 있다면 연구나 기술개발뿐 아니라 그 외
다른 일에서도 성공할 수 있다.

⓯ 자신의 일에 대한 자부심도 감격도 없이 그저 '일이 잘 돌아
가면 더 키우면 되겠지' 하는 정도의 기대감만으로는 무엇
을 하든 절대로 성공할 수 없다. 무엇을 하더라도 시련은 있
는 법이다. 그것을 각오한 후에 온몸과 마음을 다 바쳐서 하
면 무슨 일에서든 성공할 수 있다.

⓰ 교세라라는 회사를 경영하는 사람은 반드시 이나모리가 아
니어도 된다. 다른 사람이어도 괜찮다. 세계를 창조한 신이
경영의 재능을 가진 인간을 무심코 결정했는데 그들 중 한
사람이 우연히 이나모리였을 뿐이다.

⓱ 세계를 창조한 신이 '집단의 리더가 되어라'라고 명하셔서
경영자가 되었다면, 그 재능은 사회를 위해 사용해야 한다.
직원이나 주주 등 회사를 둘러싼 사람들을 위해 자신을 사

용하는 것이야말로 중요하다.

⑱ 세상의 어떤 사람이 리더이어야 할 필연성이 있다면, 그것
은 신이 리더의 필요성을 인정하여 그에게 재능을 주셨기
때문이다. 따라서 리더는 그 재능을 사회를 위해 사용해야
하며 개인적인 욕망을 위해 사용해서는 안 된다.

⑲ 회사는 마치 하나의 '생명체'와 같아서 매일매일 여러 가지
를 결정해야 한다. 즉 회사는 생물처럼 살아 있는 존재인데
그런 회사에 생명과 인격을 불어넣는 역할은 최고경영자인
사장만이 할 수 있다. 사장이 '개인'으로 돌아가 있는 동안,
그 조직은 살아 있기를 중단해버리고 만다.

2장

•

연구개발을 성공으로
이끄는 방법

•

매니지먼트 센터,
1977년 2월 17일

이나모리는 강연 중에 교토세라믹(교세라의 전신)은 연구개발 주제를 자사 보유 기술의 연장선상에서 바라보고 선정한다며 그 장단점을 설명했다. 그리고 연구개발을 성공적으로 수행하기 위해 필요한 환경과 리더의 자질에 대한 자신의 식견을 분명하게 밝혔다.

연구개발 주제는
자사 기술의 연장선상에서 찾는다

오늘의 강연 주제는 '기업이 연구개발에 성공하기 위해 필요한 사고방식과 그 방법'인데, 이와 관련해 저희 회사에는 하나의 패턴이 있습니다. 그건 바로 저희가 보유한 기술의 연장선상에서 연구개발 주제를 찾아낸다는 것입니다.

창업 이후 약 10년간은 늘 고객사를 방문해 저희가 만드는 세라믹스에 어떤 시장 수요market needs가 있는지, 즉 고객 기업은 저희 세라믹스가 어떻게 제조되었으면 하는지를 집요하게 여쭙고 또 파악했습니다. 즉 "당신네 회사의 기술로 이러한 것이 가능하다면, 이러이러한 용도로 사용할 수 있다"라는 고객의 요구사항을 충족하는 제품을 만드는 데 매진했습니다.

고객 기업의 제품 수요에 대한 파악이 일단락된 지금, 저희가 지난 18년간 개발해온 세라믹 소재 제품은 금속산화물, 실리콘 나이트라이드(질화규소), 실리콘카바이드(탄화규소) 등을 포함해 50여 종류에 이릅니다. 사실 더 세분화하면 약 100가지 정도가 됩니다. 이와 같은 세라믹 소재 제품을 만들려면 여러분도 잘 아시다시피 분체[1]를 혼합해야 하는데, 이를 위해 드라이어나 믹서 등 다양한 도구를 사용합니다. 또 분체를 성형하는, 즉 분체의 모양을 만드는 방법에도 밀어서 짜내는(압출) 방식이 있고 건조된 분말을 드라이프레스로 눌러서 만드는 방법도 있습니다. 그 외에도 플라스틱을 만들 때 사용되는 사출 성형법[2]도 있고, 또 일반적으로 특수 성형 또는 CIP로 불리는 냉간등압성형법cold isostatic pressing도 있습니다. 또 이른바 소결 공정[3]을 생략하는 핫 프레싱이라는 방법도 있습니다.

이처럼 매우 다양한 방법으로 성형한 분체를 소결하는 화로 역시 이전부터 사용해온 가스화로도 있고 전기화로도 있습니다. 전기화로는 진공화로도 있고 다양한 가스로 속을 채워 상태를 바꿔가며 소결하는 방식도 있습니다. 그렇게 완성한 세라믹

---

1 입자의 크기에 따라 독특한 물질적 특성을 갖는 고체 입자의 집합체.
2 열가소성 플라스틱을 가공하는 방법 가운데 가장 널리 쓰인다.
3 분말과 같은 비표면적(재료의 표면적을 그 무게로 나눈 값으로 지름이 작을수록 비표면적은 크다)이 큰 입자를 더 치밀한 덩어리로 만들기 위해 충분한 압력을 가하는 공정.

스를 정밀하게 가공하는 단계에서는 적절한 기법으로 알루미나 세라믹스 같은 매우 경질의 소재를 2차 가공하기도 합니다.

저희는 이처럼 100여 종류의 세라믹 소재를 다루고 이를 만들고 가공하는 과정에서 저희가 개발한 독자적인 제조기술 가운데 하나를 사용합니다. 그중에서도 저희가 가장 자신 있는 재료와 기술 그리고 그 둘을 조합한 것 등 저희가 보유하고 있는 차별화된 재료와 기술의 연장선상에 있는 것 가운데서 연구개발의 주제를 선정합니다.

이와 같은 방식은 연구개발 주제를 선정하는 일반적인 기조와는 완전히 반대일 것으로 생각됩니다. 저희가 시장을 무시하는 것은 아니지만, 보유하고 있는 경쟁력 있는 재료와 기술을 사용해 오히려 시장을 만들어나가는, 어찌 보면 매우 낡고 보수적인 연구개발을 중시하고 있습니다.

그리고 저희는 주로 전자산업 부문에서 연구개발에 매진해왔기 때문에, '지금의 전자산업계에는 없지만 이 같은 제품이 있으면 정말 편리할 텐데'라는 고객 기업의 시장 수요를 먼저 파악해 제품을 개발하는 방식도 창업 이후 지금까지 이어오고 있습니다. 이는 연구개발 주제를 선정하는 데 있어 이른바 '시장 지향적인market oriented' 방식이라고 할 수 있겠는데요, 이런 방식도 구사하면서 결론적으로는 저희가 보유하고 있는 기술의 연장선상에서 연구개발의 방향과 대상을 고안하는 방식을 고수하고 있다는 말씀을 드립니다.

이와 같은 방식을 견지하면 기술개발의 방향이 자사가 보유하고 있는 기술의 연장선상에 놓이므로, 기술개발 자체는 어렵지 않습니다. 다만, 시장에 제품을 영업하러 나가는, 이른바 '시장 개척market creation' 단계로 접어들면 문제가 많이 생깁니다. 저희는 그 점을 잘 알면서도 오늘 말씀드린 방식을 고수하고 있습니다. '시장 개척'과 기술개발 및 연구를 새롭게 추진해 제품을 만드는 데는 장단점이 있습니다. 이 양면을 잘 검토한 후 저희는 오늘 말씀드린 방법을 선택하고 있습니다.

익숙한 기술개발을 지향하는 이유

저희가 기술 지향적인 개발 방식을 고집하는 이유에 관해 말씀드리겠습니다. 기술개발을 추진하고 있는 선배 기업들을 살펴보면 자사가 보유한 기술의 연장선상이 아닌, 즉 자사에 전혀 익숙하지 않고 생소한 것에 도전해서 어쩌다 운 좋게 신제품이 호응을 얻으면서 나름 성공한 사례를 찾아볼 수 있습니다. 그러나 그 제품의 사이클이 매우 짧아서 외부 환경 변화에 제대로 대응하지 못하면 후속제품의 개발이 불가능해집니다. 우연히 탁월한 기술자를 발견해서 그 사람의 기술을 사용한 제품을 출시했다 해도 그 이후를 받쳐주지 못하기 때문에 일시적으로는 큰 성공을 거둔 것처럼 보이지만 10년이나 15년 정도의 간격으로 보면 큰 실패로 끝나버리는 사례가 많습니다.

반면, 시장에 어떠한 변화가 일어나더라도 자사가 가장 자신 있어하는 기술의 연장선상에 머물고 있다면 '응용'을 할 수 있습니다. 혹여 실패로 끝나더라도 실패 이후에 곧바로 전환을 꾀할 수 있습니다. 기업 경영에 있어 '익숙하지 않은 것'에 도전하는 것은 리스크가 매우 크기 때문에 반드시 저희는 기존 기술을 활용하는 방식으로 제품 개발에 임하고 있습니다. 이 같은 방식이 속도 면에서는 매우 느린 것처럼 보일 수 있지만, 오히려 이편이 더 견실합니다.

여태 해오던 것과 전혀 관련이 없는 신상품을 출시해서 조금이라도 성공을 하면 많은 기업이 상당한 자금과 노력을 쏟아붓습니다. 하지만 그것이 만약 시대의 변화에 제대로 대응할 수 없게 되면 이미 많은 자금과 노력을 투여했기 때문에 큰 타격을 입게 됩니다. 그래서 저는 익숙하지 않은 것에 섣불리 욕심을 부리지 않습니다.

제가 원래 겁이 많고 조심성이 지나친 성격인 탓에, 지금 기업 경영에 있어 주류인 연구개발 혹은 기술개발 방식과는 완전히 반대의 기조를 고집하고 있는 것일 수도 있습니다. 제 생각과 방식을 받아들이지 못하시는 분도 많을 겁니다. 그러나 이것은 저의 성격에서 비롯된 것이기에 앞으로도 어쩔 수 없이 이어질 것으로 생각하고 있습니다.

필요한 것은 기술의 경쟁력

이 같은 방식을 유지하면서 가장 중시하는 것은 저희가 선택, 활용하는 기술의 '경쟁력'입니다. 저는 자사가 개발한 재료와 이를 활용한 제조기술의 연장선상에 있는 것의 '경쟁력'에 관해 연구 담당자와 끊임없이 토론합니다.

유도에 비유해봅시다. 자신이 가장 잘 구사할 수 있는 기술이 업어치기라면 다른 여러 기술을 연마하지 않고 업어치기만을 연습하게 됩니다. 그런데 중요한 점은 그 기술이 지역 예선에서만 통하는지, 전국대회까지는 통하는지, 아니면 세계대회에서도 통하는지입니다.

그냥 무조건 업어치기만으로 공격하니, 상대도 이쪽이 노리는 기술을 간파해서 업어치기 기술을 막을 수 있는 대응책을 반드시 생각하고 시합에 나옵니다. 그러나 업어치기를 철저하게 연마해 완전히 몸에 익혔다면 바닥에 무릎을 꿇고서라도 상대에게 그 기술을 걸 수 있습니다. 저희로서는 반드시 저희에게 유리한 상황으로 상대를 끌어들여 업어치기 기술을 거는 것 말고는 할 수 있는 것이 없습니다. 저희에게는 경험도 없고 자본도 없고, 직원도 그리 많지 않습니다. 그렇기에 저희가 가장 잘 구사할 수 있는 기술을 세계에 통하는 수준으로까지 갈고닦을 수 있도록 연구개발 주제를 선정하고 있습니다. '업어치기'만으로 승부를 거는 셈이지요.

이 같은 방침을 고수하고 있기 때문에 가끔은 시장 수요와 동떨어진, 저희가 자신 있는 기술로만 개발 주제를 정하는 경향이 있습니다. 그래서 저희는 꽤 고생을 하고 있기도 합니다. 시장 수요를 파악해 개발에 임하는 방식에서 점점 더 멀어져서 낡고 오래된, 이를테면 옛 장인이 지향하던 방식을 고집하고 있는 건 아닌지 하는 생각이 들기도 합니다.

참으로 힘들었던 '시장 창조'

그 전형적인 사례가 있습니다. 저희는 지금 산화알루미늄으로 만드는 알루미나 세라믹을 가장 많이 제조하고 있습니다. 이 산화알루미늄 분말을 원료로 세라믹 시트를 만들고 있습니다.

유기용제나 유기 바인더 등을 사용해 세라믹스 원료를 얇은 종이 모양으로 성형하는데, 이것을 롤로 감으면 우리가 흔히 씹는 껌과 비슷한 것이 만들어집니다. 그걸 재단기를 이용해 일정한 폭으로 자르고, 자동 펀칭기로 여러 가지 형상으로 만드는 과정을 거칩니다.

가공되지 않은 세라믹스이기 때문에 이 시트는 매우 유연성이 높습니다. 그 위에 이른바 내열성 금속, 그러니까 몰리브데넘이나 텅스텐 등의 분말로 만든 반죽을 자동으로 인쇄합니다. 그린시트라는 세라믹 시트 위에 패턴을 만드는데, 그것이 전자 회로의 도체입니다. 그리고 그 위에 같은 세라믹스 시트를 다시 올립니다. 세라믹 시트에는 구멍이 많이 나 있어 그 구멍을 통해 적층lamination된 시트 위의 회로로 전기가 흐릅니다.

몇 겹이나 쌓인 시트는 최대 18층에서 20층에 이릅니다. 그것을 특수한 화로에서 1,700~1,800도나 되는 매우 높은 온도로 구워내면 전기 반도체가 내장된, 단단히 짜여 하나로 된monolithic 세라믹스가 완성됩니다.

여기서부터 이 세라믹스는 몇 겹이 쌓인 것으로는 전혀 보이지 않습니다. 구워내는 공정이 끝나면 완전히 일체화되어버립니다. 고순도 알루미나 세라믹 안에 전기회로를 넣은 이 제품을 전자산업 부문이 정말 많이 사용해주었고 지금 저희 매출에서 절반 이상을 차지합니다.

적층하지 않고 회로 패턴 위에 산화알루미늄 분말을 얇게 칠해서 완전히 코팅하는 방법도 있습니다.

이 방법을 사용하면 전기가 통했을 때 매우 낮은 저항을 보입니다. 대량으로 생산하는 사이에 '잘하면 이건 저항 히터로 사용할 수도 있겠다'라는 생각이 들었고 그 용도로 만들어봤습니다. 원료가 텅스텐 분말이기 때문에 구워내는 소결 과정을 거쳐도 입자 간 결합이 약간 약합니다. 전기를 흘리면 저항이 점차 올라가기 때문에 어느 정도까지는 온도가 급격하게 올라가고 그 후에는 포화상태에 달합니다. 그래서 저항과 두께 등을 여러 가지 수준으로 바꿔서 실험하는 과정에서 최고 온도를 조정할 수 있게 되었고, 온도 상승이 매우 빠르고 또 온도를 일정 수준으로 유지할 수 있는 히터를 만들 수 있겠다는 확신이 들었습니다. 그리고 '이것은 분명히 팔린다'라는 생각으로 개발 부서에 그 히터를 개발하라는 지시를 내렸습니다.

아까 말씀드렸듯이, 저희는 기술 지향적인 개발을 중시하기 때문에 '히터 개발이 완성되면 이걸 어디에 쓸 수 있을까?' 하고 거듭 생각했습니다. 그 결과, '속에 든 텅스텐은 산화되기 쉬운 금속이지만, 부식에 매우 강하고 기밀한 세라믹스로 코팅되어 있습니다. 아무리 온도를 올려도 좀처럼 산화되지 않기 때문에 당연히 수명도 매우 깁니다'라는 영업 문구를 머릿속에 떠올리며 어떤 제품의 생산에 필요한 소재가 될지를 검토했습니다. 동시에 저희 마케팅 담당자는 고객 기업을 돌아다니면서 홍보를 시작했습니다. 그러나 그들은 좀처럼 이 히터를 주문해주지 않았습니다.

그런 상황에서 '납땜인두를 만드는 데 쓸 수 있지 않을까? 납땜인두에는 전기히터가 들어가니까 딱 맞겠다' 싶어서 납땜인두를 제조하는 기업들을 찾아갔습니다. 그러나 온도가 너무 많이 올라가거나, 또 온도의 변화 폭이 너무 크게 나타나기도 했고, 심지어 제품에 균열이 생겨 금이 가는 등의 문제가 발생하면서 난처하기 짝이 없었습니다. 그리고 이러한 문제를 어떻게 극복할 수 있을지 고민하는 나날이 이어졌습니다. 이 같은 고민을 다시 개발에 반영하고 또 결과가 안 좋으면 다시 고민하는 시행착오를 거치는 사이에 최근 어느 자동차 부품에 저희 히터가 들어가게 되면서 이를 계기로 드디어 저희 히터가 세상에서 인정을 받기에 이르렀습니다.

개발과 관련해서는 저희가 보유하고 있는 기술의 연장선상에서 대응하는 것이라 사실 어렵지 않았지만, 제품을 개발하고 제조한 뒤에 시장을 개척하는 데는 무려 3~4년이나 걸렸습니다.

오늘, 저희의 이 사례를 통해 시장을 개척하는 데에 연구개발과 거의 비슷한 정도의 시간이 소요되었다는 것을 말씀드리고 싶습니다.

시장이 존재하지 않으면 스스로 시장을 만든다

알고 계시겠지만, 세라믹스를 다루는 저희에게는 주로 금속산화물 등으로 구성되는, 이른바 광물 결정에 관한 연구가 핵심적이라고 할 수 있습니다. 최근에는 에메랄드 같은 보석이 거의 바닥이 나서 마치 돌 같은 조악한 보석이 너무 비싼 가격에 팔리고 있습니다. 이런 현상을 보고 '우리 회사 기술을 사용해서 에메랄드를 만들어도 괜찮겠다'라는 생각이 들었습니다. 단결정을 제조하는 기술로는 지금 제가 아는 것만 해도 다섯 가지가 있는데, 그중에서도 가장 유효한 기술 세 가지를 동시에 사용하면 아주 훌륭한 에메랄드를 만들 수 있습니다. 천연 에메랄드는 품질이 매우 나빠지는데도 가격이 폭등하고 있는 만큼, 우리가 에메랄드를 만들면 분명히 시장 반응이 좋을 것이라고 확신하고 7년 전부터 관련 연구를 시작했습니다.

그런데 결정이 좀처럼 커지질 않고 커진다고 해도 그 속에 불순물이 많이 끼어서 보석이라고 할 만한 단계로까지 발전하지를 못했습니다. 여러 가지 방법으로 셀 수 없을 만큼 시도해도 잘되지 않아 도중에 몇 번이나 '한량이나 하는 이런 짓으로 허송세월을 할 수 없으니 이제 그만두자'라고 생각했습니다. 하지만 한편으로는 '그간 정말 고생해서 결정 기술을 보유하게 되었는데 이 작업을 중간에 포기하면 너무 아깝다. 조금 더 도전해보자' 하는 마음도 들었습니다. 이렇게 생각을 고쳐먹고 다시 연구에 연구를 거듭했습니다.

그러다가 바로 작년에 드디어 매우 아름다운 에메랄드를 만들어냈습니다. 현재 최대 3캐럿짜리 에메랄드를 매우 높은 품질로 만들 수 있는 수준까지 왔습니다. 이 에메랄드는 몇 달을 작업해도 한두 개밖에 만들 수 없습니다. 그런데 애써 양질의 에메랄드를 만들어서 설레는 마음으로 보석 제조회사에 들고 갔는데 바로 퇴짜를 맞았습니다.

"유리에 색깔을 넣은 모조품이라면 그래도 귀엽게 봐줄 수 있지만 진품 같은 것을 당신들 멋대로 만들면 업계가 혼란에 빠지지 않겠나?"라며 저희를 더는 상대해주지 않겠다는 식으로 아주 냉정한 반응을 보였습니다. '희소성 있는 보석을 싸게 만들어 팔면 다들 환영해줄 것이다'라는 저의 단순한 발상이 시장에서는 오히려 잘 통하지 않았던 것입니다.

저는 엔지니어, 즉 기술로 먹고사는 사람으로서 회사를 창업한 이후 지금까지 줄곧 '이건 개발하면 분명히 큰 사업이 된다'라는 확신을 갖고 연구개발에 임하지는 않았습니다. 창업 이후 18년간은 그저 '이 연구는 성공할 수도 있겠다' 하는 정도의 마음으로 매일 연구에 임했습니다. 기술개발도 제가 직접 담당했고 시장 개척도 스스로 해왔습니다. 시장의 수요를 파악해서 그에 맞춰 개발한 것이 아니라 오히려 시장을 아예 고려하지 않았다 싶을 만큼 제가 가장 자신 있는 기술만을 활용해왔습니다. 그 결과, 저희 제품은 팔리지 않았습니다. 그래서 '그렇다면 시장을 개척하는 것도 결국 기술개발이나 연구개발과 같은 맥락일 테니, 이번에는 내가 직접 시장을 만들어보자. 시장이 존재하지 않는다면 내가 만들면 되지 않겠나'라는 생각이 들었지요.

에메랄드 제조도 마찬가지였습니다. '천연보석과 인공보석이라는 두 개의 카테고리가 있다. 그렇다면 그 중간에 놓일 합성보석이라는 카테고리를 만들어보자'라고 생각한 것이지요. 사실 이런 방식은 루비나 사파이어에서 볼 수 있듯 이미 과거에도 존재했습니다. 하지만 그런 보석은 모조품, 즉 이미테이션 제품과 거의 비슷한 수준으로 가격이 떨어져서 사업이 될 수 없는 상황이었습니다. 그래서 '천연보석과 동일한 화학성분의 결정을 가진 제품이라는 것을 시장에서 강조해 이를 관련 기업이 제대로 인식할 수 있도록 대응해보자. 그러려면 어떤 전략을 펼쳐야 할까'라고 생각하며 아까 말씀드렸다시피 기술개발과 완전히 같은 방식으로 현재 도전을 펼치고 있습니다.

연구개발이나 기술개발과 마찬가지로 시장 개척도 새로운 것에 대한 도전이며, 새로운 것을 창조한다는 점에서 서로 맥락이 똑같다고 생각합니다. 다만, 저희는 자사 기술을 토대로 하는 연구개발 주제에 집착하고 있는 관계로 꽤 고생을 하고 있다는 것도 부정할 수 없는 사실입니다.

그러나 지금까지는 저희의 방식이 틀렸다고 생각하지 않습니다. 그리고 저는 지금까지 해온 방식을 앞으로도 계속해나갈 생각입니다. 일반적으로 마케팅 역량이 약한 기업이라면 99%는 분명히 저희의 방식을 의아하게 생각할 것입니다. 저희는 에메랄드를 개발, 제조하는 데 오로지 기존 자사 기술을 토대로 해서 7~8년이나 돈을 쏟아부어 매진했는데 결국 시장을 뚫지 못했습니다. 그러나 저희는 포기하지 않고 지금도 필사적으로 시장 개척에 임하고 있습니다.

아까 말씀드렸지만, 저는 시장 개척이라는 과제도 연구개발과 그 맥락이 완전히 같다고 생각합니다. 이를 증명하는 하나의 예로, 진주를 양식해온 미키모토 고키치御木本幸吉 씨를 들 수 있겠습니다. 그분이 활동하실 당시는 아마 천연진주가 전성기였을 텐데, 그런 상황에서 양식진주를 세상에 어필하기까지 꽤 많은 시간과 노력이 필요했을 것이고 또 사업상에 엄청난 어려움을 겪었을 것이 분명합니다. 그럼에도 미키모토 씨는 양식진주가 반드시 시장에서 통하리라고 스스로 확고히 믿었고, 또 그러한 확신을 토대로 사업을 밀어붙여서 양식진주를 시장에 인지시킬 수 있었다고 생각합니다. 따라서 연구개발을 추진할 때도 또 시장을 개척할 때도 이른바 '광적인' 자세를 갖추지 않으면, 즉 자기 일에 미친 상태에 빠져 있지 않으면 결코 성공할 수 없지 않을까 하고 생각합니다.

소재, 기술, 부품의
조합이 만들어내는 가능성

저희는 현재 소재 개발에 매진하고 있는데 앞으로도 여기에 계속 집중할 생각입니다. 소재에서부터 부품에 이르기까지 매우 폭넓게 관여하고 있으니까 "교토세라믹(교세라의 전신)은 언젠가 소재나 부품을 넘어 완성품을 만들겠지요?"라는 질문을 고객 기업이나 외부 인사로부터 곧잘 받습니다. 그러나 지금 상황에서 저희는 최종 제품을 만들 생각이 전혀 없습니다. 저희가 보유한 기술을 토대로 앞으로도 당분간은 소재 개발에 매진할 예정이고, 이를 통해 더 다양하고 더 경쟁력 있는 소재를 개발해나가고자 합니다.

그리고 저희가 지금껏 제조해온 소재와 부품 그리고 이것들을 만드는 과정에서 습득한 저희만의 독자적인 기술을 수준 높게 조합해나가고자 합니다. 올해는 연구개발 주제를 어떻게 정할지, 그 결정 방식을 집중적으로 궁리하는 직원들을 한곳에 모아 관련 기획참모본부 같은 부처를 사내에 개설할 예정입니다. 이 본부에서 '보유 기술에 이 소재를 조합하면 어떤 것을 만들어낼 수 있을까?', '이 소재에 이 부품과 기술을 조합하면 어떤 가능성이 우리에게 생길까?' 같은 주제를 보유 기술의 연장선상에서 보다 집중적으로 검토할 계획입니다.

현재 저희는 매우 독특하고 특징적인 소재를 개발하는 중입니다. 이 같은 소재를 사용하면 소재 제조업체인 저희만의 새로운 제품을 만들 수 있으리라 생각하고 있습니다. '소재와 기술 그리고 부품의 조합으로 어떤 가능성이 태어날까?', '그 가능성을 어떤 시장에서 인정받을 수 있을까?'라는 물음을 집중적으로 파고들면서 연구개발의 주제를 선택하고 있습니다.

이런 방식이 당사의 주된 방향이지만, 시장이 요구하는 것을 충분히 파악하고 흡수하여 제품을 만드는 방식도 물론 실시하고 있습니다. 시장의 수요를, 즉 시장에서 어떤 것을 필요로 하는지를 제대로 파악해나가다 보면 자사 기술의 연장선상에서 생각할 때보다 더 많고 새로운 수요를 찾아낼 수 있을 것입니다. 저희는 그와 같은 시장 수요에 대해서도 나름대로 대응을 해나가고자 하는데, 그럴 때는 지금까지와는 다른 새로운 도전을 하는 상황이기 때문에 자칫 하나가 잘못되면 모든 것이 실패해버리고 말 가능성이 있습니다. 다만, 일본 기업 사이에 최근 기술자들의 유동성이 어느 정도 높아지고 있어서, 적당한 인재가 사내에 없을 때는 시장 수요에 따라 새로운 사람을 채용해 지금까지의 자사 기술과는 무관한 완전히 새로운 것을 개발하는 경우도 있습니다.

고객에게 있어
부가가치가 높은 제품을 만들다

하나 더 말씀드리고 싶은 것이 있습니다. 여러분 가운데는 대기업에 근무하시는 분이 많기 때문에, 아마도 매우 큰 규모의 프로젝트에 관여하고 계실 것이라 생각됩니다. 저희는 지극히 미세한 영역과 주제에 관한 개발밖에 수행하지 못했지만 창업 당시부터 연구나 개발을 할 때는 반드시 부가가치가 높은 것을 만드는 데 초점을 맞추었습니다. 현재 석유파동 때문에 '자원 절약'이라는 용어가 폭넓게 사용되고 있는데 저희는 기업 규모도 작았고 또 손에 쥔 자금도 적어서 필연적으로 자원 절약형 제품을 만들 수밖에 없었습니다. 창업한 순간부터 그 같은 숙명을 안고 사업에 임해왔기 때문에, 그런 방식이 지금까지 이어지고 있고, 적은 재료로 얼마나 높은 가치를 창출할 수 있을지가 연구개발 주제를 결정하는 데 있어 가장 중요한 목표로 작용하고 있습니다.

이 같은 부가가치와 관련해서, 저희는 독자적인 접근법을 사용합니다. 그러니까 다른 회사와는 차별화되는 문제의식이 있습니다. 일반적인 기술자들의 생각과는 다르다는 것이지요. 대개는 제품을 만드는 측이 '이 제품에는 매우 높은 가치가 있다'라고 생각하는 경향이 있는데 사실 그 제품의 가치가 어느 정도

인지는 수요자, 그러니까 구매자 측이 결정합니다. 그래서 저희 회사가 연구개발한 제품을 고객 기업이 조달하고 그 결과로 고객사가 만족할 경우, 즉 고객사가 사용해서 제품의 가치가 높아질 때 저희는 그 제품에 부가가치가 있다고 판단합니다.

적은 재료를 사용해서, 즉 적은 비용을 투입해서 가능한 한 비싸게 팔 수 있는 제품을 만드는 것이 가장 이상적이겠지만 그 제품이 비싸게 팔린다고 해도 고객 기업이 무리를 하면 안 됩니다. 고객사가 그 가격을 적정하다고 판단해 구입하고, 또 그것을 사용한 제품을 통해 고객사가 이익을 올려 매우 큰 만족감을 얻을 수 있어야 합니다. 저희는 그런 제품을 만들어야 한다고 생각합니다. 저희 회사는 연구개발 주제를 선정하면서 특별히 이와 같은 부분에 초점을 맞추어 검토합니다.

개발한 제품에는 이른바 '블랙박스'와 같은 미지의 부분이 반드시 있습니다. 이미 널리 알려진 것을 조합하기만 해서 전혀 새롭지 않은 제품을 만들어서는 안 된다고 생각합니다. 기존의 소재나 기술을 사용하더라도 지금껏 알려지지 않았던 부분과의 상승효과로 저희는 완전히 새로운 특징을 가진 것을 만들 수 있습니다. 저희가 만드는 제품에는 '특수한 기술'이라고 할 만한 것이 반드시 들어갑니다. 그 같은 기술은 외부인은 전혀 예측할 수가 없습니다. 요리 장인도 그럴 거라고 생각하는데요, '아무리 해도 그 맛을 낼 수 없다. 도대체 어떻게 그 맛을 내는 걸까?'라는 블랙박스 같은 부분이 없다면 제품 개발에 매진하는 의미가 없다고 생각합니다. 그런 블랙박스 같은 부분이 없으면 제품을 만들자마자 다른 회사가 다 모방해서 결국 부가가치가 적어지거나 사라지기 때문입니다.

석유파동의 여파로 세계가 경제적으로 저성장 시대에 진입했고, 또 이로 인해 매우 큰 변화를 마주하고 있습니다. 이 같은 상황에서 저는 사내에서 "지금이야말로 우리를 위한 시대가 아니겠나"라는 말을 자주 합니다. 창업 이후 18년간, 거의 매일 제품과 기술을 개발하며 살아왔습니다. 저희는 단일제품을 대량생산해 매출을 최대화하는 방식으로 성장해온 것이 아니라 늘 연구개발 주제를 탐색해 다양한 제품을 개발하고 또 그 제품을 시장에 흘려 보내는 일을 반복해왔습니다. 지금과 같은 저성장 시대에는 신제품을 개발할 능력이 있는지 없는지에 따라 기업 간 격차가 매우 커질 것입니다. 그래서 지금이야말로, 저희가 지금껏 연구하고 개발해온 것이 슬슬 싹을 틔우기 시작할 시기이지 않을까 생각하고 있습니다. 특히 기술 부문에 근무하는 직원에게 꿈과 희망이 있는 시대가 도래했다고 보기 때문에 "우리 기술개발에는 멋진 미래와 로망이 있다. 그러니 전원이 힘을 합쳐 노력하자"라며 격려하고 있습니다.

개발 주제보다 부족한 프로젝트 리더

최근 저희 회사도 연매출 400억 엔을 넘는 규모에 이르렀는데 그 때문에 제겐 큰 고민이 하나 생겼습니다. 지금까지는 규모가 작은 연구개발을 해도 그것이 회사의 성장과 발전으로 이어졌지만, 연매출 400억 엔 이상의 사업체로 성장하다 보니 규모가 작은 연구개발 주제에 일일이 다 관여하는 방식은 회사의 업적에 크게 기여하지 못한다는 점을 인식하게 되었습니다.

지금까지 만들어온 제품의 사이클이 짧아져서 그중에는 시장에서 이미 필요로 하지 않아 사라지고 마는 것도 있습니다. 그래서 기존 제품의 매출이 감소하면 그 공백을 신제품으로 메워서 오히려 매출을 더 늘려왔습니다. 그러다 보니 연구개발의 속도가 매우 빨라야 했지요. 이전에는 월 생산 1,000~2,000만 엔 규모의 연구개발 주제라도 개발에 성공하면 크게 기뻐하곤 했는데, 이제 그 정도 규모로는 단솥에 물 붓기에 지나지 않을 정도라 매우 고심하고 있습니다. 그러나 저희의 두뇌로는 타사가 귀를 의심할 정도의 대형 프로젝트를 할 수가 없습니다. 자금적으로도 어려운 상황입니다.

결국, 연구개발 주제도 규모가 작은 범위에서 고안되기에 아무래도 프로젝트가 작을 수밖에 없습니다. 프로젝트 규모가 월 생산 1,000만~2,000만 엔 정도라면 그런 프로젝트 열 개를 줄

세워도 월 생산 1억~2억 엔 정도밖에 되지 않습니다. 월 생산 1,000만~2,000만 엔 수준의 신제품도 월 생산량 10억 엔으로 성장한 제품도 사실 개발에 필요한 노력은 거의 비슷한 수준입니다.

그러나 그처럼 큰 매출을 올릴 만한 제품을 개발할 수 있는 직원은 저희 회사에 그리 많지 않습니다. 연구개발은 머리가 좋다고 해서 다 할 수 있는 일이 아닙니다. 특수한 재능이 있는 직원을, 예컨대 그런 직원이 열 명 필요하면 그 열 명을 사내에서 다 모으기란 쉬운 일이 아닙니다.

그런 이유로 작은 규모의 개별 주제밖에 고안하지 못하는 것이 저희의 현주소입니다. 물론, 큰 연구개발 프로젝트를 늘 노리고는 있지만 좋은 주제가 좀처럼 손에 잡히지 않는다는 것이 딜레마입니다. 없는 걸 노리고 있다고 해서 될 일이 아니기에, 지금은 동시에 열 건에서 스무 건 정도의 작은 규모의 연구개발 주제를 정해서 그 개발을 밀어붙이고 있습니다.

이는 저희 회사 연구소만의 일이 아닙니다. 저희는 각 사업부 안에 기술개발 부문을 개설해 각 사업부의 경비 범위 내에서 개발을 수행할 수 있도록 하고 있습니다. 연구소에서는 보다 기초적인 소재 연구만 수행하고, 그 기술을 응용하는 연구는 각 사업부의 기술개발 부문에서 수행하도록 하는 체제를 구축, 운영하고 있습니다.

지금부터 현재의 제 심경을 말씀드리고자 합니다. 작년까지 일본 전자산업, 특히 부품업계에 연초부터 꽤 큰 붐이 일어났지요. 컬러 TV와 CB 트랜시버[1]가 대량으로 팔리면서 석유파동 후의 대불황을 잊어버릴 정도로 매우 큰 수요가 생겨났습니다. 그러나 작년 9월경에 정점을 찍은 뒤 올해 들어서는 수요가 정체되기 시작했고 심지어는 완만한 감소 추세를 보이고 있습니다. 그 와중에 일본의 전자산업 관련 신제품이 계속해서 개발, 출시돼 꽤 팔렸던 것도 지금은 팔리지 않게 되어 저희는 지금 필사적으로 제품 개발에 임해야 할 상황입니다. 그러나 아까 말씀드렸던 것처럼, 저희가 선정하는 연구개발 주제는 아주 미세하고 또 모두 규모도 작아서 연구개발 주제의 숫자가 늘어날 수밖에 없습니다. 양적으로 늘어난 연구개발에 관련 인력이 모두 동원되다 보니, 이제는 작은 작은 규모의 연구개발을 치고 나갈 프로젝트 리더가 부족해진 실정입니다. 이 점이 바로 지금 제가 가장 고민하는 문제입니다.

연구개발 주제를 담당하는 인재가 부족해진 것이 큰 고민거리이긴 하지만, 연구개발 주제를 만들어내고 선정하는 것 자체는 지금까지 그리 힘들지 않았습니다. '어떤 연구개발을 수행해야 좋을까? 뭔가 좋은 주제가 없을까?' 하고 다들 고민하는데

---

1 transceiver. 라디오 또는 텔레비전 등의 신호를 송수신할 수 있는 장치.

저희는 연구개발 주제를 정하는 것 자체에서는 큰 고생을 한 적이 없습니다. 이는 저희만의 강점일지도 모릅니다. 저희는 가장 기초적인 소재개발 분야에 종사하고 있기 때문에 다양한 차원으로 응용할 수 있다는 것이 그 원인일 수 있겠습니다. 그런 점에서 연구개발 주제는 무한히 찾아낼 수 있다고 생각합니다. 한편 이는 시장 수요를 무시한 연구개발을 밀어붙이고 있기 때문일지 모릅니다. 바로 이와 같은 점 때문에 연구개발 주제의 규모 그리고 큰 규모의 연구개발 주제를 맡길 만한 인재 부족이라는 문제에 직면해 있는 것인지도 모릅니다.

연구개발 책임자에게 필요한 인간성

저의 또 다른 고민은 연구개발을 수행하는 데 있어 사람들을 어떻게 조합할지 하는 것입니다. '이 연구라면 그가 적임자이지 않을까' 하고 판단하면 그 사람을 책임자로 임명해 프로젝트팀을 편성하도록 해 일을 맡깁니다. 이때 기술적인 능력 이상으로 책임자의 인간성이 연구개발의 성패를 좌우한다고 생각합니다.

연구 개발 책임자는 고도의 기술과 탁월한 탐구능력이 있고, 연구개발에 대한 의욕이 왕성하며 자신의 연구를 매우 냉정하게 판단하는 사람이어야 합니다. 그리고 가끔은 연구를 수행하는 자기 자신에게조차 매우 엄격한 사람이 아니면, 연구에 절대 큰 기대를 걸 수 없다고 생각합니다. 연구에 대한 애착이 지나쳐서 수행하고 있는 연구 프로세스를 쉽게 정당화하는 경향을 보이는 사람은 연구개발을 훌륭하게 해나갈 수 없습니다.

신제품 영업 담당자에게는
다른 일을 맡기지 않는다

동시에 저는 연구 성과를 제조 부문, 즉 생산에 적용하는 과정에도 꽤 곤란한 문제가 있다고 생각합니다. 나아가 그 제품을 시장에 도입해나가는 과정에도 같은 수준의 곤란함이 있지요.

저희의 경우, 연구개발을 담당하는 직원이 제조 부문으로 바로 들어갑니다. 생산라인에 들어간 그 직원은 영업 부문에도 투입됩니다. 기존 제품을 영업하고 있는 직원에게 신제품 영업까지 절대로 겸임시키지 않습니다.

아무리 매출이 적어도, 예컨대 월 50만 엔어치밖에 안 팔리는 제품이라 할지라도 영업은 그 제품을 전담하는 직원이 수행할 수 있도록 해 '이 제품을 팔지 않으면 먹고살 수 없다'라고 생각할 정도로 자신이 처한 물리적 조건을 잘 인식하게 한 다음에 영업에 임할 수 있도록 하고 있습니다.

신제품을 매우 순조롭게 계속 생산해서 기존 영업라인으로 넘겨도 좀처럼 매출이 늘지 않을 때가 있습니다. 기존 제품이 잘 팔리기 때문에, 영업 담당자는 고객사에 방문해서도 신제품 이야기는 대충 넘깁니다. 고객사가 요청하면 영업에 대응하긴 해도 신제품을 필사적으로 팔려고 노력하지는 않습니다. 이런 상황이 벌어지지 않도록 저희는 채산에 맞지 않아도 신제품 영업도 제조도 기존 라인에서 분리해서 신제품만을 전담해 제조하고 영업하는 직원을 둡니다.

저를 포함한 여덟 명이 창업을 해서 오늘에 이르렀지만, 지금까지의 과정이 벤처사업 그 자체였기 때문에 지금도 이른바 '인하우스(사내)', 즉 기업 내부에서 벤처사업을 수행하도록 합니다.

조금 전 각 사업부에 각 경비 범위 내에서 자체적인 연구개발을 수행하도록 한다고 말씀드렸는데, 그것이 큰 프로젝트가 되면 각 사업부에서 직원을 차출해 회사 전체 차원의 프로젝트팀을 만듭니다. 그 순간부터 프로젝트에 새로운 이름을 붙여 사업부도 개설합니다. 물론, 임원이면서 사업부장을 맡는 사람도 있지만 계장 또는 반장이었다가 본인이 맡은 프로젝트를 잘 수행해서 밑에서부터 올라와 사업부장이 된 사람도 있습니다. 하나의 유닛으로 연구개발을 추진해나가면 그 자체로 사업부가 됩니다. 다른 회사처럼 영업 부문까지 운영할 수 있는 체제를 구축해서 그들에게 재량권을 부여해 연구개발을 추진할 수 있도록 하고 있습니다.

스스로를 '배고픈' 상황에 둔다

저희는 신제품 연구개발을 인하우스 벤처사업으로 추진하고 있는데, 한 가지 문제가 있습니다. 본사 쪽에서 이들에게 자금을 전부 지원해주다 보니, 사업부는 자금 걱정은 할 필요가 없다는 점입니다.

회사 창업 당시 자본금 300만 엔, 외부 차입금 1,000만 엔, 다 합쳐서 1,300만 엔의 돈으로 거의 한계 상황에서 지금까지 달려왔는데, 이 인하우스 벤처사업은 자금적으로는 쪼들리는 상태가 아닙니다. 연구개발을 추진하면서 새로운 기계가 필요하면 본사가 구입해줍니다. 그런 점에서 보면 독립적인 벤처사업과는 약간 다릅니다. 그리고 바로 그것이 매우 치명적인 문제점이라고 저는 느끼고 있습니다.

연구개발을 어떻게든 계속해서 수행하려면 그 책임자가 가진 의욕, 열의 그리고 정열 등이 중요한데 성과를 극대화하려면 물리적인 환경 조건도 중요하다고 생각합니다. 연구개발을 추진하다 보면 여러 가지 장벽에 부딪힙니다. 그런 장벽을 만나면 여러 사람에게 지혜를 빌리고 의견을 묻기도 하지요. 그래도 그 장벽을 뛰어넘게 하는 것은 결국 팀의 책임자가 지니고 있는 열정과 에너지라고 생각합니다.

다소 비과학적인 이야기지만, 물리에서의 에너지 법칙처럼 리더와 그 팀이 연구개발 주제에 쏟아붓는 열정이나 에너지의 양과 그 '장벽'의 높이가 같아야 할 필요가 있다고 저는 생각합니다. 즉 어마어마한 에너지와 열정을 쏟아붓지 않으면 절대로 그 장벽을 뛰어넘을 수 없다는 의미입니다.

경험상 하나의 연구개발 주제에 뛰어들면 거의 네다섯 번은 '더는 뛰어넘을 수 없다'고 생각되는 장벽을 맞닥뜨립니다. 육체적으로도 정신적으로도 에너지가 크게 소모되는 일이지요. 그렇기에 연구개발에 대한 열정이 다른 사람의 배 이상인 사람을 책임자로 임명하지 않으면 안 됩니다. 그리고 그가 더 많은 에너지와 열정을 쏟아붓게 하는 데는 외부 환경이 매우 중요하게 작용합니다.

예컨대 돈 문제로 궁지에 몰리면, 즉 자신의 월급도 받지 못하게 되고 또 부하직원의 월급도 챙겨주지 못하는 상황으로까지 몰리면, 엄청난 에너지가 솟아납니다. 이른바 '광기 어린' 상태가 되는 것이지요. 그런 상태에서 내뿜는 에너지가 아니고서는 뛰어넘을 수 없는, 그런 높은 장벽이 연구개발 과정에는 많이 나타납니다.

직원들에게 그와 같은 외부 환경적 조건을 부여하고자 해도, 그야말로 독립적인 벤처사업이 아니고서는 그렇게까지 상태를 힘들게 몰아붙일 수 없습니다. 본인이 희망한 것도 아니고 연구개발 주제와 책임자가 일방적으로 정해진 것이기 때문에, 저는 직원의 월급이나 보너스를 지급하는 데 있어 큰 격차를 내지 않습니다. 실적에 따라 평가에 큰 차이를 두면 일부 직원은 크게 만족할지라도 대부분은 크게 실망해서 회사 전체의 사기가 떨어지는 결과가 초래되기 때문에 연구개발과 관련해서는 아무리 큰 성과를 냈다 해도 큰 점수 차이로 평가하지 않습니다. 그렇기에 더욱 인하우스 벤처사업의 한계를 절감하고 있습니다.

되도록 물리적인 조건을 바꿔서 자신을 '배고픈' 상태, 즉 궁지에 몰린 듯한 상태에 둘 수 있는 사람, 그럴 수 없다면 스스로를 '광기 어린' 상태로까지 몰고 갈 수 있는 사람만이 그때 솟아나는 에너지와 열정으로 연구개발을 성공적으로 수행해낼 수 있다고 생각합니다. 그러나 그 같은 사람은 좀처럼 찾아볼 수 없습니다. 그렇기에 인하우스 벤처사업의 운영 방식과 관련해 저희는 현재 몇 가지 곤란함을 겪고 있는 상황입니다.

교토의 기업은
서로 기술을 공유해야 한다

비즈니스상 교류하고 있는 교토의 두세 군데 중견기업 경영자 분들과 이야기를 나누던 중에 '이러이러한 제품을 만들어보면 어떻겠나?' 하는 말씀을 들은 적이 있습니다.

　시장 수요를 파악하면서 '이런 제품을 만들면 잘 팔리겠는데' 싶은 확신이 드는 제품이 생겼어도, 자사가 관련 기술 한 개 정도는 보유하고 있지만 그 외 기술은 없을 때가 꽤 많습니다. 아마 여러분도 이런 경험을 많이 하셨으리라 생각합니다. 저희가 있는 교토는 이렇다 할 대기업이 없어서 지역경제 기반이 매우 약하고 기껏해야 중견기업군이 형성되어 있는 정도입니다. 문제는 교토 지역 내에서 각 기업이 서로 중복되는 기초연구를 하고 있다는 점입니다. 저는 이처럼 교토 내 기업이 엇비슷한 연구에 개별적으로 대응하는 것은 매우 아까운 일이라고 생각합니다.

　그래서 저는 교토에 기술지원센터를 민영 또는 공영의 형태로 하나 만들면 어떨까 하고 생각합니다. 각 기업의 보유 기술을 센터에 등록해두어 교토 기업이 모두 기술을 공유할 수 있게 하는 겁니다. 마치 '기술 도서관' 같은 기능을 발휘하도록 하는 것이죠. 어떤 기업이 어떤 제품을 만들고 싶은데 관련 기술이 없을 때, 지역 내 각 기업의 보유 기술을 센터에서 검색해 열람할 수 있게 하는 겁니다. 그렇게 해서 그 기업이 필요로 하는 기술을 지역 내 타 기업이 보유하고 있다는 것을 확인했다면 서로 충분한 의사소통을 거쳐 로열티를 지급하고 기술을 제공받을 수 있게 합니다. 물론 완전히 같은 제품을 만드는 기업끼리는 약간의 문제가 있겠지요.

어떤 분야에서는 지극히 널리 쓰이고 또 전혀 어렵지 않은 기술인데, 다른 분야에서는 그것이 매우 어렵게 느껴질 때가 많습니다. 이러한 기술은 얼마든지 있기 때문에 그것을 매우 합리적인 가격으로 제공받을 수 있다면, 각 기업의 연구개발이 보다 순조롭게 진행되리라고 생각합니다.

이렇게 기술이나 노하우의 가치를 좀 더 적극적으로 인정해주면 좋겠다는 생각이 듭니다. 일반적으로, 기업은 서로의 기술을 어떻게든 훔치려는, 이른바 기술전쟁까지 벌입니다. 그러지 말고 기술을 공유하는 센터를 만들어 각 기업을 서로 연결해나가는 코디네이터 같은 인력을 둔다면 지금까지 매우 힘들었던 연구개발이 크게 진전되는 경우도 있을 겁니다. 이 같은 아이디어를 교토의 여러 기업에 제안한 바 있습니다.

유통 측면에서도 같은 맥락의 생각을 해볼 수 있습니다. 저희는 에메랄드의 재결정 보석을 제조하고 있는데 그 과정에서 유통 문제가 하나 생겼습니다. 저희는 완성품을 만들지 않기 때문에 유통망을 구축할 수 있는 인재가 없습니다. 그래서 고민을 거듭한 결과, 지금은 도쿄의 긴자와 교토의 시조 같은 번화가에 유통 직영점을 설치, 운영하고 있습니다. 맨 처음에는 유통 대리점을 어디에 두면 좋을지 전혀 알 수가 없어서 정말 미친 듯이 일본 전역을 돌아다니며 대리점 입지를 찾는 등, 들이는 돈에 비해 좀처럼 효과가 나지 않는 대응을 했었습니다.

다른 회사에서는 유통에 정통한 꽤 많은 베테랑 직원이 관련 노하우를 꽉 쥐고 있습니다. 그래서 그들과의 네트워크를 활용해서 '대리점 계약은 이런 식으로 하면 된다'라는 자문을 받고, 매출의 일정 비율을 노하우 전수에 대한 사례로 지급하면 되지 않을까 하는 생각을 합니다.

이처럼 기술을 반드시 공학적인 기술에 한정하지 않고, 유통이나 디자인, 패션 등도 기술의 영역에 포함시켜 각 분야의 노하우를 공유하고 조정할 수 있다면 지역 내 기업이 보다 순조롭게 연구개발을 추진해나갈 수 있지 않을까 생각합니다.

일본은 특히 중소기업 수가 매우 많기 때문에 중소기업이나 중견기업이 중복되는 연구개발이나 기술개발에 매진하다가는 국가적으로도 매우 큰 손실을 볼 수밖에 없다는 생각으로 오늘 말씀드린 내용을 지역사회에 제안한 바 있습니다.

연구개발의 주제는
약간 난도가 높은 것으로

연구개발 주제를 고민할 때 저희는 현재 자사가 보유하고 있는 기술로는 달성해내기 어려운, 즉 난도가 꽤 높은 주제를 선정합니다. 최고경영자인 제가 선정할 때도 있고, 연구개발 담당 임원이 선정할 때도 있습니다. 그리고 아래 직원, 즉 밑에서부터 주제가 결정될 때도 있습니다.

어떤 결정 루트를 거치든, 직원들의 연구개발 능력이란 시간이 흐름에 따라 업데이트 되면서 점차 높아지는 법이기 때문에 그것을 미래진행형으로 평가할 수 있는 능력을 갖추지 않으면 안 됩니다.

'현시점에서 나와 부하직원의 개발능력은 이 정도 수준이다. 그러나 이번 연도 후반부에는 아마 이런 연구도 진행할 테고, 그사이 다른 전문가도 우리 팀에 영입해서 연구를 진행해나간다면 이쯤의 능력을 갖추게 될 것이다. 그러면 내년 정도에는 이 정도 수준의 역량이 갖춰질 것이다'라는 식으로 생각해야 합니다. 즉 자신이 속한 팀의 성장과 이후 합류할 직원의 성장까지 포함해서 팀의 개발능력을 미래의 특정 시점에 맞춰 평가하고 예측하는 것이지요. 능력은 현재뿐 아니라 미래의 특정 시점에도 계속해서 향상될 것이기에, 그 시점에서 팀의 능력을 정확하게 평가하고 예측할 수 없다면 개발 책임자가 될 수 없습니다. 저는 직원들에게 이 점을 늘 강조하고 있습니다.

저희는 예로부터 매우 도전적인 회사로, 방금 말씀드린 대로 저희 기술을 미래지향적으로 파악했을 때 만들 수 있을 것 같은 제품에 대한 문의를 받아서 개발에 임해왔습니다. 현재 진행하고 있는 연구개발 중에서도 저희가 미국에서 4~5년 전에 도입한 단결정 사파이어를 연속적으로 향상시키는 기술을 활용한 것이 있습니다. 단결정 사파이어를 튜브나 삼각형 모양 등 어떤 형상으로든 만들어낼 수 있는 기술을 사용해 이를 공업용 소재로 쓸 수 있도록 현재 여러 방향으로 응용을 꾀하고 있습니다.

그중에서 단결정 사파이어의 표면에 이른바 '에피택시얼 성장epitaxial growth' 또는 '에피택시Epitaxy'[1]로 불리는 기술을 적용해 매우 얇은 실리콘 막을 사파이어 표면에 접착시키는 기술이 있습니다. 이를 흔히 'SOS Silicon-On-Sapphire'[2]라고 부릅니다. 이 기술로 반도체 디바이스를 만들면 기존의 실리콘 웨이퍼[3]를 사용할 때보다 전력 소비가 크게 줄어들고 메모리 등에 적용하면 속도가 높은 메모리를 만들 수 있습니다. 이는 완전히 새로운 것

---

1 원소나 화학물질을 단일결정 구조로 성장시키는 기술로, 반도체 소자의 구조와 특성을 조절하는 데 사용된다.
2 얇은 실리콘을 고온에서 사파이어 웨이퍼에 접합해서 만든다.
3 모든 전자제품에 탑재되는 재료로, 반도체 제조에 있어 필수적이다.

은 아니지만 이 같은 응용을 통해 새로운 디바이스를 만들기 위한 SOS를 저희는 개발하고 있습니다.

최근 팩시밀리를 매우 저렴한 가격으로 제조하려는 움직임이 일본에서 나타나고 있습니다. 일본전신전화공사[1]에서도 저렴한 장치를 가정용 전화선에 연결해 10만 엔 이하의 팩스를 각 가정에 설치하려는 움직임을 보이고 있지요. 그러려면 팩스 프린터의 헤드 부분을 매우 저렴한 가격으로 제조해야만 합니다. 그 같은 수요가 등장했으니 SOS를 기반으로 하면 매우 성능이 좋은 프린터 헤드를 매우 저렴하게 양산할 수 있으리라 생각했습니다.

프린터 헤드에는 매우 작은 히터가 들어가는데 히터를 가열해 글자를 찍어냅니다. SOS 중에서도 다이오드diode[2]와 저항 부분, 나아가 드라이브 사이드까지 일체화한 것을 앞서 말씀드린 세라믹스의 적층기술과 같은 원리로 개발할 수 있을 것이라고 판단해 시제품을 만들고 있습니다.

고객 기업 한두 곳에 이런 이야기를 했더니 "그 같은 제품은 지금 정말 필요하다. 제발 좀 만들어달라. 언제쯤 시제품이 나오나?"라는 반응을 보였습니다. 이 같은 요청에 대해 저희는 아

---

1 지금은 민영화된 NTT의 전신으로 약칭은 '전전공사'이다.
2 전기가 일방으로 흐르도록 하는 전자부품.

직 제조도 안 했는데 "올해 6월 말경에는 세 개 정도의 샘플을 만들어보겠습니다"라는 식으로 자주 대답합니다.

이럴 때는 앞서 제가 말씀드렸듯이, 우리 팀의 개발능력을 미래지향적으로 인식하고 파악하는 것이 매우 중요합니다. 그런 방식으로 자기 팀의 개발능력을 정확하게 판단하지 못해서, 예컨대 지나치게 신중해서 "6월 말경까지 샘플을 만들어달라고 하셨지만, 직접 해보지 않으면 잘 모르는 일입니다. 솔직히 그때까지 완성이 될지 잘 모르겠습니다"라는 식으로 대응했다가는 고객사로부터 절대 주문을 따낼 수 없습니다. 또 아주 간단하게 "가능합니다"라고 대답했는데, 실제로 6월이 되어도 완성이 안 되면 고객사는 저희의 시제품을 사용해서 픽시밀리 시제품 제작에 착수하기 때문에 매우 큰 불편을 끼칠 수 있습니다. 아니, 고객사를 아예 궁지에 빠뜨리는 셈이 됩니다.

그렇기에 자신과 자신이 속한 팀의 개발능력을 미래지향적으로 인식, 파악해서 정확하게 평가하고 예측하는 것이 매우 중요합니다. 이러한 사고방식은 최고경영자와 연구개발을 수행하는 직원이 소통할 때도 필수적입니다. 최고경영자가 "이건 언제까지 가능하겠나?"라고 물었을 때 '사장한테 안 좋은 평가를 받으면 안 된다'라는 이유로 지나치게 신중해져서 미래의 수준을 평가하고 예측하는 것을 일부러 피해서는 안 됩니다. 최고경영자의 요구에 도전해보겠다는 모험심 같은 것이 없다면 최고경영자에게 제대로 된 평가를 받을 수 없을 것입니다.

개발능력을 미래진행형으로 인식하고 파악한다는 것은 역으로 말하자면, 상사와 최고경영자 그리고 고객사와의 약속과 관련하여 자신을 몰아붙이는 것이기도 합니다. 즉 매우 힘든 상황을 스스로 만들어 자신을 '벼랑 끝으로 내몬다'는 뜻입니다. 인간은 어떻게든 안락함과 편안함을 추구하는 존재이기 때문에 자신을 '벼랑 끝으로 내모는' 외부 환경과 상황을 스스로가 인위적으로 만들 필요가 있지 않을까 하는 생각이 늘 듭니다.

연구개발에는 무엇보다 '기업가정신'이 필요하다

연구개발을 수행하는 사람에게는 흔히 말하는 '기업가정신'이 매우 중요하다고 생각합니다. 이른바 직장인이나 샐러리맨 정도의 자기 정체성으로 연구개발에 임한다면 큰 성과를 낳는 연구개발을 절대로 수행할 수 없습니다. 그래서 연구개발을 맡은 사람에게는 기업가정신이 넘쳐나야 한다고 생각합니다.

예컨대 '왜 지금 이 연구개발을 하고 있는가? 왜 그 기일까지 이 연구개발을 끝내지 않으면 안 되는가?'라는 질문에 대한 생각과 고민을 가슴에 품지도 않고 그저 '위에서 지시한 것이니

할 수밖에 없지'라는 정도로 자신에게 동기부여를 한다면 그는 열의가 매우 약한 사람입니다. 이런 사람은 절대 연구개발을 맡아서는 안 됩니다. 기업가정신이 흘러넘치는, 의욕과 열의가 왕성해서 그 연구개발의 필요성이나 필연성을 스스로 정확하게 인식하고 있고, 자신에게 지금의 연구개발이 어떤 의미인지 큰 틀에서 동기를 부여하며 부하직원들에게도 연구개발의 의의를 납득시킬 수 있는 사람이 아니면 절대 개발 책임자가 될 수 없습니다.

이와 동일하게 몇 번이나 반복해서 말씀드리지만, 연구개발 같은 지극히 창의적인 작업을 감당하려면 일종의 '광기'를 가져야 합니다. 대기업 사장이 된 사람을 비롯해서 뭔가를 실현하고 달성한 사람은 역시 '광기'를 발휘하는 사람입니다.

그럼에도, 저희 회사에서도 기술개발을 할 사람을 선택할 때는 전문성을 갖추고 있고 머리가 매우 비상하며 냉정하게 자기 자신의 성과를 분석할 수 있는, 아무래도 평범한 사람에게 일을 맡기는 경향이 있는 것이 사실입니다. 그러나 평상시에는 매우 평범하고 상식적이어도 괜찮지만, 연구개발 과정에서 장벽을 맞닥뜨렸을 때에는 '광기'의 세계로 자신을 밀어 넣을 수 있는 사람이어야 합니다. 무엇이든 큰일을 해낸 사람을 보면, 얼핏 일반인과 별다르지 않고 매우 상식적이고 평범하게 보이지만 뭔가 과제를 접하면 광기에 가까운 열의와 투지를 발휘한 경우가 대부분입니다. 그런 분들의 이야기를 접하면 상식으로는 도저히 이해할 수 없는, 정말 '일에 미친' 사람 같은 어마어마한 말을 하곤 합니다.

저희는 이처럼 '상식에서 벗어난' 사람에게는 아무래도 위화감을 느낄 수밖에 없기 때문에 평범한 상식인의 수준에서 어느 정도 겸허함도 갖춘 사람을 선호합니다. 그래도 문제나 장벽에 직면하면 그것을 해결하거나 뛰어넘기 위해 광기를 발휘할 수 있어야만 한다고 생각합니다. 어떤 문제나 과제 앞에서 광기를 발휘하려면 앞서도 말씀드렸듯이 그 사람을 '궁지로 밀어붙이는' 것과 같은 물리적인 환경 조건이 필요한데, 그것을 쉽게 말하자면 이른바 '헝그리' 상태입니다. 즉 '헝그리 정신'을 발휘할 수 있는 외부 환경을 맞닥뜨리게 하는 것입니다.

저는 권투를 매우 좋아합니다. 그래서 권투시합 중계를 자주 보고 또 실제로 권투를 해본 적도 있습니다. 권투시합에서 상대의 펀치를 맞고 다운되었다가도 다시 일어나는 선수들을 보면서, 체력이 한계에 달했는데도 이 선수를 다시 일어서게 만드는 것은 '지금의 챔피언 자리에서 물러나면 앞으로 먹고살 수 없다'라는 헝그리 정신일 것이라고 저는 확신합니다. 이 같은 물리적인 조건이나 외부 환경이 선수를 광기의 세계로 밀어붙여, 즉 속된 말로 '악으로 깡으로' 투지를 불태우게 한다고 생각합니다. 그리고 마지막에는 그런 헝그리 정신이 강한 선수가 승리하는 것이지요.

이 같은 외부 조건하에서 스스로를 광기 상태로 몰아붙이는 것이 매우 중요합니다. 이와 관련해 조금만 더 말씀드리자면 저는 그 같은 물리적 조건을 스스로 의도적으로 만들어내는 동시에 광기의 세계와 상식의 세계를 자유롭게 오갈 수 있어야 한다고 생각합니다. 그야말로 꿈과 현실을 왔다 갔다 할 수 있는 능력이 필요한 것이지요.

저는 매우 어렵고 장벽이 높은 연구개발 과제를 맞닥뜨리면 아침에 일어나서 밤에 잠을 잘 때까지 그리고 식사를 하거나 화장실에서 용변을 볼 때도 오로지 그 생각만을 하는 편입니다. 그러다 보면 프로세스에서부터 결과까지 머릿속에 훤히 보이게 되고, 아직 아무것도 해놓은 것이 없음에도 "나는 할 수 있다"라고 주위 사람에게 자신 있게 얘기할 수 있는 상태가 됩니다. 막연하게 꿈속에서 생각하던 것이 어느새 현실과 분리되지 않고 하나로 어우러지는 경우가 종종 있습니다.

꿈과 현실 세계 사이를, 광기와 상식의 세계를 오가는 것은 우리가 사는 이 지구와 우주 사이를 이동하는 것과 같다고 생각합니다. 인공위성이 우주에 도달하려면 맹렬한 추진력과 에너지가 필요한데, 무중력 공간에 들어서면 에너지를 많이 쓰지 않고도 쉽게 나아갈 수 있습니다. 처음에는 그런 일이 완전히 불가능하게 생각되지만 실은 전혀 그렇지 않습니다.

즉 연구개발을 수행하는 사람이라면 자신이 맡은 주제를 '가능성이 있다면 한번 해보고 싶다'라면서 그저 꿈인 상태로 놔둬서는 안 됩니다. 현실과 꿈의 세계 간의 괴리가 점점 줄어들어 실제로 그 연구개발에 성공한 것으로 착각할 정도가 되지 않으면 안 됩니다. 이처럼 두 세계를 자유롭게 오갈 수 있는 타입이 아니면 탁월한 연구개발은 수행할 수 없다고 저는 생각합니다.

'순수한 초짜'가 혁신을 이루어낸다

마지막으로 저의 지론을 소개하고 싶습니다. 저는 혁신적인 것을 이루어내는 사람은 전문가가 아니라 흔히 '아마추어'라고 표현하는 비전문가, 또는 '풋내기'라고 생각합니다. 자신의 전문 영역에만 매몰된 사람은 절대로 혁신에 성공할 수 없습니다. 물론 전문적인 지식과 기술은 있어야 합니다. 다만 전문성을 얕잡아보는 것은 절대 아니지만, 자신의 전문 영역에만 갇혀서 거기서 잘 빠져나오지 못하는 사람은 절대 혁신적인 연구개발을 할 수 없다고 생각합니다. 오히려 프로라고는 볼 수 없는 비전문가야말로 혁신적인 개발에 성공합니다.

아무리 전문가라고 해도 항상 풋내기 초짜처럼 매우 신선한 시각으로 대상을 바라보는 것이 중요합니다. 항상 호기심을 갖고 동그랗게 뜬 눈으로 대상을 바라보는, 늘 궁금증에 사로잡혀 풋풋하게 질문을 하는 초짜 같은 순수한 관점이 없으면 혁신은 이루어낼 수 없습니다. 자기 전문 영역에만 갇힌 닳고 닳은 프로보다 풋풋하고 순수한 초짜를 기용할 때 오히려 성공 확률이 더 높습니다. 이는 저의 경험에서 체득한 일종의 법칙입니다.

이야기를 정리하자면, 순수하고 겸허한 마음으로 다른 사람보다 배 이상으로 연구개발에 열정을 쏟아부으며 때로는 광기마저 내뿜을 수 있는 사람이 아니라면 연구개발을 성공적으로 해낼 수 없지 않나 생각합니다.

이상으로 저의 이야기를 마치도록 하겠습니다. 감사합니다.

경 | 영 | 의 | 원 | 리 | 원 | 칙

❶ 보유 기술의 연장선상에 없는 기술로, 즉 자신에게 익숙하지 않은 기술을 사용해서 요행히 신제품 개발에 성공하는 경우가 있다. 그러나 그 제품의 사이클이 매우 짧아서 외부 환경 변화에 제대로 대응하지 못하면, 후속 제품은 개발할 수 없다.

❷ 어떠한 변화가 일어나더라도 스스로 가장 자신 있는 기술의 연장선상에서는 응용을 할 수 있다. 혹 그것이 실패한다 해도 곧바로 새로운 것을 모색할 수 있다.

❸ 경영을 하면서 익숙하지 않은 것에 손을 대는 것은 리스크가 매우 크다. 그래서 반드시 보유 기술과 연결해서 제품을

개발한다. 전개 속도가 느리게 보일 수 있지만 이러한 대응
을 할 때 훨씬 탄탄하고 안정적이다.

❹ 시장 개척도 기술개발이나 연구개발과 맥락은 같다. 시장이
존재하지 않으면 스스로 시장을 만들면 된다.

❺ 연구개발 수행에 있어서나, 시장 개척에 매진할 때나 일종
의 광기 어린 상태로까지 빠져들어야 한다. 그렇지 않으면
둘 다 절대 성공할 수 없다.

❻ 일반적으로 물건을 만드는 입장에서 '이것은 매우 높은 가
치가 있는 물건이다'라고 생각하는 경향이 있는데, 그 가치
를 결정하는 것은 물건을 사는 측이다. 그래서 연구개발을
한 제품을 구매한 고객사가 그 제품에 크게 만족할 때, 즉
고객사가 사용함으로써 제품의 가치가 높아질 때에야 비로
소 그 제품에 부가가치가 있다고 말할 수 있다.

❼ 기술적인 능력 이상으로 책임자의 인간성이 연구개발의 성
패를 좌우한다.

❽ 고도의 기술과 탁월한 능력이 있으며, 자신의 연구 프로세스를 매우 냉정하게 되돌아보고 또 예측하는 사람, 또한 가끔은 연구를 수행하는 스스로를 매우 엄격하게 다그칠 수 있는 사람이 아니면 연구개발에 성공할 수 없다.

❾ 연구개발을 추진하다 보면 여러 가지 장벽을 맞닥뜨린다. 그 장벽을 뛰어넘게 해주는 것은 결국 책임자의 열정과 에너지이다. 물리학의 에너지 법칙처럼, 책임자와 그 집단이 개발 주제에 쏟아붓는 열정 및 에너지의 양과 장벽의 높이가 같아야 할 필요가 있다. 즉 엄청난 에너지와 열정을 쏟아붓는 것 외에 그 장벽을 뛰어넘을 방법은 없다.

❿ 연구개발 주제를 정할 때는 자신과 팀의 개발능력이 시간의 경과에 따라 업데이트되어 점차 강화되기 때문에, 이를 미래지향적으로 평가하고 예측할 수 있는 능력을 갖추지 않으면 안 된다.

⓫ 자신을 포함한 팀의 성장과 이후 합류할 사람의 성장까지 모두 포함해서, 팀의 개발능력을 미래의 특정 시점에서 파악하고 예측해야 한다. 그 능력은 지금도 그렇고 미래의 특

정 시점에도 계속해서 향상될 것이기에 그 미래 시점에서 팀 구성원의 개발능력을 정확하게 평가하고 예측하지 않으면 개발 책임자가 될 수 없다.

⓬ 상사와 최고경영자 그리고 고객사와 한 약속과 관련해 스스로를 의식적으로 궁지로 내모는 것, 매우 힘든 상황을 만들어 자신을 벼랑 끝으로 내모는 자세가 중요하다. 인간은 어떻게든 안락함과 편안함을 추구하는 존재이기 때문에 스스로를 벼랑 끝으로 내몰리게 하는 외부 환경과 상황을 자신이 인위적으로 만들 필요가 있다.

⓭ 기업가정신이 매우 왕성한 사람이어야만 연구개발 책임자가 될 수 있다. 그 연구개발의 필요성이나 필연성을 스스로 정확하게 인식할 수 있어야 하고, 부하직원에게도 연구개발의 의의를 충분히 납득시킬 수 있어야 한다.

⓮ 자신을 '광기' 상태로 몰아가는 물리적 조건을 의도적으로 만들어내는 동시에 광기의 세계와 상식의 세계를 자유롭게 오갈 수 있어야 한다. 이는 그야말로 꿈과 현실을 왔다 갔다 할 수 있는 능력을 의미한다.

⓯ 자기의 전문 영역에만 갇혀서 잘 빠져나오지 못하는 사람은 혁신적인 연구개발을 절대로 할 수 없다. 오히려 프로라고는 볼 수 없는 비전문가야말로 혁신적인 개발에 성공한다. 아무리 전문가라 해도 늘 풋내기 초짜처럼 매우 신선한 시각으로 대상을 바라봐야 한다. 늘 호기심을 갖고 동그랗게 뜬 눈으로 대상을 바라보고, 늘 궁금증에 사로잡혀 풋풋하게 질문하는 초짜 같은 순수한 관점 없이는 혁신을 이루어낼 수 없다.

3장

●

이기는 중소기업의
판매전략

●

일본청년회의소 주최 경영개발 심포지엄,
1979년 9월 7일

1979년 일본청년회의소 jc 경영개발 심포지엄은 9월 7일과 8일 양일간에 걸쳐 개최되었다. 이나모리는 7일 심포지엄에서 '이기는 중소기업의 판매전략'이라는 주제로 강연을 했다. 이나모리는 다섯 가지의 판매전략을 들었고, 나아가 영업에 관한 확고한 철학이 중요하며 고객으로부터 존경받을 정도로 그 철학을 파고들 필요가 있다고 설파했다.

전 세계 공통의 '판매 조건'

일본청년회의소에서 이번 심포지엄에서 강연을 해달라는 의뢰를 해주셨습니다. 기술밖에 모르는 제가 기업의 판매전략을 말한다는 게 쉽지는 않겠지만, 일본의 장래를 등에 업고 있는 젊은 경영자 여러분에게 조금이나마 도움이 되면 좋겠다고 생각해 이번 강연을 수락했습니다.

사실 무엇에 관해 강연을 하면 좋을지를 여쭙지 못하고 수락을 했었는데, 나중에 심포지엄 일정표를 보니 제 강연 주제가 '판매전략'이라고 되어 있더군요. 기술적인 것만 파고든 저로서는 꽤 당황스러웠습니다. '큰일났다'고 생각하며 없는 지식과 지혜를 모두 동원해서 나름대로 열심히 강연을 준비했습니다. 제 강연이 마음에 들지 않으실 수도 있겠지만 넓은 아량으로 들어주시면 감사하겠습니다.

회사를 설립한 지도 벌써 20년이 지나 올해로 창업 21년째에 접어들었습니다. 저희 회사는 현재 국내 직원 수가 3,700명 정도 됩니다. 이번 분기의 단독 예상 매출액은 약 700억 엔이고, 자회사를 국내에 보유하고 있고 해외에서는 미국에 가장 큰 거점을 두고 있습니다.

미국에는 저희의 100% 자회사인 '교세라 인터내셔널'을 비롯해서 다섯 개의 회사가 있습니다. 그중 네 개가 캘리포니아에 있고, 하나가 노스캐롤라이나에 있습니다. 그 다섯 개 회사에서 각각 제조와 판매를 하고 있고, 제품 종류도 매우 다양합니다. 현재 직원 수는 1,900명 규모이고, 이번 분기 예상 매출액은 약 1억 8,000만 달러입니다. 앞으로 경제·사회·정치 정세가 세계에서 가장 안정된 미국에서 일본과 거의 같은 수준의 규모와 수익성을 갖춘 회사로 빠르게 성장시켜나가고자 하는 것이 저의 바람입니다. 우선 저희의 상황을 대략 말씀드렸습니다.

저희에게 뭔가 특별한 판매전략이 있는가 하면, 다른 회사와 차별화되는 아주 훌륭한 판매전략이라고 할 만한 것은 딱히 없습니다. 다만 저는 20년 전에 창업한 이후로 지금까지 기술개발뿐 아니라 판매에도 직접 관여해왔기 때문에, 과거의 기억을 아주 상세하게 떠올려 어떤 판매전략이 저희에게 유용했는지 말씀드리고자 합니다. 그러면 여러분의 기업 경영에 조금이나마 도움이 되지 않을까 싶어 제가 정한 순서에 따라 몇 가지 말씀을 드리겠습니다.

　개발하고 제조한 것을 많이 판매하기 위해서는 좋은 품질, 저렴한 가격 그리고 정확한 납기라는 세 가지 조건이 중요하다고 생각합니다. 이 같은 조건의 중요성은 전 세계 공통이며, 이에 대한 반론의 여지는 없을 것입니다. 물론 그 외에도 여러 가지 중요한 요인이 있는데 그것에 관해 지금부터 말씀드리겠습니다.

| 판매전략 1 |

먼저 회사 이름을 세상에 알린다

첫 번째 전략은 회사의 이름을 세상에 널리 알리는 것입니다. 창업 후 저는 기술자지만 연구한 기술의 제품화뿐 아니라 판매에도 직접 관여했습니다.

　저희는 '교토세라믹'이라는 회사 이름을 사용했는데, 처음에는 '니혼日本세라믹'과 '도요東洋세라믹' 중 하나로 결정하려고 했었지요. 그런데 출자자들이 주로 교토 분들이었고 "내가 돈을 낼 테니, '교토'라는 지역명을 회사 이름에 넣으면 좋겠다"라고 요청하셨습니다. 장래에 조금이라도 유명한 회사로 성장한다면 사람들은 회사 이름을 줄여서 약칭으로 부를 겁니다. 그렇게 되면 저희 회사 이름이 나중에는 '교세라'가 되지 않을까 생각해보기도 했습니다. 당시에는 '될 대로 돼라', '이루어질 일은 언제든 이루어진다'라는 뜻의 스페인어 '케세라세라Que sera sera' 라는 용어가 동명의 영화 주제곡으로 인기를 얻으면서 꽤 유행을 했었습니다. 그래서 '니혼세라믹'과 '도요세라믹'의 약칭으로 '니세라'와 '도세라' 정도는 그래도 괜찮은데, '교세라'는 '케세라세라'와 너무 비슷해서 유행어를 의식한, 다소 가벼운 기업으로 인식되지 않을까 걱정이 되고 어색하다는 생각도 들었습니다.

애초에 '세라믹스'라고 하는 용어 자체가 일반적이지 않아, 사명을 '교토세라믹'이라고 해도 상대 기업은 당연히 저희가 무엇을 하는 회사인지 무엇을 만드는 곳인지 알 수가 없습니다. 일본 기업에 제품을 팔러 가도 좀처럼 상대해주지 않아서 곧잘 문전박대를 당했고, 그래서 매우 서러운 경험을 많이 했습니다.

그런 점에서 생각해보면, 회사 이름이 브랜드로서 세상에 알려진다는 것은 본래 판매전략 이전의 문제지만, 역시 매우 중요한 일이라고 생각합니다. 즉 판매를 시도하기 전에 회사 이름이 이미 시장에 알려져야 한다는 의미입니다. 아마 중소기업 경영자 중에는 이와 같은 문제로 이미 어려움을 겪고 계신 분들도 있을 겁니다.

또한 고객사를 방문하면 "무엇을 만드나요?"라는 질문을 하는데, 이에 "세라믹스를 만듭니다"라고 대답하면 "세라믹스가 뭔가요?"는 질문이 재차 이어집니다. 그래서 "도자기 같은 것입니다"라고 말하면 "도자기? 아, 찻잔 같은 것을 만드는군요"라고 자신들과는 아무런 상관이 없는 제품이라는 듯 냉담하게 반응했습니다. 저희가 만드는 제품명이 일반적이지 않았던 것도 판매에 있어 매우 큰 걸림돌로 작용했습니다.

업계에 사명과 제품명을 알린다는 것은 막연하지만 일종의 '신용'을 의미합니다. 하지만 초창기에는 저희 회사도 그런 신용이 전혀 없었던 것이지요. 그럴 때는, 아마 여러분도 그러시겠지만 일반적으로 친구, 지인, 선배에게 소개를 해달라고 요청해서 영업 대상 기업의 문을 두드리는 경우가 많지요. 이는 진정한 의미의 신용과는 거리가 멀지만, 혼자서 아무것도 없이 그기업을 찾아갔다가는 문전박대를 당하기 일쑤이기 때문에 소개를 받아 찾아가서 회사를 설명하고 이후 판매 영업을 하는 것입니다.

그런데 당시 저에게는 다른 회사에 다리를 놓아줄 선배나 지인이 별로 없었습니다. 제 부모님은 가고시마 출신이셨고 저 또한 가고시마대학교를 나와서 교토에 선배나 지인이 없어 참 힘들었습니다. 일본 전자산업계를 대표하는 대기업을 찾아가서 저희가 만드는 전자제품용 세라믹스의 품질이 매우 우수하다는 것을 아무리 강조해도 사주질 않았습니다.

그래서 일본 기업이 아니라 미국 기업에 판매해야겠다는 생각을 했습니다. 일본의 전자산업 제조업체가 전후에 지금과 같은 성장을 할 수 있었던 것은 미국에서 기술을 도입했기 때문입니다. 도시바東芝나 히타치H立는 물론이고 크고 작은 수많은 기업이 미국이나 유럽 등 선진국에서 기술을 도입해서 오늘날의 전자산업을 일궈냈는데, 당시가 바로 그런 움직임이 막 시작되던 시기였습니다. 일본이라는 나라에서는 기업이 긴 역사와 그 역사를 통해 형성된 전통을 지녀야만 비로소 시장에서 신용을 얻을 수 있습니다. 그렇기에 완전히 신참이었던 저희가 아무리 제품을 팔려고 해도 다른 기업이 좀처럼 상대해주지 않았지요. 그래서 일본의 전자제품 제조업체가 기술을 도입하고 있는 미국 기업에 저희 제품을 판다면 일본 기업에도 제품을 판매할 수 있으리라 생각했습니다.

그런 생각을 하자마자 저는 곧장 미국으로 건너가서 제품을 팔기 위해 돌아다녔습니다. 하지만 미국에서의 판매 상황 등을 소상하게 몰랐고, 또 영어도 잘 못했기 때문에 당연히 저희 제품이 팔릴 리가 없었습니다. 서러움이 복받치는 나날이었습니다. 저희가 개발한 제품을 싼 보자기를 들고 미국 전역을 울면서 돌아다닌 기억은 지금도 생생합니다.

일본에서 판매하는 것과 다름없는 수준으로 노력을 계속해나갔더니 다행히도 미국에서 그 노력이 보답을 받게 되었습니다. 이런 말씀을 드리는 이유는 역사가 긴 일본에서는 오래 지속되었다는 것이 훌륭함의 척도이지만, 미국은 역사가 그리 길지 않은 나라이기 때문에 짧은 기간에 얼마나 대단한 성과를 달성했는지가 오랫동안 이어진 것보다 더 훌륭하다는 평가를 받는다는 것을 강조하고 싶기 때문입니다.

그런 점에서 미국은 저희처럼 새로운 벤처사업을 지향하는 중소기업이 시장에서 좋은 평가를 받을 수 있는 매우 좋은 무대였습니다. 실제로 저희 교토세라믹은 텍사스 인스트루먼트를 비롯한 미국의 대형 전자산업 제조업체로부터 기술력을 인정받아 제품을 판매할 수 있었습니다. 이를 계기로 일본 기업도 저희 제품을 사주게 되었지요. 그 결과 저희의 매출이 점차 늘어나기 시작했습니다.

따라서 중소기업의 첫 번째 판매전략은, 전략이라고까지는 말할 수 없을지도 모르겠지만, 회사 이름이 먼저 브랜드로 통해야 한다는 것입니다. 처음에는 어디에도 회사 이름이 통하지 않았고, 또 회사 규모도 작았기 때문에 홍보나 광고에 쓸 돈도 당연히 없었습니다.

그런 상황에서는 어떻게든 회사 이름을 널리 알리기 위해 매진해야 합니다. 저희는 우연히도 미국의 선진 기업이 저희 제품을 먼저 사주었고 그 덕분에 저희 이름을 알려 일본 기업에도 저희 제품을 팔 수 있었습니다. 물론 가장 빠른 방법은 선배나 지인에게 부탁해서 고객이 될 만한 기업을 소개받는 방식일 수 있습니다. 그러나 그럴 때는 중개나 소개를 해주는 사람의 인격과 인품이 매우 중요합니다. 평판이 그리 좋지 않은 사람에게 부탁하면 결국 시장도 그 회사나 제품을 색안경을 끼고 보게 되지요. 여하튼 어느 쪽이든 회사 이름을 알리는 것은 매우 중요하다고 하겠습니다.

| 판매전략 2 |
매우 빠른 개발능력을 갖춘다

두 번째 판매전략은 단기간에 개발할 수 있는 능력을 갖추는 것입니다. 저희는 세라믹스를 만들고 있기 때문에, "전자산업용 세라믹 소재를 가지고 왔습니다"라며 영업을 할 경우, 고객사가 "안 그래도 그런 제품이 필요했다"라고 호응해주는 것이, 그러니까 고객사의 수요에 맞는 제품인지 아닌지가 매우 중요합니다. 수요에 맞지 않으면 팔 수가 없는데, 그런 제품을 전부 보유하고 있을 수도 없는 것이 현실입니다.

특히 중소기업이나 막 시작한 벤처기업이 다양한 제품 구색을 갖추고 있을 리 없습니다. 그래서 제품을 팔러 갔을 때 우연히 고객사로부터 "만약 당신들이 이러이러한 것을 지금 당장 공급할 수 있다면 사용해보고 싶다"라는 얘기를 들었다면 그 기회를 어떻게 살려내는지가 매우 중요합니다.

자사의 제품이 고객 기업의 수요에 맞지 않았다면 고객사에서 새로운 수요를 접하고 이를 얼마나 단기간에 만들어낼 수 있는지가 중요합니다. 이것은 아주 간단해 보여도 어렵고, 또한 매우 중요한 일입니다.

이를 다른 말로 표현하자면 바로 '기술개발 능력'이라고 할 수 있습니다. 그것도 매우 빠른 기술개발 능력이 없으면 모처럼 선배나 지인에게 소개를 받아서 영업을 하러 가도 거래가 성립되지 않을 수 있습니다. 별도의 새로운 요구사항을 들었다면 그 내용을 잘 이해하고 소화한 뒤에 "저희라면 이 정도의 시간을 주신다면 반드시 만들어서 납품할 수 있습니다"라고 말할 수 있어야만 합니다. 가뜩이나 이름 없는 기업이고, 고객이 좀처럼 상대해주지 않은 상황에서 모처럼 얻은 기회를 허무하게 날려버릴 수는 없기 때문입니다.

고객사가 요구하는 제품을 전부 갖추어서 대응하기란 현실적으로 어렵기 때문에, 미흡한 체제 아래에서 고객사의 수요를 발판으로 기업을 발전시켜나가야 합니다. 그러려면 회사 규모가 작으면 작은 대로, 매우 신속하게 수요를 만족시킬 수 있는 제품개발 능력이 요구될 수밖에 없지요.

타사보다 경쟁력 있는 제품을 계속해서 공급한다

세 번째 판매전략에 관해서 말씀드리겠습니다. 앞서 말씀드렸듯이, 먼저 품질이 좋아야 합니다. 아무리 훌륭한 판매전략을 세워 제품을 팔려고 해도 품질이 좋지 않다면 고객사는 절대 사주지 않습니다. 적어도 타사보다 높은 수준의 경쟁력을 갖추지 않으면 안 됩니다. 그리고 그 정도 수준의 품질을 자사의 모든 제품에서 유지하면서 제품을 꾸준히 공급할 수 있어야 합니다. 그렇지 않으면 판매가 제대로 될 리가 없습니다.

시장에서 이길 수 있는 가격을 제시한다

네 번째는 바로 '가격'입니다. 저의 기본 방침 중 하나는 '타사보다 조금이라도 싸게 공급한다'입니다. 오래전부터 저희는 제품의 판매가격을 결정하면서 '시장가격 대비 경쟁력 있는 가격으로 판매한다'를 기본 방침으로 인식해왔습니다. 오늘의 강연 주제는 공업 부문에서 '이기는 중소기업의 판매전략'이지만 제조업체의 경우 통상적으로는 이른바 '적산방식'으로, 즉 제조에 투입된 비용을 쌓아 올려서 계산하는 방식으로 제품 가격을 선정합니다. 재료비가 얼마, 제조경비가 얼마, 일반관리비 및 판매비는 얼마, 또 수익은 얼마, 그래서 합계가 얼마 하는 식으로 가격을 결정하는 것이 일본 제조업체에서는 매우 일반적입니다. 하지만 저희는 제조업에 종사하면서도 절대로 그 같은 방식으로 가격을 결정하지 않습니다. '가격'이란 기업 간의 자유경쟁 아래 작동하는 시장 메커니즘으로 결정된다고 생각합니다. 그와 같은 시장가격 대비 경쟁력 있는 가격, 즉 경쟁에서 이길 수 있는 가격이란 동종 타사에 비해 조금이라도 저렴한 가격이라고 생각합니다.

이익이란 챙기고 또 추구한다고 해서 얻을 수 있는 것이 아닙니다. 저희 회사의 콘셉트는 이렇습니다. 가격이 시장 메커니즘에 의해 결정된다면 저희는 경쟁력 있는 가격, 즉 타사보다 약간 싼 가격으로 판매하는 것입니다. 그 가격에 맞춰 얼마나 저렴하게 제품을 만들 것인가 하는 문제는 회사 안에서 기술을 담당하는 이들이 전력을 다해 고민하고 대응합니다. 그 과정에서 고정관념은 절대 염두에 두지 않습니다. 바꿔 말해, 저희는 재료비가 몇 %, 인건비가 몇 %, 경비가 몇 %라는, 가격 결정에 있어서 고정관념으로 작용하는 것들을 일절 생각하지 않습니다.

고객사와 협의하는 와중에 "이런 제품을 만들어달라"라는 요청을 받으면 "저희는 이런 제품을 공급하겠습니다"라고 약속하면서 품질 수준과 사양 등을 결정합니다. 여기서 결정된 가격과 품질 조건을 충족하면서도 가장 싸게 제품을 만드는 방법을 고민합니다. 판매가격은 시장 메커니즘에 의해 결정되기 때문에 저희가 살아남으려면 '비용을 얼마나 낮출 수 있는가' 하는 문제를 해결해야 합니다. 그래서 저희는 재료비를 비롯한 모든 비용을 극소치에 가깝게 만드는 작업을 합니다. 저희는 이 작업이야말로 진짜 '생산production'이라고 인식합니다. 즉 재료비가 얼마고 경비가 얼마라는 고정관념에 얽매이지 않고 모든 제조 비용을 극소화하는 작업, 바로 그것이 저희 같은 '기술쟁이'의 일이라고 인식하고 있습니다.

판매가격이 정해졌기 때문에, 비용을 극소화했을 때 산정되는 차액이 바로 이익입니다. 그래서 저희는 어느 정도 수준의 이익이 합당한지에 대한 생각은 전혀 하지 않습니다. 즉 비용 그 자체를 극소화하는 작업을 하기 때문에 '이익률이 몇 %니까 이 정도면 괜찮을 것이다'라는 개념은 저희 회사에 있을 수 없습니다.

다른 회사를 보면 예컨대 '매출이익률을 10%로 잡으면 매우 좋다, 7%는 그저 그렇다, 5%라면 좀 힘들지 않을까?'라는 사고를 하는데, 저는 그것이 좀 이상하다고 생각합니다. 대부분은 동종의 다른 회사들이 어떻게 가격을 책정하는지를 주시하면서 '저 회사는 8%인데 우리 회사는 9%이니 아직은 괜찮다'라는 식으로 생각한다는 것이지요. 즉 일본의 제조업체는 주로 이와 같은 사고방식으로 경영에 관해 판단한다는 뜻입니다.

그러나 저희는 제조 비용 그 자체를 극소화하는 작업이야말로 '진짜 제조', '진짜 생산'이라고 생각합니다. 이는 오직 저희만 할 수 있는 일이 아닙니다. 사실 여러분도 무의식적으로 그런 대응을 하고 계실 것으로 생각합니다.

예를 들어, 전자제품을 보면 아시겠지만 컬러 TV는 가격 수준은 그대로인데 매년 성능이 좋아집니다. 인건비는 매년 상승하는데도 제품의 가격은 오르지 않습니다. 오히려 수년 전에는 가격이 매우 비쌌는데 지금은 가격이 크게 내린 것도 많지요. 인건비도 오르고 재료비도 오르니 제조 비용은 늘어날 수밖에 없습니다. 그러나 뼈를 깎는 노력으로 비용을 내려서 이익률을 일정 수준에서 유지하는, 신기한 현상이 일어나고 있습니다. 사실은 바로 여기에 진리가 있는 것입니다. 인건비가 오르고 재료비도 올랐으니 부품 대금도 올리지 않으면 안 된다는 사고방식에 매여 있으면 다른 기업과 비슷한 수준으로는 회사를 경영할 수 있을지 몰라도 그 이상은 불가능합니다.

가격 결정은 경영의 요체이자
최고경영자의 핵심 과제이다

경쟁력을 갖추려면 타사보다 조금이라도 저렴하게 가격을 책정해야 한다고 말씀드렸지만, 가격 결정이 경영에 있어 매우 중요하다는 것을 특히 최근 들어 절감하고 있습니다. 가격 결정은 경영 그 자체로 봐도 될 만큼 중요합니다. 이 같은 문제의식에서 저는 사내에서 "가격 결정은 경영이다"라는 말을 자주 합니다.

예컨대, 시장가격을 기준으로 경쟁력을 확보하려면 실제로 타사보다 저렴한 가격을 책정해야 합니다. 그렇다면 어느 정도나 저렴하면 좋을까요? 이는 일개 영업직원이 결정할 수 있는 문제가 아닙니다. 영업부장이 결정할 수 있는 사안도 아니지요. 회사 제품의 가격 결정은 그야말로 최고경영자가 해야 하는 일이라고 생각합니다.

그만큼 중요한 일인데, 이와 같은 문제의식이 있는 경영자는 그리 많지 않습니다.

이 가격 결정은 사실 매우 어려운 일입니다. 시장가격에 비해 최대한 싼 가격에 내놓으면 대량으로 팔릴지는 모르겠지만 그만큼 마진은 작아집니다. 또 그리 저렴하게 내놓지 않고 보통의 가격, 즉 동종 타사와 같은 가격으로 내놓으면 마진은 커져도 그리 많이 팔리지 않을 수 있습니다. 적게 파는 대신에 마진을 키우는 장사를 할 것인가, 아니면 마진은 작아도 많이 파는 장사를 할 것인가? 간단한 질문 같지만 어느 정도로 마진을 줄였을 때 어느 정도나 팔릴지는 누구도 정확하게 알 수 없습니다. 이익의 총합은 판매한 양과 마진을 곱한 것인데, 그 극대치를 구하려고 해도 여러 가지 요인이 포함되어 있어 간단하게 풀 수가 없습니다.

싸게 대량으로 파는 식의 가격 결정 방식도 일리가 있습니다. 또 그렇게 악착같이 장사를 하기보다 마진을 조금 더 크게 잡고 소량을 판매하는 것 역시 하나의 방법입니다. 가격과 판매량에 따라 무수한 경우의 수, 즉 다양한 선택지가 생깁니다. 그리고 그중에서 선택을 하는 것이야말로 최고경영자의 일입니다. 절대 일개 영업부장에게 결정하라고 지시할 문제가 아니지요. 그 일을 영업부장에게 맡겨버리고는 "우리 회사는 별로 신통치 않아요"라는 식으로 말하는 경영자가 꽤 많습니다. 이는 회사를 어떤 방향으로 이끌고 싶은지 그리고 그를 위해 가격 결정을 어떻게 하면 좋을지를 잘 모르기 때문입니다.

오늘은 시간이 별로 많지 않아서 더 자세히는 말씀드리지 못하지만, 가격 결정은 반드시 최고경영자가 해야 할 일이고 또 가격 결정 자체가 경영이라는 점을 꼭 명심하시기 바랍니다.

경영자의 사고방식이 사업의 성패를 결정한다

물건을 파는 쪽과 사는 쪽 간의 관계를 보면, 파는 쪽은 최대한 비싸게 팔아서 이익을 많이 남기려고 하고, 사는 쪽은 최대한 싸게 사서 이익을 남기려 합니다. 즉 양쪽 모두 이익을 늘리려는, 이른바 '격돌 상태'에 있는데, 이를 보통의 '상행위'로 이해하면 됩니다. 파는 쪽이 자신의 이익을 더 늘리려고 자사 제품의 판매가격을 올리면, 사는 쪽은 자신의 이익을 빼앗기게 되는 것입니다.

우리 회사 부품을 사용해야만 어떤 컴퓨터가 완성된다고 가정해봅시다. 그 부품의 가격을 올리면 이를 사용해서 컴퓨터를 생산하는 고객사의 이익률은 낮아지게 되어 있습니다. 반대로, 컴퓨터를 만드는 고객사가 저희 회사 부품 가격을 싸게 사들여서 자신의 이익을 늘리려고 하면 저희 이익률이 낮아집니다. 그래서 '격돌'이 벌어지는 것이지요.

"저 사람은 영업을 잘한다", "영업에 재능이 있다", "영업의 귀재다"라는 표현을 많이들 쓰는데, 과연 어떤 영업이 제대로 된, 좋은 영업일까요? 판매량이 많아서 대단하다고 말하는 것이 아닙니다. 파는 쪽과 사는 쪽이 수익을 잘 나눠서 챙기는, 즉 수익의 쟁탈전이라 할 수 있는 양자 간 수익배분의 갈등에 잘 대응하는 영업을 저는 대단하고 훌륭한 영업이라고 생각합니다. 저희 부품을 써서 고객 기업이 기대만큼 이익을 얻지 못했다면

"이제 너희 회사 부품은 안 쓴다"는 쓴소리가 나올 수밖에 없습니다. 파는 쪽이 자기 이익을 더 많이 챙기려고 하면 판매가격이 높아져서 고객이 구매해주지 않는 '벽'에 부딪히고 맙니다.

고객사가 허용하는 범위 이상으로 자사의 이익을 늘리려고 하면 당연히 고객사는 이를 거절합니다. "당신네 회사 제품은 이제 안 씁니다. 다른 회사 것이 더 쌉니다"라는 소리를 들을 수밖에 없습니다. 반면, 가격을 내리면 고객사의 이익이 늘어나기 때문에 판매가격이 아예 공짜가 될 때까지 거래는 성립합니다.

이처럼 거래가 성립하는 조건에는 여러 가지가 있지만, 그중에서 얼마만큼 합리적인 가격으로 고객사로부터 주문을 받아낼 수 있을지가 바로 영업의 기량, 즉 영업사원이 발휘해야 할 재주라고 생각합니다. 시장가격에 훨씬 못 미치는 가격을 제시해서 대량으로 주문을 받고는 "주문 확보에 성공했다"라며 기뻐하는 사람이 있는데 그건 영업이 아닙니다. 주문은 판매가격이 무료가 될 때까지 받아낼 수 있는 것이므로, 어느 정도 수준의 가격으로 납품 계약을 했는지가 매우 중요합니다.

제가 이렇게 말한다고 해서, 자신의 이익만을 극대화하려고 항상 고객사가 허용하는 최고 한도 수준에 걸쳐서 거래하려는 자세를 취하다 보면, 점차 "저 회사 가격은 아무리 생각해도 비싸다"라는 소리를 듣게 되고 결국 고객은 떠나고 맙니다. 단기적으로는 이익을 얻을 수 있어도 장기적으로는 이익을 얻지 못하게 되는 것입니다. 하지만 최대한 싸게 납품해서 적자를 볼 정도로 장사를 해서는 오랫동안 살아남을 수가 없습니다.

그래서 어느 수준이 최적의 가격인가 하는 문제는 그야말로 최고경영자가 직접 고민하고 또 결정해야 합니다. 그리고 그 수준은 최고경영자의 철학에 기인합니다. 뻔뻔한 스타일의 경영자는 그야말로 낯 두꺼운 수준으로 가격을 결정하며, 기가 약한 성격의 경영자는 매우 소심한 수준으로 가격을 결정합니다. 기가 약하고 소심한 경영자는 1년 내내 고객사에 시달리면서 결국 도산해버리고 맙니다. 뻔뻔하고 낯 두꺼운 경영자는 1년 내내 고객사를 속이거나 우롱하면서 신용을 잃고 이 회사 또한 망하고 맙니다.

결국 '어떤 수준으로 가격을 결정할 것인가'는 최고경영자의 철학, 즉 최고경영자의 인격에 달려 있습니다. 영업부장에게 맡길 일이 아니라고 강조하는 이유도 바로 이 때문입니다. 기업 경영자가 너무나 소심하고 기가 약해서 가격을 제대로 결정하지 못해 회사가 무너진다면 그건 그야말로 경영자의 그릇, 즉 마음의 문제입니다. 경영자가 가진 '빈곤한' 철학이 초래한 결과입니다. 기업 경영자의 철학이 매우 빈곤한데 더 빈곤한 철학밖에 갖추지 못한 영업부장에게 가격 결정을 맡긴다면 회사가 무너지는 것은 시간문제입니다.

경영이란 그야말로 그 사람의 마음, 즉 철학으로 결정됩니다.

'경영은 예술'이라는 말을 흔히 하는데, 경영이란 지금 말씀드린 것처럼 가격을 결정하는 방식 하나만 봐도 그야말로 '균형의 문제'인 것입니다. 뻔뻔하고 낯 두꺼운 성격이어도, 기가 약해 너무 소심해도 안 됩니다. 그렇다면 어떤 사람이어야 할까요. 이 질문에 답을 드리자면 그건 양극단을 다 갖춘 사람입니다. 호쾌함도 있어야 하고 섬세함도 있어야 합니다. 물론 이 같은 이율배반적인 두 가지를 모두 갖춘 사람은 좀처럼 찾아보기 어렵습니다. 하지만 이런 균형이 조금이라도 이루어져 있어야 합니다. 회화작품을 봐도 또 조각작품을 봐도, 균형이 잡히지 않은 것은 예술이라 할 수 없습니다. 경영이란 경영하는 사람의 마음, 즉 철학에서 기인합니다.

저는 기술개발과 관련해서도 이와 같은 이야기를 자주 하는데, 아무리 기술에 정통한 사람이라도 그 사람의 인격이 훌륭하지 않으면 결코 훌륭한 기술개발을 해낼 수 없다는 것이 저의 지론입니다.

| 판매전략 5 |

납기에 공급할 수 있는 체제를 구축한다

다섯 번째는 바로 '납기'입니다. 여러분도 잘 아시다시피 고객이 필요로 하는 시점에 타이밍 좋게 제품을 공급하는 것을 말합니다. 그러나 그것을 완벽하게 수행할 수 있는 기업은 그리 많지 않습니다. 고객이 필요로 하는 바로 그때 제품을 공급할 수 있는 체제를 구축하는 것이 사실 쉬운 일은 아니지만 이에 완벽하게 대응하는 것은 매우 중요합니다.

영업의 기본 자세는 고객에 대한 철저한 봉사

지금까지의 이야기를 정리해보겠습니다. 첫 번째, 중소기업은 회사 이름이 잘 알려지지 않았기 때문에 먼저 사명을 널리 알리는 것이 중요합니다. 두 번째, 기회를 잡아 물건을 팔러 갔는데 고객의 수요에 맞는 제품을 보유하고 있지 않다면 단기간에 수요에 맞는 제품을 만들 수 있을 만큼의 개발능력이 필요합니다. 세 번째, 영업 성과를 순조롭게 끌어올리려면 안정된 품질의 제품을 계속해서 공급할 수 있는 능력이 필요합니다. 네 번째, 시장의 경쟁원리에 따라 형성되는 가격, 즉 시장가격보다 조금이라도 더 저렴한 가격을 유지할 수 있어야 합니다. 다섯 번째, 고객이 필요로 하는 타이밍에 맞춰 납품할 수 있는 체제를 구축할 필요가 있습니다.

위 다섯 가지를 해낼 수 있다고 해서 중소기업의 판매전략을 완벽하게 갖췄다고 볼 수는 없습니다. 이 다섯 가지만으로는 평균적인 성과밖에 내지 못합니다. 앞서 몇 번이나 언급했는데 제가 가장 중요하게 생각하는 것은 영업에 대한 기본적인 사고방식과 자세, 바꿔 말하자면 기본적인 철학입니다. 오늘 말씀드린 다섯 가지 전략을 관철해나가기 위한 영업의 기본적인 철학이 매우 중요합니다.

이 같은 철학으로서 저는 영업사원들에게 "영업은 고객의 심부름꾼, 즉 서번트가 되는 것"이라고 강조합니다. 저는 창업한 이후 스스로 연구한 제품은 직접 영업했는데 제품을 팔 때는 늘 고객의 심부름꾼 역할을 거리낌없이 맡았습니다. 다만 마음속으로 꺼려하며 어쩔 수 없이 그 역할을 맡은 것이 아니라 기분 좋게 진심으로 그 역할을 자청했습니다. 지금도 그런 마음과 자세에는 변함이 없습니다. 고객의 심부름꾼 역할을 기분 좋게 감당할 수 없는 사람은 아무리 완벽한 판매전략을 세워도 '그림의 떡'에 지나지 않아서 결코 성공할 수 없습니다.

고객을 섬긴다는 것은 무엇보다도 고객에게 철저하게 봉사한다는 뜻입니다. 다만, 가격과 품질은 무조건 봉사할 수만은 없는 영역입니다. 가격 면에서 철저하게 봉사만 한다면 공짜로 팔 수밖에 없는데, 그러면 비즈니스가 성립되지 않습니다. 고객에게 아무리 저렴하게 공급하려 해도 엄연히 제조 비용이 들어가기 때문에 한계가 있을 수밖에 없지요. 상품의 질과 관련해 철저하게 봉사만 한다면, 엄청난 보증이 필요하기 때문에 역시 한계가 있습니다.

그러나 납기를 지키는 측면에서는 위의 두 경우와 달리 철저한 심부름꾼이 되어야 합니다. 더욱 철저하고 책임감 있게 고객에게 납기를 지키는 봉사를 할 수 있어야 합니다. 또 그렇게 한다고 해서 비용 형태의 수치적인 부담이 돌아오지도 않습니다. 그래서 저희는 '고객에게 무조건 철저한 봉사를 하자'를 슬로건으로 걸고 대응하고 있습니다.

가격과 품질에 관해서는 봉사하는 데 한계가 있다고 말씀드렸는데, 그럼에도 저희는 늘 무한한 가능성을 믿으며 그것을 추구하고 있습니다. '이제 더는 가격을 내릴 수 없다'고 생각하더라도 고객이 요구하면 어떻게 하면 지금까지의 고정관념에서 벗어나 가격을 내릴 수 있을지 다시 한번 생각하고 도전합니다. 품질 측면에서도 '이제 이 이상의 것은 도저히 만들 수 없다'고 생각하더라도 고객이 요구하면 더 철저하게 품질을 업그레이드하려 노력합니다.

고객에 대한 철저한 봉사, 또는 고객의 심부름꾼과 같은 자세와 태도가 점차 사라지고 있습니다. 이는 부정할 수 없는 사실입니다. 회사를 경영하면서 '소비자는 왕이다'라는 말을 흔히 들었는데 현실은 그렇지 않습니다. 고객을 소중하게 여기는 자세가 실은 점차 사라지고 있습니다.

예컨대, 그 증거로서 최근에는 소매점 등을 가보면 오후 5시가 되면 어떤 가게든 문을 닫아버립니다. 몇 년 전까지만 해도 저녁 7시경까지는 열었는데 최근에는 5시만 되면 무조건 셔터를 내립니다. 사실, 문명의 발달 정도에 따라 가게 문을 닫는 시간이 달라진다고 합니다. 실제로 개발도상국에 가면 밤늦게까지 가게 문을 열고 장사를 하는 반면, 선진국으로 가면 그보다 훨씬 빨리 문을 닫습니다. 이러한 현상은 쉽게 확인할 수 있습니다.

일본에서도 예전에는 밤늦게까지 영업을 했지만 이제는 그러지 않습니다. 대여섯 명 정도의 가족이 꾸려가는 규모의 가게가 5시까지 영업을 하다가 오후 8시까지 문을 열어두려면 정말 힘듭니다. '이 지역의 모든 가게가 5시에 문을 닫고 가게 뒷정리를 한 뒤에 6시부터는 가족이 식탁에 모여 앉아 저녁 식사를 한다. 그럼에도 우리만 가게 문을 열고 한두 명밖에 오지 않을 손님을 기다리며 눈치만 보다가 저녁 식사도 하는 둥 마는 둥 하며 가게를 지키려면 아무래도 힘들고 고역스럽다. 그렇게까지 하면서 장사를 해야 한다면 아예 가게 문을 닫는 게 낫다'라고 생각해서 요즘 일본의 소매점은 거의 오후 5시면 문을 닫습니다.

철저하게 봉사를 하면 이익이 늘어난다는 것을 머리로는 다들 알면서도 그것을 실행에 옮기기는 쉽지 않은 요즘입니다. 결국, 일에 대한 의욕이 없는 것이지요.

'어떻게 80년대~90년대에도 살아남을 수 있을까'가 오늘의 화두인 것 같은데, 그 방법은 매우 간단합니다. 남들이 하지 않는 일, 하지 못하는 일을 하면 됩니다. 여러분이 이런저런 곳에 나가서 공부하고 그럴듯한 이야기를 듣고 그대로 따라 하면 똑같이 망할 뿐입니다. 그런 이야기를 들을 바에야 매일 최선의 노력을 다해서 자신의 일에 임하면 시대가 어떻게 변한다 해도 살아남을 수 있습니다.

어떤 시대에도 경영의 원리원칙을 관철한다

어떤 시대든 경영의 원칙은 변하지 않습니다. 그렇게 간단히 변해서는 안 되는 것이 경영의 원리원칙입니다. 물론 기업을 둘러싼 환경적 조건은 계속 바뀝니다. 그럼에도 자신의 경영이념만큼은 간단히 바꾸면 안 된다는 의미입니다. 환경이 매우 급격하게 변화하는 상황에서 그때그때 경영자가 기본적인 경영이념까지 바꿔서는 회사가 어디로 갈지 경영자 자신도 알 수 없게 되어버립니다.

교토에 MK택시라는 유명한 택시회사가 있습니다. 보통 택시를 타면 손님이 목적지를 말해도 택시기사는 무뚝뚝한 얼굴로 대답도 하지 않습니다. 이미 일본에서는 이것이 당연한 일이 되어버렸지요. 그러나 MK택시는 손님이 차에 타면 "어서 오십시오. 어디까지 모실까요?"라며 매우 공손하게 묻고 손님이 목적지를 말하면 "감사합니다"라고 대답합니다. 이는 상거래에 있어서 기본 중의 기본, 즉 지극히 당연한 일입니다. 이 택시회사는 그저 이 같은 기본에 충실한 일을 하고 있을 뿐입니다. 다만 다른 택시회사 어느 곳도 이렇게 하지 않기 때문에 MK택시는 기본에 충실한 것만으로 매출이 점차 늘어나 어느 택시회사보다 높은 실적으로 올리고 있습니다.

MK택시의 이 같은 대응은 앞서 강조한 '철저한 봉사'의 발끝에도 미치지 못하는, 지극히 간단하고 기본적인 대응입니다. 그런데 그것만으로도 회사 간의 성과 차이가 크게 납니다. 여기에 철저한 봉사까지 하면 큰 경쟁력을 발휘하여 여러분의 물건을 사고자 하는 고객이 분명히 늘어날 것입니다.

또한 저는 잘 모르지만, 최근 외식산업이 크게 성장하고 있다고 합니다. 좋은 현상이라고 생각합니다. 요즘 식당에서 기본 우동 한 그릇만 먹어도 200엔이나 합니다. 기본 우동이 200엔이나 하나 싶어 저는 늘 의문스럽게 생각하고 있습니다.

우동 면 1인분은 얼마 정도일까요? 요즘은 30엔 정도 할 것입니다. 우동 국물에 질 좋은 가쓰오부시를 쓰지는 않을 겁니다. 기껏해야 멸치 국물을 내고 간장 등으로 좀 더 맛을 내면 됩니다. 그리고 잘게 썬 파가 조금 들어가는데 그 값이라 봐야 수십 전에 불과할 것입니다. 서비스가 아주 좋은 우동집에 가면 어묵을 한 조각 썰어서 넣어주기도 하는데, 어묵이라고 해야 더는 얇게 자를 수도 없을 정도의 것이 딱 한 조각 들어갑니다. 그런 기본 우동 한 그릇이 무려 200엔입니다. 거기에 튀김을 하나 얹으면 바로 100엔이나 비싸져서 우동 한 그릇에 300엔이나 합니다. 매우 비싸지요.

미국의 외식산업은 상황이 다릅니다. 예컨대 맥도널드도 또 켄터키 프라이드치킨도 일본의 우동집과 비슷한 곳인데, 임금이 비싼 나라인데도 가격은 매우 쌉니다. 그에 비하면 예전부터 있던 일본 음식은 이상하게 느껴질 정도로 가격이 올랐습니다. 인건비가 많이 올라서인지는 모르겠지만 고객에게 철저히 봉사하겠다는 의식은 없고, 그저 편하게 돈을 벌겠다는 의식이 꽤 만연해 있습니다. 바로 이 점에서 박리다매를 무기로 외식산업 시장에 진출할 여지가 있는 것입니다. 이렇게 외식산업에 종사하는 분들이 이 사회를 조금이라도 좋게 만들겠다는 방향으로 사업을 해나가는 것은 매우 바람직하다고 생각합니다. 이야기가 딴 곳으로 흘러버렸는데, 영업에 대한 기본적인 자세, 즉 철학이 매우 중요하다는 것의 일례로 말씀드렸다고 받아들여주시면 좋겠습니다. 역시 중요한 것은 기본적인 자세입니다. 이는 고객에 대한 철저한 봉사이며 고객의 부름에 충실하겠다는 철학이 바탕이 되어야 한다는 것을 말씀드리고 싶었습니다.

어떻게 여러 고객을 만족시킬 것인가

비슷한 내용이지만 약간 뉘앙스가 다른 사례에 대해 이야기해보겠습니다. 여러분 중에도 계실지 모르겠는데 저희처럼 공업용 부품을 제조해 대기업에 납품하는 경우에는, 특정 대기업 제조업체 한곳에 납품하는 사례도 있고 비슷한 규모의 여러 제조업체에 납품하는 사례도 있습니다.

영업의 자세는 이런 상황에 따라 달라집니다. 타사에 납품해도 괜찮다는 제조업체도 있지만 대기업은 "우리 회사에만 납품하시오"라는 방침을 정해둔 곳도 있습니다. 오직 특정 대기업 한곳에만 납품하는 중소기업은 그 장래가 매우 위험하지 않나 생각합니다.

왜 위험한지 그 이유를 말씀드리면, 대기업이 관계를 끊어버릴 수 있기 때문만은 아닙니다. 항상 한 회사에만 제품을 판매하기 때문에 '고객에 대한 철저한 봉사'라는 측면만 봐도 처음에는 가격도 싸고 품질도 좋은 제품을 만들려고 노력하지만 그 관계가 오래되면 오래될수록 점차 긴장이 누그러지면서 도덕적 해이 문제가 발생합니다. "가격을 좀 더 싸게 해달라"는 요청이 들어와도 "아니요, 그렇게는 못 합니다"라는 식으로 오랜 납품 관계로 인해 생긴 타성에 젖은 반응을 보입니다. 이처럼 오랜 관계로 인해 좋은 의미의 긴장감이 사라져서 오히려 그것이 서로 간의 신뢰를 무너뜨리는 것입니다.

반대로, 구매하는 쪽에서는 어떨까요? 처음에는 파는 쪽, 그러니까 부품 공급회사가 하청기업으로서 일을 잘해준다는 데 만족합니다. 그러나 몇 년이 지나 익숙해지면 비교하거나 대조할 것이 없어져버립니다. 처음에는 A회사보다는 B회사가 훨씬 좋은 서비스를 제공하고 또 아주 열심히 납기도 지켜주니 좋은 회사라고 생각합니다. 그런데 납품 관계가 오래 이어지다 보면 비교 대상이 없기 때문에 만족감이 약해지고 점점 긴장감이 사라져서 양자 간에 균열이 생기고 맙니다.

이처럼 어느 쪽에서 봐도 서로 이해관계가 맞지 않게 되고 또 여러 가지 행태의 폐해가 나타나서 결과적으로 대기업 한곳과 관계를 맺어서는 점차 상황이 안 좋아지고 치명적인 위험으로 치달을 가능성이 있습니다. 그래서 저는 여러 회사에 납품할 필요가 있다고 생각합니다.

다만, 여러 회사를 상대하는 것이 확실히 안전하긴 하지만 복수의 기업에 제품을 납품해서 그 기업을 모두 만족시키기란 그리 간단한 일이 아닙니다. 여러 기업을 만족시키려면 아까 말씀드렸다시피 '철저한 봉사'가 필요하기 때문입니다. 여러 기업에 납품해서 모두를 만족시키는 것이 이상적이라고 저는 생각하지만, 한곳에 납품하면 만족시킬 수 있었던 것을 납품처를 여럿으로 늘림으로써 어느 한 곳도 만족시키지 못한다면 이는 오

제1부 40대의 이나모리 가즈오

히려 위험할 수 있습니다. 그런 어중간한 결과가 초래될 것 같으면 차라리 기업 한 곳과만 거래하는 것이 나을지도 모릅니다. 그러나 이상적인 형태로 회사를 안정시키기 위해서라도, 또 상대 기업과 오랫동안 관계를 다져나가기 위해서라도, 여러 곳에 납품하는 것이 저는 맞다고 생각합니다.

그러면 각 고객사로부터 "가격을 더 싸게 해달라, 품질을 더 높여달라"는 요청을 받게 됩니다. 또 바쁠 때는 심야에도 "지금 바로 제품을 가지고 와달라"는 소리까지 들을 수 있습니다. 제가 말씀드린 '고객에 대한 철저한 봉사'를 하려면 한밤중에 직원이 없으면 사장이 직접 오토바이나 차를 타고 제품을 납품하기 위해 달리지 않으면 안 됩니다. 복수의 기업과 동시에 납품 거래를 하면, 납품하는 쪽은 직원이 아무리 많아도 일손이 부족해지기 마련입니다. 저는 이 같은 상황에서 매우 유연하게 잘 대처하는 능력이 필요하다고 생각합니다. 저희처럼 대기업 계열사가 아닌 중소기업이 전자부품이나 전자산업용 재료를 만들어 일본 기업은 물론이고 전 세계 여러 대기업 제조업체에 납품을 하면 매우 가혹한 요구도 받기 마련입니다. 그런 것들을 유연하게 잘 처리해나갈 필요가 있습니다.

잘 생각해보면, 예가 부적절할지도 모르겠지만 지금까지 해온 일은 바의 마마(대표 마담)가 하는 일과 맥락이 비슷하지 않을까 싶습니다. 상세히는 모르지만 바에서 '넘버원'으로 꼽히는 접객원은 단골손님이 많고, 모든 손님이 '저 사람은 매력이 있다'라는 이유만으로 항상 술을 마시러 옵니다. 특정한 손님만을 상대하면 다른 손님은 그 접객원을 부르지 않기 때문에 모든 손님에게 친절히 대하는 것이지요. 모든 손님이 '이 사람은 내게 호감이 있구나'라고 생각하게 만들어야 합니다. 그러면 찾아오는 손님 모두가 '저 사람은 정말 괜찮은 사람이야'라고 말하게 됩니다. 친절하고 꽤 다정하고 서비스도 좋고 대화도 잘 통하는 '넘버원' 접객원은 불특정 다수의 손님을 유연하고 세련되게 잘 다루어 그들을 만족시키는 방법을 자연스럽게 터득하고 있는 것 아닐까 싶습니다.

그렇게 생각해보면, 우리에게 있어 아내와의 관계는 최악이라고 말할 수 있을지도 모르겠습니다. 1년 내내 부부싸움을 한다고 가정하면, 단 한 명의 상대조차도 만족시키지 못하고 있는 셈이기 때문이지요.

고객사를 상대로 제품을 팔기 위해서는 앞서 말씀드린 '넘버원' 접객원의 사례에서처럼 모든 이들에게 호감을 얻어야 하고 또 특정 기업에만 집착해서는 안 됩니다. 모든 이에게 호감을 받아야 한다는 것은 사실 그 누구에게도 진심으로 호감을 받지 못한다는 뜻입니다. 이 같은 모순을 모순으로 여기지 말고, 모든 이로부터 호감을 얻기 위해 평소에 열심히 노력하지 않으면 안 된다고 생각합니다. 이런 일을 선천적으로 해낼 수 있는 바의 마마는 그렇다 쳐도, 저희 같은 평범한 사람은 언제나 그러기 위해 고심하고 노력해야만 비로소 해낼 수 있지 않을까 하는 생각이 듭니다.

장사의 비법은 고객으로부터 존경받는 것

이야기가 옆으로 많이 샜는데, 그런 것 하나만 봐도 영업에 대한 기본 자세, 기본적인 철학이 매우 중요하다고 생각합니다. 오늘 말씀드린 원칙을 계속해서 실행하여 훌륭한 실적을 쌓아나가면 "저 회사는 신용이 있다", "저 회사는 믿을 수 있다"라는 평판, 즉 신뢰가 생깁니다. 그러면 지속적인 주문이 들어오고, 기업 경영이 궤도에 올라 안정기를 맞이하게 되는 것이지요. 그야말로 옛말처럼 '장사란 신용을 계속 축적하는 것'이라고 할 수 있겠습니다.

여러분도 잘 알고 계시듯, '돈을 번다'라는 뜻의 일본어는 '모우케루'라고 읽고 '儲ける'라고 씁니다. 한자 '儲'를 잘 보면 그 속에 믿을 '신信' 자와 놈 '자者' 자가 들어 있습니다. 즉 자신을 믿어주는 사람이 늘어나면 돈도 많이 벌게 된다는 의미가 녹아 있습니다. 돈벌이의 대표적인 사례는 신자를 많이 거느린 집단, 즉 종교가 아닌가 생각합니다. 종교는 아무것도 제공하지 않고

도 설교나 내세의 행복을 빌어주는 대가로 헌금이나 기부를 받아 '비용 제로'로 막대한 이익을 손에 넣습니다. 이를 생각해봐도 역시 타인의 믿음을 얻는 것이야말로 장사의 출발점이라고 생각합니다.

예전부터 장사의 원칙이자 원리로 인식되어왔기 때문에, 그 말이 맞을 거라고 생각했는데요, 최근에 저는 생각이 조금 바뀌었습니다. 장사의 비법은 신용에 있다는 데는 전적으로 동의하지만 신용보다 더 중요한 것이 있을 것 같다는 생각이 듭니다. 물론 신용이란 기본이고 출발점이자 대전제입니다. 사람들에게 신용을 얻으려면 그만큼의 행위가 있어야 하고, 과거에 거둔 훌륭한 실적이 있어야만 신뢰를 받을 수 있습니다. 그런데 저는 그 위에 뭔가 또 다른 것이 숨어 있을 것 같다는 생각이 듭니다.

바로 신뢰받는 사람이나 회사는 한결같이 덕을 갖추고 있다는 것입니다. 영업에 대한 태도나 철학을 더 깊이 파고들면 그 사람과 회사는 덕성을 갖추게 됩니다.

신용을 쌓으려면 좋은 물건을 싸고 정확한 납기에 제공하고, 수준 높은 봉사정신으로 최선을 다해야 합니다. 저는 이와 같은 훌륭한 퍼포먼스를 확실하게 실현해서 신뢰할 수 있는 사람이 덕성을 갖추면, 신뢰의 단계를 넘어 '존경'이라는 단계에 들어서게 된다고 생각합니다.

장사의 비법이란 고객에게 존경을 받는 것입니다. 존경을 받으면 가격이 얼마인지가 문제가 아니라 "당신 회사에서만 사겠다"라는 말을 들을 수 있습니다. "당신 회사에서 사는 것이 가장 좋은 일이다"라는 말을 들을 정도로 고객이 존경해마지 않는 그릇이 큰 사람과 회사로 발전하는 것이야말로 장사의 최대 비법이 아닐까 싶습니다.

그렇다면 '덕성'이란 무엇일까요? 바로 그 사람이 가지고 있는 철학입니다. 엄청난 실적을 올려서 얻는 신용의 단계를 넘어, 신용보다 높은 차원에 있는 그 사람의 철학입니다. 그것이 있어야만 존경을 받을 수 있습니다.

고객이 존경할 수밖에 없을 정도의 인물이라면, 그가 경영하는 회사의 제품이 타사 대비 저렴해서 고객이 사주는 것이 아니라 고객이 그를 절대적으로 신뢰하기 때문에 구매하는 것입니다. 고객에게 절대적인 신뢰를 받는다면 절대로 상대를 배반하거나 속여서는 안 됩니다. 그 정도의 덕성을 가진 사람이라면 당연히 배신은 하지 않을 것이라고 생각합니다.

신뢰를 쌓기 위한 프로세스를 앞서 여섯 개 정도 말씀드렸는데 그것을 진지하게 실행하는 한편 영업에 대한 자세, 좀 더 자세하게 말하자면 영업 철학을 더 높은 차원으로 고취해나가야 합니다. 즉 한 단계 더 높은 수준으로 끌어올려서 고객이 존경하지 않을 수 없는 단계까지 가야 한다고 생각합니다.

그러면 세계적인 차원의 영업도 할 수 있습니다. 그것이 반드시 논리적이고 또 통상적인 국제 판매전략에 기반한 것은 아닐 겁니다. 개별 사례별로 훌륭한 철학이 뒷받침된 영업을 해나가는 것이 결국 최고의 판매전략이 되리라고 생각합니다.

저희 회사는 현재 유럽과 미국에 자회사를 두고 있습니다. 미국에 회사를 차린 지 10년이 됐는데 올해 매출만 해도 1억 8,000만 달러이고 직원은 1,900명으로 앞으로 더 늘어날 것으로 예상합니다. 이는 매우 훌륭한 경영학자가 고안한 판매전략으로 이루어낸 성과가 아닙니다. 오늘 말씀드린 것과 같은 것을 기본에 두고 10년간 계속 눈앞에 있는 것을 차근차근 쌓아 올린 결과가 오늘날 미국에서의 성공으로 이어졌습니다.

공업용 제품을 특정 대기업 제조업체에 납품하는 사례와 관련해서도 실제 사례를 들어 여러분께 말씀드렸습니다. 이는 그야말로 제가 직접 겪은 일이고, 제가 사용한 용어나 이야기한 내용도 현지 영업 담당자와 밤낮으로 토론하면서 나온 그대로이기 때문에 여러분에게 반드시 도움이 되리라고 생각합니다.

팔리지 않는 것을 파는 것이 프로다

저희는 지금껏 대형 완성품 조립업체에 제품을 납품해왔지만, 한편으로 광물 결정에 대한 연구를 하고 있어서 그 기술을 활용해 보석을 만들었습니다. 저희는 이를 '재결정 보석'이라고 부릅니다. 구체적으로는 '크레상베르'라는 브랜드명으로 에메랄드와 알렉산드라이트, 최근에는 루비도 만들고 있습니다. 올해 안으로 사파이어와 그 외 두세 개의 새로운 보석도 출시할 예정입니다.

천연 에메랄드는 최근에는 품질이 매우 많이 떨어져서 불순물이나 긁힘이 많은데, 천연이라는 이유로 비싸게 팔립니다. 그래서 저희는 천연보석과 화학성분과 결정구조가 완전히 동일한 것을 인공적으로 만들어내기 시작했지요. 그런데 잘 팔리리라는 예상과 달리 아예 팔리지 않았고 "천연보석과 너무 비슷해서 구별이 가지 않는 물건을 저렴하게 팔면 우리가 곤란해진다"라며 천연보석보다 질이 더 좋음에도 천연보석 업계에서 엄청난 견제를 받았습니다. 저는 이른바 '기술쟁이'라서 좋은 제품을 만들면 당연히 잘 팔릴 줄 알았는데 그와 같은 이유로 좀처럼 팔리지 않았습니다.

그래서 저는 지금까지 제가 한 번도 해본 적 없는 일을 해보기로 했습니다. 일반 소비자에게 직접 판매하기로 결심한 것입니다. 천연보석과 완전히 똑같은 것을 인공적으로 재결정해내는 창조적인 기술을 개발했는데 시장이 좀처럼 상대해주지 않고 천연보석 업계가 아예 팔아주지 않는다면, 어차피 이 돌들도 우리가 독창적으로 만들었으니 시장도 우리 스스로 개척해보자고 결심했습니다.

　지금까지의 시장에는 일단 천연보석 업계가 있고, 나머지는 모조품 업계밖에 없었습니다. 그러나 진주와 관련해서는 천연진주, 유리알에 색을 입혀 만든 모조품 진주 이외에 미키모토 고키치 씨라는 분이 천연 조개에 핵核을 넣어서 길러낸 양식진주가 있어서, 모두 합쳐 세 종류의 진주가 있습니다. 보석 업계에서는 인공적으로 만든 것의 존재를 쉽게 인정하지 않습니다.

　누군가가 기술혁신을 일으켜도 저명한 사람이 이룬 것이 아니면 좀처럼 인정해주지 않습니다. 사정이 그렇다면 인공적으로 만들긴 했지만 천연보석과 성분과 구조가 완전히 동일한 보석이라는 시장 개념을 새롭게 만들면 되지 않겠나 생각했습니다. 즉 '그 누구도 만들지 않으니까 우리가 만들어보자'는, 어찌 보면 다소 불손한 생각으로 이 사업을 시작한 것이지요.

　그러나 전 세계 대형 전자산업 제조업체에 제품을 납품하면 되었던 지금까지와 달리, 소비자에게 직접 보석을 팔아야 한다는 점에서 여태 맞닥뜨린 적이 없는 문제에 직면했습니다. 당연히, 유통경로의 문제에 직면했습니다. 저희가 만든 재결정 보석은 천연보석의 유통경로에서는 취급해주질 않았습니다. 취급하고 싶다는 사람도 꽤 있었지만 대부분 사기꾼 같은 느낌의 정체를 알 수 없는 사람들이었고, 신원이 확실한 믿을 수 있는 사람은 저희 보석을 전혀 취급해주지 않았습니다.

아까 말씀드렸다시피, 고객에게 철저하게 봉사하는 것이 저희의 중요한 방침입니다. 그렇다고 전국 방방곡곡에 저희 영업사원을 둘 수는 없기 때문에 당연히 대리점을 둬야 한다고 생각했습니다. 지금까지는 대기업 제조업체가 거래 상대였지만, 보석을 팔기로 한 이후부터는 대리점과 최종 사용자라는 두 종류의 고객에게 철저하게 봉사하기로 했습니다. 하지만 당장은 아무도 취급을 해주질 않으니, 어쩔 수 없이 저는 새롭게 대리점을 모집했습니다. '무엇을 파는 분이라도 좋습니다. 저희 회사의 새로운 보석을 판매할 수 있는 열정이 있는 분을 찾습니다'라는 구인 광고를 내 보석 전문업자도 아닌 사람을 뽑고 그분들께 판매를 맡겨 사업을 전개했습니다.

이는 새로운 시도였습니다. 기존의 유통 경로에서 취급을 해주지 않으니 전혀 딴판인 업종의 사람들로 구성된 집단을 만들고, 이를 전국적으로 전개하여 새로운 대리점망을 구축하기로 했습니다. 저희가 다루는 것은 완전히 새로운 보석이었고 또 매우 획기적인 제품이었기에, 판매에서도 뭔가 새로운 것을 추진하면 어떨까 하고 생각했던 것입니다. 여기에는 JC분들이 많을 텐데, 아버지가 하셨던 사업을 물려받은 사람은 획기적이고 창의적인 일을 하기가 쉽지 않습니다. 어떻게든 지금의 안정된 회사를 지키려고 하지요. 그렇게 현실에 안주하면 혁신은 절대 태어날 수 없습니다. 저는 늘 역경 속에서 사업을 해왔기 때문에 돌을 사주지 않는다면 내가 직접 팔아야겠다고 생각한 것입니다.

당시에 대형 유통업에 종사하는 지인이 몇 분 계셔서 직접 판매를 시작하기 전에 이야기를 들어보았습니다. 그분들은 물건을 파는 데 있어서는 상당한 전문가일 것입니다. 대형마트나 백화점에 종사하는 분들이기에 물건을 파는 데는 누구도 따라올 사람이 없을 정도로 자신감이 있었습니다. 하지만 그분들이 새로운 보석을 팔아주셨으면 싶어서 만나 뵙고 보니 매우 실망스러웠습니다. 물건을 파는 전문가라고 생각했는데 실제로는 그렇지가 않았습니다. 즉 팔릴 만한 것을 팔고 있을 뿐이었습니다. 거대자본 또는 독점자본을 배경에 두고 누구라도 팔 수 있는 것을 팔고 있었던 것입니다.

어린 시절, 고향 마을에 축제가 열려 신사에 가면 그 주위에는 늘 포장마차가 즐비했습니다. 그 포장마차 주인들은 인근의 폭력조직에 이른바 자릿세를 내고 있었지요. 극단적으로 이야기하자면 요즘 백화점도 이와 마찬가지로 판매장소를 전문점에 빌려주고 있을 뿐입니다. 최대한 비싼 자릿세를 받고, 팔 수 있는 물건을 팔 뿐이니, 판매의 프로는 전혀 아닙니다.

팔릴지 안 팔릴지 예상조차 할 수 없는 것을 위험을 무릅쓰고 팔고자 하는 진정한 프로를 저는 지금까지 만난 적이 없습니다. 그래서 저희는 제조에 특화된 기술자 집단이지만, 판매의 프로가 되어보자는 각오를 했습니다. 그 누구도 팔리리라고 예상하지 않았던, 또한 실제로도 전혀 팔리지 않던 물건을 어디 한번 팔아보자며 큰 도전을 했던 것입니다.

현재 보석 사업을 시작한 지 약 5년이 지났고, 매출도 꽤 많이 늘었습니다. 아마도 월 매출이 3억 엔 정도 될 것입니다. 프로가 아닌 '초짜' 집단이 '초짜' 대리점을 활용해서 판매하고 있지만, 이전부터 유력한 유통 경로를 보유하고 있는 전문업체도 저희가 어느 정도 성공하면 반드시 '우리도 팔게 해달라'고 요청할 것으로 확신합니다. 그렇게 될 수 있도록 저희는 최선을 다할 것입니다.

상품 보급과 시장 개발의 다섯 단계

마지막으로 한 말씀만 덧붙이겠습니다. 지금 드릴 말씀은 어떤 분에게 듣고 매우 감명을 받은 이야기인데요, 상품의 보급 단계 또는 시장 개발의 발전 단계는 문명의 발전 정도와 같다고 합니다. 이와 관련해서 잠깐 말씀을 드리도록 하겠습니다.

개발된 신제품은 가장 먼저 한 사회의 '이노베이터'로 불리는 사람들이 선택하고 소비합니다. 의류의 세계에서는 어떤 옷이 유행하기 전에 이른바 '모드mode'라는 것을 먼저 받아들이는 사람들이 있는데 이들과 비슷합니다. 시장 전체에서 약 2.5%의 사람들이 이노베이터에 해당합니다.

그다음에는 얼리어답터early adopter라는, '모드'를 빨리 받아들이는 사람이 13.5% 정도 있습니다.

재결정 보석을 시장에 내놓을 때, 처음에는 주위 사람들의 이해를 얻지 못하고 판매에 어려움을 겪는 단계에서 시장 전체에서 2.5%에 불과한 이노베이터만이 제품에 동조해줍니다. 그럼에도 판매자가 노력해나가면 이를 이해하고 사들여주는 얼리어답터가 나타나기 시작합니다. 그 사람들이 시장 전체의 13.5%입니다. 판매자가 더 노력해나가면 그다음에는 전체 시장에서 34%를 차지하는 초기 다수자early majority 그룹이 나타납니다. 남들보다 조금 더 빨리 신제품을 수용해주는 사람들이지요. 여기까지 오면 보급 단계로 진입하게 됩니다.

이노베이터가 나타나고 얼리어답터가 등장하기 시작하는 단계까지 오면 보급에 상당한 가속도가 붙습니다. 문명이 발달할 때도 먼저 이노베이터, 그다음에 얼리어답터 그리고 초기 다수자 순으로 수요자가 연속적으로 나타납니다.

그리고 34%의 '후기 다수자late majority'로 불리는 사람들이 나옵니다. 주위 사람들이 사서 이용하는 것을 보고 난 뒤에 사들이는 사람을 말합니다. 그리고 마지막에는 16%의 이른바 '지각 수용자laggard'라고 불리는 사람들에게까지 보급이 됩니다. 지각 수용자란 소비성향이 보수적인 사람들로, 새로운 것이 일종의 전통으로 자리 잡기 전에는 절대 채택하지 않는 사람들입니다. 예컨대 '나는 옛날부터 일본에 있던 기모노만 입는다'라는 성향을 보이는 사람입니다. 어느 나라, 어느 민족을 막론하고 대략 이런 구성으로 이루어져 있습니다.

이노베이터와 얼리어답터를 끌어들이고, 얼리어답터가 구매할 때까지 노력하고, 더 나아가 초기 다수자가 사용하기 시작하면 완전히 유행이 됩니다. 그때까지는 대단한 노력이 필요합니다. 의류계에서는 일부 사람들만 선택해서 소비하는 단계를 모드라고 하는데, 그다음에 사회에 널리 받아들여지는 단계는 '패션'이라고 부릅니다. 상품 또는 제품은 이와 같은 단계를 거쳐 사회에 보급됩니다. 그래서 제품을 시장에 투입할 때 이노베이터 단계에서 동력을 상실하면 그것은 반드시 실패로 끝나고 맙니다.

저희도 보석업계에서 판매 경로를 하나도 확보하지 못한 채 악전고투하고 있습니다. 여러분 중에서도 '나도 한번 도와볼까?'라는 생각이 드는 분이 계시면 꼭 말씀해주십시오. 손을 맞잡고 함께 최선을 다해 나가봅시다.

이것으로 제 강연을 마치겠습니다. 감사합니다.

❶ 자사의 제품이 고객의 수요와 맞지 않으면, 고객의 새로운 수요를 듣고 단기간에 이를 맞출 수 있어야 한다. 이는 간단한 일 같지만 매우 어렵고도 중요한 일이다.

❷ 고객의 수요를 계기로 기업을 발전시켜나가야 한다. 그러기 위해 회사가 작더라도 나름대로 매우 신속하게 수요를 충족하는 제품을 만들 수 있는 개발능력이 필요하다.

❸ 아무리 훌륭한 판매전략을 세워 제품을 팔고자 해도, 품질이 나쁘면 절대 사주지 않는다. 적어도 타사보다 품질이 우수하지 않으면 안 된다. 그리고 그 정도의 품질을 현재 만들고 있는 모든 제품에서 유지하고 지속적으로 공급할 수 있

어야만 판매가 순조롭게 이루어진다.

❹ 판매가격은 시장 메커니즘에 의해 결정된다. 남은 문제는 '어떻게 비용을 낮출 것인가' 하는 것이다. 이를 위해 재료비부터 모든 비용을 극소화하는 작업이 필요하다. 고정관념에 얽매이지 않고 모든 제조 비용을 극소화하는 작업, 그것이 바로 기술쟁이의 일이다.

❺ 판매가격이 정해져 있기 때문에 비용을 극소화했을 때 나오는 차액이 바로 이익이다. 그렇기에 어느 수준의 이익이 타당한지에 대해서는 일절 생각하지 않는다. '이익률이 몇 %이니 괜찮다'라는 식의 개념은 버린다.

❻ '인건비가 오른다, 재료비가 오른다, 그러니 부품 대금도 올려야 한다'라는 사고방식에 사로잡히면 타사와 비슷한 수준의 경영은 할 수 있겠지만, 그 이상의 경영은 할 수 없다.

❼ 시장가격을 기준으로 경쟁력 있는 가격을 고민하면 타사보다 싼 가격을 제시할 수 있다. 그렇다면 어느 정도나 저렴해야 하는가? 이는 일개 영업사원이나 영업부장이 결정할 일

이 아니다. 가격 결정은 최고경영자가 할 일이다.

❽ 어느 정도의 가격이 적정한가? 이는 최고경영자의 철학에 기인한다. 뻔뻔하고 낯 두꺼운 사람은 뻔뻔하고 낯 두꺼운 수준으로 가격을 정하고, 기가 약해 소심한 사람은 기가 약하고 소심한 수준으로 가격을 결정한다. 기가 약한 경영자는 항상 고객에게 시달려 회사를 파산에 빠뜨리고, 뻔뻔하고 낯 두꺼운 경영자는 내내 고객을 속이거나 기만하는 짓을 범해 신용을 잃고 회사를 망친다.

❾ 경영이란 그야말로 사람의 마음, 즉 철학으로 결정된다. 경영자는 양극단을 겸비한 사람이어야 한다. 호쾌함과 섬세함을 두루 갖춰야 한다.

❿ 고객의 심부름꾼 역할을 기분 좋게 수행하지 못하면 판매 전략이 아무리 훌륭해도 그림의 떡에 불과할 뿐 결코 성공할 수 없다. 고객의 심부름꾼 역할을 한다는 것은 다름 아닌 고객에게 철저하게 봉사한다는 의미다.

⓫ 가격과 품질에는 한계가 있다. 그럼에도 늘 가능성을 믿고

추구해나가야 한다. '더는 가격을 내릴 수 없다'고 생각해도 고객이 요구하면 어떻게든 지금까지의 고정관념을 벗어던지고 가격을 낮추는 데 다시 한번 도전한다. 품질과 관련해서도 '더는 좋은 것을 만들 수 없다'고 생각한다 해도 고객이 요구하면 더 철저하게 품질 향상을 추구한다.

⑫ 어떠한 시대라 해도 경영의 원리원칙은 변하지 않는다. 물론, 환경적인 조건은 변하지만 자신의 경영이념만은 쉽게 바꾸면 안 된다. 환경적인 조건이 매우 크게 변동하는 상황에서 그때마다 자신의 기본적인 경영이념까지 바꾸면 회사가 어디로 갈지 전혀 알 수 없게 되어버린다.

⑬ 신용을 쌓기 위해서는 좋은 물건을 싸게, 정확한 납기에 제공하고, 훌륭한 봉사정신으로 최선을 다해야 한다. 이 같은 훌륭한 퍼포먼스를 확실하게 수행해 신뢰할 수 있는 덕성을 갖추면 신뢰의 단계를 넘어 존경의 단계에 이르게 된다. 장사의 비결은 바로 고객에게 존경을 받는 것이다.

⑭ 덕성이란 무엇인가? 그 사람이 가지고 있는 철학이다. 신용의 단계를 넘어 덕성이 있어야 존경을 받을 수 있다.

1991년, 도쿄 출장.

1980년대 중반, 다각화와 글로벌화를 추진하는 교세라 경영에 임하면서 새롭게 젊은 경영자 육성(세이와주쿠盛和塾)에 나서고, 통신사업에 진출(다이니덴덴第二電電)했으며, 인류 진보에 공헌한 사람을 표창하는 사업(이나모리재단)에 착수했다. 또한, 1989년에 첫 번째 저서 《일심일언: 어떻게 일하고 어떻게 살 것인가》를 출판한 후, 조언을 구하는 사회적 요청에 따라 각지를 돌아다니며 90년대, 동분서주하는 나날이 이어졌다.

•

50~60대의
이나모리 가즈오

1990년대

•

훌륭한 경영을 위한 철학

4장

•

리더의 조건
올바른 판단 기준이 있는가

•

구 우정성 강연,
1991년 5월 3일

다이니덴덴(현 KDDI)의 관할 관청인 우정성[1] 간부를 대상으로 한 강연이다. 전년도 (1990년)에 발발한 걸프전과 같은 해에 취임한 제3차 임시행정개혁추진심의회 위원장으로서의 경험을 바탕으로 이야기했다.

일본의 중앙행정기관의 의사결정은 상향식bottom up에 치우쳐 있어서 그다지 리더십이 요구되지 않는 경향이 있다는 문제의식에서 이나모리는 리더의 바람직한 자세와 올바른 판단을 이끌어내는 사고방식과 방법에 대해 이야기했다.

---

1 우리나라의 정보통신부에 해당하는 기관.

중앙행정기관에 요구되는 리더십

오늘은 '기업 경영의 리더십'이 아니라 일반적인 리더십 이론에 대해 이야기하고자 합니다. 소개하며 말씀드린 바와 같이, 저는 제3차 임시행정개혁추진심의회(행혁심)의 '세계 속의 일본' 부회에서 위원장을 맡아 최근에는 일주일에 이틀 정도 일본의 쟁쟁한 오피니언 리더 스물일곱 명과 함께 토론을 하고 있습니다. 여러 이슈 중에서도 리더가 갖추어야 할 자세에 대해 논의가 많이 이루어지고 있습니다.

'세계 속의 일본' 부회는 일본에서는 처음으로 외교정책의 기본적인 자세를 결정하기 위해 만들어진 모임입니다. 그래서 저는 위원분들에게 "각자 저마다의 입장이 있겠지만, 21세기에 우리의 다음 세대가 전 세계 사람들에게 신뢰와 존경을 받을 수 있는 외교정책을 결정해야 하지 않겠습니까. 사소한 차이는 잠시 접어두고 같은 뜻을 위해 서로 협력한다는 마음가짐으로 더 넓은 관점에서 논의를 진행해주셨으면 합니다"라고 항상 말씀드리고 있습니다.

하지만 토론이 시작되면 저마다의 입장에서 의견을 내서 의견을 한데 모으는 데 진땀을 빼곤 합니다. 오늘도 이 강연을 마치면 다시 늦은 밤까지 기초위원 선생님들과 모여 마무리 작업을 할 예정입니다.

요전에 있었던 걸프전의 위기는 일본 외교의 약점을 크게 드러낸 사례입니다. 그런 시기에 토론하다 보면, 특히 긴급상황에서 일본 외교의 자세에는 아무래도 리더십이 결여되어 있다는 결론에 이르게 됩니다. 기존에 일본의 중앙행정기관에서 강조해온 상향식 중시, 의견일치 기반, 화해의 정신 등과 같은 의사결정 방식으로는 위기를 관리하기 어렵습니다.

그런 위기상황에서는 각 부처의 리더에게 책임감과 용기 있는 리더십이 필요하지 않을까요? 예를 들어, 걸프전 이후에 자위대의 해외 파견이라는 문제가 있었습니다. 이는 우리에게 '평화헌법'[1]이라는 것이 있고, 헌법 해석상에 여러 가지 과제가 있

---

1 일본 헌법 제9조를 이른다. 전쟁을 포기하고 정식 군대를 갖지 않겠다고 선언하는 조항으로 일본 내에서 폐지나 개정에 대한 요구가 끊임없이 제기되었고, 2014년에 아베 정부에서 새 헌법 해석을 도입하며 집단적 자위권 행사의 발판을 마련한 바 있다.

제2부 50~60대의 이나모리 가즈오

기 때문에 단번에 결정할 수 있는 것은 아닙니다.

그러나 긴급상황에서는 중앙행정기관의 수장이나 간부의 리더십, 또는 각 부처를 관할하는 장관이나 나아가 총리의 정치적 리더십이 매우 중요해집니다. 그것은 다름 아닌 용기와 책임감에서 나오는 것이어야만 합니다. 만약 잘못된 결단을 내리면 어떻게 해야 하나 걱정하는 분도 계실지 모르지만, 자신의 '직'을 걸고 할 수밖에 없습니다. 그만한 용기만 있으면 결정을 내릴 수 있을 것입니다.

극단적으로 말하자면, 올바른 결단을 내렸는지 아닌지는 리더십과는 별개의 문제이고 리더십 측면에서는 우선 '결단한다'는 것이 중요하다고 생각합니다. 따라서 리더는 그러한 용기를 가진 사람이어야 한다는 생각이 현대인 사이에는 확산되고 있습니다.

그런데 각 부처의 간부를 우리 부회의 공청회에 초대해 이야기를 들어봐도, 현재의 관청에서는 리더가 책임지고 스스로 결단을 내려 조직을 이끌어가기가 어려운 상황인 듯합니다.

상향식, 의견일치를 바탕으로 하는 의사결정이 중요하다고 생각하기 때문입니다. 그러다 보니 긴급사태가 발생했을 때 아무래도 의사결정이 더디고, 다른 나라에서 보면 일본은 아무것도 하지 않는 것처럼 보여 비판을 받게 됩니다. 한편, 그 원인을 공무원에게 돌리는 것은 가혹하고 이는 어디까지나 본래 결단을 내려야 하는 위치에 있는 정치인의 문제라는 의견도 있습니다.

이러한 요즈음의 논의를 바탕으로, 오늘은 '기업 경영의 리더십'에 관한 이야기가 아닌 앞으로 행정관 여러분에게 요구되리라고 예상되는 리더십 그 자체에 대해 제 나름의 생각을 말씀드리고자 합니다.

리더의 첫 번째 조건은
조직에 영향력을 행사하는 것

저는 일곱 명의 창업 멤버와 함께 교세라라는 기업을 시작했습니다. 당시 직원 수는 저를 포함해서 스물여덟 명으로 교토의 변두리에 있던 미야키전기宮木電機라는 회사의 창고를 빌려서 자본금 300만 엔, 차입금 1,000만 엔으로 창업했습니다.

그리고 올해로 창업 33년째가 되는데, 첫해부터 계속 이익이 발생해 한 번도 적자를 낸 적이 없습니다. 첫해엔 자본금과 거의 같은 300만 엔의 이익을 올렸고, 그 이후로도 꾸준히 성장하고 있습니다. 현재 직원 수는 일본 국내에 1만 3,000명, 해외에 1만 3,000명, 총 2만 6,000명의 규모이며, 매출은 연결기준으로 약 4,500억 엔으로 성장했습니다.

이처럼 저는 교세라가 중소기업이었을 무렵부터 현재에 이르기까지 내내 경영자로서 소임을 다해왔습니다. 이러한 경영 경험을 바탕으로 리더십에 대해 생각해보면, 경영자의 개성이 기업 경영에 반영될 수밖에 없다고 생각합니다.

20년 정도 전의 일인데, 어떤 젊은 기자가 "이나모리 씨는 꽤나 독단적으로 회사를 운영하고 계신다고 들었는데요"라는 질문을 한 적이 있습니다. '독단적'이라는 단어에는 상당한 악의가 담겨 있어서 언짢은 기분이 들었습니다. 그런데 그때 독단적으로 경영해도 괜찮지 않을까 싶은 생각이 들었습니다. 그 말인즉슨, 본래 관공서에서도 대기업에서도 사장이나 리더가 교체되면 그 조직 자체가 변하지 않는 게 더 이상한 일입니다. 사장은 부사장보다 훨씬 더 책임이 무겁고, 대우 또한 좋습니다. 그러한 위치에 있는 사장이 교체되었는데 조직의 사고방식이 바뀌지 않는다면 교체한 의미가 없습니다.

또한, 기자들은 조직은 항상 그대로여야 하고 변해서는 안 된다고 합니다. 하지만 그렇다면 사장 따윈 필요 없겠죠. 조직을 바꿀 필요가 없다면 사장이 부사장보다 50% 더 많은 월급을 받거나 두 배 정도의 보너스를 받을 이유가 없습니다. 사장 없이 부사장만 있어도 됩니다. 사장은 모든 책임을 지고 기업 또는 조직에 변화를 일으켜, 조직을 활성화시키고 이끌어나가야 하는 위치에 있기 때문에, 그 중책 수행에 걸맞은 월급과 지위가 주어지는 것입니다. 따라서 아무것도 바꿀 수 없다면 사장 같은 건 있으나 마나 한 존재가 아닐까요.

저는 '리더론'이란 우선 거기서부터 시작해야 한다고 생각합니다. 조직에 영향을 미칠 수 없다면 리더의 자격이 없습니다. 리더의 첫 번째 조건은 좋든 싫든 조직에 중대한 영향력을 미치는 것입니다.

그러다 보면 종종 괴팍한 리더를 둔 조직에서는 그 사람의 개성이 그대로 조직에 반영되어 커다란 문제가 발생하기도 합니다.

반면, 조직에 그 어떤 영향력도 끼치지 못하는 리더라면, 무능하고 쓸모없는 리더라는 뜻입니다. 리더는 조직 전체에 영향을 미치기 때문에 개성과 능력의 부족은 한 개인의 문제로 그치지 않고 심각한 문제를 야기할 수 있습니다. 어찌되었든, 조직에 영향을 미치는 것, 이것이 리더의 첫 번째 조건이라 할 수 있습니다.

현재의 경영 상태는
매일의 판단 결과

기업을 경영하면서 운이 좋았던 덕도 있겠지만 교세라는 매우 순조롭게 성장해왔습니다. 그러나 그렇게 순탄한 길을 걷지 못하는 기업도 많습니다. 우리 민간 기업에는 정부 등의 공공기관과 같은 보호막이 없습니다. 따라서 경영자인 제가 잘못 판단하면 하루아침에 경영 상태가 악화되는 일이 얼마든지 있을 수 있습니다.

이는 최근의 경제 상황만 봐도 쉽게 아실 수 있으리라 생각됩니다. 지난번의 버블경제 붕괴로 수많은 기업이 피해를 입었는데, 이 역시 경영자의 사소한 판단 착오가 쌓이고 쌓인 결과입니다. 주식으로 돈을 벌 수 있다는 말을 듣고 주식에 투자했다가 엄청난 적자를 낸 기업이 있습니다. 부동산 투자로 큰 손해를 본 기업도 있습니다. 신문에 나오는 피해 사례는 빙산의 일각에 불과하고, 엄청난 수의 기업이 버블 붕괴로 부동산 투자에 실패하면서 피해를 입고 있습니다. 그것이 다 수면 위로 드러나면 금융 시스템 자체가 무너지기 때문에 세상에 공공연히 알려지지 않도록 무마해둔 셈입니다. 하지만 표면에 드러난 것만으로도 이렇게 많은 문제가 발생하고 있습니다.

이러한 문제는 조직에 영향력을 행사해야 하는 최고경영자가 그 영향력을 끼친 결과가 어떠했느냐를 보여줍니다. 최고경영자뿐 아니라 리더란 아무리 작은 부서라도 자신의 조직 전체에 영향을 미치게 됩니다. 리더의 판단, 결단 방식, 더 나아가서는 그 결과에 조직 전체의 흥망이 걸려 있다는 말입니다.

저는 이를 다음과 같이 생각했습니다. 저는 교세라라는 회사의 방향을 결정하고 판단하고 있습니다. 결단이라고 하면 왠지 대단한 것처럼 보이지만, 실은 대부분이 사소하고 자질구레한 수준의 결정입니다. 예를 들어, 여러분의 일상생활을 떠올려보면 부하직원으로부터 여러 가지 안건이 올라오면 "이건 안 된다"거나 "이건 좋다" 같은 결정을 내리고 있을 것입니다. 집으로 돌아가면 아버지로서 자식이나 아내, 이웃, 친척 등의 일에 특별한 문제가 없으면 잠자코 있지만, 문제가 있을 때는 '이건 안 되겠다' 싶어서 결단을 내리기도 할 것입니다. 그러한 무수한 사소한 의사결정부터 중대한 결단까지 모두 포함해서, 지난날 자신이 경영자로서 내린 결단의 집합체, 또는 통합체가 바로 현재 회사의 실적, 성과라고 생각합니다. 또한 인생의 경우, 지금까지 해온 모든 결정을 적분積分한 것이 현재 삶의 성과가 아닐까 생각합니다.

무엇보다, 의사결정을 하지 않고 리더십을 발휘하지 않는 리더의 경우에는 합의제라거나 상향식이라거나 하면서 조직원들이 알아서 하도록 내버려두고 그 결과에 편승하고 있기 때문에 결단의 말을 할 수 없을지도 모르겠습니다.

'판단 기준'이
리더의 가치를 결정한다

리더로서 용기 있게 자신의 조직에 영향력을 행사한 사람이라면 그의 판단이 현재의 조직을 만들었다고 할 수 있을 것입니다. 또한 개인의 인생에 있어서도 판단이 그 사람의 현재를 만들었다고 해도 무리가 없을 것 같습니다. 그렇다면 우리가 판단을 할 때, 판단의 기준이라는 것이 매우 중요하다는 것을 여러분도 깨달으셨으리라 생각합니다.

제가 행혁심의 '세계 속의 일본' 위원장직을 맡았을 때, 행혁심의 스즈키 에이지鈴木永二 회장(미쓰비시화학 전 회장)에게 "신문 등에서 일본의 외교에 얼굴이 없다는 말을 들었습니다. 이는 그야말로 일본 외교의 입장이 불명확하고, 중심축이 확실치 않으며 또 이념이 불분명하다는 뜻이라고 생각됩니다. 그러니 일본 외교의 이념부터 구축해야 한다고 생각합니다"라고 말씀드린 적이 있습니다. 그래서 부회 첫 번째 모임에서도 위원들에게 "우선 논의해야 할 것은 일본 외교가 확립해야 할 이념입니다"라고 말했습니다. 이념이라는 단어가 문제라면, 외교의 자세라고 해도 좋고 외교의 중심축이라고 해도 상관없습니다. 그러한 것이 명확하지 않아서 일본 외교는 아직 멀었다는 평가를 받고 있기 때문에 일단 그것을 먼저 선명하게 해두고 싶다고 말씀드린 것입니다.

스물일곱 명의 훌륭한 위원들에게 그런 이야기를 하니, 3분의 1에서 절반 정도 되는 사람이 반대를 했습니다. "이념 같은 허무맹랑한 것을 정해서 어쩌겠다는 겁니까. 이념 같은 아무짝에도 쓸모없는 것을 만들어서 내세운다고 일본 외교가 제대로 돌아가겠습니까?"라며 크게 불평을 했습니다. 그래도 저는 꿋꿋하게 이념을 세우는 일부터 시작해야 한다고 강조했습니다.

그 후, 심의회 활동의 일환으로 외무성[1]의 공청회를 서너 차례 열었고, 통산성[2] 등 다른 부처에서도 공청회를 했습니다. 우정성은 올해 후반기에 실시할 예정입니다. 그 공청회에서 각 부처에 처음부터 "당신네 기관에서는 외교와 관련해 다양한 방안을 마련하고 있는데, 외교정책의 이념은 있습니까?"라고 묻고 시작했습니다. 각 부처 중에서도 통산성은 확실히 정보가 빠른 듯 "우리 기관의 외교 이념은 자유와 민주주의와 시장경제입니다"라는 답변을 들었습니다. 하지만 "리더의 마음을 움직일 만한, 더 근본적이고 원점에 해당하는 것은 없나요?"라고 물었더니 "우리 부처는 보편적인 원리를 이념으로 삼고 있습니다"라는 대답이 되돌아왔습니다.

---

1 우리나라의 외교통상부에 해당하는 기관.
2 우리나라의 산업통상자원부에 해당하는 기관.

"보편적인 원리라는 게 구체적으로 무엇인가요?"라고 하자 "보편적인 원리, 원리원칙을 말합니다"라고 답했습니다. "여러분이 말하는 원리원칙이란 도대체 무엇인가요?"라고 물어도 "그것은 원칙이다"라고 말할 뿐 그다음부터는 다람쥐 쳇바퀴 도는 듯한 질문과 대답만 오갔습니다.

저는 판단의 기준이 리더의 가치를 결정한다고 생각하기 때문에, 오늘은 그 점에 대해 이야기를 하고자 합니다. 여러분도 조금만 생각해보셨으면 좋겠는데요, 부하직원이 어떤 고민을 들고 상담을 하러 왔을 때 어떤 기준으로 판단을 내리는지 생각해보면 좋을 것 같습니다.

거슬러 올라가면
인간의 본능에 다다른다

맨 먼저 떠오르는 것은 이해득실로 판단하는 경우입니다. 자신의 개인적인 차원의 이해관계, 자신의 과課 차원의 이해관계, 또는 국局 차원의 이해관계, 혹은 부部 차원의 이해관계, 더 나아가 국가 차원의 이해관계 등 생각이 미치는 이해관계자의 범위가 점점 커지지만, 어쨌든 이해득실로 판단하는 방법이 있습니다.

우리와 같은 일반 기업에도 이러한 예는 있습니다. 최악의 사례로, 임원에게 어떤 안건을 들고 갔을 때 "그게 임원인 내게 할 소리냐?", "날 뭘로 보고 있는 거냐?"라는 반응이 나올 때가 있습니다. 여러분 주위에도 그런 상사가 있을지 모르겠습니다. 이 때는 '나', 즉 자신의 이해득실이 기준입니다. 자신의 체면, 자신의 지위, 자신의 모양새 등을 기준으로 판단합니다. 또한, 자신의 이해 수준을 넘어선다고 해도 기껏해야 과 수준의 이해관계 정도일 것입니다.

아무튼 이러한 판단 기준의 근원을 따라 거슬러 올라가면 인간의 본능에 다다릅니다. 아시다시피, 인간은 태어나는 순간부터 본능에 따라 움직입니다. 뇌의 작용은 매우 복잡해서 아직도 다 밝혀지지 않았지만, 척수 꼭대기의 소뇌 근처에 있는 뇌간 망양체라는 곳에 본능을 관장하는 조직이 있다고 합니다. 이는 태어난 시점에 이미 완성되어 있습니다. 이것이 존재하기에 태어나자마자 젖을 빨거나 기분이 상하면 울음을 터트리는 등의 행동을 본능적으로 할 수 있는 것입니다.

다소 벗어난 이야기지만, 우리가 이성적으로 사물을 판단할 때 여기서 이성이란 전두엽에서 측두엽에 걸친 뇌세포를 사용하는데, 이 조직은 0세부터 4세까지 완성된다고 합니다. 이 시기에 뇌세포가 왕성하게 성장하고 뇌가 완성되기 때문에 세간에는 0세부터 4세 정도까지의 유아교육이 매우 중요하다고 알려져 있습니다.

본능이란 그렇게 만들어지는데, 애초에 사람은 왜 본능이라는 것을 가지고 있을까요? 우리 인간에게는 육체가 있습니다. 이 육체를 보호하기 위해 신이나 우주의 존재가 본능을 선물해준 것입니다. 식욕이 있는 것도, 성욕이 있는 것도 그리고 외부의 적에게 투쟁심을 불태울 수 있는 것도 모두 본능의 결과입니다. 자기방어를 위해 그리고 자신의 육체를 보호하기 위해 조직적으로 내장되어 있는 것입니다.

그러한 관점에서 보면 본능이란 그 기원부터 주관적이고 이기적이라는 것을 알 수 있습니다. 이는 좋고 나쁨의 문제가 아니라, 주관적이고 이기적인 것으로 신이 처음부터 만들어준 것입니다. 만약 본능이 객관적이었다면 육체는 살아남지 못했을 겁니다. 음식을 먹고 싶다는 식욕은 생존에 반드시 필요한 조건이고, 적으로부터 자신을 보호하는 투쟁심 또한 마찬가지입니다. 이러한 본능은 육체를 가진 인간을 보호하기 위해 신 또는 우주가 선사해준 기능입니다.

이처럼 본능은 인간이 가진 기능 중 가장 원초적인 것입니다. 그럼에도 실제로는 본능으로 판단을 할 때가 매우 많습니다. 개인 차원일 때도 그렇지만, 과 차원일 때도 마찬가지입니다. 각 부처의 국 내에서도 그렇고, 부서나 국가 차원일 때도 그렇습니다. 실은 국익이라는 것도 국가의 에고ego로, 본능입니다.

그래서 저는 행혁심 분회에서 국익을 떠나서 논의하자고 말합니다. 즉 '지구의 이익'이나 '인류의 이익'과 같은 관점에서 사물을 판단해야 하지 않겠느냐는 것입니다. 이처럼 글로벌리즘이 진행되고 있는 현재, 일본의 국익과 세계 전체, 그러니까 인류의 이익 간에는 충돌이 있을지도 모르겠습니다. 그렇다면 우리는 좀 더 고차원적인 관점에서 사물을 생각해야 하지 않을까요? 국익만 내세워 논한다면 국제분쟁은 결코 해결되지 않을 것이기에 보다 높은 차원에서 사물을 판단하자고 말씀드리는 것입니다.

하지만 본능 또한 하나의 판단 기준이라고 할 수 있겠지요. 본능을 기준으로 한 판단이라고 하면 다음과 같은 에피소드가 생각납니다. 와코루ワコール라는 교토의 여성 속옷 회사에서 매우 참신하게 경영을 하고 있는 츠카모토 고이치塚本幸一 씨라는 분이 있습니다. 이분은 저와 띠동갑 연상으로 저의 벗이자 형 동생 같은 사이로 지내고 있습니다. 이 츠카모토 씨가 예전에 이런 말을 한 적이 있습니다.

"와코루의 사업은 아주 순조로워. 그런데 친구가 이건 돈이 된다며 권해서 투자한 사업은 모두 실패했지. 친구의 빚까지 떠안은 적도 있고, 아무튼 하나같이 실패했어. 회사 운영보다 권유받은 투자가 훨씬 장래성이 있고 그럴듯해 보였는데, 보기 좋게 실패했지. 이게 대체 어찌 된 일일까?"

벤처기업으로 성공해 신문, 잡지, TV 등에 화려하게 소개되었다가 순식간에 자취를 감춘 사람을 여러분도 알고 계실 겁니다. 그리고 앞에서 말한 버블경제 붕괴로 현재 도탄에 빠진 경영자도 많습니다. 저는 예전부터 그런 세계의 속사정은 알지 못하지만, 창업 당시엔 이렇다 할 돈도 없고 아주 영세했으니 돈벌이가 된다는 얘기에는 일절 관심을 갖지 않는다는 원칙으로 일관했습니다. 열심히 땀 흘려 노력한 결과 조금이라도 더 벌수 있으면 그것이 이익이라고 저는 스스로에게 단호하게 타일러왔습니다. 쉽게 돈을 번다는 건 있을 수 없는 일이고, 만약 그런 게 있다면 뭔가 이상하니 관심을 내비치면 안 된다는 인생관으로 살아왔습니다.

이성에 의한 판단과 그 한계

본능 다음으로 어떤 판단 기준이 있는가 하면, 좀 전에 말한 0세부터 4세에 발현되는 이성입니다. 철학적으로 말하자면 '이성적인 마음'이라고도 하는데, 사물을 추리 추론하기 위해 신이 선물해주신 것입니다. 이성은 추리 추론을 위한 것이기 때문에 주관적이고 이기적인 본능에 비해 객관적입니다.

이렇게 객관적으로 사물을 판단하는 작용이 있기 때문에 이렇게 하면 이렇게 됩니다, 저렇게 하면 저렇게 됩니다 등 여러

가지를 짜 맞추고 추리 추론하여 일을 결정해나가는 것으로 보입니다. 회사에서 합의를 바탕으로 의사결정을 할 때는 담당자에게 이러한 이성적인 마음을 사용해서 검토하고 합의를 도출해나가도록 하고 있습니다. 일상적인 것을 판단할 때는 이야기가 다르지만 다른 사람이 해본 적 없는, 전례가 없는 일을 판단하고자 할 때는 이성에도 한계가 있습니다.

예를 들어, 교세라 창업 당시 일본에서 최초로 뉴 세라믹을 공업화하는 데 성공했지만, 지금 생각해보면 기술력은 변변치 않았습니다. 일본은 전통적으로 이른바 올드 세라믹, 즉 시멘트, 유리, 일반 도자기를 포함해 세라믹 업계가 매우 발달한 나라입니다. 그런데 교토 변두리에 있는 허름한 창고를 개조해 만든 영세기업이 도전해서 그들이 이루지 못한 것을 하겠다고 나섰으니 보통 일이 아니었습니다. 당시에는 이름도 알려지지 않은 회사였기 때문에 흔해빠진 제품을 팔러 가도 상대해주지 않았습니다. 이 정도 되는 제품은 나고야에 가면 훌륭한 대기업 제품이 얼마든지 있다, 이 정도 물건은 어디 가든 구할 수 있다, 좀 더 믿을 만한 곳에서 사겠다고 했습니다.

그래서 대기업에서 만들지 못한 제품을 저희 회사는 만들 수 있다고 세게 배짱을 부려야 했습니다. 결국 다른 사람이 하지 않은 걸 해야만 하는 것이 연구개발의 과제이기 때문에 그렇게 매일을 보냈습니다. 전례가 없는, 즉 이성만으로는 해낼 수 없는 연구개발을 32년간 내내 할 수밖에 없었습니다.

　그리고 제가 시작한 다이니덴덴 설립도 전례 없는 시도였습니다. 우정성이 새롭게 장거리전화 통신사업자를 허가한다는데, 전례가 없으니 어떤 사업을 하면 좋은지 알 수가 없었습니다. 다이니덴덴을 하겠다고 손을 들고 허가를 받고도 구체적으로 사업을 어떻게 전개하면 될지 알 수 없었지요. 그래서 부하 직원과 전문가를 모아 데이터를 수집하고, 이성적이고 객관적으로 추리 추론했습니다. 그런데 전례가 없는 경우에는 참고할 사례나 문헌이 없기 때문에 막다른 골목에 금세 다다릅니다. 이성의 작용은 어디까지나 추리 추론이기 때문에 새로운 것을 창조하는 데에는 한계가 있습니다.

　조금 빗나간 이야기지만, 저는 노벨상을 받은 후쿠이 겐이치福井謙一 씨나 수학 필즈상을 수상한 히로나카 헤이스케広中平祐 씨와 같은 이른바 교토학파 분들과 교토회의라는 모임을 하고 있습니다. 이 밖에도 철학자, 물리학자 그리고 그 유명한 호킹 Stephen Hawking 박사와 이름을 나란히 하는, 빅뱅이론에서는 세계 일인자로 일컬어지는 사토 후미타카佐藤文隆와 같은 저명한 인사 열 명 정도를 불러 두 달에 한 번꼴로 철학을 논하고 있습니다. 이런 분들과 이야기를 나누다 보면 깨닫게 되는데, 아무리 위대한 발견이나 발명을 한 사람이라도 부단한 추리 추론으로 그러한 결과를 낸 것은 아닙니다. 추리 추론을 뛰어넘는 별개의 것이 발명이자 발견입니다.

그리고 돌아가신 지 오래되었지만, 교토대학교의 그리스철학 대가로 다나카 미치타로田中美知太郎 씨라는 분이 계셨습니다. 어느 날 밤, 저는 다나카 선생님과 토론을 한 적이 있습니다. 선생님은 꽤 애주가셔서 함께 술잔을 주고받으며, "선생님 같은 철학의 대가를 앞에 두고, 철학의 철 자도 알지 못하는 경영자인 주제에 경제철학이 중요하다는 말을 하고 있네요. 저는 원래는 기술자로, 끊임없이 기술을 개발해왔습니다. 그래서 여쭙는데, 선생님께선 철학과 과학과 종교, 이 세 가지가 어떤 관계라고 생각하시나요?"라고 물은 적이 있습니다. 그러자 "철학, 과학, 종교는 접근 방법은 달라도 추구하는 것은 같습니다"라고 말씀하셨습니다.

여담이지만, 아인슈타인도 같은 말을 했습니다. 저는 작년에 미국을 비롯해 전 세계에 지구·물리·천문·생명공학 연구시설을 둔 워싱턴 카네기협회의에서 최초로 외국인 이사가 되어, 지지난 주에 처음으로 이사회에 참가하기 위해 워싱턴에 다녀왔습니다. 이사회를 마친 후 찾은 만찬회 회장 홀엔 아인슈타인의 명언이나 사진이 전시되어 있었는데, 과학과 종교와 철학의 관계에 대해 철학보다는 예술이라는 단어를 사용하면서 "모든 종교, 예술, 과학은 같은 나무에서 나온 가지"라고 말하고 있었습니다.

다나카 선생님과 토론할 때, 저는 다시 다음과 같이 물어보았습니다. "저는 경영철학이라는 말을 자주 사용하는데 철학과 과학, 독창성과의 관계는 어떤가요?" 다나카 선생님은 "발명이나 발견은 철학의 영역이겠지만, 그것이 증명되면 과학이 되겠죠"라고만 답하셨습니다. 선생님은 그 말씀만 하시더니 빙그레 웃으시며 술을 드셨습니다. 그날 밤은 저도 술을 많이 마셨지만, 돌아와서 자지 않고 선생님이 하신 말씀의 의미를 곰곰이 생각해보았습니다.

　그러니까, 독창적인 발명이나 발견의 영역이란 이성에 의한 논리의 조합이 아니라 '나는 생각한다, 고로 존재한다'는 철학의 영역인 것입니다. 가령 갈릴레오는 천동설이 주를 이루던 시대에 지동설을 주장했습니다. 천체가 아닌 지구가 움직이고 있다는 생각을 이론적으로 증명할 수는 없어도, 모든 사물을 이해하기에 적합하다고 생각해서 그렇게 주장한 것입니다. 아직 논리적으로 증명되지 않았기 때문에 엄청난 공격을 받았습니다. 그러나 훗날 그것이 올바른 생각이었다는 것이 증명되었습니다.

　이처럼 모든 천재적인 발명이나 발견은 번뜩이는 발상이나 하늘의 계시나 꿈속의 점지와 같이, 논리적인 조합에 의해 이루어지는 것은 아니라고 수많은 위대한 학자는 말합니다.

　이야기가 많이 벗어났지만, 지금 말하고 싶은 것은 이성이란 논리를 끼워 맞추는 작업으로, 거기에는 일정한 한계가 있다는 것입니다. 이성을 통해 다이니덴덴과 같은 전례 없는 사업을 검토하게 하면 "이렇게 하면 이렇게 되는데, 이 부분은 잘 모르겠습니다"라는 식으로 문제점이 명확해집니다. 그러나 전례가 없는 부분에 대해서는 구체적으로 어떻게 하면 되는지까지는 알 수 없습니다. "매우 어려운 안건이라는 것만큼은 알았으니, 그다음에 어떤 조치를 취할지는 리더인 당신이 결정해주세요"라는 말이 나오지요.

이성, 논리로 모든 것을 해석할 수 있는, 전례나 관례가 있는 일이라면 그 성격 등으로 분류해서 이런 것이 대다수를 차지하고 있으니 이렇게 해야 한다는 식으로 결정이 됩니다. 지금까지 각 부처의 의사결정도 그러한 방식으로 이루어져왔을 것입니다. 하지만 계속 논리적인 정합성을 좇아도 그러한 사고방식으로 대응할 수 있다는 사실만 알 수 있을 뿐, 진정한 의미에서의 결단과는 무관합니다. 추리하고 추론하여 사고방식을 논리적으로 구성할 수는 있지만, 전례도 없고 그 무엇도 없는 상황에서는 진정한 의사결정을 이끌어내지 못하는 것이 이성입니다.

그런데 우리는 이성으로 판단하려 합니다. 예를 들어, 아까도 말씀드렸다시피 다이니덴덴의 사업도 이성으로 검토해봤자 무엇이 정답인지 알 수 없으므로 결국, 매우 위험하고 힘들다는 대답만 나올 뿐입니다. 그럼 어떻게 해야 하느냐고 물어본들, 그건 알 수 없습니다, 당신이 정해야 할 일이라는 말밖에 들을 수 없습니다. 담당자의 얼굴을 보면 하지 말라고 쓰여 있습니다. 그렇다면 하지 말라는 뜻이냐고 물으면 그런 건 아니라고 합니다.

그럼, 하라는 것이냐 하면, 그런 것도 아닙니다. 결국은 어떻게든 할 수밖에 없는 상황이 됩니다.

그런 때에도 저는 판단을 내립니다. 혼신을 힘을 다해 추진할지 말지를 결정합니다. 그때 무엇을 판단 기준으로 삼을까요? 아까 말씀드렸다시피 본능, 즉 자기방어나 에고, 더 나아가서는 자신의 에고를 뛰어넘는 과의 에고, 국의 에고, 부의 에고 등처럼 에고의 차원으로 판단해도 제대로 되지 않는다는 것을 저는 알고 있습니다. 그래서 본능에 따라 결정을 하지 않습니다. 그리고 이성도 전례가 없을 때는 판단할 수가 없습니다. 그렇다면 이성을 초월한 새로운 판단 기준이 있어야 하는데, 우리처럼 대학 교육을 받은 사람도 그것이 무엇인지 알지 못합니다.

이성을 뛰어넘은
영혼 차원에서의 판단

실은 이성을 뛰어넘는 영혼 차원에서의 판단이라는 것도 있습니다.

여러분은 웃을지 모르겠지만, 여러분도 돌이켜보면 양심의 존재를 느낀 적이 있을 것입니다. 어렸을 때 나쁜 짓을 해서 어린 마음에 잠을 설친 적이 있을 테지요. 그때, 이런 나쁜 짓은 두 번 다시 하지 않겠다, 아빠가 이것을 알면 슬퍼하겠지 등, 이렇게 자신을 괴롭혔던 것이 바로 양심입니다. 양심은 우리의 의식이 깨어 있을 때만 가끔씩 나타납니다. 어른이 되면 에고나 이성에 의해 닳고 닳아서 양심이 잘 나타나지 않게 됩니다. 어린 시절에는 순수했기 때문에 양심에 찔리기도 한 것이지요. 저는 이러한 양심이 우리의 본질, 근원, 즉 영혼이 아닐까 싶습니다.

우리는 이성적인 수준까지만 그 구조를 해명할 수 있기 때문에 영혼에 대해서는 거의 아는 게 없습니다. 그러나 영혼에 접근하는 방법으로 종교로 눈을 돌려보면, 명상이라는 방법이 있습니다. 선종禪宗의 승려들은 좌선을 하고 명상을 합니다. 또한 인도의 철학에서도 요가를 하고 명상을 합니다. 간단히 설명하면, 좌선이란 진정한 자기 자신, 즉 참된 자아, 대아大我에 다가서는 것을 목적으로 합니다. 요가 수행도 그것을 목적으로 하고 있지요.

구체적으로 어떻게 하는 걸까요. 선종의 경우에는 공안公案[1]을 생각하며 정신을 통일하고, 또한 요가의 경우에는 만트라(진언眞言)를 읊조리며 정신통일을 꾀하는 방법을 취합니다. 조용히 눈을 감고 명상을 시작하면, 먼저 본능이 가득한 분노 등과 같은 감정이 떠오릅니다. 선종에서는 그러한 감정을 잡념, 망념이라고 합니다. 거기서 공안 등을 생각하며 정신을 다른 곳을 향해 집중해나가다 보면, 점점 잡념이 사라집니다. 결국에는 이성의 단계에서 여러 가지가 떠오릅니다. 그리고 요가에서는 만트라를 읊조리며 잡념을 물리쳐 정신을 통일해갑니다. 그렇게 하다 보면, 이윽고 정신이 고요한 상태, 즉 무념무상의 상태가 됩니다.

이러한 행위를 계속 반복하면 참된 자아에 도달할 수 있습니다. 이러한 상태를 불교에서는 삼매三昧의 경지, 또는 깨달음의 경지라고 합니다. 이러한 경지는 자기 자신의 아주 깊숙한 곳에 다다르는 것이기 때문에 그리 간단히 이를 수는 없지만, 형언할수 없는 행복감에 휩싸이는 지복至福의 심리 상태라고 합니다.

---

1 불교 용어로 공정하여 범하지 못할 법령, 또는 그 법령에 의지하여 옳고 그른 것을 판단하는 표준을 뜻한다.

참된 자아, 즉 자기 자신과 우주, 삼라만상이 하나가 되어 더할 나위 없는 행복한 황홀경의 상태가 찾아온다고 합니다. 이러한 가르침은 불교뿐 아니라 인도의 요가에서도 마찬가지입니다.

이처럼 자신이 우주 그 자체와 하나가 된 지복의 경지에 이를 수 있는 것은 참된 자아가 사랑과 정성과 조화로 충만하기 때문입니다. 우리는 본능과 떼려야 뗄 수 없는 육체를 가지고 태어나지만 우리 내면에 숨겨진 본질인 참된 자아, 즉 영혼은 사랑과 정성과 조화로움으로 가득 차 있습니다.

일반적으로 우리는 육체를 보호하기 위해 뇌에 각인된 본능과 이성을 사용해서 판단을 내립니다. 하지만 저는 본능으로 판단하는 것을 멈추고, 이성으로 판단하는 것을 멈추고, 자신의 참된 자아, 즉 아름다운 영혼의 차원으로 내려가서 판단하는 것이 가장 올바른 방법이라고 생각합니다.

이러한 종교적 주제에는 관심이 없는 분도 계시겠지만, 그러한 분들도 진眞, 선善, 미美라는 단어는 잘 알고 계실 겁니다. 이 진, 선, 미는 영혼 그 자체를 잘 표현한 말입니다. 영혼은 참되고 선하고 아름다운 것이며, 이를 영원히 추구하는 것은 영혼의 근원적인 외침입니다.

개개인의 정신은 진, 선, 미로 이루어져 있습니다. 진이란 진리를 추구하는 마음입니다. 선은 착한 마음입니다. 이는 매우 어려운 개념이지만 중국에서는 인仁과 예禮라는 말로 표현합니다. 좀 더 간단하게 말하자면, 남의 기쁨을 나의 기쁨으로 느끼고, 남의 고통을 나의 고통으로 느끼는 헤아림을 뜻합니다. 또한, 앞에서 이기적이라고 설명한 본능적인 마음과는 대조적으로 다른 사람을 이롭게 하는 이타적인 정신을 말하기도 합니다. 거듭 말하지만, 아름다운 것을 추구하는 것은 인간 본연의 마음입니다.

그러한 진, 선, 미 또는 앞서 말한 사랑과 정성과 조화로움으로 가득한 영혼과 같은 것을 바탕으로 생각하면 기독교에서 말하는 사랑도 선과 같은 헤아림, 또는 다른 사람을 위해 최선을 다하는 이타적인 마음이라고 설명할 수 있습니다. 기독교는 사랑의 중요성을, 불교는 자비심이나 보시라는 단어로 헤아림의 실천을 가르치지만, 이는 모두 뿌리가 같은 것을 다른 말로 설명한 것에 지나지 않습니다.

이러한 종교적인 접근은 뭔가 허무맹랑한 것이 아닌, 그야말로 우리 개개인의 가장 깊은 곳에 숨어 있는 본원적인 영혼을 추구하는 행위입니다. 그리스철학의 대가인 다나카 미치타로 씨가 "종교도 철학도 과학도 접근하는 방법론은 다르지만 추구하는 목적은 같다"라고 말씀하신 것도 바로 이러한 맥락에서 나온 것입니다.

이러한 종교적인 접근에 따라 영혼의 근원이 되는 것을 기준으로 판단하면 어긋나는 일은 없을 거라고 생각합니다.

인간의 본질이란 무엇인가.
외국인 임원들과의 사흘간의 토론

저희 교세라의 미국 법인은 작년(1990년) 1월에 AVX라는 회사를 인수했고, 재작년에는 엘코Elco라는 회사를 인수했습니다. 지금까지 7,000~8,000명이었던 해외 직원은 단번에 1만 3,000명까지 불어났습니다. 새로운 계열사는 사장을 포함해 임원이 외국인이기 때문에 철학을 공유하고자 임원을 전부 모아 사흘간 워크숍을 했습니다.

저는 일본 국내 직원들에게 '교세라의 철학'이라는 교세라 사원으로서의 사고방식에 대해 말해왔기 때문에 그것을 몇 권의 소책자로 정리해 미리 전달했습니다. 자리에 모인 AVX의 임원들은 MIT(매사추세츠 공과대학교)를 졸업하고 박사학위를 딴 사람이나 프린스턴대학교 등 이른바 아이비리그에 속한 대학을 졸업한 기술계 출신이 주를 이룹니다. 현지 총괄회사의 부사장은 18년간 오리건대학교에서 경영공학 교수로 재직했었고 교육열에 불타는 사람이라, 저의 철학을 정리한 책자를 사전에 배포하고 설문조사를 실시했습니다.

워크숍 전날 밤에 캘리포니아에 도착해서 설문지를 봤는데 반응이 너무 안 좋더군요. '이런 철학, 마음가짐을 강요당하면 참을 수 없다'라는 의견이 대부분이었습니다. '돈을 위해서만 일해선 안 된다고 하는데, 우린 돈을 위해 일하고 있다. 돈을 위해서만 일해선 안 된다니, 이게 대체 말이나 되는 소리냐'라더군요.

그래서 임원들과 사흘 동안 토론을 벌였습니다. 미국에서 가장 뛰어난 동시통역사 두 명을 붙여, 50명의 임원과 지금 말씀드린 내용에 관해 의견을 나눴습니다. 토론은 일본식 경영이 어떠어떠하다는 등의 경영적인 논의에 그치지 않고 역사, 종교, 철학 등에 관한 이야기도 나누었습니다. 그리고 동종업계의 기술자끼리여서 전문적 분야인 세라믹 등 과학에 대한 이야기도 했습니다.

그러다 보니 결국은 지금까지 설명한 인간의 본질론에까지 이르렀습니다. 우리는 왜 일을 하는가, 왜 경영을 해야만 하는가 등과 같은 철학적 논의를 사흘 동안 계속하다 보니 우리를 존재하게 하는 것은 무엇일까, 그것은 진, 선, 미와 같은 영혼의 근원이며, 영혼은 사랑과 정성과 조화로움으로 가득 차 있다는 이야기로 이어졌지요. 이 회사에는 우수한 직원이 많지만, 한편으로는 매우 이기적인 사람이 많은 경향이 있습니다. 그런데 그 사람들이 사흘째 되던 날 모두 납득을 해주었습니다.

그렇다면 돈을 위해서만 일하면 안 된다는 이야기는 어떻게 되었을까요. 그 결말도 아주 흥미롭습니다. 다음과 같은 대화가 오고 갔습니다.

"우리는 돈을 위해서 일하고 있다. 왜 그러면 안 되는가?"

"그건 그것대로 괜찮습니다. 우리 인간에게는 육체가 있고, 육체가 있는 이상 본능과 에고가 있습니다. 인간은 에고 없이 살아갈 수 없으므로 에고는 필요합니다. 다만, 에고를 있는 그대로 다 드러내서는 안 된다는 것입니다. 돈을 위해 일하는 것도 나쁘지는 않습니다. 그래서 여러분에게 많은 보수를 지급하고 있지요. 그러니까 그것을 부정하는 건 아닙니다. 그러나 돈만을 추구한다면 인간은 살아갈 가치가 없습니다. '강하지 않으면 살아갈 수 없고, 마음이 따뜻하지 않으면 살아갈 자격이 없다'[1]라는 유명한 구절이 있듯이, 인생은 돈만으로는 의미가 없겠죠."

이렇게 말하면서 앞서 말한 진, 선, 미에 대한 이야기를 해나갔습니다.

"돈만을 추구해선 안 됩니다. 좀 더 아름다운 것이 있다는 말을 했는데, 여러분도 그렇게 생각하지 않나요? 여러분 주변에도 지역사회를 위해 퇴근 후 열심히 자원봉사를 하는 사람이 있을 텐데, 그런 사람이 존경스럽지 않나요? 회사 일도 바쁜데 주말에 교회에 나가 열심히 봉사하는 부부를 보면 대단하다는

---

1 레이먼드 챈들러Raymond Chandler 소설 《원점회귀》에서 사립탐정인 필립 말로가 한 말.

생각이 들지 않나요? 이처럼 아무런 보상도 대가도 바라지 않고 열심히 노력하는 아름다운 마음을 가진 사람을 훌륭하다고 생각하지 않나요? 제가 말하고자 하는 것도 그런 것입니다. 돈을 받는 게 나쁘다는 말이 아닙니다. 돈에 의해서만 움직인다면, 인간으로서 너무 꼴사납지 않을까요."

이런 말을 했더니, 마지막 날엔 "우리는 당신의 철학을 공유하기로 했습니다"라며, 처음엔 가장 돈에 휘둘렸던 간부가 맨 먼저 동의해주었습니다. 이처럼 정신적인 차원에서 판단한다는 사고방식은 외국인에게도 통용되는 것입니다.

평범한 우리가
영혼 차원에서 판단하려면

제가 하고자 하는 말은 인간의 본질인 영혼의 차원에 중심축을 두고 사물을 판단하라는 것입니다. 그러나 그건 엄청난 수행을 한 사람이 아니면 불가능합니다. 우리 같은 경영자, 혹은 정치가도 판단을 내리기 어려울 때는 고승을 찾아가서 상의를 하는 예가 적지 않다고 생각합니다. 수행을 쌓은 고승은 영혼의 차원까지 거슬러 올라가 판단할 수 있기 때문입니다.

그렇다면 우리 같은 평범한 사람들은 어떻게 해야 영혼의 차원에서 판단할 수 있을까요? 얼핏 어려워 보이지만, 실은 간단합니다.

우리는 문제에 부딪히면 우선 본능으로 반응합니다. 어떤 이야기를 들었을 때 "이 일은 돈이 될 것 같다"라는 식으로 본능적으로 반응합니다. 그럴 땐 잠깐 멈춰 서서 자신을 제지하고 본능을 억눌러야 합니다. 그다음에는 이성으로 판단해보고 그래도 판단이 서지 않으면, 이타심을 떠올리며 사랑과 정성과 조화로움으로 충만한 영혼의 차원에서 판단을 하는 것이지요. 구체적으로는 자신을 밖에 두고 과에 대해서 생각하고, 자신의 과를 밖에 두고 국에 대해서 생각하고, 국의 일은 밖에 두고 부에 대해서 생각하고, 부의 일은 밖에 두고 국가에 대해서 생각하며, 이렇게 자신을 배제하고 생각하는 겁니다.

우리는 수행을 하지 않았기 때문에 그러한 과정을 통해 사고의 회로를 바꾸어가는 것입니다. 단순히 지금 자신의 회로대로만 움직이면 결론이 어떻게 될지는 뻔히 알 수 있습니다. 즉 본능과 이성이라는 회로에서 나온 결론이 어떨지 알 수 있으니 그 결론을 다시 한번 영혼이라는 다른 회로에 집어넣는 것이지요. 그렇게 판단한 결과 어떤 결론에 이르느냐와 같은 식으로 판단하면 된다고 생각합니다. 저도 성인군자는 아니기 때문에 판단을 할 때 항상 '잠깐, 진짜 그게 바람직한 일인가'라고 곰곰이 생각한 다음에 결정을 내립니다.

동기가 선한가,
사심은 없는가

제가 다이니덴덴을 시작할 때 우정성에 인허가를 신청하기 전에 정말로 할지 말지 심사숙고했습니다. 우선 젊은 기술자들과 함께 다이니덴덴을 한다면 어떤 식으로 해야 하는지 기술론부터 검토했습니다. 그럭저럭 어떻게든 해볼 수 있겠다 싶은 마음이 들었고, 드디어 할지 말지 판단이 섰습니다. 다이니덴덴을 설립하려면 1,000억 엔 정도의 투자가 필요할 텐데, NTT라는 대기업에 도전하는 것이니 리스크도 매우 큽니다. 자칫했다간 1,000억 엔 정도의 손실을 낼 수도 있습니다. 저는 그렇게 생각하고, 한 달 정도 매일 밤 명상을 했습니다.

지금도 선명하게 기억하는데, 그때 저는 '동기는 선한가, 사심은 없는가'라고 자신에게 물었습니다. '다이니덴덴을 시작하려는 그 동기가 선한가. 교세라라는 회사가 좀 성공했다고 자만에 빠져 도가 지나치게 폼을 잡으려는 건 아닌가. 그리고 내 마음속에 사심은 없는가'라고 엄격하게 자문했습니다.

동기가 순수하고 사심도 없다는 것을 몇 번이나 확인한 저는 교세라의 임원회에 보고했습니다. 하지만 모든 사람이 반대했습니다. 확실히 세라믹 업계에서는 이렇게까지 성공했지만 전기통신사업은 상황이 전혀 다르다고들 했습니다. 그때 저는 다음과 같이 말했습니다.

"교세라라는 회사는 우연히 성공한 것인가. 경영의 원리원칙이 옳았기 때문에 성공한 것인가. 세상 사람들은 내가 세라믹 기술자로, 어쩌다 시류에 편승해서 교세라가 성공했다고 말한다. 하지만 나는 그렇지 않고 리더의 원리원칙이 올바르면 어떤 상황에서든 성공할 수 있다고 생각한다. 그 점을 다시 한번 시험해보고 싶다. 나는 전기통신사업에 대해서는 전혀 모른다. 그렇기 때문에 비록 문외한일지라도 리더의 원리원칙이 올바르다면 과연 성공할 수 있는지 한번 알아보고 싶다. 그리고 교세라의 백년지계를 생각하면 전기통신사업은 매우 중요하다. 지금까지 20여 년 동안 회사에 1,500억 엔의 현금과 예금을 쌓아왔으니 그중에서 1,000억 엔을 나한테 투자해달라. 1,000억 엔을 손해 봐도 교세라는 꿈쩍도 하지 않을 것이다." 그렇게 말하자, "그렇다면 해보자"라는 결론이 나왔습니다.

요전에 다이니덴덴의 배당을 실시했습니다. 결코 성공에 우쭐해져서 배당을 한 것이 아닙니다. 경우에 따라서는 원금도 날아갈지 모르는 커다란 리스크를 떠안고 많은 기업에서 돈을 내주셨음에도 여태껏 배당도 하지 못했습니다. 그래서 다이니덴덴의 사업이 순조롭게 궤도에 오른 지금, 이번 분기부터 은행 예금의 이자 정도를 배당해야겠다고 생각했을 뿐입니다.

그리고 다이니덴덴의 임원들에게도 "전기통신요금이 비싼

일본의 현 상황을 감안해 국민의 부담을 덜어주자는 생각으로 참여해서 정부 허가를 받았다. 그러니 저렴한 요금으로 통신 서비스를 제공한다는 창업의 목적을 철저히 추구하는 것이 우리 회사의 목적이다. 그저 성공했다고 해서 들뜨는 일은 절대 허락할 수 없다"라고 회의석상에서 늘 강조하고 있습니다.

그런 말만 하기 때문에 요즘은 조금 미움을 받기도 하지만, 초심을 잊어서는 안 됩니다. 어떤 이권이 개입되는 사업에는 반드시 부정부패가 발생하기 마련입니다. 그렇기에 창업 당시의 고결한 정신을 잊어서는 안 됩니다. 어떤 일을 결정할 때는 '동기가 선한가, 사심은 없는가' 항상 자문하며, 무슨 일이 있어도 그것을 지켜나가야만 한다고 생각합니다.

현재의 외교정책을 정할 때도 마찬가지입니다. 일본의 국익이 중요하다고들 하지만, 국익이란 주권국가의 에고이므로 에고가 충돌해 반드시 분쟁이 발생합니다. 국익에서 벗어나 세계의 이익 또는 지구의 이익까지 생각을 펼치고, 그 속에서 일본 국민이 그리고 일본이 어떻게 되어야 하는가를 판단해야 합니다.

그리고 여러분 같은 우정성 행정관인 경우도 마찬가지라고 생각합니다. 우편 적금부터 전기통신 행정까지 폭넓은 정책을 다루고 있는 만큼, 과의 이익이나 부의 이익 따위에 집착하지 말고 오로지 하나, 국민을 위한다는 생각을 판단의 중심축에 두어야만 한다고 생각합니다.

리더가 갖추어야 할 것은
선한 마음과 철학

마지막으로 '군자'와 '소인'이라는 말이 있습니다. 군자와 소인의 차이는 무엇일까요. 저는 재능과 능력은 같지만, 마음心, 즉 영혼이 다를 뿐이라고 생각합니다. 일반적으로 우리는 사람을 재능과 능력만으로 판단합니다. 그러나 그러한 관점에서 똑같은 평가를 받는 사람일지라도 실은 그릇의 크기에는 소인과 군자만큼의 차이가 있습니다. 그 차이는 단 한 가지, 마음가짐에 따라 판가름이 난다고 생각합니다.

일본이 자본주의를 채택해, 근대 국가로의 길을 걷기 시작한 메이지 초기에 미국과 유럽을 다녀온 후쿠자와 유키치는 실업가, 사업가에게 필요한 조건에 대해 다음과 같이 말했습니다.

사상은 철학자와 같이 심원해야 하며, 마음은 겐로쿠 무사와 같이 고상하고 정직해야 하고, 이에 더해 쇼조쿠리와 같은 재능이 있어야 하며, 또한 농부의 신체를 갖춰야만 비로소 산업 사회의 대인이 될 수 있다.

그는 매우 예리한 관찰력을 가진 사람이라고 생각합니다. 훌륭한 실업가란 '사상은 철학자와 같이 심원해야 하며', 즉 철학자처럼 뜻깊은 사상을 갖춰야 한다고 말하고 있습니다. 그리고 '마음은 겐로쿠 무사와 같이 고상하고 정직해야 하고', 이는《주신구라忠臣蔵》[1]를 염두에 둔 것으로 생각되는데, 인의仁義가 두터울 것, 또한 인간으로서의 도리, 신의, 성실함이 중요하다 말했습니다.

'이에 더해 쇼조쿠리와 같은 재능이 있어야 하며', 즉 메이지 정부 내에는 뇌물을 받는 말단 관리가 수도 없이 많았습니다. 뇌물을 받을 수 있는 관리는 교활한, 즉 머리가 좋은 셈입니다. 그만큼 뛰어난 상술이 필요하다는 뜻이기도 합니다. '또한 농부의 신체를 갖춰야만', 즉 건강하게 열심히 노력하는 사람이어야만 한다고도 했습니다. 우리는 재능을 가장 중요한 평가 기준으로 보지만 후쿠자와 유키치는 그런 것이 아니라 우선 그 사람의 마음가짐, 즉 사상이 가장 중요하다고 말하는 것입니다.

조직의 리더가 갖춰야 할 것은 훌륭한 마음가짐과 철학이라고 생각합니다. 그것이 리더의 가치를 결정하는 것 아닐까요. 확실히 추진력 있게 이끌어나가는 강한 리더와 함께 있으면 뛰

---

1 에도시대에 일어난 겐로쿠 아코 사건元禄赤穂事件을 바탕으로 만들어진 인형극 및 가부키 공연. 아코 사건은 섬길 영주를 잃은 아코번의 무사들이 기라吉良 가문을 대대로 섬기며 호위하는 무사들을 집단 살해한 사건이다.

어난 실적을 올릴 수 있습니다. 하지만 그렇게 해서는 어느 순간 성공한다고 해도 오래가지는 못합니다. 커다란 성공을 거둔 것처럼 보였다가도 금세 나락으로 떨어지는 사례는 얼마든지 있습니다. 그러한 리더는 참된 의미에서 리더라고 할 수 없습니다.

리더십을 발휘했지만 그 방향이 그릇된 경우도 수없이 많습니다. 이 때문에 그야말로 리더가 뛰어난 철학을 가지고 정신적인 차원으로 판단해야 역동적인 리더십을 발휘해 멋진 성공을 거둘뿐더러 그 성공을 지속할 수 있는 것입니다. 부디 뛰어난 리더십을 발휘해 멋진 일본을 만들어주시기를 기원하며 강연을 마치겠습니다. 감사합니다.

❶ 사장이나 리더가 교체되면 그 조직까지 바뀌어야 한다. 예를 들어, 사장은 부사장보다 훨씬 책임이 무겁고, 대우 또한 좋다. 그러한 위치에 있는 사장이 교체되었는데 조직의 사고방식이 바뀌지 않는다면 교체한 의미가 없다.

❷ 사장과 같은 리더는 모든 책임을 지고 조직에 변화를 일으켜, 조직을 활성화시키고 이끌어나가야 하는 위치에 있기 때문에 그 중책을 다하기 위한 월급과 지위가 주어지는 것이다. 아무것도 바꿀 수 없다면 사장이 있을 필요가 없다.

❸ 조직에 영향을 미칠 수 없다면 리더 자격이 없다. 리더의 첫 번째 조건은 좋든 나쁘든 조직에 중대한 영향을 미치는 것이다.

❹ 최고경영자뿐 아니라, 리더는 아무리 작은 부서라도 자기 조직 전체에 영향을 미친다. 리더의 판단, 결단 방식, 더 나아가서는 그로 인한 결과에 그 조직 전체의 흥망이 걸려 있다.

무수히 많은 사소한 의사결정부터 중대한 의사결정까지 모두 포함해서 지난날 자신이 경영자로서 내린 의사결정의 집합체, 또는 통합체가 바로 현재 회사의 실적이자 성과이다. 인생의 경우에는 지금까지 행해온 모든 결정을 적분한 것이 지금 누리고 있는 결과이다.

❺ 리더로서 용기를 갖고 자신의 조직에 영향을 행사하는 사람이라면, 그 사람의 판단이 현재의 조직을 만든다. 또한, 개인의 인생에서도 판단이 그 사람의 현재를 만든다. 그렇다면 판단의 기준이 매우 중요해진다.

❻ 사람은 왜 본능을 가지고 있을까? 우리 인간에게는 육체가 있다. 이 육체를 보호하기 위해 신이나 우주의 존재가 본능을 선물해준 것이다. 식욕이 있는 것도, 성욕이 있는 것도, 또한 적을 향해 투쟁심을 불태울 수 있는 것도 모두 본능이 있기 때문이다. 이는 자신의 육체를 보호하기 위해 내장되

어 있는 것이다.

❼ 아무리 위대한 발견이나 발명을 한 사람이라도 부단한 추리와 추론으로 그렇게 한 것은 아니다. 추리 추론을 뛰어넘는 별개의 것이 발명이자 발견이다.

❽ 이성이란 논리를 끼워 맞추는 작업으로, 거기엔 일정한 한계가 있다. 이성으로 전례가 없는 사업을 검토하면 이렇게 하면 이렇게 되는데 이 부분은 잘 모르겠다라는 식으로 문제점이 명확해진다. 그러나 전례가 없는 부분에 대해 구체적으로 어떻게 대응해야 할지까지는 알 수 없다. 그다음에 취해야 할 행동은 리더가 결정해야 한다.

❾ 전례나 관례가 있는 일이라면 이성을 통해 추리 추론하면 결론이 난다. 이처럼 논리적인 정합성을 계속 좇아도 그런 사고방식으로 대응할 수 있다는 사실만 알 수 있을 뿐, 전례도 그 무엇도 없는 상황에서는 진정한 결정으로 이어지지 않는다.

❿ 우리의 내면에 숨겨진 그 본질적인 참된 자아, 즉 영혼은 사

랑과 정성과 조화로움으로 가득 차 있다.

일반적으로 우리는 육체를 보호하기 위해 뇌에 내장된 본능과 이성을 이용하여 판단을 내린다. 하지만 본능에 따른 판단을 멈추고, 이성에 의한 판단을 멈추고, 자신의 참된 자아, 즉 아름다운 영혼의 차원으로 내려가 내리는 판단이 가장 올바른 판단이다.

⓫ 개개인의 영혼은 진, 선, 미로 이루어져 있다. 진은 진리를 추구하는 마음이다. 선은 착한 마음이다. 타인의 기쁨을 자신의 기쁨으로 느낄 수 있고, 타인의 고통을 자신의 고통처럼 느낄 수 있는 헤아림의 마음이다. 또한, 다른 사람을 이롭게 하는 이타의 정신이기도 하다. 아름다운 것을 추구하는 것은 인간 본연의 마음이다.

⓬ 어떻게 하면 영혼의 차원에서 판단할 수 있을까? 우리는 곧바로 "이 일은 돈이 될 것 같다"라는 식으로 본능적으로 반응한다. 그럴 때는 자신을 제지하고 본능을 억누른다. 그다음에 이성으로 판단을 시도해보고 그래도 판단이 서지 않으면, 이타의 정신으로 생각을 돌려 사랑과 정성과 조화로움으로 충만한 영혼의 차원에서 판단한다. 구체적으로는 자

신을 바깥에 두고 과, 국, 부, 국가에 대해서 생각하듯이 나를 배제하고 생각한다.

⓭ 초심을 잊지 말아야 한다. 어떠한 이권이 얽힌 사업에서는 반드시 부패가 발생하기 마련이므로 창업 당시의 고결한 정신을 잊어서는 안 된다. 어떤 일을 결정할 때에는 '동기가 선한가, 사심은 없는가'를 항상 자문하며 무슨 일이 있어도 그것을 굳건히 지켜나가야 한다.

⓮ 군자와 소인의 차이는 무엇일까. 일반적으로 우리는 사람을 재능과 능력만으로 판단한다. 그러나 그러한 관점에서 똑같은 평가를 받는 사람일지라도 실은 그 그릇의 크기는 소인과 군자만큼 차이가 난다. 그 차이는 단 하나, 즉 마음가짐이다. 재능과 능력이 같다 해도 마음가짐, 즉 영혼이 다르다.

⓯ 조직의 리더가 갖춰야 할 것은 훌륭한 마음가짐과 철학이다. 확실히 추진력 있게 이끌어나갈 수 있는 강한 리더와 함께 있으면 뛰어난 실적을 올릴 수 있다. 하지만 그것은 오래가지 못한다. 그렇기 때문에 그러한 리더가 훌륭한 철학을

가지고 영혼의 수준에서 판단하면 역동적인 리더십을 발휘해 멋진 성공을 거두는 동시에 그것을 오랫동안 지속해나갈 수 있다.

●

5장

기업 경영에
왜 철학이 필요한가

●

세이와주쿠 간토지역 합동학원장 정례회 강연,
1994년 8월 9일

1994년 7월 1일, PHS Personal Handyphone System 사업 개시에 앞서 DDI 포켓 주식회사(WILLCOM의 전신)가 설립되어, 이나모리는 대표이사 회장으로 취임했다. 도쿄, 홋카이도, 도호쿠, 호쿠리쿠, 도카이, 간사이, 주코쿠, 시코쿠, 규슈에 각각 사업회사를 설립하고, 1년 뒤에 상용 서비스 개시를 목표로 사업을 궤도에 올리기 위해 이나모리는 새로운 회사의 사장들을 대상으로 사장으로서의 마음가짐이나 기업철학의 중요성을 설파했다. 세이와주쿠 간토지역에서 열린 학원장 정례회에서의 이 강연에는 이 같은 내용이 담겼다.

사장으로서의 마음가짐

다이니덴덴은 PHS 사업을 시작하면서 'DDI 포켓 주식회사'를 설립해 현재 사업을 추진하고 있습니다. 일본 전국에 개인 핸드폰 시스템을 운영하는 회사를 아홉 개 정도 둘 예정입니다.

설립을 앞두고 아홉 명의 사장 후보를 한자리에 모아 "사장으로서 이러한 마음가짐으로 일해주길 바란다", "회사 경영에 있어 가장 중요한 판단 기준이 되어야 할 철학을 반드시 마음에 새기길 바란다", "부하직원들에게도 이를 잘 전달해주길 바란다"라고 말했습니다. 같은 경영자 입장인 여러분에게도 매우 중요한 부분이기 때문에 그 이야기를 하고자 합니다. 다이니덴덴과 관련된 PHS 사업 회사의 사장들의 마음가짐에 대한 이야기지만, 자신의 회사에 적용해서 사장직을 맡은 사람으로서 어떻게 일에 임해야 하는지를 생각해보는 기회가 되었으면 합니다.

사장의 마음가짐 8가지

저는 아홉 명의 사장 후보들에게 사장으로서 갖춰야 할 여덟 가지 마음가짐을 한 페이지로 정리해 건넸습니다. 이전에도 줄곧 이른바 기업의 근간이 되는 철학이 매우 중요하다고 강조해왔는데, 그것을 PHS 사업 회사의 사장들을 위한 마음가짐으로 간추린 것입니다.

1. 다이니덴덴의 창업정신을 깊이 이해할 것.
   나는 다이니덴덴을 창업할 때, '동기가 선한지, 사심은 없는지'를 자문했다. 또한 평소에 공명정대하고, 용기를 갖고, 경천애인敬天愛人을 실천하기 위해 부단히 노력해왔다. 이러한 마음가짐이나 사고방식이 다이니덴덴의 창업정신을 형성하고 현재의 성공을 가져왔다.

2. 민간 기업으로서 철저한 효율 경영을 지향할 것. 경영의 효율화를 위해 무리하거나 허비하는 일은 철저히 배제한다.

3. 국민 그리고 사용자가 만족할 수 있는 저렴한 요금으로 서비스를 제공할 수 있도록 사업을 경영하고, 또한 고수익 기업을 목표로 할 것.

4. 전 직원의 물질적·정신적 행복을 추구하는 동시에 인류 사회의 진보 발전에 기여해야 한다. 또한 주주에게도 충분한 보상을 할 수 있어야 한다.

5. 대기업이지만 경직된 관료조직이나 권위주의를 경계하고, 유연하고 활기찬 조직으로 만들 것.

6. 인사 평가는 공명정대하게 하고, 공평을 최우선시할 것. 절대 사심이 끼어들어서는 안 된다.

7. 독단을 멀리하고 여러 사람의 의견을 모아 결론을 내릴 것.

8. 판단의 기준을 관행, 관습, 상식에 두지 말고, '인간으로서 무엇이 올바른가'에 둘 것. 원리원칙에 따라 판단, 결단해야 한다.

그리고 A4 용지에 정리한 상당히 두꺼운 교세라 철학도 함께 건네며, "사장이 충분히 검토해 자신의 것으로 만드는 동시에 직원들에게도 이를 잘 전달해달라"고 당부했습니다. 교세라 철학이란 교세라가 지금까지 판단 기준으로 삼아온 저의 경영철학입니다.

사장의 마음가짐 8조를 전달하고 더불어 교세라 철학, 즉 저의 철학을 건네며 그것을 직원들에게 잘 전달해달라고 신신당부했습니다.

왜 경영에 철학이 필요한가

교세라 철학을 직원들에게 심어주는 일과 관련해서는 사실 일전에 미국에서 직접 실시한 적이 있습니다. 미국에서 이리듐이라는 회사의 임원을 모아 최고경영자 세미나를 개최한 것입니다.

이 세미나는 미국 내 최고경영진 수십 명이 한곳에 모여 교세라 철학을 공부하고 익혀서 경영에 활용하자는 취지로 열렸습니다. 그곳에서 우선 저는 '경영에 왜 철학이 필요한가'를 주제로 다음과 같이 말했습니다.

"철학은 판단 기준입니다. 경영진이 갖추어야 할 판단 기준인 동시에 그것을 직원들이 잘 따라준다면 그 철학은 회사 전체의 판단 기준이 됩니다. 그것이 기업 전체의 정신적인 중축이 되어, 그 기업의 문화를 만들어갑니다. 그 말인즉슨 어떤 기업은 이러한 사고방식으로 이루어져 있다는 풍토나 문화 같은 것이 형성됩니다.

만약 기업에 풍토라는 것이 있다면 그 풍토는 그곳에서 일하는 직원들의 마음에서 빚어집니다. 그것이 기업의 정신적인 풍토를 만들고 기업문화를 형성해나갑니다. 즉 기업문화로 만들어갈 만한 철학을 모든 직원에게 심어줘야 한다고 생각합니다."

교세라 미국 사업체는 공장이 대여섯 곳으로 나뉘어 있고, 연간 10억 달러 이상의 제품을 생산하고 있습니다. 사원 수만도 6,000~7,000명으로 미국 일류 대학교를 졸업한 임원급 직원들이 경영하고 있습니다. 그렇게 커다란 사업체를 운영하고 있는데 일본과 미국은 사회 구조도 다르고 사고방식도 다릅니다. 그리고 역사적·문화적·종교적 배경도 다릅니다. 하지만 실제로 경영을 하면서 빠지기 쉬운 문제는 모두 엇비슷합니다.

가령, 기업 행동의 규범이 될 만한 것, 기업의 판단 기준이 될 만한 것이 결여된 상태에서 단순히 경영 기술적인 관점에서 이렇게 하면 이렇게 된다는 효율성과 합리성만 추구하며 경영하면 자칫하다가는 일을 잘하는 역량 있는 사람, 재능 있는 사람이 그 재능이 시키는 대로만 행동하게 됩니다. 그로 인해 커다란 문제가 발생하는 일이 다반사입니다.

매우 부끄러운 이야기지만, 지금으로부터 10년 정도 전에 교세라의 미국 조직에서 일본에서도 흔히 일어날 수 있는 불미스러운 일이 간부급 직원들 사이에서 벌어졌습니다.

여러분도 잘 아시다시피, 미국은 능력주의, 개인주의가 팽배

한 사회입니다. 간부 직원의 급여는 당연히 능력에 따라 그리고 성과주의에 입각해 정해집니다. 따라서 일을 잘하면 당연히 높은 보수나 자리를 요구하게 됩니다.

그런 상황에서 인간으로서 어떻게 행동해야 하는가, 인간으로서 무엇이 올바른가, 또는 비즈니스맨이나 리더로서 어떻게 해야 하는가와 같은 철학이 없으면, 자신에겐 역량이 있고 회사에 이익을 이만큼 가져다줬으니 그에 합당한 대우를 받아야 한다, 더 많은 권력을 가져야 한다, 한도 끝도 없이 욕망이 부풀어 갑니다.

그런 와중에 한 자재 담당 간부가 불미스러운 일을 저질렀습니다. 저희 회사가 물건을 구매하면서 "이 물건은 다른 데서도 얼마든지 살 수 있다. 그런데도 당신한테서 구입하는 것이니 리베이트를 달라"며 뒷돈을 챙긴 것이 발각되었습니다.

리베이트를 받는다는 것은 물건을 조금 더 비싼 가격에 회사에 납품하도록 하고, 그 차익을 자신에게 달라는 것이기에 회사에 손해를 끼치는 행위입니다. 한마디로 배임 횡령입니다. 법적으로는 범죄를 저지른 것이나 다름없습니다. 여러분의 회사에서도 도덕성이 무너지면 이런 일이 일상적으로 벌어집니다.

사장이 기대를 갖고 일을 맡기고 싶은 사람은 보통 수완가라고 불리는 사람입니다. 그런데 수완가로 불리는 사람은 방심하는 법도 없고 빈틈도 없어 보입니다. 그래서 정말로 그런 사람에게 모든 일을 맡겨도 될지를 묻는 사람이 많습니다.

"제 앞에선 낯간지러울 만큼 온갖 사탕발림을 늘어놓지만, 제가 보이지 않는 곳에서는 어떻게 하는지 잘 모르겠어요. 정말 그 사람을 믿고 맡겨도 될까요?"

그리고 어떤 분은 "최근에 가장 믿을 수 있고, 가장 힘도 있는 저희 영업사원이 부정한 짓을 저질렀다는 것을 알게 되었습니다. 그 사람을 해고해도 될까요? 해고하면 회사의 실적이 크게 떨어질 거예요. 그렇다고 그대로 내버려둘 수도 없습니다. 어떻게 해야 할까요?"라고 물었습니다.

저희 회사의 미국 조직에서도 그런 일이 있었습니다.

그런 일은 일본에서도 일상다반사로, 주의 깊게 살펴보면 바로 알 수 있습니다. 교세라는 영업을 하면서 물건을 판매하기 위해 대리점을 두는 경우가 있습니다. 보통은 대리점에 "이걸 꼭 좀 팔아주세요"라고 부탁하지만 인기 상품은 오히려 대리점에서 "꼭 좀 팔게 해주세요"라며 부탁을 합니다. 그런 상황에서 문제가 발생했습니다.

대리점을 둘 때, 어느 영업부장이 교세라의 제품을 팔아달라고 부탁하는 것이 아니라 "당신에게 교세라의 인기 상품을 팔 수 있는 권리를 넘기겠다"고 한 것입니다. 이는 일종의 권리이기 때문에 당연히 거기서 백마진을 받겠다는 의도입니다. 즉 대리점에 매상이 매우 잘 오르는 교세라 상품을 취급할 수 있는 권한을 줌으로써 거기서 백마진을 받겠다는, 정말 어처구니없는 생각을 하는 영업부장이 있다는 사실이 발각된 것입니다. 당연히 그 사람은 해고했습니다.

인간은 '인간으로서 무엇이 올바른가'와 같은 판단 기준, 또는 행동규범이 되는 철학을 갖추지 못하면 자신의 능력, 재능에 취해 일을 잘하면 할수록 천방지축이 되고 맙니다.

기업문화란
직원들의 마음이 만드는 것

기업도 마찬가지입니다. 성공하고 점점 성장하다 보면 경영자도 교만해지고 회사 전체도 오만해지기 마련입니다.

저는 지금으로부터 10년 전, 회사를 설립하고 16년째가 되는 1974년에 '겸허하고, 교만하지 말고, 더욱더 노력을'이라는 슬로건을 내걸고 스스로 경계한다는 의미도 함께 담아서 모든 직원에게 다음과 같이 말했습니다.

"오늘날의 번영은 지난날 노력한 결과입니다. 미래의 번영은 앞으로 우리가 얼마나 노력하느냐에 따라 결정됩니다. 지난날의 영광은 결코 미래를 보증해주지 않습니다."

"오늘날 교세라가 우뚝 설 수 있는 것은 지난날 선배들이 피땀 어린 노력을 한 결과입니다. 따라서 찬란한 미래를 만들고자 한다면, 그것은 지금부터 우리가 얼마나 노력을 기울이느냐에 달려 있습니다."

이렇게 말하며 전 직원에게 힘을 불어넣었습니다. 이러한 규범을 갖추지 못하면, 동서양을 막론하고 어처구니없는 일이 벌어집니다.

저의 저서 《일심일언》에는 모든 페이지에 걸쳐, 그러한 판단 기준과 행동 규범이 쓰여 있습니다. 그러니 그것을 잘 읽고, 여러분이 자신의 판단 기준으로 삼고 나아가 직원들과도 공유해 주셨으면 합니다.

하지만 먼저 여러분이 그것을 경영이념으로 삼고 마음에 새겨야 합니다. 그런 다음 그 경영철학을 모든 직원과 공유해야만 기업문화, 즉 회사의 정신적인 풍토가 확립됩니다. 윗사람이 아무리 멋진 말을 하고 멋진 생각을 해도 기업의 성공으로 이어지지는 않습니다. 그러한 것이 개개의 직원들에게 모두 흡수되어야 비로소 그 기업에 영향을 미칠 수 있습니다. 저 자신이 합리성이나 효율성만 추구해보니 경영이 잘되지 않았기 때문에 임원들에게도 그런 규범을 익히도록 강하게 밀어붙였습니다.

제가 요구하는 규범은 '인간으로서 무엇이 올바른가'를 바탕으로 한, '이건 하면 안 된다, 이건 해도 된다'는 식의 아버지나 어머니가 자식에게 가르치는 듯한 기초적인 판단 기준입니다.

그런데 이러한 판단 기준이 실은 매우 중요합니다.

거센 바람이 휘몰아치는 듯한
엄격함이 깃든 부드러움을

교세라의 판단 기준인 교세라 철학의 전반을 관통하는 것은 아름다운 마음, 깨끗한 마음 그리고 올바른 마음입니다. '공명정대할 것', '공평을 가장해 사심을 채우는 일이 있어선 안 된다', '인간으로서 무엇이 올바른가'와 같은 것으로, 그 전반에는 아름답고 부드럽고 배려심으로 가득 찬 올곧은 마음이 흐르고 있습니다.

배려심이란 그저 단순히 오냐오냐하는 다정함은 아닙니다. 때로는 거센 바람이 휘몰아치는 듯한 엄격함을 포함한 부드러움입니다. 그러한 것으로 전체를 관통하는 사상이 필요합니다.

올바르고 아름다운 그리고 한편으로는 냉정한 엄격함이 깃든 배려심, 부드러움, 그런 것을 마음에 담고 경영을 해나가면 회사가 잘되는 것으로 끝나지 않습니다. 정말로 그 집단에 커다란 행운까지 따릅니다. 기업이 운명의 신으로부터 버림받는다면 존재의 의미가 없습니다. 하물며 요즘처럼 사회 환경이 급변하는 상황에서는 피땀 흘리며 노력해야 하는 것은 물론이고 그 기업에, 집단 전체에 운이 따라야 한다고 생각합니다.

저는 미국의 임원에게 이렇게 말했습니다.

"숭고하고 순수한 고차원적인 마음, 즉 매일 넘치는 열의와 성실함으로 업무에 임하고, 항상 기쁨과 감사하는 마음으로 충만한 하루하루를 보내며, 청렴하고 올바르고 흔들리지 않는 목적의식을 갖고, 항상 밝고 명랑하게 살아야 한다. 그러한 행동 규범이나 판단 기준을 확립하고, 그것을 실천하는 단체에는 그에 대한 보상이라도 되듯 탄탄한 발전 이상의 생각지도 못한 행운이 따르는 법이다."

숭고하고 순수한 높은 수준의 마음, 즉 매일 넘치는 열의와 성실함으로 업무에 임하고 항상 기쁨과 감사하는 마음으로 충만한 하루하루를 보내는, 즉 지금 살아 숨 쉬는 데에, 지금 존재하는 데 기뻐하고, 절대자에게 감사하는 마음으로 충만한 매일. 그런 기쁨과 감사로 충만한 마음의 상태는 놀랍도록 즐거운 것일뿐더러 좋은 기운과 행운까지 불러들입니다.

'항상 기뻐하고 감사하는 마음으로 충만한 하루하루를 보내며, 청렴하고 올바르고 흔들리지 않는 목적의식을 갖는 것', 여기서 '청렴하고 올바르고 흔들리지 않는 것'이 무엇보다 중요합니다.

사심 없는 동기로 성공을 이끈
통신사업 창업

그렇다면 왜 숭고하고 순수한 고차원적인 마음을 가지고 있으면 행운이 찾아오는 것일까요.

사장의 마음가짐 제1조에 있듯이, 저는 다이니덴덴을 창업할 때 '동기가 선한지, 사심은 없는지' 스스로에게 엄격하게 자문했습니다. 한마디로, 다이니덴덴을 설립하는 데 있어 아무런 사심이 없다는 것을 확신한 후에 사업을 시작했습니다.

그런데 다이니덴덴의 창업에는 실은 커다란 문제가 도사리고 있었습니다. 그러니까 현재 다이니덴덴은 그야말로 탄탄한 회사라고들 하지만 1984년에 제가 신덴덴新電電 창업에 발을 들여놓자마자 당시 국철이 니혼텔레콤이라는 회사를 만들고 신칸센을 따라 광섬유를 깔아 장거리 통신을 쉽게 할 수 있다며 사업에 뛰어들었습니다. 이어서 도요타와 도로공단, 건설성[1]이 중심이 되어 일본고속통신이라는 회사를 만들었습니다. 이들도 도쿄와 나고야에서 메이신名神 고속도로를 따라 광섬유를 깔면 쉽게 통신을 할 수 있기 때문에 참가한 것입니다. 반면, 다이니덴덴은 가장 앞서 이름을 올렸지만 그런 인프라를 하나도 갖추

---

1 우리나라의 국토교통부에 해당하는 기관.

지 못해서 백발백중 다이니덴덴이 맨 먼저 나가떨어질 것이라며 출발선에서부터 신문지상에 오르내렸습니다.

그러나 그러한 커다란 핸디캡을 안고도, 실은 현재 다이니덴덴이 선두를 달리고 있습니다.

처음에 도쿄-오사카 간에 통신회로 노선을 깔 때는 일본 열도의 산 위에 파라볼라 안테나[2] 철탑을 세웠습니다. 거기에 안테나를 설치해 마이크로웨이브[3]라는 무선으로 중계한 것입니다. 회선 경로를 중계하는 기지국부터 만들어야 하는 커다란 핸디캡을 안고도 최고의 실적을 올렸습니다. 이는 다이니덴덴의 직원들이 열심히 일해준 덕분일뿐더러 아무래도 신의 가호가 있었다고 생각할 수밖에 없습니다.

순수한 마음, 아름답고 올바른 철학을 기초로 선한 동기, 즉 자신을 위해서가 아니라 대중 모두를 위한 마음으로 한 일에는 반드시 행운이 따른다는 것을 다이니덴덴의 사례를 들어 미국 임원진에게 이야기해주었습니다.

또한 최근의 일로는 휴대폰 회사에 관한 이야기도 들려주었습니다.

1986년에 이동통신이 자유화되면서 카폰 사업이 시작되려

---

2 반사판이 포물선형의 오목거울 형태로 되어 있는, 속칭 접시형 안테나.
3 전자파라고도 하는데, 전기력선과 자기력선으로 이루어진 일종의 유동 에너지로, 라디오파와 적외선 사이에 존재한다.

할 때, 저는 휴대폰, 무선전화의 시대가 오리라고 예상해 다이니덴덴그룹으로서 어떻게든 카폰 사업에 참여하고 싶어 우정성에 신청을 하러 갔습니다.

그때, 도요타자동차를 중심으로 한 기업 그룹에서도 마찬가지로 카폰 사업을 하고 싶다고 신청했습니다. 이 둘이 경쟁사가되어 옥신각신했지요. 주파수는 10메가헤르츠밖에 없었습니다. 그 10메가헤르츠를 반씩 나누면 많은 사람이 사용하지 못하게 됩니다. 10메가헤르츠를 한데 묶어 사용해야 사업이 되기 때문에 어쩔 수 없이 일본 열도를 지역별로 나누게 되었습니다.

양쪽 모두 영업 효율이 가장 높은 수도권을 맡고 싶어 했지만, 서로 이야기를 나누는 것만으로는 결판이 나지 않았습니다. 추첨으로 하자고 했지만 '추첨은 인정할 수 없다, 어디까지나 협의해서 결정하자'고 했습니다. 상대는 일본이동통신IDO이라는 기업이었는데, 도쿄와 나고야 지역, 즉 도카이도東海道 메가폴리스, 일본 경제의 대동맥을 무슨 수를 써서라도 맡고 싶다고 했습니다. 저는 눈물을 삼키며 그 지역을 제외한 일본 주변, 그러니까 지방에서 영업을 하기로 했습니다.

그것은 올바른 판단에 의해 정해진 것이 아닙니다. 추첨으로 정한 것도 아닙니다. 이른바, 기업의 에고 다툼 속에서 제가 양보한 것뿐이지요. 다이니덴덴의 임원은 그렇게 서툴게 교섭하면 안 된다며 저를 많이 책망했지만, 서로 자기주장만 내세워서는 해결할 방도가 없기에 제가 물러설 수밖에 없었습니다. 하지만 "진 것처럼 보이지만 분명 지는 게 이기는 것"이라며 모두를 설득해 이동통신사업을 시작했습니다.

일본고속통신이 일본이동통신이라는 회사를 만들었기에, 다이니덴덴도 간사이셀룰러関西セルラー를 비롯해 여덟 개의 이동전화 회사를 만들었는데, 이 이동전화 회사의 총매출, 이익은 모두 일본이동통신과는 비교도 되지 않을 만큼 성장세를 보이고 있습니다. 도쿄, 나고야라는 일본의 가장 중심부에서 사업을 하는 일본이동통신보다 매출이 몇 퍼센트나 높고, 이익에서는 몇십 배나 차이가 납니다. 그러한 멋진 성과를 거두었는데 이 또한 그저 우리의 노력만으로 이루어진 것이 아니라 역시 신의 보살핌이 있지 않았나 싶습니다.

뜬구름을 잡는 듯한 말로는 합리성을 중요시하는 미국 회사의 임원을 납득시키기 어렵기 때문에 저는 이처럼 실제 경험한 이야기를 해주곤 합니다.

선의의 인수가
실적 향상의 열쇠가 되다

또한 그곳에 모인 수십 명의 미국의 임원 중에 마침 1990년에 매수한 AVX의 간부도 있어, 그 합병에 대한 이야기도 했습니다.

AVX는 뉴욕의 증권거래소에 상장된 기업이었습니다. 저는 사장인 마샬 버틀러 씨가 1960년대 초반에 프렌치 타운이라는 세라믹 회사의 사장을 맡고 있을 때부터 알고 지냈는데, 이른바 라이벌 관계였죠. AVX는 뉴욕 증권거래소에 상장되어 있는데 교세라도 뉴욕에서 상장을 했습니다.

어느 날, 버틀러 씨를 만났을 때 "AVX와 교세라는 서로 세라믹 전자부품을 생산하는 사업을 하고 있지만, 앞으로의 세계 전략을 고려하면 서로 경쟁을 해봤자 의미가 없습니다. 신중히 판단하여 서로 협력해나갈 수도 있다고 생각합니다. 그 한 방법으로 합병하는 것도 좋지 않겠습니까"라고 말했습니다.

그도 지금까지 미국의 전자공업계에서 성공을 거둬왔는데 생각한 바가 있었던 듯 "그 말도 일리가 있습니다. 대동단결해야 하지 않겠습니까"라며 찬성해주었습니다.

당시, AVX의 주가는 1주당 17달러에서 18달러 정도를 내내 오르락내리락하고 있었습니다. 교세라의 주식은 1ADR(미국 예탁증권)¹ 단위로 뉴욕에 상장했는데, 일본 교세라의 주식 2주가 1ADR과 같은 식입니다. 당시 주가는 80달러 정도로, 일본의

---

1 ADR이란 미국 국적이 아닌 외국 기업이 자국에서 발행한 주식 중 일부를 담보로 은행을 통해 발행한 증서를 미국 증시에 상장하는 것을 말한다.

원래 주식인 1주로는 40달러, 4,000엔을 약간 상회했습니다.

저는 사장인 버틀러 씨에게 "당신 회사의 주가는 평균적으로 대략 17달러나 18달러 정도이니 20달러라고 칩시다. 그리고 그 50%가 조금 넘는 30달러로 하면 어떨까요?"라고 제안했습니다.

그다음은 어떻게 교섭이 이루어졌는지 지금은 자세히 기억나지 않지만, 버틀러 씨가 그걸로는 부족하다고 딱 잘라서 말해서 "32달러는 어떻습니까"라고 물었습니다. 10년 동안 AVX의 주가가 32달러가 된 적은 한 번도 없었습니다. 그렇기에 그는 "만약 32달러라는 주가로 매입해주면 경영자로서 저는 물론, AVX의 주주들도 두 팔 벌려 합병에 찬성해줄 것입니다"라고 말해주었습니다.

저는 "AVX의 주식 가격을 그렇게 정한 다음, 교세라의 주식과 교환하는 것은 어떨까요. 교세라의 주식은 현재, 뉴욕 증권거래소에서 82달러에 거래되고 있습니다. 그 82달러와 AVX의 주식 32달러를 계산하여 주식 수를 정해 교환합시다. 그러니까 한마디로, 합병되는 순간부터 AVX의 주주가 교세라의 주주가 되도록 하면 어떨까요"라고 이야기했습니다. 그도 매우 기뻐하며 관대한 대응이라고 생각했는지, 그렇게 높은 가격에 인수해준다면 매우 고마운 일이라며 승낙해주었습니다. 하지만 그 후 양쪽 변호사를 불러 합병을 추진하던 중에 버틀러 씨가 재차 "32달러는 적다. 좀 더 올려달라"고 했습니다.

저희 쪽 변호사는 모두 "무슨 말도 안 되는 소리냐. 32달러도 지나치게 높은 가격인데 그걸 더 올려달라니, 도저히 납득할 수 없다. 안 된다"며 저를 말리려 했습니다. 그래도 저는 "얼마를 원하느냐"며 버틀러 씨에게 물었습니다. 그가 가당치도 않은 가격을 제시했지만 저는 곰곰이 생각한 끝에 "그렇게 합시다" 하고 그가 말한 가격을 받아들였습니다.

실제로 기업을 인수할 때는 상대 기업의 재산을 비롯해 모든 자산이 정말로 그들이 말한 대로인지 철저히 확인한 후에 인수 가격을 정합니다. 이를 위해 변호사, 공인회계사 등이 팀을 구성해 때에 따라서는 한 달 정도 공장까지 일일이 자세하게 살펴며 돌아다녀야 합니다. 그렇게 조사한 기업 가치에 대해 얼마를 매기느냐 하는 것이 일반적인 인수 방식입니다.

저는 양쪽 회사 모두 주식도 상장했고 매매가 이루어지고 있다면 시장가격이 맞는 가격일 테니 실태는 조사하지 않아도 된다고 했고, 게다가 그 상장 가격의 50% 이상의 가격으로 결정을 했습니다. 그런데도 더 비싼 가격으로 사달라고 하니, 저희 쪽 변호사가 이의를 제기한 것도 당연한 일입니다.

이렇게 말하면 아주 허술한 생각으로 합병을 한 것처럼 보이겠지만, 그다음에 이런 일이 일어났습니다. 합병한 성과가 멋들어지게 나타난 것입니다. 제가 앞을 내다보고 불리한 매수를 한 것은 아닙니다. 자신의 회사를 팔고자 하면 조금이라도 높은 가격에, 또한 주주가 납득할 수 있도록 하기 위해서라도 조금이라도 비싸게 팔려고 하는 것은 당연한 일입니다. 저는 그런 상대방의 입장이 되어 그 조건을 받아들여준 것뿐입니다.

사실은 "장난하느냐. 그렇게 비싼 값이 말이 되느냐. 지금까지 제시한 가격도 너무 지나칠 정도이다"라고 말해주고 싶었습니다. 실제로는 소위 기업 실사Due diligence라 하여, 변호사나 공인회계사에게 회사의 실태를 상세히 조사하도록 하고, 여러 가지 리스크도 점검하고, 그것들을 자산과 상쇄해 "실제로 당신 회사의 가치는 이 정도밖에 안 되는 것 아니냐. 그런데 이렇게까지 값을 부르냐"며 조금 더 격렬히 몰아붙여야 합니다. 이른바, 어려운 협상hard negotiation 을 해야만 합니다. 이것이 일반적인 비즈니스 사회입니다. 그런 것을 하지 않고, 저는 상대방의 제안을 모두 수락했습니다. 그러자 AVX의 간부들도 크게 환영해주었습니다.

AVX라는 회사는 사우스캐롤라이나의 머틀비치라는 곳에 본사가 있습니다. 그리고 보스턴 북쪽에 있는 메인주의 연안을 따라 공장이 있습니다. 한마디로 미국에서도 가장 보수적인 지역입니다. 그곳에 있는 기업이 100% 일본 자본이 되는 셈입니다. 당연히 인수된 그 순간부터 임원은 물론이고 직원들 모두가 회사를 일본인에게 빼앗겼다는 기분이 들 겁니다.

그런데 아까 말한 것처럼 모든 조건을 수용한 결과 임원도 매우 만족하고, 그 회사의 주주, 증권사를 포함해 모두가 기뻐해 주었습니다. 어려운 협상으로 인수가 결정되면 불만이 남습니다. 설령 좋은 조건으로 인수했다고 해도 교섭 과정에서 불쾌감을 가질 수 있기 때문에 경영진이 일본의 교세라에 회사를 헐값에 팔아넘겼다는 말이 여기저기서 새어나가면, 수천 명이나 되는 직원에게 어떠한 영향을 미칠지 쉽게 상상할 수 있겠지요.

그런데 행복하다는 말만 하는 경영진, 만족스러운 주주의 영향은 직원 수천 명에게 퍼져나갑니다. 합병이 성립된 후, 머틀비치의 본사로 가서 다시 공장을 돌아보았습니다. 공장에서는 버틀러 사장을 비롯해 부사장 등이 제 양옆에서 함께 걸으며 "여기가 이렇게 되어 있습니다, 저렇게 되어 있습니다"라고 설명을 해주었습니다.

그렇게 공장을 돌아볼 때도 모든 직원이 웃는 얼굴로 저를 크게 환영해주었습니다. 그 유서 깊은 미국의 동해안에 있는 회사에서 모두 나서서 환영해준 것입니다. 어디서 흘러 들어왔는지 알 수도 없는 사람에게 회사를 빼앗겼다고, 극단적으로 말하면 전쟁을 경험한 나이 든 사람들 입장에서 보면 '우리가 이긴 나라 사람들이 우리 회사의 주인이 되다니, 이게 말이나 되는 소리냐'라고 생각할 수도 있습니다. 하지만 하나같이 한 점의 가식도 없이 저를 환영해주었습니다.

직원 중에 세 명 정도는 일본계 분이었는데 나이는 저와 같거나 두세 살 정도 많았습니다. 미국이 일본에 주둔했을 때 결혼해서 미국으로 건너간 분들입니다. 그분들이 매우 감격하며, 먹을 물을 사 와 '이나모리 회장, 환영'이라는 플래카드를 만들어 공장에 걸고 환영해주었습니다. 물론 현지 사람들도 환대해주었습니다. 그 결과, 인수 후 약 5년이 지난 지금 AVX는 인수할 당시보다 대략 2.4배의 매출 성장을 이루었습니다. 또한 이익은 5.5배로 늘었습니다.

일반적으로 일본의 기업이 인수하면 그다음에는 실적이 주춤합니다. 오히려 일본 기업이 인수한 이후에 실적이 떨어지는 예도 수없이 많습니다. 하지만 AVX는 인수 후 매출이 두 배 이상 증가했고 이익도 여섯 배 가까이 늘었습니다. 인수한 AVX의 임원진은 MIT나 하버드대학교를 졸업한 엘리트들입니다. 그런 사람들이 그야말로 가식 없이 교세라의 경영진에게 신뢰와 존경을 표하고 있습니다.

미국 사람들이 일본 기업, 혹은 일본 사람에게 마음 깊숙이 신뢰와 존경심을 갖는 경우는 거의 없습니다. 인수되었다고 해도 대등한 정도로밖에 생각하지 않습니다. 그래서 철학 이야기를 할 때도 기독교 문화권에서 왜 일본의 철학 같은 것을 받아들여야 하느냐며 반발하는 것이 당연합니다.

저는 그들에게 "철학을 가지고 배려하는 마음으로 인수한 것이 지금과 같은 훌륭한 AVX를 만들어낸 원동력입니다. 그리고 상상을 한층 더 뛰어넘어 훌륭한 성과를 거둘 수 있었던 것은 행운이라고밖에 말할 수 없습니다. 우리만큼 성공적으로 기업 합병을 이뤄낸 예는 그 어디에서도 찾아볼 수 없습니다. 여러분, 그렇게 생각하지 않으십니까"라고 했습니다.

좋은 철학을 가지면 그런 식으로 보기 드문 행운까지 불러온다는 것을 미국의 임원에게 이야기했습니다.

부디 올바른 마음가짐으로 열심히 일에 매진해, 이 불황 속에서도 멋진 성과를 이루시길 바랍니다.

❶ 다이니덴덴을 창업할 때, '동기가 선한지, 사심은 없는지'를 스스로에게 물었다. 또한 평소에 공명정대하고, 용기를 갖고, 경천애인을 실천하기 위해 부단히 노력했다. 이러한 마음가짐이나 사고방식이 다이니덴덴의 창업정신을 형성했고 지금의 성공을 불러왔다.

❷ 철학은 판단 기준이다. 그것은 경영진이 갖추어야 할 판단 기준이며, 직원들에게도 스며들면 회사 전체의 판단 기준이 된다. 그것이 기업 전체의 정신적인 중축이 되어 그 기업의 기업문화를 만들어간다.

❸ 기업의 풍토는 그곳에서 일하는 직원들의 마음에서 비롯되

며, 그것이 기업의 정신적인 풍토를 만들고 기업문화를 형성한다. 기업문화로 만들어갈 만한 철학을 전 직원에게 주입해야 한다.

❹ 기업의 규범이나 판단 기준 없이 경영 기술적인 관점에서 효율성과 합리성만 추구하며 경영을 하면, 능력 있는 사람, 재능 있는 사람이 자만에 빠져 문제가 생긴다.

❺ 인간으로서 어떻게 행동해야 하는가, 인간으로서 무엇이 올바른가, 또는 비즈니스맨, 리더로서 어떻게 해야 하는가와 같은 철학이 없으면 인간의 욕망은 끝도 없이 부풀어오른다.

❻ '인간으로서 무엇이 올바른가'와 같은 판단 기준, 행동의 규범이 되어야 할 철학을 갖추지 못하면 능력, 재능이 많을수록 인간은 천방지축이 된다.

❼ 오늘날의 번영은 지난날의 노력의 결과이다. 미래의 번영은 앞으로의 노력에 따라 결정된다. 지난날의 영광은 결코 미래를 보증해주지 않는다.

❽ 경영철학을 모든 직원과 공유해야만 비로소 회사의 정신적인 풍토가 확립된다. 윗사람이 아무리 멋진 말을 하고 멋진 생각을 해도, 기업의 성공으로는 이어지지 않는다. 경영철학이 개개의 직원들에게까지 모두 스며들어야 비로소 그 기업의 정신적인 풍토가 된다.

❾ 올바르고 아름다운, 그리고 한편으로는 냉정한 엄격함이 깃든 배려심과 부드러움을 마음에 담고 경영을 하면 회사가 잘될 뿐 아니라 그 집단에 엄청난 행운이 찾아온다.

❿ 숭고하고 순수한 고차원적인 마음, 즉 매일 넘치는 열의와 성실함으로 업무에 임하고, 항상 기뻐하고 감사하는 마음으로 충만한 하루하루를 보내며, 청렴하고 올바르고 흔들리지 않는 목적의식을 갖고, 항상 밝고 명랑하게 살아간다. 이와 같은 행동 규범이나 판단 기준을 확립하고, 이를 실천하는 단체에는 그에 대한 보상이라도 되듯 탄탄한 발전 이상의 뜻밖의 행운이 따른다.

⓫ 지금 존재하는 것을 기뻐하고, 절대자에 대한 감사함으로 충만한 하루하루를 보낸다. 그런 기쁨과 감사가 가득한 마

음 상태는 놀랍도록 즐거우며 좋은 기운과 행운까지 불러들인다.

6장

마음을 드높여
경영에 매진하라

제1회 경영 강좌 최고경영자 세미나 강연,
1995년 5월 12일

1995년 1월에 교토 상공회의소의 회장으로 취임한 이나모리는 교세라를 키워준 교토에 보답하기 위해 교토의 기업 경영자를 대상으로 한 세미나를 기획하고 한 사람의 강사로서 강연을 했다.

강연 중에는 경영은 최고경영자의 사고방식, 의지로 결정되므로 경영자가 마음을 드높이는 것이 실적 향상으로 이어진다고 강조했다.

마음을 드높여 경영을 발전시키다

올해(1995년) 1월, 와코루의 츠카모토 고이치 씨의 후임으로 교토 상공회의소의 회장직을 이어받았습니다. 제가 이 자리를 맡은 것은 츠카모토 씨로부터 "교토라는 이름을 사용해 회사를 일으켜 사업을 성공시켰으니 당신은 보답하기 위해서라도 교토의 경제계를 위해 최선을 다해야 한다"는 충고를 들었기 때문입니다.

이러한 경위도 있어서 어떻게든 교토의 경제계에 계시는 여러분께 "저 사람이 상공회의소의 회장을 해주어서 다행이다"라는 말을 들을 수 있도록, 제가 재임하는 동안 할 수 있는 것이 무엇인지에 대해 생각해보았습니다. 1,200년 동안 계속 이어진 옛 도읍 교토의 유서 깊은 경제계가 이대로는 안 되는 것 아닌가. 마땅히 좀 더 발전해야 하는 것은 아닌가. 구체적으로 여러분을 도울 순 없겠지만, 적어도 제가 지금까지 실행해온 방식이나 생각을 소개함으로써 여러분의 경영에 조금이나마 도움이 되었으면 좋겠다 하는 마음으로, 이 '최고경영자 세미나'를 기획할 생각을 하게 되었습니다.

이야기를 시작하기 전에 먼저 양해를 구해야 할 것 같은데, 오늘은 매우 실례되는 말씀을 드릴지도 모르겠습니다. 이는 어떻게든 여러분이 좀 더 분발하길 바라는 마음 때문이므로 오해는 하지 말아주시기 바랍니다.

오늘의 주제는 '마음을 드높여 경영을 발전시키다. 왜 경영에 철학이 필요한가'인데, 별달리 어려운 말씀을 드리는 것은 아닙니다. 제가 말하고자 하는 철학이란 그 사람이 가지고 있는 사고방식, 또는 인생관과도 같은 것입니다. 경영자라는 사람은 백이면 백이라 할 만큼 자신의 회사를 이렇게 경영하고 싶다, 저렇게 하고 싶다 하는 생각을 할 텐데 저는 그것을 철학이라고 부릅니다.

왜 철학이라고 하느냐면, 훌륭한 경영을 하려면 되도록 철학이라고 부를 수 있을 만큼 차원 높은 사고방식이 필요하다고 생각하기 때문입니다. '마음을 드높인다'는 것은 마음을 갈고닦아, 사고방식을 철학과 고매한 정신으로까지 끌어올리는 것입니다. 그렇게 하지 않으면, 참된 의미에서 좋은 경영은 할 수 없지 않을까 싶어 철학이라는 말을 사용하고 있습니다.

제2부 50~60대의 이나모리 가즈오

경영은 최고경영자의 사고방식,
의지로 결정된다

왜 경영에서 사고방식이 중요한 것일까요.

여러분은 경영인입니다. 경영은 최고경영자의 사고방식과 의지로 결정됩니다. 따라서 만약 여러분의 회사 경영이 제대로 되고 있지 않다면, 부사장의 잘못도 아니고 전무나 중역의 잘못도 아닙니다. 당연히 직원들의 잘못도 아닙니다. 매우 실례되는 말씀 같지만 그것은 단 하나, 최고경영자인 여러분의 사고방식이 잘못됐기 때문에, 여러분의 의지가 약하기 때문입니다.

우선, 경영이라는 것은 최고경영자가 제대로 된 사고방식과 경영에 대한 강한 의지를 갖고 있느냐 아니냐에 달려 있다는 것을 전제로 생각해주셨으면 합니다.

경영이든 무엇이든, 문제는 최고경영자가 가지고 있는 사고방식입니다. 단 한 번뿐인 인생입니다. 그 속에서 자신의 회사를 어떻게 만들어갈지 결정하는 것이 중요합니다.

저의 경우엔 '가고시마'라는 시골에서 태어나 지방 대학을 나와, 교토라는 멋진 곳으로 오게 되었다. 단 한 번뿐인 인생, 돌이킬 수 없는 인생, 헛되게 보낸다면 너무 허무하지 않을까. 단 한 번뿐인 인생이니 한번 열심히 살아보자. 시골 출신인 나 같은 남자가 유서 깊은 도시, 교토에서 어떻게 살아갈 수 있는지 도

전해보자. 그 누구에게 뒤처지지 않을 만큼 멋지게 노력해보고 싶다'라고 생각했습니다.

그런데 "단 한 번뿐인 인생, 그렇게 악착같이 일만 하면서 살면 너무 아깝지 않나. 좀 더 즐겨도 되지 않을까. 그래도 세상은 잘 돌아갈 텐데"라고 하는 사람도 있을 겁니다. 사고방식은 경영자가 1,000명 있다고 치면 1,000명 다 제각기 다릅니다.

그러한 사고방식이 회사의 성패를 가르는 셈입니다. 자신이 생각하고 상상하는 것 모두가 현상계, 즉 자신의 회사 실태로 바로 드러납니다.

그런데 아무도 그런 생각을 하지 않습니다. 경영자인 자신의 사고방식이 실은 회사의 성패를 가른다고 생각하지 않습니다. '내가 무슨 생각을 하든 그로 인해 회사의 운명이 달라질 리 없다'고 생각할지도 모르겠지만, 실은 여러분의 생각이 회사를 만들어나갑니다.

가령, 교세라에는 육상부가 있는데 여러분도 육상부를 만들었다고 가정해봅시다. 일본 최고 수준의 장거리 경주를 견딜 수 있는 훌륭한 선수를 키우고자 한다면, 그에 걸맞은 훈련이 있습니다.

예를 들어, 육상 선수는 식사 조절을 잘 못하면 바로 살이 쪄버리고 맙니다. 장거리 선수는 살이 찌면 지구력이 떨어집니다. 따라서 식사를 할 때도 매우 엄격히 절제해야 합니다. 이와 동시에 매일매일 어마어마하고도 무지막지한 훈련을 해야만 합니다. 일류 감독이 지도하는 모습을 보고 있으면, 우리 같은 아마추어는 그렇게까지 하지 않아도 되지 않을까 싶을 정도로 고된 훈련을 시킵니다. 체중을 점차 줄여나가서 나중에는 바짝 말라 지방이라고는 찾아볼 수 없게 됩니다. 지방이 없다는 건 체력이 금방 소진된다는 뜻입니다. 그런데도 그 상태로 42.195km를 그 어떤 환경에서도 달려나가야만 합니다.

그런 훈련을 보고 있자면, "너무 하네, 그만 좀 하지. 선수를 죽일 셈인가"라고 말하고 싶어질 정도입니다. 하지만 일류 선수로 키울 생각이라면 그러한 혹독한 훈련이 반드시 필요합니다.

제가 드리고 싶은 말씀은 '무엇을 목표로 하느냐' 하는 것입니다.

교토에서 섬유 도매업을 하든 무엇을 하든, 자신의 회사를 어떤 회사로 만들어가고 싶은지가 중요합니다. 교토 상공회의소에서는 이번부터 일곱 차례에 걸쳐 시리즈로 경영에 대한 강의를 진행합니다. 여러 경영자분들이 개성 넘치는 말씀을 들려주실 예정입니다. 그 말을 듣고 '저 사람은 이러니저러니 하지만, 뭐 그렇게까지 할 필요가 있을까. 나는 나야'라고 생각할 수도 있습니다.

확실히 회사 경영에는 다양한 사고방식이 있습니다. 그러나 육상부의 예로 돌아가보면, 만약 그 정도 생각으로 선수를 육성하면 지방에서 열리는 대회에서는 어느 정도 성적을 낼 수 있을 지 몰라도 도시 수준의 대회에서는 하찮아지고 맙니다. 하물며 전국 수준, 세계 수준의 대회에 나가면 첫 1km부터 선두 그룹 을 따라갈 수조차 없습니다.

저는 예전에 이런 말을 자주 했습니다. "마라톤은 트랙에서 벗 어나 길거리로 나가 경기를 하는데, 길거리로 나와서 첫 1km에 서 뒤처지면 그걸로 끝이다. 물고 늘어져도 좋으니 5km만 따라 가봐라. 때로는 선두에서 달려봐라." 그렇게 말하면 꽤 유능한 감독이라도 "회장님, 그건 말도 안 돼요. 선수를 죽일 셈인가요. 세계 수준급 선수들이 1km를 몇 분에 달린다고 생각하나요. 우 리 선수라면 5km만 달려도 나가떨어집니다"라고 말합니다.

그 말인즉슨, 어떠한 승부를 하느냐 하는 것입니다.

교토에는 "저희 회사는 100년의 역사를 자랑하고 있습니다", "저희 회사는 창업한 지 200년이 됐습니다", "몇 대째입니다"라 며 전통을 자랑하는 기업이 얼마든지 있습니다. 사훈이 멋진 회 사도 아주 많습니다. 저는 교토의 회사는 전쟁으로 불타지 않아 자산이 남았으니 실은 더 성장할 수 있었다고 생각합니다. 다 만, 성장하려 한다면 교토의 레이스에서 승리할 것인가, 일본의 레이스에서 승리할 것인가, 세계의 레이스에서 승리할 것인가, 즉 어떤 사고방식을 가지고 있느냐가 중요합니다.

어떤 기업으로 만들고 싶은가. 그런 기업으로 만들려면 어떤 판단 기준을 가져야 하는지를 생각해야 합니다. 육상부라면 우선 어느 정도의 결과를 낼 것인가를 정해야 합니다. 그다음 "그 정도의 훈련으로는 안 된다. 이 정도만 더 해라"라고 하거나 "그런 훈련을 하면 선수가 견뎌내지 못한다"라는 말을 들으면 곤란하니 강도를 줄일 것인가를 생각해야 합니다. 그러니까 어느 정도 훈련을 해야 승산이 있는지를 생각해야 합니다. 기업 경영이라면 어떤 회사로 만들고 싶은가, 그런 회사를 만들려면 어느 정도의 노력을 해야 하는가. 그것을 판단하는 것이 경영자입니다.

따라서 경영자의 판단 기준인 사고방식이 중요한 것입니다.

회사의 실적은 경영자의 의식 그 자체

교세라는 여러분의 회사보다 훨씬 작은 영세기업으로 교토의 주오구 니시노쿄하라마치西ノ京原町에서 미야키전기의 창고를 빌려서 시작했습니다. 한때 중소 영세기업이었던 셈인데, 요전에 중소기업 경영자분들과 만났을 때 이런 말을 들은 적이 있습니다.

"이나모리 씨, 당신은 회사가 크게 성장했는데 지금도 미친 듯이 아침부터 밤까지 일하네요. 교세라가 훌륭한 회사가 되어 재산도 상당히 모았을 텐데. 그런데도 그렇게 악착같이 일을 하다니. 대체 얼마나 벌어야 만족하나요?"

제게 '돈을 이만큼 벌자'라거나 '교세라를 이만큼 성장시키자'라는 생각은 없습니다. 그런 생각이 없으니 끝까지 최선을 다하는 것입니다. 그런데 그분이 그렇게 말씀하셔서 깜짝 놀랐습니다.

곰곰이 생각해보니, 그분은 이미 개인 재산을 10억 엔이나 가지고 있었습니다. 회사는 매년 1억 엔, 2억 엔의 이익을 내고 있고 직원도 적지 않습니다. 선대로부터 물려받은 자산도 5억 엔정도 됩니다. 그러니 '이제 이걸로 충분하지 않은가. 충분히 쓰고도 남을 정도로 돈이 있다. 왜 그렇게 악착같이 일을 해야 하는가'라고 생각한 것 같습니다. 그런 사고방식을 가지고 있으니 거기서 끝내는 것입니다.

그러면서도 그분은 "아니, 우리 회사도 더 키우고 싶다"라고 말합니다. 저에게는 그분 자신의 사고방식이 성장을 막고 있는 것으로 보였습니다. 그걸 깨닫지 못하는 것입니다. "성장하지 않아도 된다고 생각하진 않는다. 우리 회사 또한 더 키우고 싶다"라고 말해도 한편으로는 '개인 재산도 이미 10억 엔이다. 더욱이 그렇게 악착같이 일하지 않아도, 매년 이익이 1억 엔이나 2억 엔이 나온다'라고 생각하는 것입니다. 자신의 깊은 마음속, 잠재의식 속에서 '더는 회사가 성장하지 않아도 괜찮다'고 생각하는 것입니다.

그럼에도 제가 "회사를 어떻게 만들고 싶나요"라고 직접적으로 물으면 "우리 회사도 교세라처럼 성장시키고 싶습니다. 이나모리 씨, 어떻게 해야 그렇게 성장할 수 있나요. 가르쳐주세요"라고 합니다. 그것은 가르친다고 되는 일이 아닙니다. 자신의 사고방식, 마음속에 성장하고자 하는 욕구가 도사리고 있느냐 아니냐의 문제입니다.

중소기업 사장 자리에 있으며, 가령 200만 엔의 월급을 받고 있다고 가정해봅시다. 월급으로 200만 엔을 받는다면, 연봉으로 따지면 2,400만 엔이 됩니다. 그런 분이 열심히 노력해서, 예를 들어 5,000만 엔의 이익을 냈다고 칩시다. 이럴 때는 일단 세무사에게 "세금을 내지 않을 방법이 없을까"라고 묻는 것이 일반적일 것입니다.

열심히 땀 흘려 일해 5,000만 엔의 이익을 냈다면, 국가는 그 절반인 2,500만 엔을 세금으로 징수합니다. 자신은 월급 200만 엔으로 아침부터 밤까지 고생고생하며 열심히 노력해서 2,400만 엔을 받았는데, 손 하나 까딱하지 않은 국가나 행정관청이나 관공서에서 2,500만 엔을 받아 간다. 그것에 너무 열불이 나서 견딜 수 없어하죠. "난 이렇게 열심히 노력해서 고생해가며 2,400만 엔을 받았는데, 아무 노력도 하지 않은 사람에게 왜 더 가져갈 권리가 있는가." 세상 물정에 꽤 밝은 분들도 그러한 분노를 느낄 겁니다.

'왜 빼앗겨야 하는가' 다음에는 '이렇게 세금을 뜯어간다면 열심히 일할 필요가 없다'라는 생각이 듭니다. 그리고 그다음에 드는 생각은 '어떻게든 눈속임을 하자', 혹은 '2,500만 엔이나 빼앗기는 건 참을 수 없으니, 대충대충 일하자. 그래도 내 월급인 2,400만 엔은 필요하니 그만큼만 일하자' 중 하나입니다.

열심히 일한 결과로 겨우 이익이 나는 것인데, 적당한 이익만 나도록 슬렁슬렁 일한다는 건 어려운 일입니다. 학교에서 겨우 낙제하지 않을 정도로만 빈둥대기가 가장 어려운 것과 마찬가지입니다. 우등생으로 졸업하는 건 그래도 쉬운 일로, 아슬아슬하게 합격해 낙제하지 않고 졸업하는 것이 더 어려운 법입니다. 즉 자신의 월급만 받고 세금을 내지 않을 정도의 실적을 내려고 하는 것이 더 어렵습니다.

또한, 세금을 내고 싶지 않다는 생각은 이익이 나면 곤란하다는 생각으로 이어지기 마련입니다. 그런 생각을 잠재의식 속에 갖고 있으면서도 회사를 더 키우고 싶다고 생각하는 것입니다. 수많은 중소기업 경영자가 그런 모순된 사고방식을 가지고 있습니다. 그런 식으로는 회사가 성장할 리 없습니다.

그런 생각을 하면 그것이 그대로 직원들에게 전해집니다. 직원들은 모두 잘 알고 있습니다. 그러니 직원들에게 아무리 "분발해, 노력해"라고 말해도 열심히 하지 않습니다. 그리고 아까 말씀드렸다시피, '악착같이 일해서 이익을 내고, 세금으로 빼앗기는 건 바보 같은 짓이다. 그러니 한 번뿐인 인생, 좀 더 즐겨야 하지 않을까. 인생은 즐거워야 해. 우리 회사는 재밌고 즐겁게 가자'라고 생각하는 것입니다. 그런 회사가 있어도 괜찮겠지만 그 정도의 사고방식이라면 그 정도의 회사로 끝나고 맙니다.

그리고 중소기업은 힘이 없으니 지금처럼 경기가 좋지 않으면 불평불만이 터져 나옵니다. "지금 정부가 하는 일은 뭔가 이상해. 지방 행정부의 방식이 이상해. 우리를 좀 더 지원해줘. 중소기업은 힘들어. 저금리로 융자를 해줘"라면서 처한 환경 탓만 하는 사람이 있습니다. 그러한 사고방식으로는 회사를 성장시킬 수 없습니다.

환경이 어려워질수록 자신의 회사는 스스로 지켜내야만 합니다. 그 누구도 도와주지 않습니다. 자구 노력은 그야말로 경영의 기본입니다. 역시 경영이란 다름 아닌 최고경영자가 가진 사고방식에 따라 좌우됩니다.

원초적인 판단 기준 덕분에
오늘날의 교세라가 존재한다

이쯤에서 이해를 돕기 위해 다소 낯부끄럽지만, 저의 예를 들어 이야기해보겠습니다.

1959년에 스물여덟 명이 모여, 나카교구 니시노쿄하라마치에서 미야키전기의 창고를 빌려 교토세라믹이라는 회사를 시작했습니다. 당시 미야키전기의 전무로 계셨던 니시에다 이치에西枝一江 씨를 비롯해, 사장인 미야키 오토야宮木男也 씨, 그리고 상무인 마지카와 다모츠交川有 씨 등에게 출자를 받아 자본금 300만 엔을 만들었습니다. 그리고 니시에다 전무는 교토은행에 부탁해 자신의 집과 땅을 담보로 1,000만 엔이라는 돈을 빌려, 운영자금으로 제가 사용할 수 있도록 해주셨습니다. 자본금 1,300만 엔을 밑천으로 교세라가 시작된 것입니다.

회사를 시작하고 맨 처음 맞닥뜨린 것은 최고경영자라는 중책이었습니다. 시작한 그날부터 물건을 사든 월급을 주든, 부하직원이 모든 일을 저에게 "이건 어떻게 할까요"라고 물으러 옵니다. 그것을 하나하나 제가 '해도 된다', '하면 안 된다'라고 판단해야 합니다.

그럴 때마다 매우 곤란했습니다. 저는 훌륭한 가문에서 태어나지도 않았고, 친척 중에 뛰어난 경영자가 있는 것도 아니어서 의지할 사람이 없었습니다. 저 또한 경영을 해본 경험이 없었기 때문에 경험에 의지할 수도 없었습니다. 그리고 공학부 출신으로 경제도 회계도 배워본 적이 없기 때문에 지식에 의지할 수도 없었습니다. 이렇게 없는 것투성이인 제가 회사의 최고 자리를 맡아야만 했습니다. 최고경영자로서 '해도 된다', '해서는 안 된다'를 사력을 다해 판단해야 합니다.

'만약 나의 판단이 잘못되면, 회사의 존폐에 영향이 갈지도 모른다. 깊이 생각하지 않고 결정하려 하지만, 실은 그것이 회사의 운명을 좌우하는 일인지도 모른다'라는 생각이 들자 책임감에 짓눌려 며칠 동안 잠을 이루지 못했습니다. 그때 책에서 '최고의 자리는 고독하다'라는 문장을 발견하고 '그렇구나'라는 생각을 했습니다. 경영자는 밑에 있는 부하직원에게도 아내에게도 주변 사람들과도 의논할 수 없습니다. 그야말로 벼랑 끝에서 결단을 내려야 합니다. 10만 엔, 100만 엔을 일상적으로 결재하더라도 순전히 자기 책임으로 판단해야 합니다. 그 결재를 하려면 끝까지 고심해야 하죠. 더욱이 그 누구에게도 의지할 수 없는 고독함 속에서 결정해야만 합니다. '경영이란 정말 힘든 일이구나'라는 생각이 들었습니다.

어떻게 일을 결정해나가야 할지 고민에 고민을 거듭한 끝에 '회사 경영에 대해 알지 못하니, 인간으로서 무엇이 올바른 일이고 무엇이 그른 일인가를 기준으로 정하자'고 생각했습니다. 즉 사물을 판단할 기준이 필요한데, 그 기준이 없으니 그런 생각을 한 것이지요.

초등학교밖에 나오지 않은 제 부모님과 조부모님이 제가 어렸을 때부터 저에게 "저건 해선 안 된다", "이건 해도 된다", "인간으로서 그러면 안 되지"라며 가르쳐준 그야말로 원초적인, 인간으로서 옳고 그른 일이나 초등학교, 중학교, 고등학교 시절에 도덕 선생님께 배운 해도 되는 일과 해서는 안 되는 일 등을 판단 기준으로 삼고자 했습니다. 저에게는 그 방법밖에 없었습니다. 대학교에서 철학과를 나온 것도 아니고, 심리학과를 나온 것도 아닙니다. 제겐 오직 그 방법뿐이라서 부모님이나 학교 선생님께 배운 옳고 그름을 판단의 기준으로 하자고 정했습니다.

다만, '그걸 있는 그대로 직원들에게 말하면 바보 취급을 당할 수도 있겠다' 싶어서 "원리원칙에 따라 판단하겠습니다"라고 말하기로 했습니다. 무슨 뜻인지 알 것도 같고 모를 것도 같은 말이지만, 한마디로 '인간으로서 근본적으로 무엇이 옳은 일인가, 그른 일인가에 따라 판단하자'라는 생각으로 경영을 시작한 것입니다.

생각해보면, 회사를 만들 때 경영의 원점으로 삼았던 이러한 원초적인 판단 기준 덕분에 오늘날의 교세라가 있다고 생각합니다. 만약 제가 어설프게나마 경영을 해본 경험이 있었더라면, 혹은 30~40세 정도까지 대기업에서 월급쟁이로 일하며 어느 정도 경영 방법을 배웠더라면, 또한 제대로 솜씨 좋게 교섭을 하거나 타협을 하거나 주변 사람들의 환심을 사는 사교술 같은 것도 경영 방법이라고 생각했다면, 그런 경험에 기대 경영을 하다가 실패했을 것입니다.

하지만 경험이 없고 아무것도 알지 못했기 때문에 무엇이 인간으로서 올바른 일인가, 그른 일인가라는 원리원칙 하나만으로 판단해야겠다고 생각했습니다. 세상을 약삭빠르게 살아가는 방법을 몰랐던 것이 다행이라고, 지금도 뼈저리게 실감하고 있습니다.

시골 출신에 지방 대학교밖에 못 나온 제가 교토로 나와서 고타리神足(현재 나가오카쿄長岡京시)라는 곳에 있던 쇼후공업松風工業에 들어가 4년간 계속해서 도자기 연구를 하고, 그곳에서의 연구 성과를 기초로 교세라를 만든 것이 1959년입니다. 현재, 교세라는 일본뿐 아니라 전 세계에 수많은 자회사가 있습니다. 현재 직원 수는 일본 국내에 1만 5,000명, 해외에 1만 5,000명으로 합산하면 총 3만 명 정도입니다. 그리고 1984년에 설립한 다이니덴덴도 있습니다. 전 세계에 있는 회사를 전부 합치면 매출은 1조 엔, 경영이익은 1,500억 엔이 됩니다. 부품을 중심으로 한 제조업체에서 매출 1조 엔이라는 실적은 그리 흔치 않을 것입니다.

제 자랑을 하자는 것이 아닙니다. 시골 출신에 지나지 않았던 제가 교토로 나와, 교세라라는 회사를 시작한 지 불과 36년 만에 경영의 판단 기준으로 '무엇이 인간으로서 올바른 일인가, 그른 일인가'라는 단 하나에만 집중한 결과 여기까지 올 수 있었다는 것을 말씀드리고 싶었던 것뿐입니다.

최고경영자의 사고방식이 회사의 운명, 회사의 미래를 전적으로 결정합니다. 오늘날의 교세라가 존재하는 것도 그러한 사고방식 덕분입니다.

　더불어 또 하나 중요한 것은 경영자로서의 강렬한 의지입니다. 이 회사를 어떻게 해서든 성장시키겠다는 강렬한 열망, 강렬한 의지가 회사의 미래를 결정짓습니다.

인생과 일의 결과는 '사고방식×열의×능력'

사고방식이란 사상이라 해도 되고, 신념이라 해도 되고, 인생관이나 처세훈이라고도 할 수 있습니다. 어떻게 부르든 상관없습니다. 요컨대 어떠한 방식으로 살아가고 싶은가 하는 것이지요.

　창업 초기부터 사고방식이 매우 중요하다고 생각하고 경영을 했더니, 교세라는 점점 상상할 수 없을 정도로 발전하기 시작했습니다. 그래서 '역시 인생이란 참 신기하다. 어떻게 이렇게 잘되는 걸까' 하고 생각했습니다.

　'영리한 사람이 사업을 해서 크게 성공하는 건 당연한 일로 볼 수 있겠지만, 난 그리 영리한 편이 아니다. 어떤 부분이 뛰어나면 인생에서 성공하는 걸까?' 당시 그 문제에 대해 깊이 고민했습니다. 그 결과, 저는 어떤 방정식을 생각해냈습니다. '인생과 일의 결과=사고방식×열의×능력'으로 표현할 수 있지 않을까 싶었던 것입니다.

이게 무슨 뜻일까요. 능력이란 머리가 좋은 것만은 아닙니다. 육체의 능력, 즉 운동신경이나 건강, 체력, 근력, 강인한 힘을 모두 포함해서 저는 능력이라고 생각합니다.

따라서 가령 운동신경이 뛰어나게 발달한 운동선수로서 일류 대학교를 우수한 성적으로 졸업한 사람은 건강하고 운동신경도 발달했을뿐더러 머리도 좋기 때문에 능력이 매우 뛰어나다고 할 수 있습니다. 능력이 0에서 100까지 있다면, 우리 같은 보통 사람은 평균적으로 60점 정도겠지만, 그런 사람이라면 90점 정도는 되지 않을까 싶습니다.

그다음은 열의입니다. 이것도 0에서 100까지 있다고 생각합니다. 열의가 중요하다고 깨닫게 된 계기가 있습니다.

시골에 있는 친척 중에 좋은 학교를 나온 삼촌이 계셨는데, 삼촌은 언제나 소주를 마시고 술에 취하면 자기 자랑을 늘어놓으셨습니다. "난 학창시절에 머리가 좋아서 반장을 했어." 그러고는 우리 같은 애들도 잘 아는 사람, 예를 들어 현청[1]의 높은 사람을 친구처럼 부르며, "○○이는 초등학교 다닐 때 콧물을 질질 흘리는 꼬맹이로, 돌머리였지"라며 험담을 했습니다. 저는 어린 마음에 '우리 삼촌은 훌륭한 사람이구나' 싶었습니다.

---

1 우리나라의 도청에 해당하는 기관.

그런데 잘 생각해보면, 그 삼촌은 일도 잘하지 못해 친척들 모두에게 무시당하고 손가락질을 당하고 돈도 없었습니다. 삼촌 말만 들으면 아주 훌륭한 사람일 텐데 전혀 그렇지 않았지요. 어찌 된 영문인지 생각해보니, '학교 성적이 좋고 머리가 좋다고 해서 인생이 좋아지는 건 아니구나' 하고 깨달았습니다.

그때 일이 떠올라 '우리 삼촌은 자기 머리가 좋다고 뻐기며, 저 자식은 머리가 나쁘다, 난 머리가 좋다 하면서 다른 사람을 무시하고, 제대로 일도 하지 못해서 그 모양이 됐구나' 싶었습니다. 설령 초등학교 때 성적이 좋았든, 고등학교나 대학교를 수석으로 졸업했든, 착실하게 일하지 않으면 제대로 된 인생을 살아갈 수 없습니다.

옛날 교카狂歌[1] 중에 '세상에 자는 것만 한 즐거움은 없다. 속세의 바보들은 일어나 일을 한다'라는 말이 있는데, 예전엔 머리가 좋은 사람도 대체로 '난 머리가 좋으니 자도 되지만 멍청이들은 밤중에도 일어나 일해야 한다'고 생각했던 것 같습니다.

그러나 저는 삼촌의 모습을 보고 반대로, '그게 함정이구나. 머리가 좋은 것만으로는 안 되고, 바보처럼 다른 사람의 몇 배나 일을 하는 근면함, 열의가 필요하다'라는 생각을 했습니다.

제게 있어 가장 다행인 것은 일류 대학을 졸업하지 않았던 것

---

1 풍자와 익살을 주로 한 짧은 노래.

입니다. 그리고 가고시마 사투리밖에 할 줄 몰랐던 것도 다행스러운 일이었습니다. 들어간 회사는 교토의 회사이기 때문에 다들 교토 사투리로 유창하게 말했습니다. 그것만으로도 저보다 어린 아이라도 대단하다고 생각했습니다. 그 정도로 열등감이 심했습니다. 제대로 표준어를 구사하지 못하지, 물론 교토 사투리도 못하지, 뭔가 말을 하고 싶어도 가고시마 사투리가 튀어나올 것 같아서 일단 말을 삼키고 어떻게 표준어로 번역할까를 생각했기 때문에 자주 머뭇거렸습니다. 그래서 유창하게 교토 사투리로 말하는 것만으로도 대단하다고 생각했습니다.

전화 통화도 참 힘들었습니다. 교토로 나오기 전까지 제 주변에는 전화기라는 게 없었습니다. 집에는 물론이고 전화기가 있는 친척도 없었습니다. 전화벨이 울려서 받으면 상대방이 "여보세요" 할 때 뭔가 대답을 해야 합니다. 하지만 전화에 익숙하지 않을뿐더러 아까 말한 것처럼 가고시마 사투리로 대답할 수밖에 없었습니다. 그래서 전화를 받는 데 두려움을 느꼈습니다.

'가만히 생각하니 도시 사람들은 대단하고 똑똑하구나'라는 생각이 들었고, 얼굴만 봐도 똑똑해 보였습니다. 나 같은 촌뜨기의 얼굴이 아니었어요. 이렇게 저는 열등감이 매우 심했습니다.

그런 상태였기 때문에 '나한텐 능력이 없을지도 몰라. 그렇다면 일류 대학을 나온 사람이나 교토 사람보다 몇 배는 더 노력해야 해'라고 생각했습니다.

방정식을 곱셈으로 한 것은 아무리 생각해도 덧셈으로는 수지타산이 맞지 않기 때문입니다. 예를 들어, 능력이라는 점에서 일류 대학을 수석으로 졸업한 사람은 90점일지도 모릅니다. 하지만 머리가 좋다고 그다지 일을 하지 않으면 열의라는 점에서는 30점밖에 되지 않습니다. 이를 덧셈으로 하면 90점 더하기 30점으로 120점이 됩니다. 반면, 원래 그다지 능력이 없어 60점밖에 되지 않는 사람이 열심히 노력하려 한다고 해봅시다. 그렇다고 다른 사람보다 엄청난 노력을 하는 것은 아니니 일류 대학을 나온 사람의 두 배 정도 노력해도 60점입니다. 여기에 능력 60점을 더하면 120점. 머리가 좋지만 노력하지 않는 사람도 같은 점수입니다. 그런데 곱셈으로 하면, 90×30=2,700점, 60×60=3,600점으로 크게 차이가 생깁니다.

　'그래, 이건 덧셈이 아니야. 곱셈이기 때문에 인생에 커다란 차이가 나는 것이다. 그렇기 때문에 마츠시타 고노스케松下幸之助 씨나 산요전기三洋電機의 나우에 도시오井植歳男 씨는 초등학교만 다녔어도, 저렇게나 위대한 업적을 이루었다. 부족한 부분을 채우기 위한 노력이 능력에 곱해지니 이렇게 달라지는 거구나' 싶었습니다.

　그리고 사고방식이라는 것은 매우 중요한 요소로, 실은 마이너스 100에서 플러스 100까지 있습니다. 그러니까 능력이 뛰어나고 불타는 열의로 노력해도, 사고방식이 마이너스라면 그것이 곱해지기 때문에 결과는 마이너스가 되어버리고 맙니다.

능력이 있고 열의도 있습니다. 그런데 '인생은 허무하다. 세상은 불공평하다. 그것을 바로잡아야 할 정치가는 딴짓이나 하고 자기들 잇속이나 채울 심산으로 그릇된 짓을 일삼는다. 그렇다면 나도 이런 썩어빠진 세상을 비뚤어지게 살아야지'라며 도둑질을 하겠다고 결심했다고 쳐봅시다. 이시카와 고에몬石川五右衛門만큼 멋진 도둑이 되어도, 어차피 도둑은 도둑인지라 사고방식이 마이너스가 되어 인생의 결과도 마이너스가 되고 맙니다.

중소기업의 경영자 중에 경영이 잘 안 되는 분들은 종일 투덜거리며 불만을 늘어놓습니다. 하지만 "이렇게 안 되는 건 행정이 잘못되었기 때문이다"라고 말하는 건 누워서 침 뱉기와 같아서 모두 자신에게 되돌아옵니다. 조금도 플러스가 되지 않습니다. 그런데도 마이너스가 되는 이야기만 하고 있습니다. 그렇게 불평불만을 늘어놓을 시간이 있다면, 자신의 처지를 생각해 열심히 노력해야 합니다. 그런데 노력하지 않습니다. 사장이 설령 그렇게 나쁜 사람이 아니더라도 불평불만만 늘어놓는다면 그 회사가 제대로 굴러갈 리 없지요.

신은 모두가 평등하게 멋진 인생을 보낼 수 있도록 만들어주었습니다. 모두가 평등하게 멋진 인생을 보낼 수 있습니다. 힘들게 살아야만 하는 건 아닙니다. 다만, 신에게 멋진 인생을 선물받으려면 현재 처한 상황에 감사하고 밝고 명랑하게 열심히 살아가려는 노력을 해야 합니다. 그런 사람에게는 신이 미소를 보내며 행운을 가져다줍니다. '터무니 없는 말'이라고 생각할지도 모르지만 일단 믿어주셨으면 합니다. 정말로 그렇게 됩니다.

사고방식에는 부정적이고 마이너스적인 사고방식부터 플러스적인 사고방식까지 있는데, 비뚤어진 사고방식을 가져서는 안 됩니다. 밝고 멋진 사고방식을 갖춰야 합니다.

사람은 마음으로 판단한다

저는 그런 멋진 사고방식을 가지려고 노력하는 것을 '마음을 드높인다'라고 표현합니다.

'마음을 드높인다'는 표현을 인간성을 높이자, 인간으로서의 품격을 높이자, 철학이라고 부를 수 있을 만한 고매한 사상이나 사고방식을 갖자는 의미로 사용하고 있습니다.

그렇다면 왜 그러한 고매한 사상, 인간성이 필요한 것일까요.

아까 말씀드렸다시피, 회사를 만들었을 때 맨 처음 맞닥뜨린 것이 '이것을 해도 될지 말지'와 같은 판단입니다. 제가 자주 사용하는 말인데 회사의 현 상황이란 최고경영자가 취임하고 나서 오늘날까지 하나하나 내린 판단이 집적된 결과입니다. 돌을 쌓아 올리듯 판단이 쌓이고 쌓여 만들어진 결과입니다. 즉 경영자의 판단의 집합체가 현재의 회사를 만든 것입니다.

만약, 다섯 번째까지는 올바른 판단을 했다고 해도 여섯 번째에 그릇된 판단을 하면 쌓아 올린 돌이 우르르 무너지고 맙니다. 모두 다 무너지지는 않을지 몰라도 중간에 무너지면 거기서부터 다시 쌓아야 합니다. 만약 당신 회사가 그다지 성장하고 있지 않다면, 중간에 몇몇 커다란 판단 실수를 해서 우르르 무너져 물거품이 되어버렸기 때문입니다. 따라서 판단이라는 것은 매우 중요한 일입니다.

그렇다면 판단은 어디에서 이루어질까요. 바로 머리가 아닌 마음입니다. 인간은 모두 마음으로 판단합니다. 마음이라고 말은 해도 그것이 어디에 있는지는 저도 모릅니다. 머리가 아닌 것만큼은 확실합니다.

마음으로 판단한다고 하면, 마음이라는 것이 어떤 구조로 되어 있는지가 중요해집니다. 매우 독단적이고 편견에 가득 찬 생각일지도 모르지만 제 나름대로 정리한 바를 말씀드리겠습니다.

본능, 감각, 감정, 이성으로는
판단할 수 없다

저는 마음을 다중구조로 된 축구공 모양의 구형으로 상상합니다. 그 공의 한가운데는 영혼이라는 것이 담겨 있지 않을까 합니다. 영혼을 믿지 않는 분도 계실지 모르지만 그 영혼을 다양한 요소가 감싸고 있다고 생각합니다. 그 가장 바깥쪽에는 본능이 있습니다.

왜 본능이 가장 바깥쪽에 있을까요. 갓난아기는 태어나면 엄마에게 매달려 젖을 먹습니다. 젖을 빠는 행동은 학습을 통해 배운 것이 아닙니다. 육체를 보호하기 위해 선천적으로 아는 것입니다. 이처럼 맨 처음 등장하는 마음이 본능입니다. 갓난아기의 예를 들었듯이 본능이란 이 육체를 유지하고 보호하기 위해서 신이 선사해준 마음입니다. 식욕을 느끼는 것은 육체를 유지하기 위해서입니다. 그리고 성욕을 느끼는 것은 자손을 남기기 위해, 즉 자신의 대를 이을 존재를 만들기 위해서입니다. 또한 적에게 공격을 받으면 투쟁심이 불타오르는 건 적으로부터 자신의 육체를 보호하기 위해서입니다. 이처럼 본능은 모두 자신을 위한 것입니다. 자신을 위한다는 말인즉슨 이기심입니다. 영어로 말하자면 에고입니다.

육체를 지키려면 반드시 에고가 필요합니다. 그 증거로 우리 몸속을 흐르는 혈액 내에는 백혈구가 있어, 세균이나 바이러스 같은 외부의 적이 쳐들어오면 맹렬하게 맞서 없애려고 합니다. 끊임없이 조혈줄기세포로 백혈구를 만들어냅니다. 정상일 때보다 훨씬 많은 백혈구를 만들어서 세균이나 바이러스를 없애려

합니다. 그때 우리는 머리로는 아무런 생각도 하지 않습니다. 세균이 들어온 것도 바이러스가 침투한 것도 알지 못합니다. 우리가 의식하지 못하는 사이 몸 안에서 그런 것들이 생성되어 철저하게 육체를 보호하려고 노력합니다. 이것이 본능입니다.

이처럼 본능이란 육체를 보호하고 유지하기 위해 신이 선사해준 이기적인 것입니다. 일단 그러한 사실을 전제로 두고 말씀을 드리고자 합니다.

회사에서 부하직원이 무엇인가를 물으러 왔을 때 아무런 훈련도 되어 있지 않은 사람은 본능, 에고로 사물을 판단합니다. 여러분도 "돈이 되는지 아닌지 확실히 말해"라고 하실 겁니다. 즉 손익만으로 판단합니다. 본능, 에고만으로 사물을 판단해서 "돈이 되겠지. 정말로 돈을 벌 수 있겠지. 그렇다면 해도 돼"라고 허락하고, 손해로 돌아오면 "이런 머저리!"라며 호통을 칩니다. 우리는 일상적으로 이렇게 본능을 기준으로 판단하며 회사를 운영합니다.

염교 껍질처럼 가장 바깥쪽에 있는 본능을 벗겨내면, 이번엔 그 안에 있던 감각이라는 마음이 나옵니다. 감각이라는 것은 보고 듣는 등의 오감五感을 말합니다.

오감을 사용한 판단이란 예를 들면 다음과 같습니다. 음악 CD를 살지 말지를 판단할 때, '이 음악은 듣기 좋았어. 이 CD를 사야지'처럼 오감 중에서 청각으로 판단합니다.

그리고 멋진 그림을 보고, '이 그림은 멋지다. 유명한 작가가 아니고 이름도 알려지지 않은 이류 작가가 그린 그림이라도, 마음에 든다. 이 그림을 사고 싶다'라고 생각하는 것은 오감 중에서 시각으로 결정하는 것입니다.

그런데 흥미롭게도 감각으로 판단할 때는 기준이 늘 달라집니다. 잘 몰랐을 때는 서툰 지휘자의 레코드판이라도 '좋다'고 생각했는데 점점 귀가 트이면 '이건 안 되겠다. 이것보다 XX 교향악단이 XXXX년 X월 어딘가에서 한 연주 CD가 더 좋아'처럼 점점 음악에 대한 감각이 변해갑니다. 즉 청각의 판단 기준이 바뀌어갑니다.

시각 또한 마찬가지입니다. 여러분 중에도 그림을 좋아해서 자주 그림을 구입하는 분이 계시겠지만 처음에는 값싼 것에도 만족했는데 일류 그림을 보기 시작하면서 점점 눈이 트여, '요전에 산 싸구려는 이제 더 보기 싫다'라는 생각이 듭니다.

한마디로 감각에 의한 판단 기준은 결코 '인간으로서 무엇이 올바른 것인가'처럼 고정되지 않고, 한때의 경험으로 점점 변해갑니다. 그것이 오감, 감각에 의한 판단입니다.

그러한 감각을 다시 염교 껍질처럼 벗겨내면 그다음에는 감정이라는 마음이 나옵니다. 우리는 저도 모르게 호불호의 감정으로 일을 판단해버립니다. 부하직원의 얼굴을 보고 "네 얼굴은 보고 싶지도 않아. 가난에 찌든 죽상이나 하고"라며 이성이 아닌 감정으로 판단하는 경우가 수도 없이 많습니다. 이는 제멋대로라서 어제는 "꼴도 보기 싫다"고 했는데 오늘은 칭찬을 하기도 합니다. 이처럼 감정이라는 기준은 매우 불확실합니다. 감정은 그날의 기분에 따라 변하기 때문에 판단의 기준이 될 수 없습니다. 그런데도 우리는 감정에 따라 판단을 내립니다.

"저는 그렇게 무책임한 경영자는 아닙니다"라고 말하며 다시 염교의 껍질을 벗겨내면 이번에는 이성이라는 마음이 모습을 드러냅니다.

이성이란 뇌의 대뇌피질에서 사물을 분석하고 사물의 논리를 구성하는 마음입니다. "이렇게 분석을 하면 이런 사실을 알 수 있습니다"라며 귀납법이나 연역법으로 분석하고, 그것을 구축할 수 있는 것이 이성입니다. 이성에 따라 사실을 사실로 분석하고, 분석한 사실에서 논리를 구축해갈 수는 있지만 판단할 수는 없습니다.

그 좋은 예가 여러분의 회사에 있는 우수한 대학을 나온 사람들입니다. 그들에게 뭔가 주제를 부여하면 그들은 이성으로 멋지게 분석해서 여러분에게 "여기를 이렇게 하면 이렇게 됩니다"라고 보고서를 제출할 것입니다. 그것을 "설명해보라"고 요구하면 쉽게 이해할 수 있는 말로 설명해줍니다. 하지만 "그럼 어떻게 하면 된다는 말인가?"라고 물으면 "그건 사장님이 결정하실 일입니다. 저희는 조사만 했을 뿐 선택은 사장님 몫입니다"라고 대답합니다. 즉 이성이라는 기준으로는 결정을 할 수 없다는 말입니다.

당신의 영혼은
무엇이 옳은지 알고 있다

'이성도 안 된다면' 하면서 다시 염교의 껍질을 한 장 한 장 벗겨 내면 마음의 층위가 여전히 많겠지만 마지막에는 영혼이라는 것이 나옵니다.

영혼이란 당신 그 자체, 당신의 본질입니다. 인간의 본질을 끊임없이 파고들면 결국에는 불교에서는 '공空', 요가에서는 '참된 자아' 또는 '존재라고밖에 할 수 없는 것'이라 불리는 것에 다다릅니다.

이는 바꿔 말하면 영혼입니다. 영혼은 종교나 철학의 세계에서는 당연한 것으로, 일반인은 이해하기 어려우나 개인차가 없습니다. 저와 당신의 영혼은 완전히 똑같습니다.

이 세상에 태어날 때, 신으로부터 육체를 부여받고 태어나기 때문에 개인 각각의 능력도 얼굴도 다릅니다. 지구상에는 수십 억이나 되는 인류가 존재하지만 누구 하나 같은 사람은 없습니다. 본래 영혼은 같지만 동질적인 것만으로는 사회가 성립되지 않으므로 차이가 나게끔 만들어진 셈입니다. 자신이 현재 갖춘 능력은 어쩌다 그렇게 된 것일 수 있습니다. 머리가 좋지 않게 태어난 것은 당신의 책임이 아닙니다. 머리가 나쁜 사람도 좋은 사람도, 건강한 사람도 병약한 사람도, 이처럼 다양한 사람이 없으면 이 사회는 성립하지 않기 때문에 신이 그렇게 만든 것뿐입니다. 실은 모두 평등합니다. 여러분의 영혼은 모두 같습니다.

예를 들어, 요가를 하거나 명상을 하거나 좌선을 하며 마음을 가라앉히고 자신이 어떤 존재인지 알아가는 사람은 모두 입을 모아 인간의 영혼은 다 같을 뿐 아니라 삼라만상, 산도 강도 풀도 나무도 그것을 형성하는 근원은 모두 다 같다고 합니다. 실은 그렇게 사물의 본질을 철학적, 종교적으로 파악해가는 것이 종교인이 해야 할 일이기도 합니다.

모두 동등하게 가지고 있는 영혼, 즉 인간의 본질이란 무엇이냐 하면 그것은 명확합니다. 어떤 종교인도 말했지만 그것은 진, 선, 미입니다. 우리 세대는 초등학교, 중학교 때 '진, 선, 미'라는 말을 배웠습니다.

인간은 어떻게 해도 이러한 '진, 선, 미'의 방향으로 이끌립니다. 진실을 사랑하는 이유는 영혼이 진실되기 때문입니다. 선한 일을 하려는 이유 또한 영혼이 원래 선하기 때문입니다. 아름다운 것에 이끌리는 것은 영혼이 아름답기 때문입니다.

영혼이라는 것을 별달리 어렵게 생각할 필요 없습니다. 영혼은 '진, 선, 미'라는 말로 표현되며, 공평하고 공정하고 성실하며 사랑과 용기가 넘쳐나고, 멋지고 아름다운 조화로 가득 찬 것입니다.

앞서 저는 교세라를 만들었을 때 부모님과 조부모님, 학교 선생님께 배운, 인간으로서 해도 되는 것과 하면 안 되는 것에 따라 판단하겠다고 생각했고 그것을 '원리원칙'이라고 부르기로 했다는 말씀을 드렸습니다.

이처럼 저는 중학교도 나오지 않은 부모님께 꾸중을 들으며 배운 것을 기준으로 하고 있지만, 실은 자신의 영혼에 물어보면 됩니다. 영혼 그 자체는, 그 누구의 영혼이라도 아름답고 훌륭하기 때문에 무엇이 옳은 일인지 잘 알고 있습니다.

따라서 사물을 판단할 때는 본능으로 판단하는 것이 아니고, 또한 감각이나 감정으로 판단하는 것도 아니고, 이성으로 판단하는 것도 아닌 영혼에 비추어 판단하는 것입니다.

적어도 하루 20분 정도는
마음을 가라앉힌다

오늘 저는 녹초가 된 상태로 이곳에 왔습니다. 이야기를 하면서 점점 기운이 났지만 도쿄에서 나고야를 거쳐 교토에 오는 살인적인 스케줄로 움직여서 마음을 쉴 틈조차 없을 정도입니다.

여러분도 대부분 바쁜 일상에 치여 조바심이 나기도 할 겁니다. 이렇게 조바심이 난 상태로는 절대로 경영을 할 수 없습니다. 반드시 마음을 가라앉힐 필요가 있습니다. 종교인도 철학자도 하루에 20분이라도 좋으니 독기로 가득 찬 마음을 가라앉히라고 합니다.

물론 그 누구에게도 뒤지지 않을 만큼 살벌한 기세로 일을 해나가야만 합니다. 일을 '즐겁게 조금씩 해나가자'는 말이 아닙니다.

경영이란 피도 눈물도 없는 것이기에 그 어떤 격투기 선수보다 치열한 승부욕이 필요합니다. 그래서 뜨뜻미지근한 사람은 경영을 해서는 안 됩니다. 그야말로 엄청난 용기, 배짱이 필요합니다. 경쟁 상대로 아무리 강한 거인이 나타나도, 질 것을 알면서도 물고 늘어져 싸울 용기가 없다면 경영에 발을 들여놓아서는 안 됩니다.

그런 무시무시한 기백으로 1분 1초라도 아껴가며 일한다는 마음가짐으로 살아간다면, 적어도 하루에 20분 정도는 마음을 가라앉힐 필요가 있습니다. 그러한 엄청난 기세로 살아가는 가운데 잠시 마음을 가라앉히면 영혼에 닿을 수 있다고 생각합니다.

어떤 사람은 좌선이라는 방법을 통해, 또 어떤 사람은 명상이라는 방법을 통해 마음을 가라앉힙니다. 경영자들이 종종 절에 가서 노승에게 가르침을 받으며 참선을 하는 것도, 실은 이러한 이유에서입니다. 마음을 가라앉히지 않으면 결코 자신의 영혼을 만날 수 없습니다.

영혼, 마음이란 진, 선, 미라는 말로 표현되며, 그러한 영혼은 무엇이 옳은 일인지 그른 일인지 알기 때문에 영혼을 만나면 그 사람은 그 방향으로 나아가게 됩니다.

영혼의 차원에서 경영을 하면 사업이 번성한다

영혼은 달리 말하자면 사랑입니다. 불교에서든 어디서든 세계적인 대종교가들은 모두 근본적으로 사랑을 설파하는데, 영혼이 바로 그 사랑인 것입니다.

사랑이 무엇이냐고 묻는다면 설명하기 조금 어렵지만 따스한 배려심 정도로 이해하시면 될 것 같습니다.

따스한 배려심이란 본능, 에고와 정반대 쪽에 있는 이타적인 마음, 즉 자신을 희생해서라도 다른 사람을 이롭게 하고자 하는 마음입니다. 영혼이란 본래 그렇게 따스한 것입니다.

우리 경영자들은 피비린내 나는 아수라장에서 살고 있습니다. 특히 중소기업, 영세기업 같은 경우는 조금만 방심해도 회사가 망할 수 있습니다. 잠깐이라도 한눈을 팔면 주문이 동종 업계의 다른 업체로 빠져나가는 등 순식간에 이익이 날아가버리고 맙니다. 그렇게 눈앞에서 총알이 오가는 전쟁터에서 살아가는 만큼 적어도 판단하는 순간에는 영혼이라는 차원에서 '진, 선, 미'라는 이타적인 마음을 써야 합니다.

치열하게 이익을 추구하는 아수라장에 있는 사람이야말로 실은 그러한 마음을 가져야만 합니다. 여러분도 잘 아시다시피 장사의 세계에서 자신의 잇속만 채워서 오랫동안 성공을 이어간 예는 하나도 찾아볼 수 없습니다. 물건을 팔아 돈을 벌고자 한다면 구입한 사람도 만족해야 오랫동안 일을 이어갈 수 있습니다. 고객이 이상한 물건을 사고 한 번이라도 '어이없다'고 생각한다면 두 번 다시 장사를 할 수 없습니다. '고객이 좋은 물건을 사준 덕분에, 우리도 돈을 벌고 있다'라고 생각하지 않으면 사업은 이어나갈 수 없습니다. 자기 잇속만 채우는 것은 한 번만 하고 끝낼 장사라면 가능하겠지만, 영속성 있는 장사에서는 그럴 수가 없다는 사실을 여러분도 잘 알고 계실 것입니다.

장사에서도 이타적인 마음이 필요합니다. 극단적으로 말하면 자신은 옆으로 밀어두고, 물건을 구입한 고객만 생각해서 고객이 만족할 수 있도록 해야 합니다. 이타적인 마음으로 장사를 하면, 자연스레 충분히 돈이 굴러들어 옵니다.

'남에게 인정을 베풀면 반드시 내게 돌아온다'는 옛말이 있습니다. 인정을 베풀면 다른 사람을 이롭게 할 뿐 아니라 그 보답이 반드시 자신에게 돌아온다는 의미입니다. 이것이 세상을 사는 도리입니다. 그래서 극단적으로 말하자면, 영혼의 차원에서 판단하면 그 어떤 일에서든 성공할 수 있습니다.

전 직원이 철학에 공감하고 있는가

제가 "마음을 드높여 경영을 발전시켜라. 왜 경영에 철학이 필요한가"라고 말했을 때, 여기서 철학이란 영혼에서 우러나오는 숭고한 사고방식을 뜻합니다. 그러한 사고방식을 기본 방침으로 경영해나가야만 합니다.

그러나 숭고한 사고방식을 기본 방침, 사훈社訓으로 삼고 경영을 하겠다고 한들 스스로 실천할 수 있도록 훈련되어 있지 않기 때문에 잘 안 될 수밖에 없습니다. 역시 인간이기 때문에 본능도 감각도 감정도, 그리 쉽게 배제하긴 어렵습니다. 조금이라도 긴장을 풀면 그 순간에 그런 것들로 판단하고 맙니다.

여러분도 이 자리를 떠나자마자 바로 본능적으로 좋았는지 나빴는지를 판단할 겁니다. 여기서 제 이야기를 듣고 '맞아, 그렇구나'라고 생각해도 행사장을 나가는 순간 잊어버리는 것이지요. 인간이란 그만큼 어리석은 존재입니다.

"잘난 척 떠들어대는데, 그러는 너는 그렇게 하느냐"고 묻는다면, 저도 하지 못합니다. 그래도 여러분보다 조금이라도 낫다고 생각하는 부분이 있다면 그건 제가 항상 반성을 한다는 것입니다. 반성하며 하루하루를 보내야 한다고 생각합니다. 부끄럽지만 저는 매일 아침 일어나 씻을 때 아내에게도 들릴 만큼 커다란 목소리로 "신이시여, 용서해주십시오"라고 합니다. 또 다른 제가 저를 '괴씸하기 짝이 없지 않은가'라며 견딜 수 없을 만큼 다그칩니다. 그리고 "신이시여, 감사합니다"라고 말하기도 합니다.

그렇게 매일 반성해야 할 정도이기 때문에, 저는 결코 청렴한 사람은 아닙니다. 인간은 모두 본능에 휘둘립니다. 본능에 전혀 휘둘리지 않는 청렴한 사람 같은 건 있을 수 없습니다. 본능에 휘둘리는 것을 반성하고 조금이라도 거기서 도망쳐 나올 생각을 하면 가끔 도망칠 수 있을 뿐, 저도 항상 본능을 억누를 수 있는 것은 아닙니다.

부디 영혼이라는 것이 존재하는 숭고한 차원까지 사고방식을 높여갔으면 하는 바람입니다. 내버려두면 곧바로 본능이나 감각, 감정으로 판단하게 되므로 '그렇게 해서는 안 된다. 그러면 안 된다'라고 항상 자신을 타일러야 합니다. 그러한 반성을 거듭하기만 해도 조금씩 올바른 판단을 내릴 수 있게 되고 기업 경영에 박차를 가할 수 있게 됩니다.

이런 생각으로 교세라를 경영해왔기 때문에 교세라는 매우 순탄하게 성장해왔습니다. 그렇기에 저는 경영에는 그야말로 철학이 중요하다고 말할 수 있습니다.

뛰어난 기술이나 영업의 우수성, 철저한 경영 관리나 재무 관리가 회사의 성패를 결정하는 것이 아닙니다. 회사 경영의 좋고 나쁨은 다름 아닌 회사가 어떤 철학을 가지고 있는가, 어떤 철학을 최고경영자와 직원이 공유하고 있는가, 어떤 철학에 전 직원이 공감하고 있는가에 따라 결정된다고 생각합니다.

그래서 조금 전에 말씀드린 바와 같이, 올바른 사고방식을 모아 그것을 기본 방침으로 하여 문서로 작성해서 전 직원에게 제시해야 합니다. 직원들에게 "나는 마음을 바꿔서 오늘부터 이런 생각으로 경영을 할 것이다"라고 말하는 것입니다. 숭고한 말이 적혀 있지만 실제로는 아직 실행하지 못하고 있는 셈이니, 직원들 입장에서는 그야말로 엉터리 같은 말로 느껴질 것입니다. "우리 사장은 조례에서는 저런 말을 해놓고 점심때부터는 완전히 반대되는 일을 하고 있다"라는 소리를 할 겁니다. 그래서 저는 직원들에게 "매일매일 반성하며 그렇게 되지 않도록 애를 쓰고 있지만, 나도 인간이기 때문에 가끔은 말짱 도루묵이 되어버린다. 그럴 때는 지적해달라"라고 말하곤 합니다.

철학을 온전히
내 것으로 만들다

철학을 기본 방침으로 정리해 달달 외울 정도로 온전히 내 것으로 만들어야 합니다. 온전히 내 것으로 만들지 못하면 일상적으로 실천할 수가 없습니다. 하지만 보통 사람은 그렇게 하지 못하니 항상 스스로 되뇌며 자신의 부족한 점을 고쳐나가야 합니다. 그리고 직원 모두에게 되도록 이런 방침을 따르면 좋겠다고 강력하게 호소해야 합니다.

저는 그런 생각을 책자로 정리해 그것을 '교세라 철학'이라 부르며 전 직원에게 배포했습니다. 배포하고 그저 '읽으라'고만 하면 의미가 없습니다. 금세 잊어버리고 말기 때문입니다. 그래서 책자를 만들어 건네고 열심히 설명했습니다. 하지만 설명하는 것만으로는 한계가 있습니다.

그래서 제가 생각해낸 것이 술자리를 갖는 것이었습니다. 직원을 50명 정도씩 모아놓고 술 한 병과 안주를 준비해, 빙 둘러앉아 술을 마십니다. "불평은 그만하고, 마시기나 해"라며 한 잔씩 마시면서 기분이 느슨해지고 마음이 열릴 때 즈음, "그러니까 말이야" 하며 철학을 설파하는 것입니다. 이렇게 교세라 철학에 동의할 수 있도록 열심히 가르쳤습니다. 그렇게 해서 회사가 잘되었으니 역시 철학이란 중요하다고 생각합니다.

철학이 중요하다고 하면, 회사에 들어온 일류 대학을 졸업한 기술 계통의 직원들은 "사장님은 입버릇처럼 '철학'이라고 하는데, 실제로 교세라라는 회사는 기술력이 있어서 잘 돌아가는 겁니다. '철학, 철학' 하면서 술잔을 기울이며 '내 말 잘 들어'라고 하지만 그런 것으로 회사가 성장할 리 없습니다. 우리 머리가 좋으니까 잘되는 거죠"라고 반론합니다. 유능할수록 그렇게 생각합니다.

그리고 제가 열심히 철학을 설파하면 반론합니다.

"이 회사는 사상까지 강요하나요?"

"아니, 사상까지 강요하는 건 아니지만, 이 나이가 되면 인생은 사고방식에 따라 정해진다는 걸 알게 되지. 옳은 사고방식을 가지고 있느냐 아니냐에 따라 정말로 인생이 달라지니, 억지로 강요한다고 생각하지 말게. 자네를 위해서 이런 생각을 하면 어떻겠냐고 권하는 거니까."

"어떤 생각을 하든 그건 자기가 알아서 할 일 아닌가요."

그렇게 말하니 정말 난감했습니다. 그래도 열심히 설득을 해나갔습니다.

'동기가 선한가, 사심은 없는가' 항상 자문하다

실은 그런 일이 있어서, 지금으로부터 십수 년 전에 다이니덴덴을 만들자고 생각한 것입니다. 저는 세라믹 전문 기술자라고는 해도 전기통신사업에 대해서는 전혀 알지 못했기 때문에 그땐 다이니덴덴이 성공할 리가 없다고 생각했습니다.

아마추어인 제가 전기통신사업을 알게 된 것은 상공회의소의 고도정보화사회 위원장을 맡은 것이 계기가 되었습니다. 그때 일본 전신전화공사의 간부 기술자로, 현재 다이니덴덴의 부사장을 맡고 있는 센모토 사치오千本倖生 씨를 초청해 고도정보화사회가 어떤 것인지, 상공회의소 회원을 대상으로 한 강연을 들을 기회가 있었습니다. 저는 그 강연에서 사회를 맡았습니다. 센모토 씨는 담담하게 고도정보화사회에 대해 말했지만 특별할 것 없는 초 LSI(대규모 집적회로)에 대한 이야기뿐이었습니다. LSI라는 반도체 세계는 저의 전문으로 제가 더 잘 알고 있을 정도였습니다.

강연이 끝난 후 응접실로 가서 "감사합니다. 얼마 되지 않지만 사례금으로 받아주세요" 하면서 이야기를 나누는데 그는 거리낌 없이 솔직한 사람이었습니다. 제가 "메이지 이후 내내 독점기업이었던 전신전화공사의 체질이 앞으로 고도정보화사회에서는 큰 문제가 되겠지요"라고 하자 "전신전화공사의 간부지만, 저도 실은 그렇게 생각합니다. 일본이 고도정보화사회로 나아가려면 어떻게든 통신업계에 혁명을 일으켜야만 합니다" 하고 대답했습니다.

"이번에 신토 히사시真藤恒 씨가 전신전화공사의 총재로 취임해 민영화를 추진 중입니다. 그리고 신규 진입을 허용하는 시대가 온다고 합니다. 저도 진출을 검토하고 싶은데 도와주실 수 없을까요?"

"이나모리 씨, 정말인가요! 정말로 그럴 생각이라면 도와드리겠습니다."

"그럼, 전신전화공사를 그만두겠다는 뜻인가요?"

"그만둬도 된다고 생각하고 있습니다."

이렇게 센모토 씨는 전신전화공사에서 나와 교세라에 들어와 주었습니다. 그리고 주말마다 교토 히가시야마東山에 있는 와리안이라는 교세라의 게스트하우스에 같은 뜻을 가진 젊은 기술자들을 모아, 연구 모임을 시작했습니다.

그런데 조사하면 할수록 4조 엔의 매출을 올리는 전신전화공사를 상대로 일전을 펼쳐야 하다니 미친 짓이라는 생각이 들었습니다. 그래서 대기업조차 손을 대지 않았지요. 그 속에서 열심히 대책을 생각했습니다. 당시 통신요금은 일본 내에서 가장 장거리로 전화를 걸면 3분에 400엔이었습니다. 여러분도 당시 공중전화를 걸면서 계속해서 10엔짜리 동전을 투입해야 했던 것을 기억하실 겁니다. 현재 다이니덴덴의 경우, 3분에 170엔입니다. 앞으로는 아마 100엔 정도가 되지 않을까 싶습니다. 당시 이상하리만큼 비쌌던 장거리 통신요금이 우리가 참가하면서 크게 낮아진 것이지요.

저는 본래 '이런 말도 안 되게 비싼 요금을 받아먹는 독점기업은 필요 없어. 누군가 신규로 참가해서 경쟁원리를 도입해, 일반 대중의 통신요금을 낮춰주면 좋겠다'라고 생각했는데 그 일을 다름 아닌 제가 하게 될 줄은 생각지도 못했습니다. 센모토 씨와 함께 연구 모임을 시작했지만 잘될 거라고는 생각하지 않았습니다. 대기업이 경제단체연합회를 중심으로 컨소시엄을 열어 참가해주길 바랐습니다. 그런데 그 누구도 나서지 않아 '사회 정의를 위해 내가 하자'라고 생각한 것입니다.

그런 생각으로 센모토 씨에게 "참가하고 싶다"고 하자 "합시다" 하고 그도 열의를 보였지요. 하지만 물어보면 누구나 실패할 거라고 답했습니다. 100명에게 물으면 100명이 전부 실패한다고 말합니다. 게다가 그냥 실패도 아닌 대참패를 할 거라고들 했지요. "잠깐 손만 댔다가 실패해서 철수하는 것만으로도 최소 1,000억 엔의 손실을 보게 됩니다. 그러니 대기업, 종합상사, 대형 은행에서도 손을 대지 않는 겁니다"라고 했습니다.

그런데 생각하면 할수록 3분에 400엔이라는, 외국에 비하면

터무니없이 비싼 요금을 매기는 전신전화공사의 방식을 제 의협심, 정의감이 용납할 수 없었습니다. '어떻게든 참가하고 싶다'는 생각이 들었습니다. 그런 생각으로 센모토 씨를 비롯한 젊은 기술자들과 이야기를 할 때면 "하자, 해보자"라고 말했지만 집에 돌아가면 '이건 너무 위험하다. 그냥 그만두자'라는 생각이 들었습니다.

저는 뭔가를 생각할 때 '이건 악마의 속삭임이 아닐까?' 하고 스스로에게 물어봅니다. 친구나 고객에게 구미 당기는 이야기를 들어도 반드시 의구심을 갖고 귀를 기울여 듣습니다. 들으면서 '악마는 웃는 얼굴로 다가온다'라고 스스로에게 되뇌이죠. 저는 구미가 당기는 이야기를 악마의 속삭임으로 의심하는 신중한 타입이기 때문에 '하자, 해보자'라고 생각해도 매우 위험하다는 말을 들으면 걱정이 많이 됩니다.

하지만 '일반 대중의 장거리전화 요금을 낮추고 싶다'는 생각은 커져만 갔습니다. 그래서 저는 '동기가 선한가, 사심은 없나' 하고 자문했습니다. 그러니까 '네가 다이니덴덴을 만들고자 하는 그 동기가 선한지, 또한 잘난 척하거나 폼을 잡고 싶은 사심은 없는지'를 물은 것입니다. 술에 취해 집에 돌아와서도 반드시 자기 전에 눈을 감고 '동기가 선한가, 사심은 없는가'라는 질문을 계속 던졌습니다.

'너는 그렇게 새로운 통신사업을 만들고 싶다고 하는데, 정말

제2부 50~60대의 이나모리 가즈오

로 순수하게 그렇게 생각하는 것인가. 교세를 이만큼 키웠으니 자신의 힘을 과신하고, 조금이라도 사람들 앞에서 잘 보이고 싶어서 그러는 것은 아닌가'라며 철저히 따져 물었습니다.

그리고 동기가 불순하지 않고, 사심이 없다는 것을 확인했습니다. 그러기까지 몇 달이 걸렸습니다.

다이니덴덴의 성공으로 증명한
사고방식의 중요성

그리고 저는 교세라의 임원회의에서 "새로운 통신사업을 시작하고 싶다"고 말했습니다. 그러자 임원들은 '사장이 아무래도 그런 일을 하려는 것 같다'고 눈치는 채고 있었지만 설마 정말로 하겠다고 말할 줄은 몰랐던 듯, "하지 않는 게 좋겠다"고 했습니다.

"실패할지도 모른다. 실패하면 1,000억 엔이나 손해를 본다고 한다. 창업을 하고 20여 년이 지난 지금 회사는 1,500억 엔이라는 현금을 보유하고 있다. 이건 내가 중심이 되어 모아온 돈이다. 그러니 1,000억 엔이 줄어도 괜찮다. 그래도 500억 엔이라는 현금이 남으니 1,000억 엔을 손해 볼 수 있게 해달라. 좋은 회사를 만드는 데 쓰고 싶다."

"그건 너무 무모합니다. 사장님은 전기통신의 젊은 기술자들을 보고 그런 생각을 했을지 몰라도 사장님 자신은 아마추어입니다. 전기통신에 대해서 아무것도 모르지 않습니까. 1, 2년 공부했다고 이렇게 나서는 건 너무 무모합니다."

"아니, 철학이 있다. 교세라가 여기까지 올 수 있었던 건 기술이 뛰어나기 때문만은 아니다. 교세라에 교세라 철학이 있었기에 여기까지 올 수 있었던 것이다. 나는 늘 그렇게 말해왔다. 나는 그 철학을 무기로 다이니덴덴을 경영할 것이다. 아무것도 모르는 아마추어가 젊은 기술자를 써서 성공할 수 있다면, 최고경영자가 가진 사고방식, 철학에 이런 힘이 있다는 것을 믿어달라. 지금까지는 내가 '철학, 철학' 하면, '무슨 소리냐. 우리 기술자들이 개발에 성공했기 때문에 교세라가 잘된 것이다'라거나 '또 저런 고리타분한 소리를 한다'거나 '무슨 신흥종교 같은 말만 한다'면서 항상 나를 우습게 여겼지만 만약 다이니덴덴이 성공한다면 다시는 그런 불평을 못 하게 하겠다."

그렇게 말하자, 모두 웃음을 터트렸습니다. 하지만 결과는 아시는 바와 같습니다.

제가 참가하겠다고 했더니 곧바로 국철이 손을 들어 현재의 니혼텔레콤을 만들었습니다. 국철은 일본 전국의 열차를 통괄하며 시간표대로 운행합니다.

그렇기에 일본 열도를 종단하는 통신부대를 두고 철도 전용

통신망을 깔았지요. 전기통신 기술자도 많습니다. 국철 내 통신은 전신전화공사에 전혀 의지하지 않습니다. 예전에 역에 가면 손잡이를 돌려서 거는 전화기가 놓여 있었는데, 그건 모두 전신전화공사가 아니라 국철이 자체적으로 만든 전화망을 이용한 것입니다. 이처럼 국철은 본래 통신기술이 있었습니다. 그래서 제가 도쿄, 나고야, 교토, 오사카와 같은 도메이한東名阪[1]구역의 장거리 통신망을 만들겠다고 하자, 가장 먼저 국철이 반응했습니다. "우리는 기술을 가지고 있다. 게다가 신칸센 배수구에 광섬유를 통과시키기만 하면, 간단히 통신망을 구축할 수 있지 않을까." 그렇게 생각한 국철이 자본금을 출자해 니혼텔레콤을 설립하겠다고 선언한 것입니다.

실은 제가 센토모 씨와 이야기를 나누던 가운데 생각해낸 아이디어 중에 국철에 부탁해 신칸센 배수구에 광섬유를 깔자는 것이 있었습니다. 참가한다는 이야기를 듣고 '정말이지 국철은 빈틈이 없구나'라고 생각했습니다. 우리는 바로 우리 광섬유도 깔아달라고 부탁하려고 당시 면식도 없던 국철 사장을 억지러 만나러 갔습니다.

"광섬유를 하나 더 간다고 해도 자리가 모자라진 않겠죠. 임차료는 지불할 테니 우리 것도 깔아주십시오"라고 했더니, 당

---

1 도쿄, 나고야, 오사카를 한 글자씩 따서 묶어 이르는 말.

시 국철 총재는 "대체 무슨 말을 하느냐. 국철의 자회사니까 깔아주는 것이지, 아무런 관련도 없는 당신에게 왜 깔아줘야 하느냐"라고 대답해, 저는 다음과 같이 말했습니다.

"무슨 말씀을 하십니까. 국철의 자산은 국가의 재산입니다. 국유 재산을 자신이 자본을 출자한 곳만 사용하도록 하는 건 말이 안 되죠. A에게 사용하도록 한다면 B에게도 C에게도 사용하도록 해야 합니다. 그게 공명정대한 것이고, A에게만 쓰게 하고 B에게는 쓰지 못하게 한다니, 사회 정의가 통하는 미국이었다면 독점금지법에 걸릴 일입니다. 강자가 약자에겐 사용하지 못하게 한다, 그런 일이 버젓이 통용되는 일본 사회가 이상한 거죠."

그런데 그렇게 으름장을 놓아봤자, 일본에는 어디 하나 호소할 곳이 없었습니다. 그저 국철 총재의 마음을 움직여볼 심산으로 물고 늘어져본 것이지요. 하지만 그는 눈 하나 깜짝하지 않았습니다.

국철에서 돌아와 낙담하고 있는데, 이번엔 도로공단과 건설성이 광섬유를 부설한다는 정보가 날아들었습니다. 이미 도메이(도쿄와 나고야)도 메이신(나고야와 고베)도 만들어져 있으니, "고속도로의 중앙 분리대를 따라 광섬유를 깔면 되지 않겠느냐"며 광섬유를 깔겠다고 발표한 것입니다. 저는 이번에는 건설성으로 달려갔습니다. 건설성 장관은 "이나모리 씨, 부설해드릴 수 없습니다. 이것은 건설성의 재산입니다. 다만, 우리가 깐 것을 당신께 빌려드릴 순 있습니다"라고 말했습니다.

통신업계에서는 시설만 마련해놓고, 그것을 통신업자에게 빌려주는 사업을 제로종zero種이라고 합니다. 현재 우리처럼 시설을 갖추고 스스로 경영도 하는 사업은 제1종이라고 합니다. 처음에는 "제로종을 해도 된다"고 했지만 결국 건설성이나 도로공단도 점점 장거리 통신사업에 관심을 보이기 시작했고, "광섬유를 빌려주는 것보다 역시 직접 운영하는 게 더 낫다"며 일본고속통신이라는 회사를 만들어 우리를 쫓아냈습니다.

결국, 우리는 아무런 인프라도 갖추지 못했습니다. 당시 신문의 논조는 가혹했습니다. "맨 처음 나선 다이니덴덴은 안타깝게도 그 어떤 인프라도 갖추지 못했다. 국철은 신칸센을 따라, 도로공단은 고속도로를 따라 광섬유를 부설할 예정이다. 다이니덴덴에는 그 어떤 방법도 없기 때문에 실패할 것이다."

본래 네트워크를 구축하는 방법으로 네 가지를 생각했습니다. 신칸센을 따라 까는 것도, 고속도로를 따라 까는 것도 불가능하다면, 그다음으로는 마이크로웨이브로 네트워크를 구축하기 위해 파라볼라 안테나를 일본 열도의 산 위에서 아래로 설치해가는 방법을 생각했습니다.

그런데 그 방법에도 문제가 있었습니다. 실은 전신전화공사는 일본 열도를 온통 파라볼라 안테나로 도배해둔 상태였습니

다. 게다가 자위대나 경찰의 무선이 사용되고 있습니다. 이뿐
아니라, 미군의 무선도 있습니다. 그러한 곳에 멋대로 파라볼라
안테나를 설치해 무선 통신회선을 끌어오면 혼선되어 커다란
문제가 발생합니다. 그러니 어떤 경로가 전파 간섭을 일으키지
않는지를 찾아내야만 합니다.

그런데 어떤 경로를 통해 전파가 지나가는지는 알려지면 안
되는 극비 사항입니다. 따라서 모두 자력으로 전파가 어느 곳을
통하고 있는지를 조사해, 간섭이 일어나지 않는 곳을 공략해야
합니다. 그나마 똑바로 설치할 수 있다면 이야기가 빠르겠지만,
이 산에서 저 산으로 방해가 되지 않도록 해야만 합니다.

하지만 경로를 조사하려 해도 미군의 군사기밀에 저촉되어
곤란해하고 있는데, 지켜보고 있던 당시 전신전화공사 총재 신
토 씨가 "이나모리 씨, 실은 전신전화공사에서 도메이한에서 무
선을 연결할 수 있는 경로를 하나 더 조사 중입니다. 우리 전신
전화공사는 광섬유망을 구축하고 있으니 무선은 사용하지 않
습니다. 그 하나 남은 경로를 사용할 수 있도록 해주겠습니다"
라고 말씀해주셨습니다.

그야말로 하늘에서 내려온 동아줄로, 신토 씨에게 감사하면
서 그 데이터를 받아서 그 경로로 젊은 기술자들과 함께 파라볼
라 안테나를 구축해나갔습니다. 산꼭대기에 커다란 철탑을 세
워 파라볼라 안테나를 설치해야 하는데, 파라볼라 안테나 한 개

의 지름이 3~4미터나 됩니다. 시간이 없으니 느긋하게 산 위로 가지고 갈 순 없습니다. 중량물 운반용 헬리콥터에 매달아, 산 위에서 차례차례 설치해갔습니다. 애처롭게도 젊은 기술자들은 여름에는 무더위와 싸우며, 게다가 산꼭대기여서 각다귀에 물려 퉁퉁 부은 얼굴로 일을 했습니다. 그리고 겨울에는 눈보라 속에서 작업해야만 했습니다. 국철이나 도로공단은 손쉽게 광섬유를 깔 수 있지만, 우리는 젊은 기술자들의 피땀 어린 노력으로 파라볼라 안테나의 무선 경로를 빠르게 구축했습니다. 그리고 아시다시피, 현재는 진출한 3사 가운데 최상의 실적을 기록하고 있습니다. 매출도 1위, 이익도 1위입니다.

최고의 인프라를 갖춘 국철은 고객을 포섭하는 데에도 총력을 기울였습니다. 국철은 민영화되어 JR이 되었지만, JR은 연간 엄청난 양의 자재를 구입하기 때문에 거래 업체들에 "니혼텔레콤의 전화를 사용해라. 그러지 않으면 출입하지 못하게 하겠다"며 압박을 가했습니다. 건설성·도로공단도 종합건설회사 등에서 대량의 자재를 구매하고 있습니다. 그런 의리와 인정에 기대 고객을 확보할 수 있지요.

반면, 교세라의 자재 구매량 등은 뻔하기 때문에 "다이니덴덴을 사용해라"라고 강하게 말할 수도 없었습니다. 우리로서는 오로지 고개를 숙여가며 고객을 포섭하는 수밖에 없습니다.

"다이니덴덴이 파라볼라 안테나의 무선 경로를 설치하긴 했지만, 나머지 두 회사가 더 저렴한 비용으로 인프라를 정비했고 고객도 더 많이 포섭할 거야. 그러니 안타깝지만 결국 사업에서는 뒤처지겠지"라는 말을 많이 들었습니다.

그럼에도 다이니덴덴은 보기 좋게 신규 전기통신사업자 가운데서 선두를 달리는 멋진 경영을 해냈습니다. 이번 분기의 단독 매출은 약 3,500만 엔으로, 경영이익 300억 엔을 보유한 회사가 되었습니다. 그 회사를 중심으로 휴대폰 회사와 여덟 개의 셀룰러전화 회사를 두고 있는데, 다이니덴덴이 65% 이상의 주식을 보유하고 있습니다. 여덟 개의 셀룰러전화 회사의 이번 분기 총 매출이 2,000억 엔, 경영이익이 400억 엔입니다. 국철의 니혼텔레콤도 도로공단·건설성의 일본고속통신도 휴대폰 회사를 자회사로 갖고 있지 않습니다. 다이니덴덴만 보유하고 있고 멋지게 경영을 해나가고 있습니다.

자랑처럼 들릴지도 모르겠지만, 제가 말씀드리고 싶은 것은 1,000억 엔의 손해를 입을지도 모르는 상황에서 핸디캡을 짊어지고도 단 하나, 철학과 사고방식만으로 승부를 본 결과 성공을 거둘 수 있었다는 것입니다.

성공이 확실해지자, 교세라의 임원과 간부에게 저는 이렇게 말했습니다.

"얼마나 사고방식이 중요한지 잘 알았을 겁니다. 사고방식을 조금만 바꿔도 인생은 크게 달라집니다. 그러한 사실을 여러분이 알아주었으면 합니다. 지금이라도 늦지 않았습니다. 사고방식을 바꾸면 인생은 찬란하게 탈바꿈합니다. 지금까지 살아오면서 깨달은 것을 나만 알고 있기엔 너무 아깝습니다. 많은 사람에게 사고방식이 중요하다는 것을 알리고 싶습니다."

일본 사회의 번영을 위하여

교세라는 교토에서 많은 도움을 받아 발전할 수 있었기 때문에 어떻게든 보답을 하고 싶었습니다. 63년이라는 인생을 보내면서, 제가 경험한 것 가운데 만약 도움이 되는 것이 있다면 무엇이든 여러분께 알려드리고 싶은 마음입니다. 여러분의 회사가 눈부시게 발전하기를 바라기 때문입니다.

여러분의 회사가 번영한다는 것은 교토가 번영한다는 말입니다. 저는 중소기업에서 다섯 명이든 열 명이든 직원을 먹여 살리는 경영자는 그 어떤 학자보다, 그 어떤 정치가보다, 그 어떤 관료보다 위대하다고 생각합니다. 이렇게 치열하고도 험난한 세상에서는 홀로 살아가기도 벅찹니다. 그런데 그 속에서 직원과 그 가족까지 먹여 살린다는 것은 보통 일이 아니지요. 특히 학자나 공무원이 '중소기업 아재'라면서 중소기업 경영자를 우습게 보는데, 터무니없는 일입니다. 가령 다섯 명, 열 명이라도 사람을 부양한다는 것은 결코 쉬운 일이 아닙니다. 중소기업의 아재는 필사적으로 살아가며 직원들을 먹여 살리고 있는 것입니다.

중소기업의 아재들이 올바른 철학을 갖고 자기 사람을 지켜 준다면, 교토뿐 아니라 일본 사회 전체가 안정되고 발전해나갈 것입니다.

저는 소수의 대기업이 아닌, 중소기업 경영자가 올바른 철학, 사상을 갖고 경영하여 자신이 고용한 사람을 소중히 여기고 지켜줄 때 일본 사회가 번영을 이룰 수 있다고 생각합니다. 아무리 세상이 시끄럽고 사회가 혼란스러워도 경영자가 자신의 회사를 반드시 지켜내고 직원들이 안심하고 '이 사장님 덕분에 살아갈 수 있겠구나'라고 생각하는 그런 집단을 만들어야만 한다고 생각합니다. 그런 기업이 많이 배출되기를 기대합니다.

경 | 영 | 의 | 원 | 리 | 원 | 칙

❶ 경영이란 최고경영자의 사고방식, 의지로 결정된다. 경영이 제대로 되고 있지 않다면, 부사장의 잘못도 아니고 전무의 잘못도 아니다. 당연히 직원들의 잘못도 아니다. 그것은 단 하나, 최고경영자의 사고방식이 잘못됐기 때문이다.

❷ 최고경영자의 사고방식이 회사의 성패를 가른다. 생각하는 것, 상상하는 것 모두가 현상계, 즉 자신의 회사 실태로 나타난다.

❸ 환경이 어려워질수록 자기 회사는 스스로 지켜내야 한다. 그 누구도 도와주지 않는다. 자구 노력은 그야말로 경영의 기본이다.

❹ 부모님이나 조부모님이 "저건 해서는 안 된다", "이건 해도 된다"며 가르쳐준 그야말로 원초적인, 인간으로서 옳고 그른 일이나 학창 시절에 도덕 선생님에게 배운 '해도 될 일과 해서는 안 되는 일' 등을 판단 기준으로 삼는다.

❺ 신은 모두가 평등하게 멋진 인생을 보낼 수 있도록 만들어 주셨다. 고생만 하도록 되어 있지 않다. 다만, 신에게 멋진 인생을 선물받기 위해서는 현재 처한 상황에 감사하고, 밝고 명랑하게 계속해서 필사적으로 노력해야 한다.

❻ 회사의 현 상황이란 최고경영자가 취임하고 나서 오늘날까지 내내 하나하나 내려온 판단이 집적된 결과이다. 돌을 쌓아 올리듯 판단을 쌓아온 결과이다. 즉 경영자가 내린 판단의 집합체가 현재의 회사를 이루고 있는 것이다.

❼ 본능이나 감각, 감정으로 사물을 판단하지 않는다. 물론 이성으로도 판단하지 않고, 영혼에 비추어 판단한다.

❽ 경영은 피도 눈물도 없는 것이기 때문에 경영자에게는 그 어떤 격투기 선수보다 치열한 승부욕이 필요하다. 그래서

뜨뜻미지근한 사람은 경영을 해서는 안 된다.

⑨ 자기 잇속만 채우고자 한다면 한 번 하고 끝내는 장사를 해도 되지만 그러면 영속성 있는 장사는 할 수 없다.

⑩ 장사에 필요한 것은 이타적인 마음이다. 극단적으로 말하면 자신은 옆으로 밀어두고, 물건을 구입한 고객만 생각해서 고객이 만족할 수 있도록 해야 한다. 이타적인 마음으로 장사를 하면 자연스레 충분한 이익을 얻을 수 있다.

⑪ 내버려두면, 곧바로 본능이나 감각, 감정으로 판단하게 되기 때문에 '그러면 안 된다'라고 항상 자신에게 되뇐다. 그러한 반성을 반복하기만 해도 조금씩 올바른 판단을 내릴 수 있게 되고, 회사 경영이 훌륭해진다.

⑫ 뛰어난 기술이나 영업, 철저한 경영 관리나 재무 관리가 회사의 성패를 좌우하는 것이 아니다. 회사 경영의 좋고 나쁨은 다름 아닌 회사가 어떤 철학을 지니고 있는지, 어떤 철학을 최고경영자와 직원들이 공유하고 있는지, 어떤 철학에 모든 직원이 공감하고 있는지에 따라 결정된다.

2000년, 교세라미타 발족 기념식에서.
1998년 도산 위기에 빠진 복사기 제조사 미타ミ田공업주식회사의 구제 요청을 받아, '교세라미타(현재의 교세라 도큐먼트 솔루션즈 주식회사)'라는 이름으로 재출발. 10년 소요 갱생 목표를 7년 앞당겨 달성하고, 교세라 그룹의 프린터 사업을 발전시켰다. 늘 '이타심'을 근본에 두는 회사 경영을 관철함으로써 교세라의 눈부신 비약을 이끌어냈다.

제 3 부

60~70대의
이나모리 가즈오

1990~2000년대

회사의 성장과 발전에
필수적인 사고방식

•

7장

전략의 원점은 경영자의 사고방식에 달렸다

•

제10회 일본증권애널리스트 대회 기념 강연,
1995년 10월 5일

1995년 10월 5일, 사단법인 일본증권애널리스트협회가 주관하는 제10회 일본증권 애널리스트 대회가 개최되었다. 기념 강연의 강사로 초청된 이나모리는 교세라의 해외 사업 및 통신사업 진출을 사례로 들며 숫자 또는 수치로 드러나지 않는 경영의 기본이 되는 경영자의 사고방식에 관해 설파했다.

전략을 생각하는 기술

교세라를 창업한 지 36년이 되었지만, 솔직히 말씀드리면 오늘의 강연 주제와는 달리 저는 지금껏 전략이라는 것을 그리 의식하지 않았던 것이 사실입니다. 특히 제가 사장을 맡았던 기간에는 중장기 경영계획을 세우지 않고 연차계획만을 수립했습니다. 왜냐하면, 중장기 경영계획을 세워도 저희의 의지와는 무관하게 움직이는 경기변동 등 매우 다양한 요인에 영향을 받아서 차질이 발생하는데 그런 상황에서 기존에 세운 일정대로 경영해나가려고 하면 아무래도 무리수를 두게 되기 때문입니다.

저는 회사 설립 당시부터 최근까지 '오늘 하루 최선을 다해 살면 내일이 보인다. 이번 달 한 달 미친 듯이 열심히 살면 다음 달이 보인다. 올해 1년 정말 후회 없을 만큼 최선을 다하면 내년이 보이기 시작한다. 그러나 2년 후, 3년 후, 5년 후는 그야말로 신이 아닌 이상 절대 알 수가 없다'라고 인식하면서 지금의 교세라 그룹을 구축해왔습니다. 이처럼 이른바 '전략'이라고 할 만한 것을 그리 의식하지 않고 경영에 임해왔음에도, 오늘의 강연에서는 이 주제를 앞에 내세워서 해외사업 진출과 통신사업 전략에 관해 말씀드려야 하기 때문에, '전략'이라는 단어는 이름뿐이고 실속이 없을 수 있는데, 이 점 널리 양해해주셨으면 합니다.

지금까지 저는 방금 말씀드린 것과 같은 사고방식으로 회사를 경영해왔기 때문에, 해외사업 진출이건 통신사업 진출이건 솔직히 그 모든 것이 다 우연히 벌어진 일입니다. 본래 의미하는 바와는 다소 다를 수 있지만, 인간은 살아 있는 한 반드시 무엇인가와 조우하기 마련입니다. 오늘은 경영자가 회사를 이끌다가 조우하는 여러 일을 '우연'이라고 부르고자 합니다.

예컨대, 사업을 하다 보면 "이 회사를 좀 도와줄 수 없느냐?"라거나 "우리 회사가 상황이 어려우니 이 공장을 좀 매수해줄 수 없겠나?"와 같은 기회가 한 번씩 찾아옵니다. 저는 그와 같은 상황에 직면하면 이 일에 내가 손을 대는 것이 과연 '선善'일까 하는 것과 '천시天時, 지리地利, 인화人和'[1]에 대해 깊이 생각하니

---

1 맹자의 왕도론 가운데 '천시불여지리 지리불여인화天時 不如地利 地利不如人和'에서 나온 말이다. 하늘이 주는 절호의 기회도 토지의 유리한 조건과 같은 지리적 우세함만 못하고, 그러한 지리적 우세함도 사람들의 화합만 못하다는 뜻이다.

다. 즉 뭔가를 조우해 그것을 실행하고자 할 때 자신에게 '그 동기가 선한가'라고 묻고, 나아가 제 주변에 세 가지 요소, 즉 하늘의 때, 지리적 우세, 사람 간의 화합이 갖춰져 있는지에 대해 생각합니다. 이와 동시에, 상대의 입장을 존중하고 배려하는 마음, 즉 불교에서 말하는 '이타심'을 늘 염두에 두고 제가 조우한 것을 판단하고 대응해왔습니다.

맨 처음 해외진출 때도 또 통신회사인 다이니덴덴을 설립했을 때도 늘 그와 같이 고민하고 판단했습니다. 또 야시카ヤシカ라는 카메라 제조사를 합병하기로 결정했을 때도 이 모든 조건이 맞아떨어졌기 때문에 과감하게 판단을 내릴 수 있었습니다.

기술과 자금 측면에서 보면 다소 무모해 보이는 일일지라도, 앞서 말씀드린 세 가지 조건을 먼저 고려하고 판단합니다. 그러나 이것을 바둑에 비유하면 세 칸 뜀, 네 칸 뜀처럼 몇 칸 떨어진 곳에 돌을 두는 것과 같습니다. 그렇게 하면 이번에는 그렇게 둔 징검다리 돌을 어떻게든 살려보겠다는 생각으로 그 주변에 집중해서 돌을 두게 됩니다. 그러면 오히려 매우 위험한 상태에 빠지게 됩니다. 그곳에만 신경을 집중해서 바둑을 두게 되니, 강한 상대가 보면 이렇다 할 전략도 없이 그저 생각나는 대로 바둑을 두고 있다는 걸 금방 간파하게 되지요. 그리고 더 무리한 바둑을 두게 되어 점점 더 위험한 상황에 빠져버립니다.

그 사실을 깨닫고 나서야 저는 비로소 '전략'이라는 것을 활용하게 되었습니다. 교세라라는 지반에서부터 몇 칸을 띈 돌까지 어떻게든 끊기지 않게 연결할 수만 있다면 징검돌도 살아남을 수 있다고 생각하게 된 것이지요. 저는 그와 같은 상황에서만 '전략적인' 사고를 합니다. 그 외에는 여러분이 가장 싫어하실 방법이 아닐까 싶은데, 감정적이고 또 정서적인 대응을 합니다. 다만, 일단 전략다운 생각을 하면 누구에게도 뒤지지 않는 노력을 기울이면서 어떻게든 돌을 연결해서 살릴 수 있도록 일을 전개해왔습니다.

기업을 지탱하는
본질적인 것은 무엇인가?

그런데 애널리스트 여러분이 기업분석을 할 때 기업 측은 여러가지 정보를 공개합니다. 실제로는 여러분이 만족할 만큼의 수치를 공개하지 않는 기업도 꽤 많을 겁니다. 여하튼 모든 관점에서 그 기업을 분석하는데, 저는 그중에서도 수치로 드러나지 않는 것에 오히려 더 큰 가치가 숨어 있다고 생각합니다. 겉으로 드러나는 수치라는 것은 기업의 전체 가치로 보면 어디까지나 빙산의 일각과 같고, 사실 기업을 지탱하는 보다 본질적인 부분은 경영을 하는 사람들의 사상, 철학 그리고 감정이라고 생각합니다.

그래서 실제로 기업을 평가할 때는 수치로 분석하는 동시에 수치에는 드러나지 않는 경영의 기반이 되는 요소를 얼마나 고려하느냐가 매우 중요하다고 생각합니다. 숫자로 드러나지 않는 이면에는 도대체 무엇이 있는지, 여러분에게 조금이나마 도움이 되었으면 하는 바람으로 이야기를 이어나가도록 하겠습니다.

먼저, 교세라가 전개해온 사업 내용에 대해 말씀드리겠습니다. 교세라에서 가장 큰 사업은 반도체용의 세라믹스 패키지입니다. 그 외에는 전자제품에 사용되는 각종 세라믹 부품, 전자부품이 있습니다. 최근에는 액정표시장치 및 팩시밀리용 전자장치도 만들고 있습니다.

그리고 일반 산업용으로 사용되는 세라믹 구조부품, 절삭공구, 세라믹으로 제조한 인공관절 및 인공치근으로 불리는 바이오 세라믹 제품, 최근에 조금씩 각광을 받기 시작한 태양전지, 나아가 재결정 보석도 만들고 있습니다. 최근에 저희 회사의 실적을 크게 견인하고 있는 휴대전화 단말기 제조, PHS 등을 포함한 지상국 및 기지국, OA기기에서는 드럼카트리지의 교환이 불필요한 친환경 '에코시스'라는 페이지 프린터도 만들고 있습니다. 카메라 부문에서는 콘택스CONTAX 브랜드의 고급 카메라도 제조하고 있습니다.

교세라 본사의 주요 사업 내용은 위와 같지만, 관련 그룹으로서 다이니덴덴이라는 통신서비스 사업, 타이토*タイト*라는 오락 게임기기 제작 사업도 있습니다.

여기서 조금은 주제넘지만, 제가 직접 회장으로서 경영에 참여하고 있는 교세라 그룹, 다이니덴덴 그룹, 타이토 그룹을 가칭 '이나모리 그룹'이라고 표현하고 그 규모에 대해서도 설명해보겠습니다.

현재 교세라 그룹은 74개의 자회사 및 열 개의 관계사로 구성되어 있고, 해외의 생산 거점은 열세 개소, 공장은 32개, 해외 영업소는 70개에 달합니다. 또 다이니덴덴 그룹은 열여덟 개의 자회사와 두 개의 관계사로 구성되어 있고, 타이토 그룹은 세 개의 자회사로 구성되어 있습니다. '이나모리 그룹'의 전체 직원 수는 약 3만 9,000명이고 그중 약 절반이 외국인입니다. 사업은 국내외에서 절반씩 전개해나가면서 글로벌한 규모로 확대하고 있는 중입니다.

'이나모리 그룹'의 매출실적은 순조롭게 늘어나고 있고, 올해 3월기에는 매출 1조 1,000억 원, 내년 3월기는 1조 3,700억 엔 정도가 될 것으로 예상됩니다.

또 그룹의 세전이익은 단순 합계하면 올해 3월기에 1,598억 엔이고 내년 3월기에는 나중에 좀 더 구체적으로 말씀드리겠습니다만, 미국에 있는 저희 자회사인 AVX사의 뉴욕 주식시장 재상장에 따른 이익을 포함하면 1,988억 엔에 이를 것으로 보고 있습니다.

이처럼 사업이 매우 순조롭게 진행되고 있는 배경에는 교세라의 해외 진출과 통신사업 진출이 있으며, 그 두 사업 모두 회사의 성장에 크게 기여하고 있습니다.

| 해외사업 진출 사례 1 |

미국 페어차일드의 세라믹 패키지 공장 매입

그럼, 교세라의 해외사업 진출에 관해 좀 더 구체적으로 말씀드리도록 하겠습니다.

지금껏 교세라는 해외사업에 진출하면서 동남아시아 지역을 중심으로 하는 저임금 지역에서의 생산은 전혀 고려하지 않았습니다. 미국을 중심으로 교세라의 고객 기업이 있는 곳에서의 생산에 주력해왔습니다. 즉 '시장이 있는 곳에서 제품을 만든다'라는 원칙을 견지하면서, 무엇보다도 고객을 소중히 여기는 것 그리고 진출한 나라의 산업과 경제의 발전에 기여하는 것, 이 두 가지를 해외 생산의 전제조건으로 여겨왔습니다. 그러나 최근에는 엔고円高로 인한 가격폭등 등의 문제로 인해 방금 말씀드린 것과 같은 저희 회사의 기존 방침에서 조금 벗어나 임금이 상대적으로 저렴한 나라에서의 생산도 검토하고 있습니다.

제가 교세라를 창업한 것은 1959년, 만 27세 때였습니다. 그러나 벤처사업으로 시작했던 파인세라믹스 사업은 일본 국내에서는 좀처럼 통하질 않았습니다. 신생기업이고 또 기존의 대기업 계열에 속하지 않은 회사이다 보니 일본 국내에서는 좀처럼 신용을 얻기가 어려웠습니다. 그래서 당시 일본의 전자기기 제조사들이 미국 기업과 기술제휴 및 기술도입을 꾀하던 시기이기도 해서, 일본 기업이 적극적으로 배우고 있는 미국 기업에 빠르게 납품을 할 수 있으면, 그 후에는 일본 국내에서도 판매가 쉬워지지 않을까 하는 단순한 생각으로 창업 3년째가 되는 해에, 즉 직원이 아직 100명이 안 되고 연 매출액이 8,000만 엔 정도였던 시기부터 미국 시장 개척을 노렸습니다.

그 후에는, 창업한 지 10년째가 되던 1968년에 처음으로 샌프란시스코 남부의 서니베일Sunnyvale[1], 이른바 실리콘밸리의 한가운데에 저희의 판매 거점을 설립했고, 1971년에는 미국에서 반도체용 세라믹 패키지 생산을 본격적으로 개시했습니다. 1970년대 초반에 일본 기업이 해외, 특히 미국에 생산 거점을 둔다는 것은 극히 드문 일이었습니다. 당시에는 교세라처럼 매

---

1 미국 캘리포니아주 샌타클래라Santa Clara 군에 속한 도시이다. 면적은 59km², 인구는 약 15만 5,000명이며, 실리콘밸리의 일부로 야후, 주니퍼네트웍스, 스팬션 등 세계적인 기업의 본사가 즐비해 있다.

출 규모가 작은 부품 제조사가 해외에서 생산을 한다는 것 자체가 거의 전례가 없던 일로 기억합니다.

실은, 미국에서 생산을 시작하게 된 것은 저희 회사의 이성적인 경영 판단이 아니라 오히려 매우 우연한 '어떤 만남'이 계기였습니다. 1950년대에 미국에서는 게르마늄 트랜지스터 대신에 실리콘 반도체의 전신이라 할 수 있는 실리콘 트랜지스터가 개발되었습니다. 그리고 그 원리를 개발한 AT&T의 벨 연구소에서 독립한 연구자들이 새로운 프로젝트를 시작하기 위해 출자자를 찾아 지금의 실리콘밸리 인근 미 서부 해안에 모여들었습니다.

당시, 항공카메라 제조업체였던 페어차일드 카메라 앤드 인스트루먼트Fairchild Camera and Instrument로부터 출자를 받아, 인텔의 창업자 중 한 사람이었던 로버트 노이스Robert Norton Noyce 씨를 비롯해서 그 후 실리콘 반도체 관련 초기 연구 개발을 주도했던 그야말로 쟁쟁한 연구자들이 페어차일드 반도체(이하, 페어차일드)를 설립했는데, 이는 그 후 실리콘밸리에서 반도체 산업이 번창하는 계기가 되었습니다.

또 노이스 씨가 기술을 담당하던 시절의 페어차일드는 실리콘 트랜지스터의 대량생산에 성공했습니다. 실리콘 트랜지스터는 게르마늄 트랜지스터에 비해 성능 면에서 매우 우수했고 내구성도 뛰어났는데, 그 용기를 세라믹스로 만들고 싶다는 요구가 있었습니다. 그 용기가 바로 실리콘 트랜지스터 세라믹 헤더입니다. 저는 마침 저희 회사 제품을 영업하기 위해 미국에 가있던 차였지요. 그리고 미국의 세라믹 제조업체와 경쟁하면서일본에서 용기를 대량으로 생산하기 시작한 것이 저희와 반도체 산업과의 인연의 시작이었습니다.

저희가 미국에 공장을 설립한 1971년에는, 텍사스 인스트루먼트가 네 개의 트랜지스터를 같은 실리콘 칩 위에 탑재한 집적회로를 개발했습니다. 세계 최초의 MPU(초소형 연산처리 장치)개발이라는 점에서 그야말로 센세이션을 불러일으킬 만한 소식이었지요. 이에 뒤질세라 페어차일드에서도 곧바로 더 진보된 제품을 개발하기 시작했습니다. 그 결과, 10여 개의 트랜지스터와 다이오드를 탑재한 집적회로의 최초 형태가 탄생했습니다.

그때, 그것을 어떤 용기(패키지)에 넣어 설치할 것인지 하는문제가 큰 이슈로 떠오르기 시작했습니다. 저희가 페어차일드와 협의하여 결정한 콘셉트는 세라믹스의 맨 밑부분(베이스)과맨 윗부분(캡) 사이에 금속으로 된 리드선을 끼워 넣는 것이었습니다. 맨 밑부분, 맨 윗부분 그리고 리드 프레임 사이를 어떻게 메울지가 최대의 기술적 과제였습니다.

그때 내구성이 좋은 저융점 유리를 사용하자는 아이디어가나왔습니다. 당시 유리 제조업체인 오웬스 일리노이Owens-Illinois,

$_{Inc.}$가 저융점 유리를 생산하고 있었기 때문에 이를 이용해 세라믹스와 리드 프레임 사이를 봉지(패키징)[1]하는, 현재 '서딥$_{cerdip}$'이라고 불리는 IC용 세라믹 패키지의 최초 콘셉트가 이렇게 완성되었습니다.

세라믹스의 캡과 베이스는 교세라에서, 유리는 오웬 일리노이에서 제조하고, 리드 프레임은 주변 지역의 금속 가공 업체에서 조달하는 체제를 구축해 서딥 타입의 IC 패키지 생산이 시작되었습니다.

페어차일드에서는 자신들도 함께 고안한 콘셉트였기 때문에 교세라에서 세라믹 부품이나 소재를 사고 또 오웬 일리노이에서 유리를 구입해서 자체적으로 패키지를 조립하는 방식으로 진행을 했습니다. 그러나 이미 당시부터 반도체 산업은 호황과 불황을 격하게 반복하고 있었습니다. 현재는 '실리콘 사이클'이라는 용어로 반도체 산업의 주기적 경기변동이 잘 알려져 있는데, 이 같은 경기변동 패턴이 이미 산업 초기 단계부터 나타났던 것입니다.

즉 제품이 잘 팔릴 거라는 생각으로 생산량을 늘리면, 시장 전체의 공급량이 바로 포화상태에 이르러 갑자기 팔리지 않습니다. 그 때문에 공장의 생산 라인을 완전히 멈춰버리는 상황이

---

1 정밀 부품이 외부에 노출되지 않도록 빈틈없이 덮어 싸는 일이나 그런 기술.

주기적으로 찾아왔습니다.

당시 페어차일드는 샌디에이고에 서딥 공장을 짓고, 저희 교세라에서 세라믹 부품 및 소재를 구입해 완성품을 제조하고 있었습니다. 교세라도 서딥 패키지를 제조해 페어차일드에 납품했기 때문에, 아마도 페어차일드에서는 자사 제품과 교세라 제품을 반반씩 사용하는 상황이었을 것입니다.

그런데 페어차일드는 반도체 산업의 격렬한 부침 속에서 자사의 서딥 공장을 유지하기 어려워지자 교세라에 공장을 매입해줄 수 있느냐고 의사를 타진해왔습니다.

저는 아직 미국에서 공장을 직접 운영할 수 있다고 생각하지 않았기 때문에 요청을 거절했습니다. 그런데 '교세라 영업소가 있는 샌프란시스코에서부터 페어차일드의 공장이 있는 샌디에이고까지 비행기를 준비해줄 테니 꼭 한번 우리 공장에 방문해서 봐주시길 바란다'라고 간곡하게 제안을 해오니, 안 가볼 수가 없었지요. 공장을 둘러본 후에 "공장 분위기는 어떻습니까?"라는 질문을 받고 "이런저런 부분이 좋지 않습니다. 그래서 이런저런 방식으로 손을 좀 대야 할 것 같습니다"라는 식으로 답을 했더니, "아, 역시 그런 문제가 있었군요. 그렇다면 꼭 이 공장을 당신이 사주시면 좋겠습니다"라는 식의 대화가 오갔고 저는 생각에 잠겼습니다. 그리고 고민 끝에 페어차일드가 저희 교세라의 고객 기업이기도 하다는 점을 고려해 결국 저희가 공장을 매입하게 된 것입니다.

저에게는 미국에서 공장 운영을 맡길 만한 사람에 대한 정보가 전혀 없었기 때문에, 저와 면식이 있던 페어차일드의 반도체 기술자 멜 보먼 씨를 공장장으로 보내줄 것과 공장에 남아 있는 재고를 다 처리해줄 것을 조건으로 내걸고 공장 매입을 결정했습니다.

그 어떤 전략적인 계산도 없이 그저 '감성적인' 판단으로 공장을 매입했기 때문에, 예상하지 않은 건 아니었지만, 그 후에는 공장을 운영하며 꽤 많은 고생을 했습니다. 시작부터 적자였고, 공장장에게 스톡옵션 권리까지 부여했는데도, 1년도 채 지나지 않은 상황에서 전망이 없다고 생각했는지 "스톡옵션 같은 것도 필요없다"면서 공장을 그만둬버렸습니다.

이것이 저희 교세라 최초의 미국 공장 설립에 관한 전말입니다. 현재 그 샌디에이고 공장은 아주 훌륭한 생산 거점으로 성장하고 있습니다. 인텔사의 펜티엄Pentium이라는 이름의 MPU에 사용되는, 리드 수가 수백 개나 되는 매우 난도 높은 '핀 그리드 배열Pin Grid Array, PGA'[1]이라는 타입의 패키지를 공급하면서 큰 성공을 거두고 있습니다.

지금이니까 해외사업 전략의 성공 사례도 말씀드릴 수 있지,

---

1 집적회로에 사용되는 패키지의 일종. 마이크로프로세서에 주로 사용된다.

처음에는 아까 말씀드렸듯이 어떤 구체적이고 과학적인 전략은 전혀 없이, 그저 부탁받은 대로, 게다가 의리에 얽매여 해외 사업을 하겠다고 결정했던 것이 사실입니다.

벤처 비즈니스가 태동하던 1970년대는 실리콘 트랜지스터로 시작된 반도체 집적회로 개발로 상징되듯이, 기업가 정신이 투철한 수많은 젊은 창업가들이 실리콘밸리에 모여서 차례차례 회사를 만들어가던 시기였습니다. 그중에서도 페어차일드의 기술자들은 발전의 가장 큰 원동력이 되어주었습니다. 그들은 기존의 벤처기업을 연속적으로 스핀오프(분사화)해서 또 다른 영역의 다양한 벤처기업을 설립해나갔습니다.

그 기술자 중에는 벨 연구소에서 페어차일드로 옮겼다가 그 후에 인텔사를 창업한 사람 가운데 한 명인 노이스 씨도 있었습니다. 그는 저를 보기 위해 일부러 일본 교토까지 방문해준 적도 있고 해서, 제가 그의 앞날을 진심으로 축복하며 격려해주었던 것을 지금도 기억합니다.

그 기술자들은 각자의 회사에서 매우 수준 높은 기술개발을 성공적으로 이끌어왔는데요, 좋은 IC가 개발되면 폭발적으로 팔리기 때문에 그럴 때 제품 개발회사는 바로 생산량을 늘리고, 또 그렇게 하면 이번에는 시장이 곧바로 포화상태에 빠져버려 순식간에 다시 불황이 찾아오는 식으로 호황과 불황이 반복되었습니다. 그러다 보니 호황기에 대량으로 제조했던 저희 교세라의 세라믹 패키지도 불황 국면에 빠지면 순식간에 주문 취소가 쇄도하고 필요 없는 물건이 되어버리고 마는 상황으로 반전됩니다. 심할 때는 고객 기업으로부터 주문서까지 받아 재고를 만들고 출하 일정까지 다 결정해놓고도 그마저 취소되는 사례도 경험했습니다.

지금은 저희 교세라가 세라믹 패키지 시장에서 매우 높은 시장점유율을 차지하고 있지만, 당시는 미국에도 세라믹 부품 경쟁업체가 꽤 있었습니다. 반도체를 제조하는 젊은 경영자들이 너무 무리한 요구를 하다 보니, 결국 정이 떨어져서 세라믹 부품 제조에서 손을 뗀 적도 있습니다.

미국의 동종업계의 경우, 이런 식의 무지막지한 주문 취소를 당하면 소송을 거는 사태가 벌어집니다. 특히 미국에서는 부품을 필요로 하는 사용자 기업과 판매하는 벤더 기업이 대등한 관계라는 의식이 있기 때문에 금방 소송 문제로 번집니다. 그러면 서로의 관계는 더욱 악화되고 맙니다.

저희 교세라는 미국에서도 일본 특유의 감성적인 상거래 관행으로 대응했습니다. 미국식 상거래 관행에 노출되어도 꿋꿋하게 견디며 30년간 분발한 덕분에, 매우 높은 시장점유율을 점할 만큼 발전할 수 있었습니다. 지금까지 저희 회사가 전개하고 달성해온 성과는 결코 전략적인 계산에 따른 결과가 아닙니다. 다소 의리와 인정을 중시하는 표현일 수도 있지만, 사용자인 고객 기업을 계속해서 도우려 했던 결과라고 생각합니다. 그렇다고 해서 꼭 꽃길만 걸어온 것은 아니고, 다음과 같은 에피소드도 있었습니다.

지금으로부터 딱 3년 전인 1992년에 있었던 일입니다. 미국의 쿠어스텍CoorsTek이라는 세라믹 제조사와 또 다른 한 회사가 미국의 반도체용 세라믹 패키지 시장에 새로 진입했는데, 두 기업 모두 계속해서 적자를 기록하는 등 경영 부진에서 벗어나지 못하고 있었습니다. 그런 상황에서 이 두 회사는 '일본제 세라믹 패키지가 미국 내에서 높은 수준의 시장점유율을 유지하고 있는 것은 미국 국가안전보장의 관점에서 볼 때 심각한 문제다. 예컨대 어떤 이유로 수입이 정체되거나 일본 정부가 미국으로의 수출을 금지하는 등의 조치를 취하면 이는 매우 중대한 국방상의 문제가 된다'라면서 클린턴 대통령에게 청원을 내서 교세라의 대미 수출을 저지하려고 했습니다.

그때 저희 교세라는 '우리는 반도체 산업의 기반이 되는 부품을 높은 품질로 공급함으로써 미국 반도체 산업을 뒷받침하고 있을 뿐, 그것이 미국의 안전보장을 저해하는 행위라고는 생각하지 않는다'라는 내용으로 반박했습니다.

이 사건과 관련해서, 미국 반도체산업협회SIA는 미국 정부에 저희 교세라의 반론을 지지한다는 입장을 표명해주었습니다. 또한 반도체를 사용하는 입장인 미국 전자산업협회EIA 및 미국

항공우주산업협회AIA 등도 각각 미국 상무성에 교세라를 지원하는 내용의 보고서를 제출해 원고였던 두 미국 기업의 주장을 받아들여서는 안 된다는 의견을 전달해주었습니다. 덕분에 이 문제는 무사히 해결되었습니다.

매우 일본적이고 또 감성적인 대응을 했지만, 고객 기업을 위해 나름대로 최선을 다했기에 이와 같은 재난 상황에서 생각하지도 못했던 도움을 받을 수 있었고, 더 좋은 결과를 낼 수 있었다고 생각합니다.

| 해외사업 진출 사례 2 |
주식 교환으로 AVX사 매수

애널리스트 여러분은 이미 알고 계시리라 생각하는데, 저희 교세라는 최근에 미국의 AVX라는 자회사를 뉴욕 증권거래소에 재상장했습니다. 이와 관련해 말씀을 드리고자 합니다. 먼저 상대의 입장을 배려하고 생각하는, 즉 상대에게 도움이 되는 일을 해야 한다는 마음이 비즈니스계에서 매우 중요하다는 것을 여러분이 명심하실 수 있도록 하나의 예를 들어 이야기해보겠습니다.

AVX사는 교세라가 1990년에 미국에서 매수한 세라믹 콘덴서 제조사로 저희 교세라와는 원래 치열한 경쟁 관계였던 회사입니다. 현재 최고경영자를 맡고 있는 마셜 버틀러 씨는 저희 교세라가 페어차일드에 실리콘 트랜지스터용의 세라믹 헤더를 납품하던 시기에 미국 동부에 있는 프렌치타운이라는 회사에서 사장으로 재직하고 있었습니다. 그 회사도 저희처럼 페어차일드에 세라믹 헤더를 납품하고 있었는데, 저희와의 경쟁에 밀려나서 세라믹 부품 제조를 포기했습니다. 저보다 다섯 살 연상인 그는 그 후에 또 다른 세라믹 관련 회사를 경영했고, 저희 교세라와의 경쟁 관계가 계속 이어졌지요.

지금으로부터 약 6년 전에, 저는 그에게 "지금까지는 서로 여러 면에서 경쟁을 해왔지만, 이제부터는 같이 협력해서 전자산업 발전에 기여합시다. 정말 송구하지만 당신 회사를 매수해서 함께 사업을 전개해나가고 싶습니다"라고 제안했습니다. 시간이 조금 흐른 뒤에 버틀러 씨도 이에 흔쾌히 동의했고 가격 교섭에 들어갔습니다.

당시 AVX는 뉴욕 증권거래소에 상장되어 있었고, 과거 4년간의 주가는 16달러에서 20달러 사이를 오갔습니다. 그래서 20달러를 기준으로 하고 거기서 50%를 올린 30달러로 회사 매수하려고 교섭을 시작했지만, 최종적으로 그는 "30달러는 아무리 생각해봐도 너무 싼 가격이니 조금만 더 가격을 올려줄 수 없겠느냐?"라고 요청해왔습니다. 그래서 제가 희망 액수를 물었더니, "기준액인 20달러의 10%를 더 붙여서, 즉 30달러에 2달러를 얹어서 32달러에 사달라"고 주장했습니다. 그는 AVX도 뉴욕 증권거래소에 상장된 기업이기 때문에 주주들에게 이번 인수 건을 설명할 때 모두가 반길 만한 가격이 아니면 기분 좋게 수긍해주지 않을 거라는 점을 강조했습니다.

저는 그의 입장도 충분히 이해했기 때문에 어떻게 하면 회사를 매수한 후에도 수익성 있게 잘 운영해나갈 수 있을지에 관해 다시 꼼꼼하게 검토했습니다. 그 결과, 저희 교세라의 ADR도 뉴욕 증권거래소에 상장되어 있으니, 현금으로 매수하는 대신 주식교환 방식으로 ADR과 AVX의 주식을 교환해서 두 회사를 '합병'하자고 제안했습니다.

현금을 지불할 필요도 없는 데다 서로에게 이익이 되는 일이었습니다. 또한 현금 인수를 하면 거래가 성사된 그다음 날부터 AVX는 교세라의 자회사가 되지만 주식 교환이라면 AVX의 기존 주주는 그대로 교세라의 주주가 됩니다. 이는 일방적 인수 때처럼 피인수 측이 '식민지'가 되는 것을 의미하지 않으며, AVX의 주주에게 교세라의 주주가 되는 것이 더 낫지 않겠느냐는 생각에서 나온 제안이었습니다. 결국 그 제안은 받아들여졌고 그해 말에 32달러로 합병하기로 결정되었습니다.

드디어 최종 계약이 체결되어 결제를 완료해야 할 날이 다가왔습니다. 그런데 뉴욕 주식시장 전체가 침체되어 교세라 ADR

의 주가가 82달러에서 72달러까지 하락해버렸습니다. 주식 교환을 최종적으로 처리하는 날까지 불과 2~3일을 남겨둔 시점이었습니다. 그때 버틀러 씨가 "교환 비율은 82달러 대 32달러로 결정했지만, 지금의 72달러로 교환해달라"고 연락을 해왔습니다.

저는 "잠깐만요. AVX는 합병을 발표했기 때문에 이미 상장을 중단했는데, 만약 계속 상장 상태였다면 주가는 똑같이 떨어졌을 겁니다. 교세라의 주가 하락은 실적이 나빠서가 아니라 뉴욕 증시 전체가 하락했기 때문입니다. 교환 비율을 72 대 32로 하려면, AVX의 32달러라는 설정 자체도 비슷한 비율로 낮게 다시 수정하지 않으면 이치에 맞지 않습니다"라고 반박했습니다.

그는 "이치로 따지면 당신 말이 맞지만, 현실적으로 72달러를 82달러로 해서 교환했다가는 우리 쪽 주주들이 절대로 만족하지 않을 것입니다"라고 답변했습니다.

당시에 저희 교세라의 변호사가 제가 또 상대 기업의 말에 휘둘리지는 않을까 걱정하면서 제 옆을 지키며 그래서는 안 된다고 제게 주의를 주기도 했습니다. 그러나 만약 제가 AVX의 주주라면 그가 말한 대로 저 역시 만족할 수도 또 납득할 수도 없을 거라는 생각이 들었습니다. 그래서 모든 것을 다시 계산해보았는데, 그래도 경영에는 큰 차질이 없을 것 같아 제안을 수락했습니다. 저희 회사 변호사는 제게 "사람이 좋은 건지, 너무 감성적인 건지, 잘 모르겠습니다. 이런 식으로 하시면 정말 곤란합니다"라며 화를 내기까지 했지만 결국 제 판단대로 실행했습니다.

무사히 합병이 완료된 그날, 저는 AVX의 본사와 공장이 있는 사우스캐롤라이나에 갔습니다. 그곳은 매우 보수적이고 또 차분한 분위기의 도시였습니다. 공장에는 이른바 '전쟁 신부war bride'로 미국으로 오게 된, 저와 동년배이거나 조금 연상으로 보이는 일본계 여성분도 몇 분 근무하고 계셨는데요, 공장 전체가 나서서 저와 교세라를 크게 환영해주었습니다. 경영진도 또 주주들도 모두 교세라와의 합병을 기뻐했기에 그 흔쾌함과 만족감이 직원들에게도 전달되었을 겁니다. 제가 특히 기쁘게 생각했던 것은, 합병 당일에 갑작스레 일본인이 오너로서 공장을 찾았는데도 결코 경직된 분위가 아니었고 모두가 기쁜 얼굴로 친근감을 표시했으며 '정말 좋은 사람이 경영자로 와주었다'라는 환영의 분위기가 있었다는 점입니다.

인종, 언어, 문화, 역사, 나아가 종교적인 배경이 다르면 아무리 인간의 본질이 동일하다 하더라도 결국 철학이나 사상 면에서 서로 대립하거나 충돌이 생기기 마련입니다. 이 같은 '다양성'의 환경 속에서 사람들을 이끌려면 무엇이 필요할까요?

지성적이고 이성적인 두뇌와 재능일까요, 아니면 예로부터 동양에서 강조되어온 인간의 덕목일까요? 저는 오래전부터 상대를 존경하고 배려하는 철학적인 사상이 중요하다고 생각했습니다. 즉 미국이나 유럽 같은 선진국에서 기업을 경영할 때에는 인종이나 논리를 넘어서 '저 사람은 훌륭한 사람이다. 존경할 만한 사람이다'라는 평가를 받는 것이 절대적으로 중요한 조건이라고 생각했습니다.

그렇게 생각은 했지만, 과거 샌디에이고 공장에서는 어떻게든 상식적인 논리를 뛰어넘는 것을 직원들에게 이해시키려고 열심히 설득하고 힘껏 이야기하면 할수록 원래의 배경 차이로 반발이 일어나는 등 힘든 경험도 했습니다. 하지만 AVX의 경우, 원래부터 임원을 교체하거나 일본에서 임원을 데리고 오는 등의 조치는 절대로 취하지 않겠다는 전제조건을 제시했기 때문에, 저에 대한 호의라고 할까요, 교세라라는 기업에 직원 모두가 호의적인 상황이었습니다. 그래서 제가 말하는 것을 솔직하게 들어주려는 분위기가 이미 조성되어 있었습니다. 그래서 저는 버틀러 씨 이하 경영진과 직원들에게 교세라의 철학에 대해 이야기하기 시작했습니다.

일반적으로 '철학'처럼 설교 비슷한 이야기는 우리가 아무리 강조해서 이야기해도 상대는 좀처럼 받아들이지 않거나 마음의 문을 열고 귀 기울여 들어주지 않는 것이 보통입니다. 하지만 AVX에서는 직원들이 지극히 진지하게 들어주었습니다. 미국이라는 자본주의의 메카인 나라에서 매우 금욕적이고 또 극기적인 동양철학을 설파하는 것이니 당연히 약간의 반발은 있을 수 있습니다. 그러나 그와 같은 부분은 충분히 시간을 두고 논의하면 된다는 생각으로 직원들이 납득할 수 있는 부분까지 이야기를 풀어나갔습니다.

그와 같은 동양적인 사고방식과 철학을 공유해온 결과, AVX의 매출액 추이는 매수 직전인 89년도에 4억 1,200만 달러였던 것에 비해 올해 95년 3월기에는 9억 8,800만 달러로 급증하여 5년 사이에 약 2.4배나 늘어났습니다. 게다가 내년 96년 3월기는 11억 달러에 이를 것으로 예상하고 있습니다.

세전이익은 매수 이전에는 적자와 흑자를 반복하던 상태였습니다. 매수 직전인 89년도는 세전이익이 2,000만 달러였는데 매수 이후인 올해 3월기에는 1억 1,000만 달러로, 5년 사이에 무려 5.5배나 급증했고, 내년 3월기에는 1억 7,000만 달러로까지 대폭 증가할 것으로 예상하고 있습니다.

즉 AVX를 매수한 이후 5년간, 실적이 크게 성장한 것입니다. 그래서 이를 계기로 AVX의 임원과 직원에게 인센티브를 부여하겠다는 취지로 다시 뉴욕 증권거래소에 회사를 상장했습니다. 주관 증권사인 메릴린치에서 상장할 때 공모가를 26달러로 하는 것이 어떻겠느냐는 제안을 했지만, 조금이라도 더 저렴하게 책정하면 많은 분들이 기뻐할 것 같아서 50센트 저렴한 25달러 50센트로 주가를 설정해서 상장했습니다. 그 후 몇 주가 지났는데 지금 주가는 32달러 부근에서 움직이고 있습니다.

32달러로 시가총액을 계산하면 28억 7,000만 달러가 됩니다. 1990년에 주식 교환으로 매수했을 때의 금액이 5억 8,000만 달러였으니, 5년 사이에 기업의 평가액이 무려 다섯 배나 늘어난 셈입니다. 교세라는 이번 상장에 따라 보유하고 있던 주식의 일부를 처분해 일본 엔화로 약 265억 엔의 매각 차익을 얻었습니다. 또한 현재도 AVX의 주식을 보유하고 있기 때문에 1,460억 엔의 미실현 이익을 기록하게 되었습니다.

지금으로부터 5~6년 전 버블경제가 한창이던 때, 미국 기업을 매수한 대부분의 일본 기업이 엔고의 영향으로 큰 손실을 보고 있는 가운데, 상대를 충분히 배려하는, 즉 논리만이 아니라 상대의 입장을 충분히 생각하고 존중하는 '이타심'으로 대응해왔기에 이와 같은 좋은 결과를 낳은 것이 아닐까 생각합니다. 경영전략 이전의 문제로서, 경영에서는 단순히 감정적인 것보다는 이타심이라는 상대를 배려하고 존중하는 사상과 철학이 중요하지 않을까 생각합니다.

다이니덴덴

해외사업 전략에 관한 이야기가 너무 길어져서, 통신사업에 관해서는 말씀을 드릴 시간이 얼마 남지 않았네요. 그럼 계속해서 다이니덴덴의 사업에 대해 말씀드리겠습니다. 다이니덴덴의 매출 추이는 창업 이후 꾸준히 성장하여 올해 3월기에는 3,778억 엔 정도입니다.

또한 영업이익은 몇 번이나 통화료 등의 가격인하를 실시했음에도 불구하고 359억 엔에 이르고 있습니다. 이와 같은 다이니덴덴의 큰 성공에 있어서도, 실은 이렇다 할 만한 전략이랄 것이 없었습니다.

이미 아시는 분들이 계시겠지만, 다이니덴덴이라는 기업을 창업한 동기는 일본의 장거리 전화는 요금이 지나치게 비싸서 일반 대중이 사용에 어려움을 겪는 것을 보고 요금을 가능한 한 저렴하게 하고 싶은 마음이었습니다. 즉 '만인을 이롭게 하자'라는 각오로 무모하지만 야심 차게 밀어붙인 사업이었습니다. 당시는 지금의 NTT가 된 전전공사라는 거대기업에 대항하는 처지였기 때문에 저희는 어딜 가도 '돈키호테 아니냐'라는 말을 들을 정도였습니다.

그리고 조금 뒤에는 신칸센을 따라 광섬유를 깔고 개통을 하겠다는 당시의 국철 계열의 기업과 건설성, 도로공단을 중심으로 일본의 대기업과 손을 잡고 고속도로를 따라 광섬유를 깔고 개통을 하겠다는 기업이 통신시장 진출을 선언하며 나섰습니다.

저희 교세라에는 신칸센이나 고속도로 등 통신 인프라로 이용할 수 있는 것이 아무것도 없었습니다. 하지만 방금 말씀드렸듯이, 다이니덴덴을 창업하고자 했던 동기는 매우 순수했기 때문에 오히려 용기가 들끓었던 기억이 납니다.

유감스럽게도 저희 교세라에는 다른 수단이 없었기 때문에 산 정상에 파라볼라 안테나를 설치하고, 그 사이를 마이크로웨이브로 연결하는 방법으로 도쿄-나고야-오사카 사이에 장거리용 회선을 개설했습니다.

아까 말씀드린 국철 계열의 기업은 신칸센을 따라 광섬유를 개설했고, 건설성과 도로공단 계열 기업은 고속도로를 따라 광섬유를 개설했습니다. 반면에 저희 교세라가 창업한 다이니덴덴은 산꼭대기에서 다른 산꼭대기까지, 여름에는 모기가 날아다니는 폭염 속에서, 겨울에는 눈보라가 몰아치는 폭설 속에서 그리고 도로가 없는 곳에는 헬리콥터로 장비를 운반하여 철탑을 세우고 대형 파라볼라 안테나를 설치하는 매우 힘든 공사를 했습니다. 그럼에도 이 공사를 성공적으로 마무리하여, 경쟁하는 두 회사와 정확히 같은 시기에 개통할 수 있었습니다. 이른바 '다윗과 골리앗의 전쟁', 더군다나 '두 명의 골리앗'과 경쟁하지 않으면 안 되는 전쟁에 본격적으로 돌입한 것입니다.

두 기업과 동일한 시기에 개통할 수 있었던 것은, 여러 악조건
에도 불구하고 개통일만은 지켜야 한다는 강한 의지로 공사를
추진한 덕분입니다. 그 결과 앞서 말씀드린 것처럼 현재 경영실
적은 매우 순조롭고, 또 장거리 통신사업 부문에서는 신규진출
기업 중 시장점유율과 매출 그리고 이익 1위를 유지하고 있습
니다. 통신업계는 권모술수가 난무하는 매우 혼란스럽고 불투
명한 세계처럼 보일 수 있지만, 사업을 진행함에 있어서는 오늘
제가 말씀드리는 것처럼 오히려 매우 단순하고 또 명쾌한 철학
을 갖는 것이 더욱 중요하지 않을까 생각합니다.

| 통신사업 전략 사례 2 |
휴대전화 사업

또한, 당시에는 크기가 매우 큰 자동차 내부에 설치된 전화밖에
없었는데요, 저는 국내 장거리전화 사업을 중심으로 하는 다이
니덴덴을 설립할 때부터 '언제 어디서나 누구와도' 간편하게 통
화할 수 있는 휴대전화의 시대가 반드시 올 것이라고 생각했습
니다.

이는 이전부터 실리콘밸리를 거점으로 하는 반도체 산업계의

한가운데서 비즈니스를 해온 덕분에, 기술혁신에 따라 집적회로의 집적도가 기하급수적으로 올라간다는 것을 알고 있었기 때문입니다.

다이니덴덴을 창업한 지 5년 정도 되었을 때, 당시 자동차 뒤 트렁크에 설치되어 있던 송수신기가 크기가 작은 단말기 안에 들어갈 만큼 작은 크기로 바뀔 것이 확실하고, 또 자동차 내부 전화가 휴대전화로 틀림없이 진화하리라고 확신했기 때문에, 휴대전화 사업에 과감하게 뛰어들기로 결심했습니다.

당시의 다이니덴덴은 아직 창업한 얼마 되지 않았고, 휴대전화 사업에 관한 제 포부에 대해 주위의 모든 이들이 반대했습니다. 그러나 저는 가까운 장래에는 반드시 휴대전화의 시대가 올 것이라는 믿음으로 모두를 설득하고 또 용기를 북돋우면서 결국 제 의지대로 이동통신 사업에 뛰어들었습니다.

그때, 저희 교세라와 같은 시기에 이동통신 사업에 뛰어든 회사가 한 군데 더 있었습니다. 교세라도 또 그 회사도 간토, 도카이 지역에서 사업을 하고 싶다고 희망했는데, 일본 각 지역에서 이 사업에 신규 진출할 수 있는 회사는 한 곳뿐이어서 관계 당국에서 인허를 받지 못했습니다. 언제까지고 그 기업과 '허가 따기' 경쟁만 하고 있을 수는 없었습니다. 그래서 그 회사에 간토 및 도카이 지역이라는 일본에서 가장 유리한 시장을 양보하고, 저희는 그 외의 지역에서 사업을 하기로 결정했습니다. 그리고 북쪽의 홋카이도에서부터 남쪽의 규슈와 오키나와까지의 지역을 여덟 개로 나누어 각 지역에 이동전화 회사 여덟 개를 설립해 사업을 시작했습니다.

1981년 당시의 일본 자동차전화 시장은 NTT의 완전한 독점 상태였고, 시장 규모는 대수로 13만 대, 보급률은 0.1%였습니다. 여타 선진국에 비하면 매우 낮은 수준의 보급률이었습니다. 참고로 당시 미국 시장 규모는 123만 대로 보급률은 0.5%였고, 영국은 26만 대로 0.45%였습니다.

그 후, 자동차전화는 휴대전화로 발전을 거듭해 작년 한 해만 해도 합계 220만 대의 신규 가입이 있었습니다. 특히 최근의 시장 규모는 급속하게 확대되고 있습니다.

통계수치로는 작년 말 일본의 총 가동대수는 433만 대, 보급률은 3.5%에 달하고 있습니다. 이후 올해 들어서도 시장은 폭발적으로 확대되었고 또 그 추세는 계속해서 이어지고 있습니다. 올해 7월 말에는 총 가동대수 582만 대, 보급률은 4.7%까지 늘어나, 올해 말에는 600만 대에 이를 것으로 보이며 보급률은 5% 수준에 달할 전망입니다.

여덟 개 이동통신사의 경상이익 추이를 보면, 초창기 3년간은 적자를 기록했습니다. 그러나 4년째 이후부터는 흑자로 전환하여 확실하게 이익을 늘리면서 올해 3월기 경상이익은 410억 엔을 기록했습니다.

수치로 표현할 수 없는 것으로 실적을 본다

시간이 다 되었기 때문에, 이것으로 오늘 저의 강연을 마치고자 합니다만, 지금까지 지극히 잡다하고 또 '감성적인' 이야기를 했습니다. 수치에 밝고, 또 모든 것을 '논리적으로' 생각하고 실행하시는 여러분 앞에서 이와 같은 말씀을 드린 이유는 다름이 아닙니다.

실은, 기업 경영에는 수치로 표현할 수 없는 요소들이 꽤 큰 부분을 차지하고 있습니다. 앞으로 여러분이 다양한 기업의 업적을 살펴보실 때, 그처럼 수치로 표현할 수 없는 것들도 함께 검토해나가신다면 여러분의 분석이 더욱 정확해지지 않을까 하는 말씀을 노파심에 드리면서 오늘 제 강연을 이것으로 마치겠습니다.

경 │ 영 │ 의 │ 원 │ 리 │ 원 │ 칙

❶ 오늘 하루 최선을 다해 살면 내일이 보인다. 이번 달 한 달 미친 듯이 열심히 살면 다음 달이 보인다. 올해 1년 정말 후회 없을 만큼 최선을 다하며 내년이 보이기 시작한다. 그러나 2년 후, 3년 후, 5년 후는 그야말로 신이 아닌 이상 절대로 알 수가 없다.

❷ 무엇인가를 새롭게 실행하고자 할 때, 먼저 스스로에게 '그 동기가 선한가'를 묻고, 나아가 자신의 주변에 '천시, 지리, 인화'라는 세 가지 요소가 갖춰져 있는지 깊이 생각해본다. 이와 동시에, 상대의 입장을 존중하고 상대 측을 배려하는 마음, 즉 불교에서 말하는 '이타심'을 늘 염두에 두고 사물을 판단하고 대응한다.

❸ 표면에 드러나는 수치라는 것은 기업 가치 전체로 보면 빙산의 일각이며, 실제로 기업을 지탱하고 있는 보다 본질적인 부분은 경영을 담당하는 사람들의 사상, 철학 그리고 감정이다. 그래서 실제로 기업을 평가할 때는 수치로 분석함과 동시에 수치로는 드러나지 않는 경영의 원점에 있는 요소를 얼마나 가미해서 해석하느냐가 매우 중요하다.

❹ 인종, 언어, 문화, 역사, 나아가 종교적인 배경이 다르면, 아무리 인간의 본질이 동일하더라도 결국 철학이나 사상 측면에서는 서로 대립하거나 충돌할 수 있다. 그와 같은 '다양성' 속에서 사람을 이끌기 위해서는 상대방을 배려하고 존중하는 철학적 사상이 중요하다. 즉 인종이나 논리를 넘어 '저 사람은 훌륭한 사람이다. 존경할 만한 사람이다'라는 평가를 받는 것이 절대적인 조건이다.

•

8장

왜 고수익이어야
하는가?

•

고수익을 위한 사내 강연,
1999년 8월 19일

1999년 8월 19일, 이나모리가 고수익 경영에 관해 설명하는 교세라 사내 강연(제1회)이 교세라 본사에서 개최되었다. 이나모리는 기업이 고수익 체제를 구축하지 않으면 안 되는 여섯 가지 이유를 들면서, 어느 정도의 수익성이 있어야 고수익이라고 할 수 있는지에 대해 이야기했다.

'고수익 기업', 교세라의 원점

먼저 '기업 경영은 왜 고수익이어야 하는가?'에 관해 생각해봤으면 합니다. 그 원점은 교세라라고 하는 회사를 창업했을 당시로 거슬러 올라갑니다.

회사를 창업한 후 맨 첫해의 매출은 약 2,600억 엔이었습니다. 세전이익은 약 10%, 그러니까 300만 엔 정도였습니다. 그 이후 창업 40주년을 맞이하는 지금까지 적자경영을 한 적은 단한 번도 없습니다. 그런 면에서, 저희 교세라는 일본 기업 역사상 매우 드문 기록을 세우고 있는 회사이지 않나 싶습니다.

창업 당시 저는 경리나 회계를 비롯하여 경영에 관해 아무것도 몰랐기 때문에, 300만 엔의 이익이 났다는 말을 듣고도 전혀 실감이 나지 않았습니다.

당시는 아오야마 마사지青山政次 교세라 전 사장이 전무를 맡고 있을 때였습니다. 경리나 회계에 정통한 임직원이 전혀 없었기 때문에, 엔지니어였던 아오야마 씨가 정말 열심히 돈 계산을 해주셨지요. 아오야마 씨도 원래 전기 부문에 정통한 기술자로 경리나 회계에 관해서는 문외한이었기 때문에, 아주 세세한 것에 관해서는 가깝게 지내던 미야키전기라는 회사의 경리 담당자에게 조언을 받기도 했고 또 그 사람이 직접 우리 회사에 찾아와서 아오야마 씨를 도와주기도 했습니다. 그런 과정을 거쳐 처음으로 결산을 내봤는데, 300만 엔의 이익이 나왔다는 것을 아오야마씨로부터 듣고 매우 기뻐했던 것을 지금도 기억합니다.

왜 기뻤냐면, 제가 회사를 창업했을 때 미야키전기의 전무였던 니시에다 이치에 씨가 자기 집을 담보로 교토은행에서 1,000만 엔을 대출받아 교세라에 빌려주셨기 때문입니다. 창업한 지 얼마 되지도 않은 '애송이' 기업 교세라에 신용이 있을 리 없었습니다. 그래서 '교세라'라는 이름으로는 그 누구에게도 돈을 빌릴 수 없었지요. 니시에다 씨는 지극히 영리한 분이셨는데, 그와 같은 분이 제 창업을 지원해주셨다는 것은 지금 생각해보면 저희에게는 정말 행복한 일이었습니다. 교세라 창업 당시 니시에다 씨는 교세라가 미야키전기의 자회사가 되어서는 안 된다는 입장을 분명히 하셨습니다.

아오야마 씨는 제가 쇼후공업에 재직할 당시의 제 상사였고 그 회사의 핵심 임원이었으며 기술 담당 책임자이기도 했습니다. 저는 아오야마 씨가 부장을 맡고 있던 회사 기술부의 가장 말단 계장이었고, 이토 켄스케伊藤謙介 현 교세라 사장은 제 부하 직원이었습니다. 우리 두 사람이 같이 회사를 그만두려고 했더니 아오야마 씨는 교토제국대(현 교토대) 공학부 전기공학과 동기였던 니시에다 씨에게 "이나모리라고 하는 친구가 있는데, 꽤 훌륭한 사람이니 부디 그 친구가 새로운 회사를 창업할 수 있도록 자네가 도와줄 수 없겠나?"라고 부탁해주셨습니다. 그때 아오야마 씨는 니시에다 씨의 동급생인 마지카와 타모츠交川有 씨라는 분에게도 부탁을 해주셨습니다. 마지카와 씨는 일본이 전쟁 중일 때 특허국에 근무하시던 분으로, 당시에는 미야키전기의 상무를 역임하고 계셨습니다. 니시에다 씨가 전무고 마지카와 씨가 상무셨던 시절이었지요. 니시에다 씨와 마지카와 씨는 눈빛만 봐도 서로의 의중을 파악하는 가깝고도 호흡이 척척 맞는 관계였습니다.

니시에다 씨는 마지카와 씨와 협의하여 "이나모리라고 하는, 그런 훌륭한 후배라면 지원하겠다"라고 결정해주셨습니다. 그때 니시에다 씨는 "미야키전기가 출자하게 되면 교세라는 미야키전기의 자회사가 되어버리고 만다. 그러면 이나모리 군에게 결코 좋은 일이 아니다. 교세라라는 회사는 우리 모두 개인적으로 지원하는 게 좋다"라는 입장을 강조하면서, 당시의 미야키전기의 사장께 "전무인 저도 출자합니다. 마지카와도 출자합니다. 그러니, 사장님도 자본금을 내어주시면 감사하겠습니다"라고 부탁해주셨습니다. 나아가 미야키전기의 다른 임원들에게도 개인적으로 교세라에 출자해줄 것을 부탁해주셔서, 300만 엔의 자본금을 만들어주셨습니다. 그 덕분에 저희 교세라는 처음부터 미야키전기의 자회사로 출발하지 않아도 되었던 것입니다.

니시에다 씨는 "교세라는 미야키전기의 자회사가 되어서는 안 된다. 이 회사는 장래에 큰 성공을 거둘 수도 있고 또 실패할 수도 있다. 성공했을 때, 우리 미야키전기가 그들의 발목을 잡아서는 안 된다. 또 오히려 실패할 확률이 더 크다. 교세라를 미야키전기의 자회사로 삼았다가 실패하면 우리 명예는 그것으로 끝이다. 따라서 되도록 거리를 두는 것이 좋다"라는 입장을 견지하셨습니다.

이전에 니시에다 씨가 제게 이런 말씀을 해주신 적이 있습니다.

"나는 미야키전기의 전무라네. 미야키 오토야 사장이 창업하신 미야키전기의 사령관으로서 전무이사를 맡고 있지. 미야키전기는 내 목숨이 붙어 있는 한 절대로 망하지 않을 것이고, 나는 이 회사를 끝까지 지켜낼 거라네. 그러나 자네 회사인 교세라가 망해도 내 알 바가 아니지."

교세라를 창업한 시기에 미야키전기의 다른 임원들도 동석한 자리에서 제게 하신 말씀입니다. 정말 차갑고 무정한 그리고 솔직히 '재수 없는' 소리로 들렸습니다. "자네 회사인 교세라가 망

해도 내 알 바가 아니지"라고까지 말씀하시다니요. 아마도, 교토대 동기였던 아오야마 씨에게 부탁을 받았으니 교세라의 창업을 적극적으로 돕긴 했지만, 그 때문에 본인이 사령관을 맡고 있는 미야키전기가 발목이 잡히거나 피해를 입으면 미야키 오토야 사장에게 면목이 없다는 생각을 하셨던 것 같습니다. 이처럼 그분은 지극히 구식이지만 매우 훌륭한 사고방식을 가진 분이었던 것을 기억합니다. 니시에다 씨께서 제게 "우리 미야키전기에 민폐를 끼쳐서는 안 된다"라고 선을 분명하게 그어주셨던 덕분에 저희 교세라는 지금까지 그 어떤 기업의 계열사가 아니라 완전히 독립적인 회사로 발전해올 수 있었습니다.

저희 교세라는 이와 같은 경위를 거쳐 설립된 회사이니, 당연히 미야키전기의 보증으로 돈을 빌릴 수도 없었습니다. 즉 미야키전기가 저희 교세라를 위해 보증을 서줄 리가 없었습니다. 그러나 자본금 300만 엔으로는 설비조차 갖추지 못하는 상황이었기 때문에 니시에다 씨가 본인의 자택을 담보로 해서 1,000만 엔을 제게 빌려주셨던 것입니다.

그때 니시에다 씨가 제게 "이나모리 군이 최선을 다해줄 것으로 생각하네만, 회사가 성공할 확률은 1만분의 1이네. 회사가 성공한다는 게 그리 간단한 일은 아니라는 말일세. 수많은 회사가 창업 후 망한다는 걸 자네도 잘 알 거야. 1만 개의 회사 가운데 고작 한 개 회사가 성공하는 것이 비즈니스의 세계이니, 이나모리 군의 회사도 잘 안 될 수 있지. 그렇게 되면 은행에 담보로 잡힌 내 집도 잃게 되네. 그럼에도 내가 아내에게 '그리 되어도 괜찮겠소?' 하고 물었더니 괜찮다고 해서, 자네에게 돈을 지원하는 것일세"라고 말씀하셨습니다. 당시 니시에다 씨의 그 말씀은 제게 너무나도 강렬하게 다가왔습니다.

학연도 지연도 없는, 그저 아오야마 씨의 소개로 알게 된 제게 그렇게까지 해주셔서 '니시에다 씨에게는 만의 하나라도 민폐를 끼쳐서는 안 된다'라는 생각이 그 이후로도 계속해서 저를 떠나지 않았습니다.

또 하나, 저의 부친은 매우 고지식한 분이라 빚지는 것을 싫어하셨습니다. 부친은 제가 어릴 적에 가고시마에서 인쇄소를 경영하셨습니다. 큰 인쇄기계가 있었고 직원도 있었으니, 시골에서는 나름 성공한 축에 속했던 것 같습니다. 그러나 전쟁 때 공습을 받아 그 인쇄소는 잿더미가 되어버렸고 이에 망연자실한 부친은 전쟁이 끝난 이후에도 인쇄소를 다시 개업하려 하시지 않았습니다. 제가 "아버지, 인쇄소 다시 시작합시다"라고 몇 번이나 말씀드려도 "어림도 없는 소리 하지 마라. 지금 같은 심각한 인플레 시대에 돈을 빌리면 일곱 명이나 되는 너희 형제자매를 다 굶겨 죽이게 된다"라며 조금도 움직이려 하지 않으셨습니다.

그렇게까지 빚을 무서워하고 지나치게 신중하셨던 부친의 피를 이어받은 데다가 니시에다 씨로부터 "자네 회사가 망하면 우리 집도 다 날려버리게 된다네"라는 말까지 들었으니, 저는 어떤 일이 있어도 돈을 가능한 한 빨리 갚아야만 한다고 생각했습니다. 만일 회사가 망하면 큰일이 되어버릴 테니 말이지요.

빌린 돈을 갚기 위해 이익률을 올리다

이와 같은 배경이 있었기에, 창업 첫해에 아오야마 씨로부터 300만 엔 이익이 나왔다는 말을 들었을 때 '아, 정말 다행이다!'라며 제가 얼마나 기뻐했는지 모릅니다. '이번 수익이 300만 엔이면 1,000만 엔은 3년 안에 갚을 수 있다. 다행이다. 앞으로 3년간 어떻게든 최선을 다해 돈을 빨리 갚자'라고 생각했습니다.

물론, 저는 수익을 돈 그 자체로 본 것이 아니었습니다. 현금 형태로 눈에 보일 리 없었습니다. 여러분도 잘 아시듯이, 수익은 재고나 미수금의 형태로도 잡힙니다. 그러한 상황에서 저는 아오야마 씨, 니시에다 씨와 함께 다음과 같은 애기를 나눴습니다.

"저희가 빌린 1,000만 엔을 빨리 갚아야 한다고 생각했는데, 이렇게 해나가면 3년 안에 다 갚을 수 있을 것 같아 다행입니다."

"자네, 무슨 소릴 하는 건가? 300만 엔이 이익이라는 건 어디까지나 세전이고, 여기서 세금을 제해야지."

"세금요? 세금을 얼마나 내야 되는 겁니까?"

"이익의 절반인 150만 엔이 세금일세."

"그럴 리가요? 1,000만 엔이나 빌려 지금부터 3년에 걸쳐 갚아야 하는 어려운 상황인데 무슨 세금입니까? 세금을 왜 내야 하죠?"

"그야, 자네가 돈을 벌었으니까 내야지."

"아니, 돈을 벌었다고 해도 우리는 갚아야 할 돈이 있지 않습니까?"

이렇듯, 저는 당시에 차입과 손익도 구별하지 못하는 그야말로 '초짜'였습니다.

'빌린 돈을 전부 갚은 뒤에 회사가 결과적으로 수익을 냈으니 세금을 징수하겠다면 이해가 되지만, 빚이 있는데도 세금을 내야 한다니, 말도 안 돼. 나라라는 게 우리 사업은 아무것도 안 도와주면서 돈만 걷어가네. 그것도 현금으로 말이야.'

당시 물건을 팔아도 남은 미수금은 어음으로 받았습니다.

"매출은 어음으로 받는데, 세금은 현금으로 낸다? 이건 말도 안 되는 소리이지 않습니까?"

"자네가 아무것도 모르니, 그런 소리를 하는 걸세."

결국, 세금을 떼면 150만 엔밖에 남질 않습니다. 게다가 그 150만 엔으로 비상근 임원들에게 조금이라도 보너스를 지급해야 했고, 300만 엔의 자본금을 출자해주신 분들에게는 10%

배당 정도는 해드리는 것이 예의였습니다. 자본금 300만 엔의 10% 배당이면 30만 엔입니다. 게다가 보너스를 지급하면, 다 합쳐서 50만 엔 정도가 날아가서 최종적으로는 100만 엔밖에 남지 않습니다. 100만 엔밖에 못 벌면 빌린 1,000만 엔을 갚는 데는 무려 10년도 더 걸리겠다는 생각이 들었습니다.

당시는 세라믹스의 프레스 공정에 사용되는 자동기계 같은 건 엄두도 낼 수 없었기 때문에, 매일 그리고 아침부터 밤까지 핸드 프레스를 돌려야만 했습니다. 그래서 지금 교세라의 사장을 맡고 있는 이토 씨는 마치 뽀빠이같이 팔에 엄청난 알통이 생겨서 누가 보면 스포츠 선수로 오해할 정도였습니다. 그렇듯 오래된 설비를 사용하고 있었던 터라 새로운 기계에 설비 투자를 해도 모자랄 판인데 빌린 돈을 10년이나 갚아야 한다니 정말이지 난감하기 짝이 없었습니다. 즉 저는 두 번째 설비 투자를 하려면 앞으로 10년이나 더 기다려야 한다고 생각했습니다. 제 머릿속은 이 같은 고민으로 가득했습니다.

그래서 니시에다 씨에게 자문을 요청했습니다.

"이런 식으로 해나가다가는 회사가 커질 리가 없지 않겠습니까? 100만 엔밖에 남지 않는 식으로 회사를 경영했다가는 매년 100만 엔을 은행에 갚는다고 해도 무려 10년이나 걸립니다. 그래서 10년이나 걸려 돈을 다 갚을 때쯤이면 지금의 설비를 쓸 수 있을까요? 이 설비로는 10년도 못 버텨요. 설령 이 설비를 10년 후에도 쓸 수 있다고 해도 완전히 구닥다리가 되고 말 겁니다. 그러면 10년 후에 또 돈을 빌려서 설비를 바꿔야 하는 상황에 빠집니다. 이런 식으로 가다가는 앞으로 회사가 어떻게 될지 알 수가 없지 않겠습니까?"

그랬더니, 니시에다 씨는 크게 웃으시며 다음과 같이 말씀하셨습니다.

"자네, 지금 무슨 소리를 하고 있는가? 자네가 지금까지 최선을 다해 노력해서 세전 10%의 이익이 났으니 이 사업은 유망한 사업이라네. 자네에게 내가 빌려준 1,000만 엔에 대한 이자를 지불하고도 10%의 이익을 냈으니 자네 회사에는 그만큼의 능력이 있다는 뜻일세. 설비 투자를 더 해서 매출이 늘어날 것 같으면, 은행에서 돈을 더 빌려서 설비에 투자를 하면 된다네."

"그러면 갚은 돈보다 빌리는 돈이 많아져서 빚이 점점 늘어나는 것 아닙니까?"

"맞네. 바로 그게 사업이라는 것일세."

"아……, 저는 그런 방식은 겁이 나서 감당할 수가 없어요. 처음에 빌려주신 1,000만 엔도 못 갚으면 어쩌나 걱정이 이만저만 아닌데, 어떻게 또 빚을 질 수 있나요? 저는 그렇게는 못 할 것 같습니다."

"자네는 매우 훌륭한 기술자여도 훌륭한 경영자는 못 되는군. 1,000만 엔 빌렸으니 그걸 갚을 생각만 하다가는 회사를 절대

키울 수 없다네."

"저는 어떻게 해야 좋을까요? 소니나 혼다기연本田技研은 어떻게 저렇게 커졌을까요? 뭔가 좋은 방법이 있을 거예요. 지금의 제 사고방식으로 저희 회사는 절대 성장할 수 없습니다. 뭔가 좋은 방법이 있을 텐데 말이지요."

"사업가는 모두 타인의 돈을 빌려 설비 투자를 해서 회사를 키워나간다네. 이자를 갚고 원금까지 갚을 수 있으면, 돈을 빌리는 것은 결코 부끄러운 일이 아니고 또 나쁜 일도 아니라네."

니시에다 씨는 이렇게 말씀하셨지만, 저는 회사 경영에 관한 상식이 아무것도 없었기 때문에 어쨌든 빚을 지는 건 문제라고 생각했던 것이지요. 지금 같으면 니시에다 씨가 그렇게 설명하시면 "잘 알겠습니다" 하고 충분히 납득했을 것 같은데, 당시에는 경영에 관한 상식이 전혀 없어서 그 말씀을 전혀 납득할 수가 없었습니다. 니시에다 씨가 말씀해주신 방법은 아무리 생각해봐도 위험하게 느껴져서, 저는 빌린 돈을 갚는 것이 회사를 위해서도 안전하다는 생각에서 벗어나질 못했습니다.

바로 그때, 이런 생각이 제 머리를 스치고 지나갔습니다.

'아, 그렇다. 이익률 10%인 300만 엔이라는 이익이 났구나. 그 절반인 150만 엔은 세금으로 징수된다. 또 50만 엔은 상여나 배당 등으로 써야 하니, 그럼 100만 엔밖에 남지 않는다. 나는 맨 처음에 300만 엔의 이익이 났다고 들었기 때문에 빚을 3년 안에 갚을 수 있다고 생각했지만, 세전이익이기 때문에 그 절반은 세금으로 떼어간다. 그렇다면 세후에 300만 엔이 남으면 3년 안에 빌린 돈을 갚을 수 있겠구나.'

니시에다 씨와의 대화 중에 우연히 얻은 깨달음이 바로 교세라의 '고수익 경영' 발상의 원점입니다.

회사를 시작할 때 저는 20% 정도의 세전이익률을 내자고 생각했습니다. 20%라는 수치가 가능할지 아니면 불가능할지 하는 차원의 문제가 아니었습니다. 저희에게 그 수치가 필요했기에 목표를 그렇게 잡은 것입니다.

자연스럽게 '고수익'으로 방향을 틀다

이익률 10%로 300만 엔의 세전이익을 냈는데 거기서 절반이나 세금으로 뗀다니, 저는 이것이 너무 아깝게 생각되어 '국가라는 건 사극에 나오는 탐관오리 같은 존재다. 모두가 나라에 불만을 품는 것도 당연하다. 우리 같은 서민을 죄어 세금을 뜯어가다니, 용납할 수 없다'라며 분개할 정도였습니다. 이러니 수익을 세금으로 빼앗기는 것이 너무나도 아까운 나머지, 수익을 속여 탈세하려는 사람들도 있는 것입니다.

또는 '우리는 피땀 흘려 고생했는데, 아무 도움도 안 준 나라에 150만 엔이나 세금으로 낼 바에야 차라리 그 돈을 우리가 쓰자. 이익이 300만 엔 나오면 그 절반은 세금으로 징수된다. 그럼 이익을 줄이면 된다. 그 정도 여유는 있으니 그냥 써버리자. 접대비로 쓰거나 직원들에게 임시 보너스라도 지급하고, 또 나도 경영자로서 보너스를 좀 챙기자'라고 생각하게 되는 것입니다.

이 경우, 첫 번째 탈세 획책은 징수되는 세금이 아까우니 그걸 줄이자는 발상이지만, 이는 의도와는 달리 회사의 저수익 체제를 희망하는 것이 되어버립니다. 실제로는 세금이 아까우니까 세금을 가능한 한 적게 내려고 했을 뿐이고 결코 낮은 수익을 원한 것은 아니지요. 하지만 결과적으로 그와 같은 마음가짐은 자발적으로 '낮은 수익이 더 낫다'라는 생각으로 이어집니다.

저는 그저 빌린 돈을 빨리 갚으려는 생각이었기 때문에 탈세는 생각한 적도 없고 일부러 지출을 많이 하려고 생각한 적도 없습니다. '수익성을 더 올려서 10%의 매출이익률을 20%로 올리자. 그렇게 해서 세금을 뗀 후에 300만 엔이 이익으로 남도록 하자. 그러면 3년 안에 빌린 돈을 갚을 수 있지 않겠나' 하고 매우 순진하게 생각했습니다.

당시에는 '고수익을 노리자'라고는 생각하지 않았습니다. 그저 세금을 전부 떼고도 남는 이익 300만 엔이 필요하다는 생각만 했기 때문에, 자연스럽게 '고수익'으로 경영의 방향을 틀게된 것입니다. 즉 '빌린 돈을 빨리 갚으려면 고수익을 올려야만 한다'라고 제 나름대로 생각한 것이 고수익 기업으로의 출발점이 된 것입니다.

재무 체질을 강화하기 위해

경영을 그런 식으로 시작했기 때문에, 니시에다 씨에게 "빚을 내면 무조건 빨리 갚아야 한다는 방식으로는 자네가 아무리 훌륭한 기술자라도 훌륭한 경영자는 될 수 없네"라는 뼈아픈 지적까지 들었습니다.

저는 그래도 고집을 꺾지 않고 "저는 그래도 돈을 빨리 갚을 겁니다"라고 대답했습니다. 빌린 돈을 갚으려면 이자뿐 아니라 원금까지 확보해야 하니, 당연히 고수익을 지향해야 했습니다.

그런 생각으로 빌린 돈을 갚기 시작했는데, 그 과정에서 나름의 지혜가 떠올랐습니다. '니시에다 씨에게 빌린 1,000만 엔은 생각대로 갚아나가자. 그리고 새로운 설비 투자가 가장 중요하니 이를 위해 추가로 돈을 빌리되, 그 돈은 제2차 차입으로 생각하고 별도의 사이클로 갚자. 이처럼 설비 투자를 할 때마다 차입과 상환이라는 열차를 여러 번 운행하자.' 맨 처음 빌린 1,000만 엔은 3년 내에 갚고 그다음에 설비 투자를 위해 빌린 돈은 또

별도로 몇 년 내에 갚으면 된다는 생각을 실제 경영에 옮기기 시작했습니다.

당연히 빌린 돈은 어떻게든 빨리 갚아야 한다는 생각이 머릿속에 가득했기 때문에, 그런 생각을 해냈던 것입니다. 그렇게 교세라는 결국 창업 이후 약 10년 만에 100%에 가까운 무차입 상태가 되어, 이른바 '무차입경영'을 달성할 수 있게 되었습니다.

니시에다 씨에게 "빌린 돈을 어떻게든 갚겠다는 식으로 경영하다가는 그 회사는 절대 성장할 수 없다"라는 이야기를 들었지만, '무차입'으로도 저희는 고성장을 이룰 수 있게 되었습니다. 무차입으로 고성장 회사를 경영한다는 것은 그야말로 '고수익'을 내지 않으면 불가능한 일입니다.

'고수익'을 거둘 수 있으면 무차입경영을 실현할 수 있고, 나아가 안정된 경영을 꾀할 수 있습니다. 무차입경영을 달성하려면 고수익이어야만 하는 것입니다.

좀 더 전문적인 용어로 설명을 덧붙이자면, 고수익은 현금흐름cash flow을 늘려 설비 투자 자금 등을 풍부하게 하고 사내유보금을 늘려 자기자본비율을 높이는 동시에, 차입금의 조기상환을 가능케 하여 무차입경영을 실현할 수 있는 기반이 됩니다. 즉 기업의 재무 체질을 강화해줍니다. 이것이 고수익을 지향해야 하는 첫 번째 이유입니다.

가까운 미래의 회사 경영을 안정시키기 위해

고수익이어야 하는 두 번째 이유는 훨씬 더 시간이 흐른 뒤에 생각했는데요, 창업 후 교세라가 점차 성장하고 발전하는 과정에서 일본 경제는 고도성장기였기 때문에 임금 역시 급격하게 상승했습니다.

지금은 생각할 수도 없는 일이지만, 인건비가 연간 무려 30%나 오르는 임금 폭등의 시기도 있었습니다. 매년 임금이 약 10%나 상승하는 시기가 꽤 오래 이어졌는데, 그때 깨달은 것이 있습니다.

당시 저희가 종사하는 제조업의 경우, 매출에서 인건비가 차지하는 비율이 우량기업은 약 30% 정도고 그 비율이 40% 이상인 회사는 경영을 잘 못하는 기업이라는 평가를 받았습니다. 예컨대, 그 '경영을 못하는 기업'이 전 직원 임금을 평균 10% 인상했다고 합시다.

지금의 임금상승률은 매년 3% 정도지만 그때는 임금을 평균 10%나 인상했었습니다. 여기에 매출의 40%가 인건비이니, 인건비가 10% 오르면 전체 매출에서 차지하는 인건비 비율은 4% 올라갑니다.

여러분도 잘 알고 계시겠지만, 일본 대기업의 평균 세전이익률은 5~6% 정도면 그래도 양호한 편입니다. 3~4%가 보통 수준이지요. 대기업의 결산과 분기별 보고서 등을 확인해보면 알겠지만, 대체로 이 정도입니다. 그럼에도 매년 약 10%씩 임금을 인상했고, 20%나 임금을 올린 해도 있었고, 나아가 무려 30%나 임금을 인상한 해도 있었습니다.

저는 이 같은 급격한 임금인상과 관련해서, 임직원 모두에게 젖 먹던 힘까지 발휘해서 최선을 다해달라고 필사적으로 호소하여 어떻게든 고수익을 달성해 대응해오긴 했지만 그 과정에서 매우 의아하게 여긴 것이 있습니다.

예컨대, 매출에서 차지하는 인건비 비율이 30%라고 할 때, 인건비가 10% 오르면 인건비 비율은 3% 올라갑니다. 아무런 합리화 대책을 취하지 않았다고 할 때, 작년에 10%의 이익이 났다고 하면 그중 3%는 인건비 상승분으로 돌아가기 때문에 이익률은 7%로 떨어집니다. 내년에 임금이 또 3% 올라가면 7%였던 이익률은 4%로 떨어집니다. 그다음에 또 3%의 임금인상이 단행되면 이익률은 1%가 되고, 그다음은 결국 적자로 전환됩니다. 지금도 인건비가 매년 3% 오르고 있기 때문에, 경영자로서는 밀려 들어오는 임금인상의 파도를 피해 도망쳐야만 합니다.

이렇게 임금인상의 파도로부터 필사적으로 벗어나려고 하는 것이 기업인데, 대기업의 경우는 '저 대기업은 임금을 10% 인상하면 이제 적자로 전락할 것이다'라고 예측하면 다음 연도에도 또 3%의 이익이 나옵니다. 또 그다음 해 '저 대기업은 임금을 또 10% 인상할 텐데 그럼 저 회사 이제 가망이 없다'라고 예측 하면 이번에도 3%의 이익이 나옵니다.

저는 이 점이 굉장히 신기하게 느껴졌는데요, 인간이라는 존 재는 자기 발등에 불이 떨어지면 모두 미친 듯이 그 불을 끄려 고 온갖 노력을 다합니다. 3~4%의 흑자가 나면 안전하다고 할 때, 적자가 되기 직전의 위기 상황에 처하면, 즉 회사의 발등에 불이 떨어지면 또 3~4%의 이익을 내곤 합니다. 다음 해에도 임 금이 올라 그대로 내버려두면 적자로 전환되는 것이 마땅한데, 어떻게든 합리화를 추진해서 경영을 개선하고 또 3%의 이익을 냅니다. 인간은 매우 희한한 존재로, 발등에 불이 떨어지면 필 사적인 노력으로 적자에서 벗어나려고 애를 쓰기 때문에 이 같 은 '개선'이 이루어집니다. 인간은 위기 상황에서 초인적인 능력 을 발휘합니다.

20%의 세전이익을 낸다면, 예컨대 인건비가 3% 올라도 이익 은 17%이기 때문에 매우 안전한 경영을 할 수 있습니다. 저는 이 같은 생각을 하며 어떻게든 고수익을 유지하려 했던 것입니다.

회사 경영에 관한 이와 같은 문제의식을 당시 저는 직원들에 게 다음과 같이 설명하고 또 강조했습니다.

"고수익 기업이란 장래에 오를 인건비, 또는 늘어날 수밖에 없는 회사 운영 비용, 즉 가까운 미래에 나타날 비용 증대를 감당할 수 있는 역량을 갖춘 기업을 말합니다. 예컨대 15%의 이익률을 냈는데 매년 3%씩 인건비가 인상된다면, 아무런 대책을 마련하지 못하는 무방비 상태에서도 5년간은 인상되는 임금을 버틸 수가 있습니다. 그만큼의 여력을 가지고 있는 기업인 것입니다. 즉 고수익성이라고 하는 것은 가까운 미래에 일어날 경비 부담을 견딜 수 있는 여력을 나타내는 지표인 것입니다."

기업 경영에 있어, 가까운 미래에 일어날 경비 부담을 견딜 수 있는 여력을 나타내는 지표가 바로 이익률입니다. '고수익'이란 그 부담에 대한 여력이 있는 상태를 나타냅니다. '수익성'이란 가까운 미래에 있을 임금상승을 견딜 수 있는 내구력, 또는 비용 상승에 대한 내구력이라고 할 수 있습니다.

또한 경기변동으로 인해 매출이 감소하면 당연히 이익도 감소합니다. 고수익 기업은 이와 같은 경기변동에도 내구력이 있다는 뜻입니다. 약간의 경기변동이 있어도 쉽게 적자로 전환되지 않습니다. 이와 같은 내구력을 갖추기 위해서는 역시 '고수익'이 필요합니다. 경기변동으로 매출이 증감하면, 동시에 변동비[1]도 증감합니다. 고정비 수준이 낮고 이익률이 높으면 경기변동으로 매출이 줄어들어도, 또 심각한 불황에 직면해도 견딜 수

---

1 기업의 매출 증감에 따라 함께 변동하는 비용을 말한다. 원재료비, 전기세, 수도세, 가스비, 지급 수수료, 외주 가공비, 판매 수수료 등이 모두 포함된다.

있는 법입니다.

이처럼 가까운 미래에 회사 경영을 안정화하기 위해 고수익이 필요합니다. 이것이 바로 두 번째 이유입니다.

| 고수익이어야 하는 이유 3 |
고배당으로 주주에게 보답하기 위해

세전 단계에서 고수익을 올리면 그 절반은 세금으로 징수되고 나머지 절반이 회사에 남습니다. 남은 그 절반을 사내유보금으로 돌리면 자기자본비율이 높아지고, 동시에 부채 상환과 설비 투자에 사용할 수 있어 무차입경영에 가까워질 수 있다고 아까 말씀드린 바 있습니다. 만약 설비 투자를 그리 활발하게 하지 않고 또 차입도 거의 없다고 가정하면, 주주들에게 높은 배당을 할 수 있습니다. 즉 높은 수준의 배당으로 주주에게 보답하기 위해서도 고수익은 필요합니다. 이것이 고수익이어야 하는 세 번째 이유입니다.

그런데 이는 조금 진부한 경영 방식으로 여겨졌습니다. 최근에는 '배당 같은 거 하지 않아도 주가만 높게 유지하면 된다'라는 인식이 미국과 유럽 기업의 경영 방식으로 자리 잡고 있습니다. 일본에서도 고배당과 고주가 사이에는 그 어떤 상관관계도 작동하지 않게 되었습니다. 즉 주식 투자가 자본수익 capital gain 을 손에 넣기 위한 수단으로만 인식되기 시작했다는 것입니다. 그러나 원래의 전통적인 자본주의 관례에서는 수익을 많이 올린 회사는 세금을 뗀 나머지로 고배당을 합니다. 그 배당금은 은행에 예금을 해서 얻는 이자보다 훨씬 높은 수익률로 돌아옵니다. 고수익 기업의 주식을 사면 배당으로 매우 좋은 수익률을 얻을 수 있습니다. 바로 이것이 자본주의의 원래 발상입니다.

그러나 최근에는, 액면 가격이 50엔이었던 주식이 6,000엔, 7,000엔까지 올라서 액면가 대비 상당히 높은 배당을 해도 주가에 비하면 수익률이 많이 나지 않습니다. 하지만 그렇다고 해서 배당을 경시할 필요는 없습니다. 역시 주주들에게 보답하기 위해서는 정통적인 방법, 즉 배당을 높여가는 것이 중요하다고 생각합니다.

| 고수익이어야 하는 이유 4 |
주가를 올려 주주에게 보답하기 위해

앞서 고수익 체질을 구축해야만 세금을 뗀 나머지를 사내유보금으로 돌려 차입금을 상환하거나 주주에게 배당으로 보답할 수 있다고 말씀드렸습니다. 이에 더해, 고수익 기조를 택하면 그 잉여금으로 자사주를 매입해서 소각하는, 즉 기발행된 주식의 총수를 줄이는 등의 대응으로 주가를 올릴 수 있습니다. 회사가 벌어들인 수익으로 시장에 떠돌아다니고 있는 자사의 주식을 사서 그 주권株券[1]을 폐기하는 것입니다.

예컨대 지금 7,000엔에 거래되고 있는 교세라 주식을 회사가 벌어들인 돈으로 매입해 소각합니다. 그렇게 이미 발행된 주식의 총수를 줄여 한 주당 이익이 올라가면 자연스레 주가도 상승합니다. 이런 방식으로 주가를 올려서 주주에게 보답을 하는 것입니다. 회사가 고수익 궤도에 올라타면, 비로소 이러한 일이 가능해집니다.

미국에서는 꽤 오래전부터 활용되어온 방법인데 최근에는 일본에서도 이 방법이 유행하고 있다고 합니다. 요즘 일본의 대표적인 기업들이 이 방법을 활용해서, 실제로 주가 상승을 전략적으로 꾀하고 있는 것으로 알고 있습니다.

---

1 발행 회사명, 주식 수 및 주주명 등을 기재해 발행한 용지. 상법상으로 주식거래는 주권을 주고받음으로써 이루어진다.

사업 전개의 선택지를 늘리기 위해

'고수익' 궤도에 오르면 세금을 뗀 뒤에도 이익이 꽤 남습니다. 그러면 통상적으로 회사에 여유자금이 생기기 때문에 사업 다각화를 시도하기가 수월해집니다.

예컨대 세라믹스만으로는 회사의 장래가 아무래도 불안하다고 생각해서 새로운 분야인 태양광 사업에 뛰어들었다고 가정해봅시다. 그런데 아직 시기가 무르익지 않았거나 연구개발에 시간이 많이 걸려서 좀처럼 수익으로 이어지지 않고 줄곧 적자가 이어집니다. 신규 사업에 뛰어든 이후 한동안 적자가 이어지더라도 이를 견뎌내려면 고수익 기업이 되어야 합니다.

기업을 장기적으로 발전시켜나가려면 어떻게든 신규 사업에 진출해야만 합니다. 그러나 그 신규 사업이라는 것은 결코 순탄한 길이 아닙니다. 처음에는 반드시 적자 상태에 빠지기 마련입니다. 그 적자를 감당하기 위해서도, 또 회사가 건재하기 위해서도 회사의 핵심 사업이 고수익 궤도에 올라야 합니다. 그렇지 않으면 그 적자 부담을 감내할 수 없게 됩니다. 즉 고수익 기업이어야만, 신규 사업에 대한 선택의 폭이 넓어지는 것입니다.

'가난해지면 사람마저 아둔해진다'라는 말이 있습니다. 이는 '현재의 사업이 좀처럼 저수익 구조에서부터 벗어나지 못해서 신규 사업에 손을 댔는데 그것이 적자를 내면 회사의 앞날이 위태로워진다'라는 뜻으로 해석할 수 있습니다. 이처럼 신규 사업이 본궤도에 오르지 못하는 사이 본업도 점점 약화될 수 있습니다. 즉 사업의 선택지를 넓히기 위해서도 고수익 기업이어야 합니다. 이는 사업 다각화를 위한 매우 중요한 조건이자 기초라고 할 수 있습니다.

| 고수익이어야 하는 이유 6 |
기업 인수를 통한 사업 다각화를 꾀하기 위해

저희 교세라 같은 고수익 기업이 되면, 사내유보금을 쌓아두고 자유롭게 쓸 수 있는 현금이 무려 2,000억 엔이나 될 만큼 회사의 유동성이 높아집니다. 그러면 자기 자금으로 타 기업을 인수하고 신규 사업에 뛰어들 수 있게 됩니다.

또 다른 회사를 인수했다고 해도 인수 성과가 나오기까지는 시간이 꽤 걸리기 때문에 은행에서 빚을 내서 인수했다가는 큰 리스크를 떠안게 됩니다. 지금까지 수익을 올려 축적해온 회사 돈이라면, 차입에 따른 이자 부담도 또 원금 상환의 부담도 없기 때문에 인수 등의 조치를 취하기가 수월해집니다.

고수익 기업이었기 때문에 가능했던
전기통신사업에의 진출

지금으로부터 14년 전, 일본의 통신업계는 새로운 시대를 맞이했습니다. 국영기업이었던 전전공사가 NTT로 민영화되면서 통신산업의 신규 진입을 중앙정부가 허가한 것입니다. 바로 그때 저는 교세라를 모체로 하여 다이니덴덴이라는 회사를 창업하기로 마음먹었습니다. '21세기 초에는 분명히 네트워크의 시대가 도래할 것이다. 지금까지는 우리 교세라처럼 물건을 잘 만드는 제조기업이 중심이지만, 21세기 초에는 반드시 네크워크의 시대가 찾아올 것이다. 또 그때가 오면 국민을 위해 통신요금을 저렴하게 해야 한다. 그렇기 때문에 통신사업에 진출하고 싶다'라는 생각을 굳힌 후, 저는 가장 먼저 손을 들고 전기통신사업에 뛰어들었습니다.

그때 교세라의 임원회의에서 제가 한 말을 임원분들은 지금도 기억하고 계실 겁니다. "통신사업에 문외한인 우리가 이 업계에 뛰어드는 것은 분명히 위험한 일이지만, 다이니덴덴을 어떻게든 창업하고 싶습니다. 만약 이 사업이 순조롭게 궤도에 오르지 못해서 교세라에 부담을 준다고 해도 1,000억 엔 수준의 부담까지는 감수할 수 있게 해주십시오. 한계치인 1,000억 엔까지 도달하면 그때는 뒤도 돌아보지 않고 사업을 포기하겠습니다.

우리 교세라에 미치는 부담이 1,000억 엔에 이를 때까지는 이 사업을 치고 나갈 수 있게 해주십시오"라고 호소했습니다.

당시 교세라에는 1,500억~1,600억 엔 정도 모아둔 돈이 있었습니다. 이것이 전부 사내유보금만은 아니었습니다. 교세라를 상장해서 주식시장에서 모은 돈까지 포함해서 1,500억~1,600억 엔 정도였던 것으로 기억합니다. 다이니덴덴을 창업해 저희 교세라가 여러 형태의 보증을 서고, 당시 한도였던 1,000억 엔까지 설비 투자 등을 단행했기 때문에, 만약 다이니덴덴이 실패하면 그 1,000억 엔을 모회사인 교세라가 부담하지 않으면 안 되었습니다. 실패하면 현금 1,000억 엔이 전부 날아가고 교사라로서는 기간손실 1,000억 엔의 적자를 보게 됩니다.

예컨대 100억, 200억 엔의 이익을 냈다 해도 그걸 뺀 900억, 800억 엔의 적자가 계상됩니다.

당시의 일본 사회는 저희 교세라의 통신사업 진출에 매우 회의적이었습니다. 통신사업에 특화된 모회사도 아니어서 큰 적자를 볼 것이라며 비관적으로 바라봤습니다. 그러나 저희 교세라가 과거부터 쌓아둔 돈이 1,600억 엔 정도 되었기 때문에, 그 돈에서 1,000억 엔이 사라질 뿐이지 회사 자체가 쓰러지는 것은 아니었습니다. 여전히 600억 엔의 현금이 남고, 게다가 본업과 관련해서는 누구도 부정할 수 없는 고수익 기업이었습니다. 다이니덴덴을 창업한 그해 1년만 큰 규모의 적자를 보는 것이지, 그다음 해부터는 교세라와 마찬가지로 15%, 20%의 이익을 낼 자신이 있었기 때문에 회사로서는 큰 영향을 받지 않을 것이라고 생각했습니다. 창업 직후에만 적자로 인한 오명을 쓸 뿐, 통신사업 진출로 인해 교세라 본체가 흔들리거나 장래가 불투명해지는 일은 결코 없을 것이라는 판단을 했습니다. 그래서 "지금까지 쌓아둔 돈을 1,000억 엔만 쓸 수 있게 해달라"고 당시 교세라 임원회의에서 호소했던 것입니다.

만약 당시 교세라가 고수익 기업이 아니라 이익을 별로 내지 못하는 회사고 또 1,500억~1,600억 엔이 과거 몇십 년에 걸쳐서 모은 돈이었다면, 거기서 1,000억 엔이 사라지면 이럴 때는 통신사업체 창업 직후에 적자를 보는 것만이 문제가 아니라 자칫 잘못하면 본업 자체도 위험해집니다. 그때 교세라가 이런 상황이었다면 신규 사업 진출은 불가능했을 것입니다.

당시 다이니덴덴은 상당한 모험에 뛰어든 격이었다고 할 수 있는데요, 그 모험을 잘 이겨낼 수 있었던 이유는 바로 교세라가 원래부터 고수익 기업이기도 했고, 또 동시에 과거에 거둔 고수익으로 사내유보금이 풍부해서 자금적 여유가 있었던 데 있습니다. 일본의 전후 기업사에서도 특기할 만한 큰 결단을 내릴 수 있었던 것은 저에게 용기가 있었기 때문만은 아닙니다. 말씀드린 바와 같은 기업 재무 차원의 준비가 되어 있었기 때문에 가능한 일이었죠. 분명히 말씀드리건대, 그와 같은 조건을 갖추지 않았다면 새로운 영역인 통신사업에 뛰어들지 못했을 것입니다.

저는 늘 주위의 모든 분께 "모래판 한가운데서 씨름을 해야 한다"고 강조하는데, 통신사업에 신규 진출했을 때도 '모래판 한가운데'서 승부를 거는 각오로 임했습니다. 돈키호테가 거대한 풍차를 상대로 싸움을 벌인 것처럼, 당시 일본 사회에서는 제가 매우 무모하고 어리석은 사람으로 비쳤을 것이라고 생각합니다. 막대한 리스크를 등에 업고 승산도 없는 무모한 싸움에 나섰다고 다들 생각했을 것입니다. 그러나 당시의 도전은 제게 있어 '모래판 한가운데'에서 벌이는 싸움이었습니다. 교세라의 본업에서 20% 정도의 고수익을 올리고 있던 상태에서, 보유 현금 1,000억 엔을 신규 사업에 투입하는 정도의 일이었기 때문에, 교세라 본체에는 손상을 거의 입히지 않는 도전이었습니다. 여유가 있는 상태에서 하는 매우 안전한 싸움이었습니다. 교세라가 고수익 기업이었기 때문에 세간을 깜짝 놀라게 하는 도전을 할 수 있었던 것입니다.

왜 고수익 기업이어야만 하는지, 그 이유에 관해 말씀드렸는데, 원래부터 이런 이론이 있었던 것은 아닙니다. 교세라라는 회사를 창업한 당시부터 여러 문제에 직면해 치열하게 고민하는 동안 회사는 '고수익' 궤도에 오르지 않으면 안 된다는 생각을 하기 시작했고, 제가 스스로 실행해온 것을 면밀하게 분석해

보니 이 같은 결론에 이른 것이지요. 오늘 고수익 기업이어야만 하는 이유를 여섯 가지 들었는데, 그것을 처음부터 의식한 것은 아니고 제가 사후에 논리화한 것일 뿐입니다.

그러나 '고수익 기업이 되어야 합니다'라고 강조하는 한 이 같은 이론화가 필요합니다. 또한 "왜 고수익이어야만 합니까?"라는 질문을 받았을 때 "이 여섯 가지를 실현할 수 있기 때문에 당연히 고수익이어야 한다"라고 대답할 수 있도록 저 나름의 논리를 정리해보았습니다.

고수익은 기업의 훈장이다

그렇다면 '고수익'이라는 평가를 받으려면 어느 정도의 세전이익률을 올려야 할까요? 교세라의 경우, 창업한 해에 10%였던 이익률이 어느새 15%가 되고 20%로 올라가더니, 30%까지 올라간 해도 있었습니다.

물론 이익률이 높으면 높을수록 고수익 기업으로 볼 수 있겠지만, 고수익이란 어느 정도의 세전이익률을 가리키는지 지금까지 그 누구도 그 답을 명쾌하게 제시한 적이 없습니다.

업종에 따라 이익률은 달라집니다. 어떤 업종은 전체적으로 이익률이 높고, 또 어떤 업종은 전체적으로 이익률이 낮습니다.

이처럼 업종에 따라서도 이익률은 천차만별입니다. 특히, 최근에는 게임 소프트웨어 개발 회사들이 고수익을 내고 있습니다. 그러나 이는 게임 소프트웨어가 대히트를 쳤을 때를 말하는 것으로 이때는 고수익이 발생해 매출 대비 이익률이 40~50%인 경우도 있는 반면, 히트를 치지 못하면 매출이 적어서 이익률이 극단적으로 낮아집니다. 따라서 게임 소프트웨어를 만드는 회사의 이익률이 반드시 높은 것은 아닐 수 있습니다.

그렇다면 어느 정도의 이익률을 고수익으로 볼 수 있을까요? 교세라를 창업했을 때 정말 혼신을 다해 일했습니다. 그 결과, 첫해의 매출이익률은 10%였습니다. 그 후 시간이 흘러, '제조사로서 어느 정도 이익률을 올리는 것이 맞는 것일까?'라는 질문을 두고 고민하기 시작했습니다. 어느 정도의 이익률이 올바른 것인지에 대한 답은 아마 그 어떤 회계 책에도 적혀 있지 않을 것으로 생각합니다. 아마 그 누구도 답을 하지 못할 것입니다.

저는 일본의 대규모 제조사, 즉 대기업의 매출이익률 3~4%는 아무리 생각해도 낮은 수준이라고 생각했습니다. 그 정도 수준의 이익률로는 회사 경영이 안정화될 리 없다고 생각했습니다. 그래서 어느 정도 수준의 이익률이 적당한지를 고민하는 가운데 머릿속에 문득 은행의 금리가 떠올랐습니다. 당시 일본의 은행 금리는 연 6~8% 수준이었습니다.

회사를 창업한 지 10년이 지나지 않았을 때로 기억하는데, 어느 시중 은행의 교토 지점장과 꽤 친해졌습니다. 저희 회사가 돈을 빌리기 위해 제가 접대를 한 날이었습니다. 그때 제가 "은행업이라고 하는 건 정말 돈이 되는 장사인 것 같습니다. 크게 고생하는 것 없이 돈을 벌지 않습니까?"라고 말했습니다. 이 같은 제 말에 은행 관계자라면 보통 당연히 "그렇지 않습니다. 우리도 힘들게 일합니다"라고 말하겠지요. 그런데 그 지점장은 매우 재미있는 인물로 "예, 맞습니다. 역시 이나모리 사장님께서도 그렇게 생각하시네요. 은행업은 대장성(지금의 재무성)의 인허가 절차만 없다면 제가 개인적으로 하고 싶을 정도의 장사입니다. 이렇게 편하게 돈을 벌 수 있는 장사는 없습니다"라며 장단을 맞춰줬습니다. 그래서 저는 "역시 제가 생각했던 대로네요. 재미있는 말씀입니다"라고 대답했습니다. 이 같은 대화를 주고받은 것을 저는 지금도 기억합니다.

은행을 잘 살펴보면, 마치 가마우지가 물고기를 잡는 것처럼 돈에 끈을 매달아 헤엄치게 해놓고 그 끈을 1년에 한 번 끌어당겨서 이자를 받아내는 장사를 합니다. 반면 제조업은 돈을 쓰고, 물건을 쓰고, 사람을 쓰고 그리고 지적인 산물인 발명, 발견, 특허 등 모든 탁월한 지혜를 모아 이익을 냅니다. 저희는 이른 아침부터 늦은 밤까지 최선을 다해 일하는데, 빌려준 돈은 잠을 자지 않습니다. 금리는 24시간 내내 조금씩 전혀 쉬지 않고 돈을 벌어다줍니다. 게다가 사람의 손이 갈 일도 없습니다. 돈만 돌리면 돈을 벌 수 있기 때문에 참으로 편한 장사인 것입니다.

물론 은행이 아무것도 안 하는 것은 아닙니다. 돈을 잘못 빌려주었다가는 큰일이 나기 때문에 사람을 제대로 골라서 돈을 빌려줘야 하지요. 엄격하게 심사를 하지 않으면 안 되니 은행이 아무것도 안 하는 것은 아닙니다. 하지만 그렇다고 해도 별다른 노력 없이도 이자를 받을 수 있습니다. 반면 제조기업은 사람, 물건, 돈, 지혜 등 여러 경영 자원을 다 투입하고도 불과 3~4%의 수익밖에 손에 넣지 못합니다. 은행과 달리, 제조업이 큰 손해를 보는 장사를 하는 것이 너무 어리석게 생각되었습니다.

예컨대 100억 엔의 돈을 운용한다고 해봅시다. 제조사는 100억 엔어치를 팔고, 회수를 해서, 재료를 사들여 다시 파는 식으로 돈을 운용합니다. 그 이익률은 대기업의 경우 3~4%입니다. 은행의 경우 연간 운용하는 돈을 매출이라고 보면, 100억 엔 돌리면 아무것도 하지 않고도 6~8%인 6억~8억 엔이나 되는 이익을 챙깁니다. 이건 균형이 맞지 않는다고 저는 생각했습니다.

'우리 인간의 노동이 더 가치 있는 것 아닌가? 하물며 제조업의 세계에서 우리는 장인의 기술을 사용하고 특허를 받을 수 있는 훌륭한 발명과 발견이라는 지혜를 모아 기술을 개발하고 물건을 만들고 있다. 이렇게 인간의 탁월한 지혜를 한데 결집해 일하는데, 돈만 빌려주는 은행과 비슷한 이익밖에 손에 넣을 수 없다면 어불성설이다. 이는 물건을 만드는 우리 자신에 대한 모욕 또는 모멸과 같고, 우리를 너무 비참하게 만든다. 우리 기술자들이 하는 일은 은행이 하는 일에 비해 훨씬 가치 있게 평가되어야 하며, 그저 돈만 빌려주고 아무것도 하지 않으면서 이자만 챙기는 사람들과 똑같은 대우를 받는 것은 있을 수 없는 일이다. 은행과 비교해 적어도 두 배 또는 세 배 정도 높은 이익률이 나와도 전혀 이상하지 않다. 또 우리는 우리만의 가치를 창출하고 있다. 과학기술을 통해, 물건을 만드는 숙련된 기술을 통해 그 정도의 가치를 창출하고 있지 않은가?'

제가 여러분에게 '15% 정도의 이익은 당연하다'라고 말씀드리는 것은 바로 이와 같은 의미입니다.

"은행이 챙기는 이자와 동일한 수준의 이익으로는 우리가 아무런 가치도 창출하지 못하고 있는 것이 되어버립니다. 돈만 돌리면서 돈을 버는 은행과 비슷한 수준으로밖에 이익을 볼 수 없다면 우리가 너무 비참하지 않습니까? 일을 하고 생각하고 고민했다면, 더 많은 가치가 창출되어야 하지 않겠습니까? 우리는 그렇게 하찮은 사람이 아닙니다. 우리의 노동 능력은 고귀합니다. 인간의 노동, 특히 제조는 최고의 가치를 생산해내는 위대한 일입니다."

이 같은 논리와 입장을 토대로 저는 '그러니 당연히 고수익이지 않으면 안 된다'고 강조하는 것입니다. 우리가 만약 15~20%

에 이르는 고수익을 올렸는데 누군가가 그것을 두고 부당하다고 말한다면 "그렇지 않습니다. 우리는 인간의 모든 지혜를 모아 혼신의 힘으로 부가가치를 높이고 있습니다"라고 답하면 됩니다. 기업 간 경쟁이 없는 상황에서 부당할 정도로 비싸게 물건을 팔아 부정한 이익을 챙기는 경우라면 불공정하다고 말해야 하겠지요. 특허권을 가지고 있으면서도 세계시장에서 치열하게 경쟁하며 제품을 만들고 그 결과로 고수익을 거둔다면 그것은 제조업에 종사하고 있는 저희에게 있어 훈장이지 결코 비난을 받거나 지적당할 일이 아닙니다. 세계적인 차원의 경쟁을 하며 도저히 달성할 수 없는 높은 수준의 이익을 창출했다면 그것은 우리의 지혜, 우리의 노력으로 얻은 것입니다. 당당하게 우리 입장을 밝혀야 합니다.

이렇게 생각했기 때문에 매출이익률은 교세라를 창업한 첫해에 10%에서 시작해서 계속해서 올랐습니다. 15~20%로 올라갔고, 또 30%까지 올라가기도 했습니다. 그 후 10% 수준으로 다시 떨어지긴 했지만, 이런 이유로 최근 이토 사장도 '원점 회귀'라는 말을 했고, 저 역시도 '원점으로의 회귀는 고수익 기업으로의 회귀가 아니겠나, 먼저 고수익으로 회귀해야 한다'라고 강조하는 것입니다.

'고수익'이란,
세전이익으로 얼마일까?

그렇다면, '고수익'이라는 세전이익으로 어느 정도 수준을 말하는 것일까요?

이는 뜬구름 잡는 이야기일지도 모릅니다. 그러나 선소리라도 좋으니 사람에게는 근거가 필요합니다. 그것을 스스로 믿고 관철해나가려면 근거가 필요한 법입니다. 근거가 없으면 마음이 왔다 갔다 흔들리기 때문에 이치나 자기 논리를 억지로라도 설정해서 근거를 갖는 것이 중요합니다. 근거만 있으면 자기 확신에 가까워질 수 있습니다. 자기만의 논리를 확신으로까지 끌어올려 '그래서 우리는 이렇게 한다'라고 생각할 수 있게 되는 것이지요. 그렇게 밀어붙이면 견강부회라는 소리를 들을 수도 있습니다. 억지라고 할지라도 거짓말은 아닙니다. 있는 그대로의 사실입니다.

저는 세이와주쿠[1] 회원 기업에도 "어떤 업종이든 사업을 영위하는 이상 적어도 10%의 이익을 올리지 못했다가는 기업 경영자로 인정받지 못합니다. 간신히 연명하는 수준으로밖에 이익

---

1 중소기업을 대상으로 이나모리 가즈오의 경영철학 및 경영기법을 가르치는 학교(아카데미). 이나모리 가즈오稲盛 和夫의 이름에 들어 있는 성(盛, 일본어로는 '세이'로 읽음) 자와 화(和, 일본어로는 '와'로 읽음) 자를 합쳐 '세이와'로 부른다.

을 못 올리면 땀 흘려 경영하는 보람이 없습니다. 그런 사업이라면 차라리 일찌감치 그만두는 게 낫습니다"라고 말합니다.

사업을 경영할 때는 최소한 10%의 이익률을 필요하다고 생각합니다. 그래서 저는 적어도 그 두 배인 20% 정도는 내어야만 '고수익' 기업이라 말할 수 있지 않을까 하고 생각합니다.

"적어도 10% 정도의 이익을 올려보자"라고 말하면 "이익률은 업종에 따라 다르지 않나요?"라고 이의를 제기할 수도 있습니다.

저는 창업 당시부터 지금까지, 솔직히 제조업에 종사해서 다행이라고 생각하고 있습니다. 제조업은 고생도 많이 하고 또 그리 평탄한 산업은 아니지만, 비용 안에 재료비, 인건비, 그 외의 다양한 제반 경비가 포함되기 때문에 부가가치를 창출하려고 하면 줄일 수 있는 요소가 매우 많고, 거기에는 창의력을 발휘할 여지가 얼마든지 있습니다. 바꿔 말해, 지혜를 발휘하면 얼마든지 수익을 올릴 수 있는 것이 제조업입니다.

반면, 유통업을 생각해보세요. 유통업은 제조사가 만든 상품을 사들여서 파는 장사를 하기 때문에, 사들인 가격에 얼마의 마진을 얹는지에 따라 이익이 결정됩니다. 그래서 그 이익의 수준은 통상 그리 크지 않습니다.

교세라를 창업한 후 얼마 지나지 않아, 영업은 영업 부분만으로 독립적인 수익을 내야 한다고 생각했기 때문에 영업 부문에

10%의 마진을 커미션으로 주기로 했습니다. 영업 부문은 그렇게 먹고살라고 결정한 것이지요.

그런데 영업에서는 한번 사들인 것은 반품하지 않고 모두 다 파는 '매절'이라는 방법이 있습니다. 이는 매입을 하고 스스로 가격을 결정하는 방법입니다. 즉 매입가격에 판매 수수료를 얹어서 파는 방법과 판매가격에서 10%의 수수료를 뺀 값으로 매입 가격을 결정하는 방법이 있습니다.

자본주의가 발전하면서 유통업 역시 발달하기 시작했습니다. 유통업은 인류가 수렵, 채집을 하며 살던 시절에는 일어나지 않았습니다. 인류는 시간이 지나면서 산과 강을 따라 수렵, 채집하며 먹고사는 게 아니라 정주하며 목축과 농업을 시작했습니다. 소와 양을 길러 우유를 얻어 유제품을 만들고, 또 쌀과 밀을 재배하기 시작했습니다. 그러다 어느 지역에서 수확물이 풍성해지면 그 지역의 주변에 그것을 저렴하게 나눠 줄 수 있게 됩니다. 하지만 거기서 멀리 떨어진 곳으로 가면 같은 물건이라도 가격이 비싸집니다. 이 같은 현상에 눈을 뜬 어떤 사람이 나타나서 많이 생산된 곳에서 생산물을 사서 이를 짊어지고 먼 곳으로 옮겨 생산물이 부족한 곳에 가서 판매를 합니다. 그리고 그 사람은 물건을 옮긴 대가로 마진을 챙겼습니다. 이것이 바로 유통업이 성립된 배경입니다.

이곳에서 구입한 물건을 현지까지 짊어지고 가서 그곳 상황에 맞는 가격을 붙여 판매하는 것, 싸게 사들여 비싸게 팔면 꽤 많은 이익이 남습니다. 이와 같은 방식은 지금도 마찬가지입니다. 대자본이 드는 석유든 뭐든 간에, 물건을 싸게 사들여 비싸게 팝니다. 환율 변동을 보고 외환을 사고파는 딜러도 오늘 싼 가격으로 사서 내일 비싼 가격으로 팔아 마진을 남깁니다. 이처럼 유통자본이 등장한 것이 자본주의의 시작입니다.

당시에는 몰랐지만, 아까 말씀드린 매절이 원래의 장사, 즉 원래 유통업의 원형입니다. 그러나 교세라 영업은 그런 방식을 채택하지 않았습니다.

매절을 원칙으로 영업 부문에 책임을 지게 하면, 영업은 제조 부문에서 싸게 사들이려고 할 것입니다. 그렇게 되면 둘 사이의 관계가 삐걱거리기 마련입니다.

또한, 흥정할 줄 모르는 '어리석은' 영업 부문이 제조 부문에서 물건을 비싸게 사들여서 매입가격보다 싼 가격으로 팔아야만 고객이 사준다면, 역으로 영업 부문이 치명적인 손해를 볼 위험이 있습니다.

그러면 곤란하기 때문에 먼저 고객에게 판매가격을 협상합니다. 이때는 반드시 회사의 제조 부문에 연락해서 "이 정도 가격으로 주문을 받아도 되겠느냐"고 묻습니다. 제조 부문이 괜찮다고 하면 고객으로부터 주문을 받습니다. 그리고 얼마에 매입을 하든 주문 가격의 10%는 반드시 영업 부문의 마진으로 돌리는 방법을 채택했습니다. 그러니까 제조 부문도 영업 부문이 말한 가격에서 10%를 뺀 값이 자신들에게 돌아온다는 것을 처음부터 염두에 두고 그 주문을 받아도 될지 안 될지를 고민해서 영업 부문에 답신합니다. 또 영업 부문에도 "자네들은 10%로 어떻게든 먹고살아야 한다"고 처음부터 말을 했고, 연구를 하면 그 정도는 해나갈 수 있을 것으로 생각해서 마진을 10%로 결정한 것입니다. 그러나 이 방법에도 난점이 있습니다.

이처럼 결정하면 이번에는 영업 부문이 아무리 싸게 팔아도 10%의 마진은 무조건 챙길 수 있기 때문에 판매가격을 낮춰도 영업 부문에는 아무런 손해가 나질 않습니다. 그러나 사내의 제조 부문은 판매가격이 손익분기점을 밑돌면 적자를 보게 됩니다. 바로 이것이 앞에서도 강조했던 '가격 결정이 곧 경영'이라는 이야기와 직결되는 부분인데, 가격이 싸면 쌀수록 고객으로부터 주문을 많이 받을 수 있기 때문에 영업 부문은 되도록 싸게, 되도록 편하게 주문을 받으려고 합니다. 그리고 제조 부문에 "경쟁 기업의 판매가격은 이 정도 수준이다"와 같은 이야기를 하면, 제조 부문도 영업 부문이 고객과 교섭한 대로 싼 가격으로 물건을 내놓는 것이 적절하다는 생각에 빠져버리고 맙니다.

그러나 매절 방식으로 인해 영업 부문의 수익이 들쑥날쑥하는 것보다는 영업 부문이 싼 가격에 주문을 받아버릴 위험성은 있어도 그 부분만 잘 체크하면 영업에 마진을 주는 방식이 더 낫다고 생각했습니다. 그래서 "10%의 마진을 줄 테니 영업 부문은 그 안에서 교통비부터 인건비 등 모든 경비를 충당하고 이익을 올려야 한다"라고 결정했던 것입니다.

이는 특수한 경우라서 '적어도 10%의 이익을 못 내면 경영이라고 할 수 없다'고 했지만 이때는 원래 이익이 10%뿐인 상황이라 거기서 인건비 등의 경비를 빼면 3~4%만 남는 것이 당연합니다. 그래서 이 경우는 제가 말씀드린 '적어도 10%' 기준에서 벗어납니다. 다만, 이는 제조기업의 영업 부문에 대한 이야기로, 제조 부문이 만든 것을 팔아주는 형태이기 때문에 3~4% 정도의 이익만 내도 괜찮습니다. 제조 부문에서 15%의 이익을 낸다면 전체 매출 대비 18~19%의 이익을 낼 수 있습니다. 제조사, 즉 제조 부문에 직결된 공동체로서의 영업이라면 그 정도로 충분하다고 생각해서 마진을 10%로 정한 것입니다.

그렇다면 영업을 맡은 주체가 제조업체와 완전히 분리된, 예컨대 상사 기업일 때는 어떨까요? 일본에는 유명한 종합상사가 있는데, 그런 상사 대기업은 마진율이 10% 정도로 높은 경우도 있고, 또 경우에 따라서는 매우 낮은 마진을 취하는 경우도 있습니다. 마진이 높은 경우도 있긴 하지만, 일본의 종합상사는 몇조 엔에 달하는 엄청난 매출을 올리는 데 비해 이익률은 매우 낮습니다. 이는 여러분도 잘 아시리라 생각합니다. 매출액 수준만 높고 이익률은 장사를 유지하기 어려울 정도로 낮은 것이 일본의 종합상사입니다. 현재 일본의 대기업 종합상사 가운데는 사업을 완전히 접은 곳도 꽤 있는데, 원래부터 저는 종합상사가 이런 식으로 장사를 해도 되나 하고 생각했었습니다.

또 "우리는 교세라의 대리점입니다"라고 말만 하고 교세라 상품의 재고조차 보유하고 있지 않은 경우라면 어떨까요? 저희 교세라는 미국에서는 '렙(Rep, Manufacturer's Representative의 약자)'이라고 불리는 대리점을 사용하고 있습니다. "우리는 교세라의 대리인입니다. 교세라의 패키지를 구매하시겠습니까?"라며 고객사를 찾아다니며 영업을 하고 그쪽이 구매하겠다고 하면 "지금 바로 교세라로 연결하겠습니다. 이제부터는 교세라와 거래하시면 됩니다"라고 대응한 후, 교세라에는 "제가 100억 엔짜리 이 거래를 중개했으니 마진을 주십시오"라고 요청합니다. 이것이 바로 렙인데, 이럴 때는 분명히 물품을 취급하지도 않고 돈도 들지 않습니다. 그저 말로만 대응해서 거래를 성사시키기 때문에 3% 정도의 마진으로 충분할 수도 있습니다.

그러나 일반 소비자를 대상으로 하는 제품을 팔기 시작하면서 비로소 알게 된 사실인데, 일반 소비자용 제품의 제조업체 영업 부문 또는 판매 부문은 매출총이익의 30% 정도의 마진이 없으면 돌아가지를 않습니다. 저희는 이전까지만 해도 부품 제조업체였기 때문에 직판만 해왔을 뿐 일반 소비자를 대상으로 하는 제품은 팔아본 적이 없어서 10%의 유통마진도 너무 비싸다고 생각했었지요.

저희 교세라에는 특수한 부품이 많았기 때문에, 홍보나 광고를 많이 하지 않았습니다. 부품 영업은 아무래도 도시바나 히타치 같은 전자제품 대기업에 직접 판매를 하는 것이라서 신문이나 TV 등에 광고를 내서 일반 소비자에게 알릴 필요가 없었습니다. 당연히 홍보비나 광고비도 들지 않았지요. 그런데 일반 소비자에게 제품을 팔려고 하면 역시 홍보 및 광고가 필요합니다. 동시에 재고도 갖춰놓지 않으면 안 됩니다. 즉 비용이 많이 듭니다. 그래서 상당히 높은 수준의 마진을 챙길 필요가 있다는 것을 그때 비로소 알게 된 것입니다. '일반 소비자에게 물건을 파는 건, 진짜 장난이 아니구나' 하는 것을 그때 처음 깨달았습니다.

유통업에서는, 교세라의 영업 방식과 달리 보통 거의 대부분이 매절 방식을 채택합니다. 유통기업이 돈을 내 제품을 사들인 후 그 재고를 판매하는 방식이지요. 그래서 30%의 마진 안에 재고자산 금리도 반영하지 않으면 안 되고, 또 다 팔리지 않으면 판매하고 남은 것을 처분하는 손절매[1]도 하지 않으면 안 됩니다. 또한, 유통기업이 맨 처음에 결정한 가격으로 팔리면

---

1 손해損를 잘라切 버리는 매도賣渡를 가리킨다. 영어로는 'loss cut(로스 컷)'이라고 하며, 세간에서는 손절매를 줄여서 '손절'이라고도 한다.

30%의 매출총이익이 날 수 있겠지만, 가격을 내려서 팔면 30%는커녕 20%, 또는 10%로까지 이익이 내려가는 경우도 많습니다. 즉 가격을 내리면 30%의 매출총이익조차 손에 넣지 못할 위험성이 있는 것입니다. 그래서 자신이 물건을 사들여서 판매하는 유통업의 경우에는 정말 뛰어난 상술이 없으면 10%의 수익을 올리기도 어렵습니다.

유통 부문에서 고수익을 얻고자 한다면, 더 높은 수준의 비즈니스 능력이 필요한 것입니다.

경 | 영 | 의 | 원 | 리 | 원 | 칙

❶ 세금이 아까우니 그걸 줄이자는 발상은 의도와는 달리 낮은 수익을 바라는 결과로 이어진다. 실제로는 세금이 아까우니까 세금을 가능한 한 적게 내려고 했을 뿐이지 결코 저수익을 원하는 것은 아니다. 그러나 결과적으로 그 같은 사고방식은 '낮은 수익이 더 낫다'라는 인식으로 이어진다.

❷ 고수익은 현금흐름을 늘려서 설비 투자 자금 등을 풍요롭게 하고, 사내유보금을 늘려 자기자본비율을 높이는 동시에 차입금 상환을 가능하게 하여 무차입경영을 실현하는 근간이 된다.

❸ 기업 경영에 있어서 가까운 미래에 일어날 경비 부담을 버

터널 수 있는 여력을 나타내는 지표가 바로 이익률이다. 고수익이란 그 부담에 대한 여력이 큰 상태를 나타낸다. 수익성이란 가까운 미래에 있을 임금상승에 대한 내구력, 또는 비용 증대에 대한 내구력을 뜻한다.

❹ 기업을 장기적으로 발전시켜나가려면 어떻게든 신규 사업에 뛰어들지 않으면 안 된다. 그러나 신규 사업은 결코 순탄한 길이 아니다. 적자를 감수하고도 회사가 건재하려면 본업이 고수익 궤도에 올라야 한다. 그렇지 않으면 적자 부담을 감내할 수 없게 된다.

❺ 기업 간 경쟁이 없는 상황에서 부당할 정도로 비싼 가격으로 물건을 팔아 부정한 이익을 챙긴다면 불공정하다고 말해야겠지만, 세계시장에서 치열하게 경쟁하면서 제품을 만들어 그 결과로 고수익을 거두는 것은 제조업에 종사하는 이들의 훈장이지 결코 비난을 받을 일이 아니다.

❻ 뜬구름 잡는 소리일지라도 인간에게는 근거가 필요하다. 뭔가를 믿고 관철해나가기 위해서는 근거가 필요한 법이다. 근거가 있으면 그것은 곧 확신에 가까워진다.

❼ 어떤 업종이든 사업을 영위하는 이상 적어도 10%의 이익은 올려야 기업 경영이라고 할 수 있다. 간신히 이익이 남는 기업이라면 땀 흘려 경영할 이유가 없다.

❽ 기업 경영의 경우, 최소한 10%의 이익률이 필요하다. 적어도 그 두 배인 20% 정도는 되어야 고수익 기업이라고 할 수 있다.

9장

●

매출 최대화,
비용 최소화를
실천하는 방법

●

세이와주쿠 중부 도카이 지구 합동 학원장 간담회 강연,
2004년 5월 18일

본 강연은 2004년에 개교한 세이와주쿠 미카와三河 지부에서 처음으로 열린, 학원장을 대상으로 한 강연이다. 이나모리는 새롭게 세이와주쿠에 합류한 미카와 지부의 학생들이 업종을 불문하고 세이와주쿠에 입학한 목적을 이해할 수 있도록 한다는 주제로 손익계산서를 바탕으로 한 구체적인 경영기법에 관해 설명했다.

세이와주쿠에 참여하는 목적

오늘은 일본에서 56번째가 되는 세이와주쿠 미카와 지부가 개원한 이후 첫 번째 학원장 간담회입니다. 새롭게 세이와주쿠에 들어온 분들에게 어떤 이야기를 하면 좋을지, 여러 가지로 고민해봤습니다. 세이와주쿠 미카와 지부에 참여하는 학원생분들의 업종도 다양할 것이고 또 종사하는 기업의규모도 각양각색일 것이기 때문에 공통 주제를 이야기하기가 쉽지 않겠지만, 이번에 세이와주쿠에 새로 들어오신 분들과 또 전국에서 오신 기존의 학원생 여러분이 '세이와주쿠에 들어오길 정말 잘했다'라고 생각하실 수 있는 이야기를 해드리고 싶습니다.

여러분의 회사가 크게 성장했음을 실감하고, 세이와주쿠에 들어와서 정말 좋았다고 생각하시는 것이야말로 제가 세이와주쿠를 세운 유일한 이유이기 때문에, 오늘은 여러분의 회사 경영에 직결되는 구체적인 이야기를 해드리고자 합니다.

저는 지금껏 많은 세이와주쿠 학원생들을 만나왔는데, 그중에는 왜 세이와주쿠에 들어왔는지 이해를 못하는 분들도 계셨습니다. 여러 학원생들과 교제할 수 있겠다는 다소 막연한 목적으로 들어오신 분도 계시고, 세이와주쿠의 모임에 나가면 재미있더라 하는 정도의 이유로 들어오신 분도 계십니다. 그러나 앞에서도 말씀드렸듯이, 우리 세이와주쿠의 목적은 세이와주쿠에 들어오신 분들이 경영하는 모든 기업이 성장하고 발전하여 학원생 모두가 '세이와주쿠에 들어오길 정말 잘했다'라고 생각하실 수 있도록 하는 것입니다.

오늘 세이와주쿠 미카와 지부에 등록하신 여러분은 '내 회사를 더 성장시키고 싶다'라는 생각으로 세이와주쿠에 들어오셨을 것으로 생각합니다. 회사 경영이 불안정하면 경영자로서 불안한 매일을 보낼 수밖에 없습니다. 그래서 우선은 하루라도 빨리 자기 자신이 경영자로서 안심하고 싶어서라도 더 좋은 회사로 만들고 싶다고 생각하시지 않을까 싶습니다.

또 회사를 잘 만들어보겠다고 생각하는 두 번째 이유는 직원들이 안심하며 근무할 수 있도록 하기 위해서일 것입니다. 직원들이 자신이 근무하는 회사가 이익을 올리는 훌륭한 경영을 하고 있고, 처우도 타사에 뒤지지 않는다는 자부심을 갖고 회사를 전적으로 신뢰하도록 하고 싶을 겁니다. 또한 그런 회사에서 근무하는 자신을 자랑스러워하고 근무하는 것 자체를 진심으로 기쁨으로 여기도록 하고 싶을 것입니다. 여러분은 직원 모두가 그렇게 생각하는 회사를 만들고 싶을 것입니다. 나아가 이 회사에 근무함으로써 직원과 그 가족이 안심하고 생활할 수 있는, 즉 그들이 전적으로 기댈 수 있는 회사로 하루빨리 발전시키고 싶다는 희망도 가지고 계실 겁니다.

세 번째로는 나라와 사회에 공헌할 수 있는 회사로 만들고 싶다는 마음이 있을 겁니다. 기업을 경영하는 한 이익을 내지 않으면 안 되지만, 그 이익의 거의 절반은 세금으로 징수됩니다. 우리의 기업 경영에 의한 이익 그리고 개인의 소득에서 세금이 납부되어 일본 사회와 국가가 성립하는 것이기 때문에, 이익을 낸다는 것은 국가와 사회에 공헌한다는 의미이기도 합니다.

사업의 목적과 의의를 명확히 한다

부친이나 조부가 창업한 기업을 그저 물려받아서 아버지 대부터 고용된 직원이 많고 특별한 목적 없이 막연하게 회사를 경영하는 분도 계실 겁니다. 또는 경영자인 자신의 월급을 조금이라도 올려서 자기 재산을 늘리고자 하는 목적으로 회사를 경영하는 분도 계실 수 있습니다.

그러나 그렇게 목적이 없거나 혹은 목적이 있다고 해도 사리 사욕을 위해 경영을 해서는 안 됩니다. 세이와주쿠에서는 '전 직원의 물질적·정신적 행복을 추구하기 위해 회사를 훌륭하게 만든다'라는 대의명분 있는 목적을 명확하게 가질 것을 제 경험을 토대로 가르쳐왔습니다.

저는 '전 직원의 물질적·정신적 행복을 추구하는 동시에 인류 및 사회의 진보와 발전에 기여한다'라는 문구를 교세라의 경영이념으로 삼아왔습니다. 제가 필사적으로 회사 경영에 임하는 것은 함께 일하는 전 직원의 물질적·정신적 행복을 실현해주고 싶기 때문이며, 더불어 인류 및 사회의 진보와 발전에 이바지하고 싶기 때문입니다. 그런 마음으로 교세라를 경영해왔습니다.

여러분에게 〈경영 12개조〉라는 책자가 배포되었을 것입니다. 제1조는 '사업의 목적과 의의를 명확하게 한다'입니다. 사업의 목적과 의의란 경영자 자신에게 도움이 되는 것이 아니라 '대의 명분'을 갖춘, 공명정대하고 고매한 것이어야 합니다. 즉 앞서 말씀드렸듯이, 자신을 포함한 전 직원을 물질적으로도, 또 정신적으로도 행복하게 하는 것을 경영의 목적으로 확실하게 설정해야 합니다.

우선은 전 직원이 물심양면으로 행복을 느끼고 또 일하는 데 기쁨과 감사를 느낄 수 있는 회사로 만드는 것이 중요합니다. 그런 방향으로 회사를 이끌면 직원들이 기꺼이 일에 임함으로써 회사 역시 점차 발전하고 나아가 결과적으로는 경영자인 자기 자신도 행복해집니다. 경영자 자신도 행복해지고 싶지만 먼저 직원의 행복을 추구하는 것, 이것이 바로 제가 늘 강조해온 '이타주의'입니다. 자신의 회사에 근무하는 직원을 행복하게 해주겠다는 '이타심'을 실현하면 결국 자연스럽게 나의 행복으로 이어집니다.

동시에, 기업 경영을 통해 인류 및 사회의 진보와 발전에도 이바지해야 한다고 말씀드렸습니다. 예컨대 직원이 몇 명뿐인 회사라 할지라도 그 기업활동은 여러 형태로 지역사회에 기여할 것입니다. 즉 작더라도 인류와 사회의 진보 그리고 발전에 직간접적으로 공헌하고 있는 것입니다. 지금 말씀드린 것은 경영에 있어 가장 먼저 필요한 것입니다. 무엇을 위해 세이와주쿠에 들어오셨느냐는 질문을 받으면 여러분의 회사를 훌륭하게 발전시키기 위해서라고 대답할 수 있어야 합니다.

더 나아가 회사를 왜 훌륭하게 발전시키고 싶은지를 묻는다면 전 직원의 물질적·정신적 행복을 실현하고 인류와 사회의 진보와 발전에 기여하기 위해서라고 답할 수 있어야 합니다. "전 직원의 물질적·정신적 행복을 실현하기 위해 그리고 인류 및 사회의 진보와 발전에도 공헌하기 위해서 회사를 훌륭하게 발전시키고 싶다. 그래서 나는 세이와주쿠에 들어왔다"라고 당당하게 말씀하실 수 있도록 세이와주쿠에 들어온 목적을 명확하게 설정해주셔야 합니다.

매출은 최대로 늘리고, 경비는 최소로 줄인다

그렇다면, 훌륭한 회사로 만들기 위해서는 구체적으로 어떻게 해야 좋을까요? 〈경영 12개조〉를 염불 외우듯이 그저 읽기만 할 것이 아니라 그 하나하나를 실천해나가야 합니다. 〈경영 12개조〉의 다섯 번째 지침은 '매출을 최대한으로 늘리고 경비는 최소한으로 줄인다'입니다. 매출을 되도록 크게 늘리고 경비는 되도록 쓰지 않는 것, 이것이 바로 훌륭한 경영의 요체입니다.

조금 전에, 원래는 어망 만드는 사업을 했다는 학원생이 계셨습니다. 그분은 어망 제조에 한계를 느끼고 트럭 적재함에서 화물이 떨어지지 않도록 하는 망 또는 멧돼지나 사슴 등의 야생동물로부터 농작물을 지키기 위해 논과 밭을 덮는 망을 제조하는 사업에 뛰어들었다는 이야기를 들려주셨습니다. 처음에는 물고기를 잡는 그물을 만들었지만 어망으로는 매출을 늘리는 데 한계가 있어, 〈경영 12개조〉의 열 번째 지침 '늘 창조적으로 일한다(오늘보다는 내일, 내일보다는 모레를 위해 끊임없이 개선과 개량을 거듭한다)'를 실천하신 것입니다.

그물의 용도가 어망에만 국한되지 않는다는 생각으로 자신의
주특기를 살려 아까 말씀드린 대로 사업을 새롭게 변형해 전개
하신 것으로 보입니다. 또한 예컨대 반찬을 만들어 슈퍼마켓에
납품하는 사업의 경우에도 매출을 최대로 늘리려면 어제까지
해왔던 것과 동일한 것을 해서는 절대 안 됩니다. 만약 맛을 내
는 데 강점이 있다면 그것을 살려 창의적인 발상으로 다양하게
사업을 전개할 수 있을 것입니다.

즉 '매출을 극대화한다'는 것은 사업의 한계 또는 범위를 스스
로 설정하지 말고 자신이 할 수 있는 모든 것에 도전해 매출을
늘린다는 의미입니다.

조직은 어떻게 구분해야 하는가?

세이와주쿠의 회원 기업 가운데 자체적으로 손익계산서를 작
성하시는 곳은 아마도 10억 엔 이상의 매출을 올리는 회사이지
않을까 싶습니다. 대부분의 기업은 회사 외부에 있는 세무사나
회계사에게 맡겨 손익계산서를 작성하실 것으로 생각됩니다.

그러나 손익계산서 작성을 회사 외부의 전문가에게 맡기는
것만으로는 경영이 잘되지 않습니다. 그래서 오늘은 지금까지

와는 다른 주제로 손익계산서를 활용해서 '경영'이란 무엇인가에 대해 여러분과 함께 이야기해보려고 합니다. 제조업을 하는 A사의 조직도를 봐주시길 바랍니다(도표1).

'조직'이란 기업 내의 수익성을 보기 위한 것입니다. 어느 부문에서 수익이 나는지를 파악할 수 있도록 해야 하며, 일반적으로는 영업, 제조, 총무 부문으로 구분됩니다. A사의 조직도를 보면, 먼저 영업 부문이 있습니다. 이 영업 부문은 간토 영업과와 간사이 영업과로 나뉘어 두 지역에 영업소가 있음을 알 수 있습니다.

그리고 간토 지역과 간사이 지역에 있는 두 영업소의 영업관리 업무를 맡는 영업관리과라는 조직이 있습니다. A사는 제조업에 종사하는 기업이기 때문에 당연히 제조 부문의 조직도 있습니다. 간토 지역과 간사이 지역 두 곳에 제조공장을 두고 있는 것을 이 조직도에서 알 수 있습니다. 나아가 제조공장의 내부는 금형계, 시제품 제작계 등 여러 조직으로 나뉘어 있습니다. 또 간토 지역과 간사이 지역 모두에 각각 품질보증부와 관리부가 있습니다. 이와 같은 영업, 제조, 품질보증, 관리를 맡는 네 개의 부로 구성된 조직이 회사 전체를 총괄하는 본사를 구성하고 있습니다. A사처럼 회사는 조직적으로 구분하지 않으면 안 됩니다. 이와 같은 조직은 각각 독립채산제로 운영되고 있습니다. 간토 지역에 있는 제조과가 독립채산으로 운영된다면, 그 밑에 있는 금형계도 독립채산으로 운영됩니다. 앞에서 살펴본 간토 영

〈도표1〉

A사 조직도

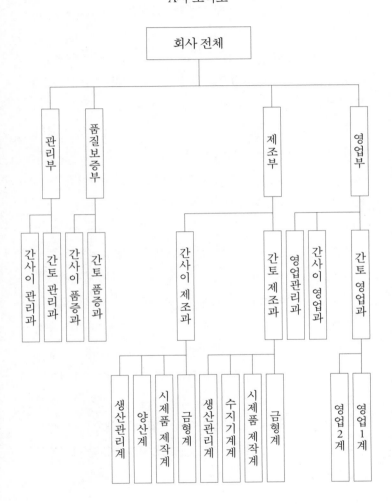

업소도 간사이 영업소도 독립채산으로 운영됩니다. 여기서 말하는 '독립채산'이란 조직 하나하나에 손익계산서가 있고, 그것을 보면 그 조직의 실적을 쉽게 알 수 있다는 의미입니다.

보통, 이익이 나는지 그렇지 않은지를 살펴볼 때는 회사 전체를 봅니다. 그러나 그렇게 검토했다가는 회사 내부의 어느 곳에서 이익을 냈는지 파악할 수 없기 때문에 어느 부문에서 또 어떻게 해서 이익을 냈는지 명확하게 파악하지 않으면 안 됩니다. 저희 교세라는 제조업 기업입니다. 제조 부문에서 물건을 만들고, 그것을 영업 부문이 판매합니다. 이럴 때 이익이 어디서 나왔는지 명확히 하는 데에는 두 가지 방법이 있습니다.

하나는, 제조 부문이 만든 것을 영업 부문이 사내에서 매입하여 거기에 이익을 얹어 판매하는 방법입니다. 영업 부문은 가능한 한 많은 이익을 거두려고 하기 때문에, 마치 종합상사처럼 제조 부문으로부터 되도록 싸게 물건을 사들여 가능한 한 비싸게 팔려고 합니다. 그 때문에 이런 경우에는 같은 회사의 조직임에도 제조 부문과 영업 부문 간에 갈등이 자주 발생합니다.

또 다른 하나는, 제조 부문이 영업 부문에 일정 수준의 마진을 주고 판매하는 방법입니다. 저희 교세라는 이 마진을 '영업 수수료'라고 설정했습니다. 영업 부문이 제품을 판매했을 때, 품목에 따라 약간 비율은 달라지지만 매출의 10% 정도가 마진으로 영업 부분의 몫이 됩니다.

영업 부문의 손익 관리

다음으로 A사의 손익계산서(도표2)를 살펴보겠습니다. 간토 지역 및 간사이 지역에 있는 두 공장에서 만든 것을 A사에서는 각각 간토 영업소와 간사이 영업소에서 판매하고 있습니다. 간토 영업소에서는 이달에 1억 9,795만 엔, 약 2억 엔의 매출(총매출액)을 올리고 있습니다. 간사이 영업소에서는 9,072만 엔, 약 9,000만 엔의 매출을 기록했습니다. 아까 저희 교세라의 경우에는 영업 부문이 10%의 마진을 남긴다고 말씀드렸는데요, A사 역시 저희 교세라와 같은 방식을 사용해 간토 영업소에서는 약 2,000만 엔, 간사이 영업소에서는 약 900만 엔의 마진을 남기고 있습니다. 영업 부문은 더 큰 매출을 올리는 것을 목표로 합니다. 영업 부문이 실적을 올리면 매출의 10%에 해당하는 마진을 받을 수 있으니, 매출을 열심히 올리면 되는 것이죠.

다음으로, 그 매출을 올리기 위해 필요한 경비를 어떻게 줄이느냐 하는 과제에 관해 말씀드리겠습니다. 간토 영업소의 경우 1억 9,795만 엔 매출의 10%인 1,979만 엔, 약 2,000만 엔이 자신들이 벌어들인 이익인데 이 2,000만 엔을 벌기 위해서 얼마만큼의 경비를 지출했는지를 확인해야만 합니다. 손익계산서를 보면, 합계 1,579만 엔의 경비를 지출한 것을 알 수 있습니다.

그 경비의 주요 내역을 보면, 먼저 간토 영업소에 근무하는

〈도표2〉

A사의 손익계산서

○○년 ○월
【아메바 경영 수익률표 실적】
부문명 : 영업부

작성일 :
작성자 :

[단위 : 엔]

	간토 영업과	간사이 영업과		영업관리과	영업부 합계
수주액	234,373,173	108,196,161		0	342,569,334
총매출액	197,957,127	90,722,683		0	288,679,810
총수익(수취 수수료 10%)	19,795,713	9,072,268		0	28,867,981
경비 합계	15,769,046	6,805,881		0	22,574,927
인건비	5,466,984	2,301,888		863,208	8,632,080
여비	154,876	115,662		7,180	277,718
교통비	779,944	434,061		1,809	1,215,814
접대교제비	55,409	63,158		0	118,567
회의비	28,590	2,000		0	30,590
광고선전비	14,000	0		0	14,000
통신비	292,937	94,194		15,332	402,463
통신교통비	0	820		381	1,201
공장 소모품비	0	3,530		3,880	7,410
사무용 소모품비	2,534	88		8,820	11,442
비품/소모품비	16,480	0		0	16,480
전기요금	176,476	26,690		9,288	212,454
가스요금	428	0		68	496
수도요금	0	11,063		0	11,063
보험료	160,003	130,662		25,264	315,929
지대(월세)	21,408	0		3,380	24,788
수선비	10,000	0		0	10,000
후생비	326,284	178,177		51,487	555,948
운임	0	0		0	0
차량비	416,010	155,140		50,517	621,667
보수점검비	7,400	0		0	7,400
연수비	69,048	0		0	69,048
관리비	0	0		0	0
감가상각비	95,363	66,486		20,668	182,517
리스요금/임대료	590,705	369,400		49,800	1,009,905
고정자산 처분손실(익)	0	0		0	0
대손상각비	0	0		0	0
기타경비	25,312	16,217		5,478	47,007
사내금리(외상채권)	1,493,970	542,852		0	2,036,822
사내금리(고정자산)	63,284	30,498		10,592	104,374
부문 공통비	1,119,328	471,296		-1,590,624	0
본사 공통비	2,481,873	1,044,999		391,872	3,918,744
본사수지 공통비	1,900,400	747,000		71,600	2,719,000
경상이익	4,026,667	2,266,387		0	6,293,054

| 인원 | 19.0 | 8.0 | | 3.0 | 30.0 |

열아홉 명에 대한 인건비로 546만 6,000엔 지출되었습니다. 그리고 영업직원들이 판매활동을 하기 위해 지출한 여비가 15만 4,000엔, 통근 등에 소요된 교통비가 77만 9,000엔, 접대교제비가 5만 5,000엔으로 기록되어 있습니다. 나아가 회의비가 2만 8,000엔, 통신비가 29만 2,000엔, 전기요금이 17만 6,000엔, 보험료가 16만 엔, 지대/월세가 2만 1,000엔, 수선비가 1만 엔, 후생비가 32만 6,000엔, 영업용 차량의 상각비와 유지비가 41만 6,000엔, 연수비가 6만 9,000엔, 고정자산에 대한 감가상각비가 9만 5,000엔, 복사기, 컴퓨터 리스 비용 그리고 사무실 임대료가 59만 엔으로 기록되어 있습니다.

제가 지금 말씀드렸듯이 경비 내역은 이 정도로 항목을 매우 세분화해서 소상하게 기록해 매월 얼마를 지출했는지 명세를 파악할 수 있도록 해야 합니다.

또 A사에서는 '사내금리'라는 것을 만들어서 미수금에 대한 이자를 받고 있습니다. 영업소가 상품을 판매했지만 아직 대금을 회수하지 못한 미수금에 대해 이자를 받는 것입니다. 미수금을 회수하지 않으면 계속해서 미수금으로 남게 됩니다. 이 때문에 회사가 은행에서 자금을 빌리면 이자가 붙는 것처럼, 미수금에도 사내금리로 이자를 부과해 조기에 회수될 수 있도록 하는 것입니다.

이와 동일하게 고정자산에도 이자를 부과합니다. 각 조직은 회사의 고정자산을 사용하고 있습니다. 그 고정자산을 취득하는 데 회사는 자금을 지출했기 때문에 그에 대한 이자로 연 6%의 이자를 받고 있습니다. 현재 은행 금리는 1~2% 정도이지만 사내금리는 그보다 훨씬 높게 책정되어 있음을 알 수 있습니다.

나아가 '공통비'라는 항목도 있습니다. 본사 운영에 소요되는 비용을 인원수로 나누어 간토 영업소에서는 열아홉 명 분을 부담합니다. 간토 영업소의 직원 열아홉 명의 총 노동시간에 대해 일률적으로, 예컨대 200엔을 곱하는 방식도 있습니다. 영업 부문의 공통비에 대해서도 인원수로 나누어 부담합니다.

이와 같은 비용을 모두 합산해서 총경비를 산출합니다. 매출에서 그것을 뺀 것이 경상이익이 됩니다. A사의 간토 영업과의 경우, 402만 엔의 경상이익을 냈음을 알 수 있습니다.

이는 A사 내부의 약속입니다. 이렇게 약속 또는 룰을 정하고 간토 영업소는 자신들이 올린 1억 9,795만 엔 매출에서 10%의 마진인 1,979만 엔을 받습니다.

반면, 방금 하나하나 언급했던 여러 경비, 즉 인건비에서부터 사내금리 6%까지를 다 합친 것이 1,576만 엔입니다. 1,979만 엔에서 총경비 1,576만 엔을 차감하면, 402만 엔의 순이익이 산출됩니다.

계정과목을 검토하며 경영한다

A사에서는 이와 같은 수치가 월말에 나옵니다. 자사에서 손익계산서를 작성하지 않고 회계사가 대행해서 작성하면 오늘 말씀드린 것 같은 계정과목이 더 크게 묶여 있습니다. 예컨대, 가스요금, 수도요금, 전기요금처럼 세세하게 구분되지 않고 그저 '광열비' 하나로 묶여서 표시됩니다.

회계사 사무실 등에서는 계정과목을 크게 구분하는데, A사는 왜 계정과목을 아주 세세하게 나누었을까요? 이는 매우 세밀하게 구분한 계정과목을 보고 경비를 최소화하려면 어떤 부분을 줄이면 좋을지를 경영자가 쉽게 확인할 수 있게 하기 위해서입니다.

예컨대, 전기요금이 한 달에 17만 6,000엔이나 들었다는 것을 알면 불필요한 전기를 사용했을지도 모른다는 생각으로 그 지출을 신중하게 들여다볼 수 있게 됩니다. 화장실의 전등을 비롯해 회사 내부의 모든 불필요한 전기를 절약하게 됩니다. 그 효과역시 다음 달의 전기요금 내역을 보면 확인할 수 있습니다.

또 여비를 보면 15만 4,000엔으로 기록되어 있습니다. 영업을 하는 데 택시를 타고 돌아다녔다가는 여비가 크게 늘어나서 이익이 줄어듭니다. 그래서 택시 사용료 더 줄여 여비 전체를 줄이려는 노력으로 이어집니다. 또 접대교제비가 많다면 그걸 줄이면 되겠지요. 이처럼 매우 세세하게 구분된 계정과목을 하나하나 검토하면서 경비를 줄여나가는 작업이 필요합니다.

손익계산서는 회계사 또는 세무사에게 연 1회 작성을 의뢰하는 회사가 대부분인 것 같습니다. 매월 자사가 작성하는 곳은 적을 것입니다. 그러나 실은 매월 자체적으로 만들어야 합니다.

그리고 그것을 검토하면서 경영에 임해야 합니다. 예컨대, 간토 영업소의 영업과장은 지난달의 손익계산서를 기초로 하여 이번 달 경영에 임합니다. 전월에는 매출이 1억 9,795만 엔이었기 때문에 10% 마진인 1,979만 엔을 벌었지만, 이번 달에는 더 노력해서 매출을 늘려 마진을 조금이라도 늘리기 위해 노력할 수 있어야 합니다. 동시에, 지난달은 1,579만 엔의 경비가 소요되었으니 이번 달에는 그것을 줄여보자는 계획을 세웁니다. 인건비는 쉽게 줄일 수 없지만, 인건비 내역을 보니 야근수당이 큰 비중을 차지하고 있다면 야근을 줄일 수 있도록 관리를 합니다. 나아가 세세하게 구분된 계정과목을 하나하나 살펴서 지난달에는 통신비를 29만 엔 지출했다면 이번 달에는 조금이라도 줄여나갈 수 있도록 해야 합니다.

계정과목을 세분화한 자료를 책상 위에 놓고 그것을 늘 들여다보면서 이번 달은 이 항목의 지출을 어떻게 줄일지 생각하여 실천에 옮깁니다. 이것이 바로 〈경영 12개조〉에 있는 '매출을 늘리고 경비를 최소화한다'는 지침을 실천하기 위한 방법입니다.

'매출을 최대로 늘리고, 경비를 최소화한다'라는 말을 그저 염불 외우듯이 읽거나 중얼거리기만 하면 되는 것이 아닙니다. 지금 여러분이 보고 계시는 A사의 손익계산서와 같은 경영자료를 꼼꼼하게 들여다보면서 매출을 더 많이 올려 영업 수수료를 늘리고, 동시에 경비를 조금이라도 줄여 이익을 늘리는 것과 같은 실천이 중요합니다.

지금 보고 계시는 손익계산서를 아까 살펴본 조직도에 명시된 영업 부문과 제조 부문으로 나누어 각각 작성하지 않으면 안 됩니다.

회계사나 세무사가 대신해서 손익계산서를 작성해주고 있다면, "사장인 제가 보고 활용할 수 있는 경영자료를 각 부문별로 만들어주십시오. 그것도 매월 만들어서 제게 보여주십시오. 저는 그것을 활용해서 직원들과 함께 경영에 임하고 싶습니다"라고 부탁하십시오.

제조 부문의 손익 관리

다음은 A사 제조 부문의 손익계산서(도표3)에 관해 말씀드리고자 합니다. A사에는 두 개의 제조 부문, 즉 간토 제조과와 간사이 제조과가 있습니다. 간토 제조과의 총생산액은 2억 633만 엔, 간사이 제조과의 총생산액은 8,234만 엔으로 기록되어 있습니다. 간토 제조과의 인건비는 한 달에 4,309만 엔, 간사이 제조과의 인건비는 1,495만 엔 지출되고 있습니다. 인원수는 간토 제조과가 98명이고 간사이 제조과가 34명입니다. 그리고 간토 제조과에서는 모든 경비의 합계가 1억 6,075만 엔이며 총생산이 2억 633만 엔임을 고려할 때 경상이익은 4,557만 엔입니다.

반면에 간사이 제조과의 총생산액은 8,234만 엔이며 경비의 총합계는 8,223만 엔이어서 간사이 제조과에서는 불과 11만 엔의 경상이익밖에 내질 못하고 있습니다.

이 손익계산서에는 '영업 수수료(%)'라는 항목이 기재되어 있습니다. 이 손익계산서에서 간토 영업소에 지불하는 영업 수수료는 간토 제조과가 부담하고, 경비로 공제하고 있습니다.

즉 앞에서 말씀드렸듯이 제조 부문은 영업 부문이 제품을 팔아주니 영업에 대해 10%의 수수료를 지불하고 그것을 경비로 처리하고 있습니다. 그러나 그 외의 경비를 절약함으로써 발생하는 이익은 제조 부문이 취합니다.

간토 제조과는 약 2억 엔의 매출로 영업 부문에 10% 수수료를 지불하고도 약 4,500만 엔의 이익을 올리는, 고수익 부문임을 알 수 있습니다. 98명의 직원이 열심히 일해서 이만큼의 이익을 올린 것을 손익계산서를 통해 확인할 수 있습니다.

아까 살펴보았던 간토 영업소의 손익계산서를 다시 한번 봐

〈도표3〉
A사 제조 부문의 손익계산서

○○년○월　　　　　　　　　　　　작성일 :
【아메바 경영 수익률표 실적】　　　작성자 :
부문명 : 제조부　　　　　　　　　　　　　　　　　　　　　　[단위 : 엔]

	간토 제조과	간사이 제조과				제조부 합계
총출하	250,985,412	96,547,455				347,532,867
사외 출하	197,957,127	90,722,683				288,679,810
사내 판매	53,028,285	5,824,772				58,853,057
사내 구매	44,649,772	14,203,285				58,853,057
총생산	206,335,640	82,344,170				288,679,810
경비 합계	160,759,377	82,233,631				242,993,008
인건비	43,098,214	14,952,442				58,050,656
외주 가공비	48,152,698	31,252,177				79,404,875
재료비	1,692,689	5,260,084				6,952,773
공장 소모품비	3,409,550	1,562,370				4,971,920
수선비	757,480	1,999,050				2,756,530
보수점검비	212,998	81,000				293,998
운임	1,540,753	1,114,531				2,655,284
전기요금	2,569,728	1,241,108				3,810,836
가스요금	2,208	0				2,208
수도요금	0	47,018				47,018
여비	9,600	35,528				45,128
교통비	171,051	479,538				650,589
통신비	26,958	20,987				47,945
차량비	307,904	254,693				562,597
회의비	30,790	0				30,790
연수비	437,066	93,429				530,495
후생비	1,689,219	744,759				2,433,978
보험료	833,276	555,315				1,388,591
지대(월세)	128,423	96,000				224,423
감가상각비	4,400,166	2,233,863				6,634,029
리스요금/임대료	6,788,203	2,617,875				9,406,078
고정자산 처분손실(익)	0	0				0
기타 경비	856,590	269,629				1,126,219
영업 수수료(10%)	19,795,713	9,072,268				28,867,981
내부 기술료(10%)	0	0				0
사내금리(고정자산)	1,459,663	608,921				2,068,584
사내금리(기타)	0	0				0
부문 공통비	0	0				0
본사 공통비	12,801,237	4,441,246				17,242,483
본사수지 공통비	9,587,200	3,199,800				12,787,000
경상이익	45,576,263	110,539				45,686,802

인원	98.0	34.0				132.0

주시길 바랍니다. 맨 위의 이른바 '성과$_{output}$' 항목에는 당월 획득한 '수주액', 당월 '총매출액' 그리고 영업의 대가로 받는 수수료 10%인 '총수익'이 있습니다. 그 밑의 경비 항목에는 예컨대 인건비는 '시간실적×시간당 인건비'와 같이 계정과목별로 각각의 비용산출 방법을 정해놓습니다. 이처럼 손익계산서에 있는 경비 과목의 정의를 사내에서 정해놓는 것입니다.

이처럼 경영자료를 사내에서 작성, 구축하여 이를 토대로 경영해나갑니다. 저는 "경영은 비행기 조종과 같다"라는 말을 자주 합니다. 비행기 안 조종석에 앉아 눈앞에 있는 계기판을 보면서 고도와 속도를 확인하여 조종하지 않으면, 회사를 경영할 수 없는 것이지요. 즉 경영다운 경영이 안 되는 것입니다. 아까 설명드렸던 손익계산서상의 각 수치를 매월 들여다보면서 경영해야 합니다.

구체적인 목표를 세운다

세분화된 수치를 보면서 매출을 어떻게 올릴지, 또 경비를 어떻게 줄일지 하는 문제를 늘 고민합니다. 매출을 늘리는 데도, 또 경비를 줄이는 데도 창의적인 발상과 대응이 필요합니다. 매출을 최대로 늘리고 경비를 최소로 줄이는 것은 〈경영 12개조〉 열 번째 '항상 창의적인 일을 한다'라는 지침과 같은 의미입니다.

'여기까지가 한계다, 이 이상 매출을 늘리기는 어렵다'라며 포기할 게 아니라 무한한 가능성을 믿으며 항상 창의적으로 고민하고 대응해야 합니다. 창의적인 발상과 대응을 하기 위해서는 먼저 〈경영 12개조〉의 두 번째 지침인 '구체적인 목표를 세운다'가 중요합니다.

구체적인 목표를 세운다는 것은, 예컨대 A사의 간토 제조과의 경우, 지난달 생산액은 2억 엔이고 또 이달도 수주를 충분히 할 것으로 예상되기 때문에 이달은 2억 5,000만 엔의 생산을 하겠다는 구체적인 목표 수치를 제시하는 것입니다. 경비와 관련해서도 이달은 5,000만 엔 증산이 목표지만 이익률을 올리기 위해서 지난달의 1억 6,075만 엔에서 조금만 늘어나는 정도로 경비를 억제해 수익 향상을 꾀합니다. 이처럼 '구체적인 목표를 세운다'는 것은 목표를 구체적인 수치로 제시하는 것입니다.

만약 레스토랑을 경영하고 있다면, 손익계산서를 꼼꼼히 살펴보면서 '지난달 매출은 이 정도였지만, 이달은 좀 더 분발하여 이 정도의 매출로 늘려보자. 또 되도록 식자재비에서 인건비에 이르기까지 모든 경비를 목표 수치로까지, 그 이상으로 최대한 줄여보자'라고 생각하고 실천해야 합니다. 이처럼 손익계산서에 있는 수치를 사용해 구체적인 목표를 세우지 않으면 의미가 없습니다.

구체적인 목표를 세운 후에는 〈경영 12개조〉의 세 번째 지침인 '강렬한 바람을 마음에 품는다'가 필요합니다. 손익계산서를 살펴보면서 구체적인 목표 수치를 도출한 후 '세운 목표는 어떻게든 달성한다'라고 자기 자신을 끊임없이 각성시키는 것이 '강렬한 바람을 마음에 품는' 것입니다. 목표를 달성하기 위해서는 잠재의식에까지 스며들 정도로 강렬하고 치열한 바람을 가슴에 품어야만 합니다.

동시에 〈경영 12개조〉의 네 번째 지침인 '누구에게도 지지 않는 노력'도 계속해야 합니다. 묵묵히 한 걸음 한 걸음 앞을 향해 걸어 나가는 것, 즉 누구에게도 지지 않는 노력을 계속해야 목표를 달성할 수 있습니다.

구체적인 수치를 눈앞에 두고 다음 달, 다음 해의 목표를 세우고, 그것을 어떻게든 달성하고자 하는 강렬한 바람을 마음에 품고, 그 누구에게도 지지 않는 수준의 노력을 하는 것, 바로 그것이 '매출은 최대로, 비용은 최소로'를 실현하는 길입니다.

목표를 공유한다

기업 경영을 할 때는 구체적인 수치로 목표를 세우고, 최고경영자가 그 목표를 달성하기 위해 솔선수범하고, 강렬한 바람을 마음이 품고, 또 누구에게도 지지 않는 노력을 하지 않으면 안 됩니다. 그러나 최고경영자 혼자서 아무리 노력해도 한계가 있기 마련입니다. 그 때문에 서두에도 언급했듯이 사업의 목적과 의의를 명확하게 설정한 다음 이를 전 직원과 공유해 다 함께 노력해야 합니다.

즉 "우리 회사의 경영 목적은 전 직원의 물질적·정신적 행복을 추구하는 동시에 인류 및 사회의 진보와 발전에 기여하는 것입니다. 이 목적을 달성하기 위해 매출을 늘리고 수익을 증대하고자 합니다. 여러분을 위한, 또 이 세상 사람들을 위한 일이니 협조를 부탁합니다"라고 직원들에게 선포하고 비단 사장만이 아니라 전 직원의 목표로 공유해야 합니다.

그래야 직원들도 "맞습니다. 사장님이 말씀하신 대로입니다. 회사가 발전하여 이익을 내면 우리에 대한 처우도 좋아질 겁니다. 사실 과거에도 그렇게 해주셨으니까요. 그렇다면 앞으로도 우리는 기쁜 마음으로 매출을 조금이라도 늘릴 수 있도록, 또 경비를 조금이라도 줄일 수 있도록 협력하겠습니다"라고 화답해줄 것입니다. 현장에 있는 말단 작업자까지 매출을 최대로 늘리고 경비를 최소로 줄이는 데 관심을 갖게 되고 회사의 목적과 목표가 전사적으로 공유됩니다.

경영을 하려면 이렇게 회사의 목적과 방향에 직원 모두를 참여시켜야 합니다. 즉 직원들이 회사의 목적과 방향을 자기의 것으로 내면화할 수 있도록 이끌어야 합니다. 직원들이 "사장님 말씀이 맞습니다. 저희도 최선을 다해 협력하겠습니다"라고 각오를 다질 수 있도록 하지 않으면 경영이 되지 않습니다.

최고경영자 한 사람만 매출을 늘리고 경비를 줄이기 위해 필사적으로 애쓰는 회사가 많습니다. 때로 최고경영자 혼자만 애를 쓰면 쓸수록 직원들의 마음은 오히려 텅 비어버리고 마는 경우마저 있습니다. '사장 혼자 자기 마음대로 깃발을 흔들고 있을 뿐이야. 최선을 다해 매출을 늘리고 경비를 줄이라고 입에 거품을 물고 떠드는데 그렇게 번 돈은 결국 사장 주머니에 들어가잖아. 이 회사는 사장님 것이니 자기가 돈을 더 많이 벌고 싶으니까 그저 우리를 이용하기 위해 선동하고 있을 뿐이야'라는 식의 반응이 나오기도 합니다.

그래서 〈경영 12개조〉의 첫 번째 지침처럼 '사업의 목적과 의의를 명확하게 설정해서', 예컨대 다음과 같이 직원들에게 선언해야 합니다.

"제가 회사를 경영하는 목적은 저만을 위해서가 아닙니다. 회사 경영을 통해 사장인 저도 행복해지고 싶지만, 저를 포함한 전 직원을 물질적으로나 정신적으로 행복하게 해주는 것이 저의 목적입니다. 이 목적은 결국 여러분을 위한 것이기도 한 것입니다. 그러므로 여러분의 협조를 꼭 부탁드리겠습니다."

예를 들어 "이 회사는 제조부가 만들었고, 지금까지 가업으로 오랫동안 이어져 내려왔습니다. 저 역시 가업으로 인식해온 것이 사실입니다. 그러나 이제부터는 우리 회사의 목적을 직원 모두가 행복해지는 것으로 명확하게 설정하고, 직원 여러분과 함께 이 목적을 실현해나가고 싶습니다"라며 회사의 목적을 다시 분명하게 고치고 그 의의를 선언해야 합니다. 그러면 직원들도 "잘 알겠습니다. 사장님이 말씀하신 대로 저희도 협력해나가겠습니다"라고 반드시 화답해줄 것입니다. 그런 다음 "다음 달은 이 정도의 매출을 달성합시다. 경비는 이 정도로 줄여봅시다"라고 구체적인 수치를 제시하면서 이야기를 이어나갑니다.

이렇게 월초에 직원들에게 구체적인 수치를 보여주면서 "이와 같은 방침으로 나아갈 테니 다들 협력해주시길 바랍니다"라고 보다 확실하게 요청하는 것이 중요합니다.

그러나 직원들에게 구체적인 수치를 제시하면서 이렇게 이야기 해도 그것을 실제로 달성하기는 쉽지 않은 것이 사실입니다. 수치 목표를 달성하기 위해서는 〈경영 12개조〉의 일곱 번째 지침인 '경영은 강한 의지로 결정된다'에서 보듯이 바위도 뚫을 수 있을 만큼 강한 의지가 필요합니다. 목표를 아무리 구체적으로 세웠어도 의지가 약해서는 달성할 수가 없습니다.

동시에 〈경영 12개조〉의 여덟 번째 지침인 '불타는 투혼'도 필요합니다. 회사 경영에는 그 어떤 격투기 못지않은 격렬하고 강렬한 투쟁심이 필요합니다. 최고경영자가 용기와 투혼을 발휘하지 않으면 경영은 할 수 없습니다. 그렇다고 폭력을 쓰라는 뜻이 아닙니다. 정신적인 강인함이 필요합니다. 여성 경영자도 불타는 투혼을 발휘해야 됩니다. 게으른 남성 경영자 따위는 상대가 되지 않을 정도의 강한 의지와 투혼을 발휘하면 여성도 남성 이상의 경영을 할 수 있습니다.

나아가 〈경영 12개조〉의 아홉 번째 지침은 '용기를 갖고 일에 임한다'입니다. 용기가 없는 사람은 경영자가 되어서는 안 됩니다. '이렇게 하고 싶다!'라고 강하게 생각하고 직원들에게도 '이렇게 해주면 좋겠다!'라고 요구하고 싶다면, 용기를 갖고 직원들에게 이야기하고 설득해야 합니다. 이 같은 의미에서 구체적인 수치로 목표를 세우고 그것을 공유하는 것은 쉬운 일이 아닙니다.

그래서 "다음 달은 이렇게 하자"라는 쉽지 않은 이야기를 해야 할 때는 직원 모두가 "맞습니다, 그렇게 협력하겠습니다"라고 공감할 수 있도록 술자리를 마련해서라도 이야기를 해야 합니다. 같이 술을 한잔하면서 "다 같이 최선을 다합시다!"라고 요청했을 때 "네, 열심히 하겠습니다"라는 분위기를 만들어가는 것이지요. 그런 자리라면 직원들도 "사장님, 잘 알겠습니다. 최선을 다하겠습니다"라고 반드시 화답해줄 것입니다.

부담스러운 이야기를 융통성 없이 딱딱하게 전달할 때와 술을 한잔하면서 할 때는 분위기가 전혀 다릅니다. 그렇기 때문에 한잔하는 회식 분위기를 이용해 다소 부담스러운 수치이지만 "잘 부탁합니다. 할 수 있겠지요?"라는 식으로 인간적으로 설득합니다. 이것이 회식을 하는 이유입니다. '사장은 전 직원의 물질적·정신적 행복을 진심으로 원하는 사람이다. 그저 엄격하기만 한 사장이 아니라 직원의 행복을 필사적으로 생각하고 있다'라는 것을 직원들에게 알리기 위해 같이 술을 마시고 밥을 먹으면서 애정과 배려를 분명하게 표현해야 합니다. 그러면 "이렇게까지 저희를 배려하고 생각해주는 사장님을 위해서라면 저희도 최선을 다해 협력하고 노력하겠습니다"라며 직원들도 따라와줄 것입니다.

손익계산서를 통해 현장의 모든 것을 파악한다

손익계산서는 경영에 있어 필수 불가결합니다. 그러나 공대 출신의 기술자인 제가 교세라라는 회사를 45년 전(1959년)에 창업했을 당시만 해도 손익계산서라는 것을 아예 몰랐습니다. 또 저는 영업, 기술개발, 제조라는 회사의 전 부문을 다 맡고 있어서 제가 직접 월별 손익계산서를 작성할 시간도 없었습니다. 그래서 회계 담당자에게 모든 것을 맡기고 손익계산서를 작성해달라고 부탁했습니다.

하지만 회계 전문가가 작성한 손익계산서를 아무리 봐도 회사의 경영 실태를 제대로 파악할 수가 없었습니다. 그래서 제가 좀 더 적극적으로 사용할 수 있도록 계정과목을 더 세분화해달라고 부탁했습니다. 그렇게 세분화한 계정과목을 검토하면서, 월별로 매출을 최대로 늘리고 경비를 최소로 줄이는 노력을 했습니다. 월말이 되자 이처럼 최선을 다한 결과가 어떻게 반영되었는지 빨리 확인하고 싶어서 손익계산서를 조금 더 빨리 달라고 요청했지만, 제 손에는 두세 달이 지난 후에야 들어왔습니다. 두세 달이나 지나서 손익계산서가 나와서는 의미가 없습니다. 그저 두세 달 전에 이익을 냈는지 또한 적자를 봤는지 확인하는 데 쓰일 뿐, 사업에는 활용할 수 없는 무용지물입니다.

그래서 저희 교세라에서는 매출도 경비도 당월 말에 마감해 일주일 내로 손익계산서를 제출하도록 하고 있습니다. 경영관리 부문이 매일 집계해 월말에 마감하면 일주일도 채 되지 않아 손익계산서가 나옵니다. 그 손익계산서를 보고 지난 한 달 동안 자신이 열심히 노력한 만큼의 이익이 나왔는지, 예상한 만큼의 이익이 나왔는지를 확인합니다.

부서가 다양한 회사라면 이 손익계산서 자료는 몇 권 분량이 됩니다. 저의 경우, 몇 권이나 되는 분량의 손익계산서를 출장을 갈 때도 언제나 손에서 떼놓지 않았습니다. 늘 가방 안에 넣어 다니면서 꼼꼼하게 읽고 검토했습니다.

예컨대 제가 앞서 소개한 A사의 손익계산서를 보고 있다고 가정하면, 손익계산서를 검토하면서 간토 제조과의 생산액이 2억 엔이라는 것을 확인하면 그 수치와 함께 간토 제조과의 과장인 A라는 남성 직원의 얼굴이 머릿속에 떠오릅니다. '지난달에 내가 생산액을 2억 3,000만 엔까지 끌어올려보라고 지시했을 때, 해보겠다고 대답했었지. 그런데 결국 2억 엔밖에 하질 못한 건가'라는 생각과 함께 담당자의 얼굴이 손익계산서 위로 떠오를 정도입니다.

그다음에 경비 총액을 보면, '담당자가 지난달에 경비는 1억 3,000만 엔 수준으로 어떻게든 유지해보겠다고 말했고 나도 그렇게 부탁했지. 그런데 1억 6,000만 엔이나 지출했군. 도대체 지금까지 뭘 한 건가?'라는 생각과 함께 손익계산서의 보다 세부적인 항목을 들여다봅니다. 그러면 '여기서 이렇게 많은 소모품을 사용하고 있다'는 것을 확인할 수 있고, 소모품을 많이 사용하고 있는 현장의 담당자 얼굴까지 떠오르면서 '회사로 돌아가면 바로 그 사람을 불러서 한마디 해야겠다'라는 생각이 듭니다.

손익계산서에는 수치밖에 없습니다. 그러나 그것은 제게 소설보다 더 재미있고 흥미로운 읽을거리로 다가옵니다. 출장 때문에 회사에 없더라도 손익계산서만 보면 회사의 구체적인 내용이 손에 잡힙니다. 손익계산서만 들여다봐도 회사가 지금 어떻게 돌아가고 있는지를 일목요연하게 간파할 수 있는 것입니다. 그래서 다음 달에는 회사의 어느 곳을 손대야 할지도 바로 알 수 있게 됩니다.

공장 복도에 아무도 없는데도 전등이 다 켜져 있어서 사장이 직접 일일이 불을 다 끈다는 이야기를 자주 듣습니다. 그러나 복도 전등보다 쓸데없이 돌아가는 모터의 스위치를 끄는 편이 훨씬 더 전기요금이 절약됩니다. 중요한 것은 비용 절감을 꾀하기 위해 어디에 집중해야 하는지를 아느냐, 모르느냐 하는 점입니다.

비용을 줄이는 데 있어 중요한 것은 무엇을 목표로 삼을 것인가 하는 것입니다. 즉 공장에서 무슨 일이 일어나고 있는지를 알고, 그중에서 무엇을 목표로 삼아 개선할지까지 손익계산서의 수치에서 모두 읽어낼 수 있어야만 제대로 경영을 할 수 있습니다. 손익계산서에서 그것을 간파하지 못한다면 경영이 되지 않습니다.

손익계산서는 '조종석의 계기판'이다

오늘 말씀드린 것과 같은 제조업이 아니라 물건을 사들여 판매하는 유통업의 경우에는 경쟁이 훨씬 더 치열해서 매출이익이 5~6%밖에 안 되는 경우도 있을 겁니다. 또한 적자가 계속되어서 아무리 경비를 줄여보려고 해도 지금의 경비 이하로는 줄일 수가 없는, 즉 도저히 사업으로서 성립되지 않는 업태도 있습니다.

그런 경우에는, 그 업태를 지속하면 앞으로도 적자가 계속될 테니 업종 전환을 꾀해야 합니다. 즉 손익계산서상의 수치를 잘 검토한 뒤에 자기 사업을 완전히 정리하는 것도 때로는 필요합니다.

예컨대, 요식업의 경우에는 손익계산서의 맨 처음에 재료비가 나옵니다. 같은 요식업이라고 해도 대중 레스토랑과 고급 요정은 상황과 차원이 아주 다릅니다. 고급 요정에서는 훌륭한 요리사가 값지고 귀한 요리를 만들어 손님에게 호평을 받지만, 경비에서 재료비가 너무 큰 비중을 차지해서 그리 많은 이익을 내지 못하는 경우도 꽤 많습니다. 이 경우 재료비가 매출에서 차지하는 비중이 몇 % 정도여야 타당한지에 관한 상식도 필요합니다. 최고급 요리를 만들어 손님들에게 낸다고 해서 고급 재료를 비용 감각 없이 마구 사용해서는 안 됩니다. 게다가 정성 들여 요리를 만드는 데뿐 아니라 경력 있는 지배인과 세련된 서빙 직원도 고용해야 하는 만큼 그 외에도 비용이 많이 듭니다. 따라서 재료비로 쓸 수 있는 경비의 상한이 매출에서 몇 % 정도를 차지해야 하는지 기준을 고민하고 또 명확하게 설정할 필요가 있습니다.

보통의 레스토랑에서는 재료비의 최대치가 30% 정도 아닐까 합니다. 조미료에서부터 음식 조리에 쓰이는 모든 재료를 다 합쳐서 30%입니다. 즉 재료비의 세 배 정도의 요리가 팔리지 않으면 수익이 나지 않을 것입니다. 또한 고급 요정에서는 재료비를 전체 경비의 25% 정도로 억제할 수 있으면 이익률이 더 높아질 것으로 생각됩니다.

재료비를 줄이기 위해서 품질이 떨어지는 재료를 사들였다가는 가게의 요리 맛도 떨어지게 됩니다. 신선하고 좋은 식재료를 싸게 사고자 한다면 사장이 직접 구매를 해야 합니다. 경영에 관한 문제의식도 감각도 없는 요리사에게 재료 구매를 맡기면 비싼 재료만 사들일지 모릅니다. 그러면 채산성이 맞지 않아 이익률이 낮아질 수밖에 없습니다.

최근 도쿄의 세이와주쿠에서 신세를 많이 진, 긴자를 비롯한 도쿄의 번화가에 몇 개나 되는 체인점을 경영하고 계시는 어느 초밥집 사장님이 있습니다. 세이와주쿠 학원생이시기도 한 그분은 아침 3시, 4시에 일어나 직접 도쿄 인근의 쓰키지築地에 있는 어시장에 가서 재료를 대량으로 구입한다고 하셨습니다. 그 사장님처럼 초밥집 경영자이면서도 쓰키지 어시장에 가서 중매인에게 직접 재료를 구입하는 분은 매우 드뭅니다. 재료 가격에 너무나도 밝은 그 사장님에게는 어시장 중매인도 저렴한 가격에 재료를 판다고 합니다.

이 초밥집은 이렇게 저렴하고 좋은 재료를 구입할 수 있기 때문에, 맛도 좋고 가격도 저렴해서 손님들이 가게 앞에 줄을 서서 기다려 초밥을 먹을 정도로 인기가 있습니다. 좋은 재료를 싸게 들여오려면 사장이 솔선수범하며 노력해야 하는 것이지요.

아까도 말씀드렸다시피, 경영은 비행기의 조종과도 같습니다. 경영자인 여러분은 파일럿입니다. 조종석에 들어가 앉아 조종간을 잡고 기업이라는 비행기를 조종하는 것입니다. 즉 조종석에 있는 계기판 하나하나를 꼼꼼하게 들여다보고 지금 이 비행기가 어떤 고도로, 어떤 속도로, 어떤 방향으로 날고 있는지, 수치를 보면서 조종간을 잡아야 합니다.

이 조종석에 있는 계기판이 바로 손익계산서입니다. 이처럼 손익계산서를 지표로 삼고 늘 그것을 들여다보면서 경영을 해야 합니다.

절차탁마하는 사람들이 모이는 '세이와주쿠'

그렇듯, 경영자가 스스로 노력하고, 또 회사의 주요 간부들도 협력해주기 시작하면 회사의 실적이 올라가게 되어 있습니다. 그리고 실적이 올라가기 시작하면 경영은 매우 재미있어집니다. 지금까지는 너무 힘들다고 생각했던 경영이 이렇게 재미있을 수 있을까, 생각하게 됩니다. 회사에 가면 임원들에게 '이번에는 이렇게 해봅시다', '이런 발상도 살려보면 어떨까요?'라는 식으로, 이런저런 아이디어가 떠오르면서 할 얘기가 많아집니다. 최고경영자뿐 아니라 회사의 모든 임직원이 점차 회사 일에 재미를 느끼게 됩니다.

고통과 괴로움을 느끼면서 경영을 하면 이야기가 되지 않습니다. 사람들이 회사 일로 고통스러우면 조금이라도 심적으로 편안해지려고 '왜 이런 고생을 해야 하는지 모르겠다'며 필요한 일에서 벗어나려고 합니다.

그렇게 되어서는 안 됩니다. 참을 수 없을 정도로 재미있고 즐겁다고 느낄 수 있도록 경영을 해야 합니다. 아무리 최선을 다해도 적자가 계속되면 즐거움을 느낄 수 있을 리가 없습니다. 경영이 즐겁고 또 재미있어지면 이 세이와주쿠에서처럼 같은 문제의식과 고민거리가 있는 동료들과 모이는 즐거움과 의미를 찾을 수 있습니다. 경영자란 아무리 부하직원들이 열심히 협력해줘도 결국은 고독한 존재입니다. 최고경영자가 직원들을 위로하거나 격려할 수는 있어도 직원들은 최고경영자를 위로하거나 격려해주지 않습니다. 최고경영자는 아무리 힘들고 고달파도 혼자서 감내하지 않으면 안 되는, 정말로 고독한 존재인 것입니다.

바로 그런 이유로, 같은 고민을 하고, 같은 외로움을 느끼는 사람들끼리 이렇게 몇 개월에 한 번씩 만나는 것입니다. 이러한 모임에서 일에 대한 진정한 즐거움을 느끼고 경영에 최선을 다하는 사람을 보며 '나도 저렇게 되고 싶다'라며 자극을 받고 격려를 받습니다. 또한 같은 고민으로 힘들어하는 사람들과 한자리에 모여서 서로를 격려하며 절차탁마합니다. 세이와주쿠는 바로 그런 장소가 되어야 합니다. 모두에도 말씀을 드렸습니다만, 그저 마음에 드는 사람과 사귀기 위해서 세이와주쿠에 들어왔고, 스터디 모임에서 같이 책을 읽고 비디오를 보고 식사를 하면서 즐거움을 느끼는 정도로는 아무런 성과를 낼 수 없습니다. 세이와주쿠에 들어왔을 당시 본인 회사의 실적을 정확하게 기록해두고 그 이후 실적이 어떻게 성장했는지를 기록으로 남겨서 '역시 세이와주쿠에 들어와서 다행이다'라고 생각할 수 있을 정도가 되지 않으면 의미가 없습니다.

'회사 실적이 좋아져서 정말 다행이다'라는 생각이 들지 않는다면 세이와주쿠의 가족이 된 의미가 없습니다. 그런 생각에 도달하지 못한 사람은 자기 스스로에게 '너는 도대체 무엇을 하고 있느냐?'라는 질문을 던지지 않으면 안 됩니다. 세이와주쿠는 그저 재미있고 즐거운 회합을 제공하는 곳이 아닙니다. '우리 사장님이 세이와주쿠에 참여한 덕분에 우리 회사가 이렇게 발전했고 또 우리 직원들도 안심하고 즐겁게 일할 수 있게 되었다'라며 직원들이 기뻐하는 회사를 만들기 위해 세이와주쿠에 들어왔다고 말할 수 있으면 좋겠습니다.

경 | 영 | 의 | 원 | 리 | 원 | 칙

❶ 우선 전 직원이 물질적·정신적으로 행복을 느끼고 또 일을 하는 데 기쁨과 감사를 느낄 수 있는 회사로 만들어야 한다. 그런 방향으로 회사를 이끌면, 직원들이 정말 기쁘게 일에 임하면서 회사 역시 점차 발전하고, 나아가 결과적으로는 경영자인 자신도 행복해진다.

❷ 경영자 자신도 행복해지고 싶지만 직원들의 행복을 먼저 추구하는 것, 이것이 바로 '이타의 정신'이다. 자신의 회사에서 일하는 직원들을 행복하게 해주겠다는 '이타주의'를 실천하면 두말할 필요 없이 경영자 자신의 행복으로 이어진다.

❸ 기업 경영을 통해 인류 및 사회의 진보와 발전에도 기여해

야 한다. 예컨대 직원이 몇 명밖에 없는 회사라도 기업의 활동은 여러 형태로 지역사회에 이바지하는 법이다. 즉 소박한 형태라도 인류와 사회의 진보 그리고 발전에 직간접적으로 공헌하게 된다. 훌륭한 회사로 만들어나가려면 어떻게 해야 할까? 〈경영 12개조〉를 염불 외우듯이 그저 읽기만 할 것이 아니라 그 하나하나를 실천해나가야 한다.

❹ 〈경영 12개조〉의 다섯 번째 지침은 '매출을 최대화하고 경비를 최소화한다'이다. 매출을 되도록 크게 늘리고 경비는 가능한 줄이는 것, 그것이 바로 경영을 훌륭하게 만드는 요체이다.

❺ 매출을 최대로 늘리려면 어제까지 해왔던 것과 똑같은 일을 해서는 안 된다. 강점이 있다면 창의적인 발상으로 그것을 살려 더욱 다면적인 사업을 전개할 수 있다. 즉 '매출을 최대화한다'는 것은 한계 또는 범위를 스스로 설정하지 말고 자신이 할 수 있는 모든 것에 도전하여 매출을 늘리는 것이다.

❻ 독립채산제란 조직 하나하나에 손익계산서가 있고, 그것을

보면 그 조직의 실적을 알 수 있다는 뜻이다. 보통 이익이 나는지 안 나는지를 살펴볼 때는 회사 전체적으로 본다. 그러나 그렇게 검토해서는 어디서 이익을 냈는지 파악할 수 없기 때문에 어느 부문에서 또 어떻게 해서 이익이 났는지를 명확하게 파악해야 한다.

❼ 경비를 최소화하기 위해서는 통상적인 손익계산서보다 더욱 세세하게 구분된 계정과목을 하나하나 검토하는 작업이 필요하다. 손익계산서는 회계사 또는 세무사에게 연 1회 작성을 의뢰하는 회사가 대부분이고 매월 자사가 직접 작성하는 곳은 적다. 그러나 사실은 매월 자체적으로 작성해야 한다.

❽ '매출을 최대화하고 경비를 최소화한다'는 것은 그저 염불 외우듯이 읽거나 중얼거리기만 해서 되는 일이 아니다. 손익계산서와 같은 경영자료를 꼼꼼하게 들여다보면서 매출을 더 올리는 동시에 경비를 조금이라도 줄여서 이익을 늘리려고 노력해야 한다. 그렇게 실천하는 것이 중요하다.

❾ 계정과목을 세세하게 나눈 수치를 보면서 매출을 어떻게

늘릴지, 어떻게 경비를 줄일지를 고민하기 위해서는 창의적인 발상이 필요하다. 즉 매출을 최대로 늘리고, 경비를 최소로 줄이는 것은 〈경영 12개조〉의 열 번째 항목인 '항상 창의적인 일을 한다'와도 통한다.

⑩ '여기까지가 한계다, 이 이상 매출을 늘릴 수는 없다'라며 포기할 것이 아니라 무한한 가능성을 믿으며 늘 창의적으로 고민하고 대응해야 한다.

⑪ 항상 창의적인 발상과 대응을 해나가려면 〈경영 12개조〉의 두 번째 지침인 '구체적인 목표를 세운다'는 자세가 필요하다. 예컨대, 지난달의 생산액이 2억 엔이고 또 이달도 수주를 충분히 할 것으로 예상되니 이달은 2억 5,000만 엔의 생산을 하겠다는 식으로 목표를 구체적인 수치로 제시하는 것이 중요하다. 경비와 관련해서도, 이달은 증산을 목표로 하면서도 지난달보다 조금 늘어나는 수준으로 경비를 억제해 수익 향상을 꾀해야 한다. 이처럼 '구체적인 목표를 세운다'는 것은 구체적인 목표 수치를 제시한다는 뜻이다.

⑫ '구체적인 목표를 세운' 후에는 〈경영 12개조〉의 세 번째 지

침인 '강렬한 바람을 마음에 품는다'가 필요하다. 손익계산서를 살펴보면서 구체적인 목표 수치를 도출하고 '세운 목표는 어떻게든 달성한다'라며 스스로를 끊임없이 각성시키는 것이 '강렬한 바람을 마음에 품는 것'이다. 목표를 달성하기 위해서는 잠재의식에 스며들 정도로 강렬하고 치열한 바람을 가슴에 품어야 한다.

❸ 〈경영 12개조〉의 네 번째 지침인 '누구에게도 지지 않는 노력'도 지속해야 한다. 목표를 달성하기 위해 묵묵히 한 걸음한 걸음 걸어 나가면서 누구에게도 지지 않는 노력을 계속할 때 세운 목표를 달성할 수 있다.

❹ 기업 경영을 할 때는 구체적인 수치 목표를 세우고 최고경영자 스스로 목표 달성을 위해 솔선수범하고, 강렬한 바람을 품고, 또 누구에게도 지지 않는 노력을 해야 한다. 그러나최고경영자 혼자서는 아무리 노력해도 한계가 있기 마련이다. 따라서 사업의 목적과 의의를 명확하게 설정한 다음에이를 전 직원과 공유하고 다 함께 최선을 다해야 한다.

❺ 현장의 말단 작업자까지 매출의 최대화와 경비의 최소화에

관심을 갖게 되면서 회사의 목적과 목표가 전사적으로 공유된다. 경영을 하려면 이렇게 회사의 목적과 방향에 직원이 모두 동의하고 그에 참여하도록 이끌어야 한다. 직원들이 "사장님, 사장님 말씀이 맞습니다. 저희도 최선을 다해 협력하겠습니다"라는 마음을 갖게 하지 않으면 경영이 되지 않는다.

⑯ 〈경영 12개조〉의 여덟 번째 지침인 '불타는 투혼'도 필요하다. 회사 경영에는 그 어떤 격투기 못지않은 격하고 강렬한 투쟁심이 필요하다. 최고경영자가 용기와 투혼을 발휘하지 않으면 경영이 되지 않는다. 격한 폭력을 휘두르라는 뜻이 아니다. 강한 정신력이 필요하다는 의미다. 여성 경영자도 불타는 투혼을 발휘해야 한다. 게으른 남성 경영자 따위는 상대가 되지 않을 정도의 강한 의지와 투혼을 발휘하면 여성도 남성 이상으로 경영을 할 수 있다.

⑰ 〈경영 12개조〉의 아홉 번째 지침은 '용기를 갖고 일에 임한다'이다. 용기가 없는 사람은 경영자가 되어서는 안 된다. '이렇게 하고 싶다!'라고 경영자 자신이 강렬하게 바란다면, 또한 직원들도 '이렇게 해주면 좋겠다!'라고 요구하고 싶다

면 용기를 내서 직원들과 허심탄회하게 이야기하고 그들의 협력을 이끌어내야 한다. 이와 같은 의미에서, 구체적인 수치를 들어 목표를 세우고 그것을 공유하는 것은 쉬운 일이 아니다.

⓲ 일에 관한 쉽지 않은 이야기를 해야 할 때는 직원 모두가 "맞습니다, 그렇게 협력하겠습니다"라고 납득할 수 있도록 술자리를 마련해서라도 설득력 있게 요청해야 한다. 같이 술을 한잔 기울이면서 "다 같이 최선을 다합시다!"라고 요청하고 "예, 그렇게 합시다!"라는 분위기를 만들어내야 한다. 그런 분위기라면 직원들도 "사장님, 잘 알겠습니다. 최선을 다하겠습니다"라고 반드시 화답해줄 것이다.

⓳ 매출도 경비도 당월 말에 마감해서 일주일 이내로 손익계산서를 작성한다. 경영관리 부문이 매일 집계해 월말에 마감하면 일주일도 채 안 되어 손익계산서가 나온다. 그 손익계산서에서 자신이 지난 한 달 동안 열심히 노력한 만큼 이익이 났는지를 확인한다.

⓴ 경비 절감 측면에서 중요한 것은 무엇을 목표로 삼을 것인

가이다. 즉 공장에서 무슨 일이 일어나고 있는지를 알고, 그 중에서 무엇을 목표로 삼고 개선할 것인가를 손익계산서의 수치에서 모두 읽어낼 수 있어야 한다. 그래야 제대로 된 경영을 할 수 있다.

㉑ 경영은 비행기의 조종과도 같다. 경영자는 파일럿이다. 조종석에 들어가 앉아 조종간을 잡고 기업이라는 비행기를 조종하는 것이다. 조종석에 있는 계기판 하나하나를 꼼꼼하게 들여다보고 지금 이 비행기가 어떤 고도, 어떤 속도, 어떤 방향으로 날고 있는지 수치를 보면서 조종간을 잡아야 한다. 이 조종석에 있는 계기판이 바로 손익계산서이다. 이처럼 손익계산서를 지표로 삼고 늘 그것을 들여다보면서 움직이는 것이 경영이다.

2002년, 미국의 케이스웨스턴리저브대학교에서 '기업윤리와 리더십'에 대해 강연. 2000년대에 국민의 이익을 위해 '사소한 차이는 접어두고 서로 협력해나가자'라는 대의명분 아래 KDDI 발족을 주도하는 동시에 세계적으로 자본주의의 논리가 문제시되고 있는 시대적인 배경을 바탕으로 기업의 영속적인 성장에 있어 가장 중요한 요소인 리더의 마음가짐에 대해 국경을 넘어 설파했다.

70대의
이나모리 가즈오
2000년대

리더십과 이타심

10장

기업윤리와 리더십

기업의 성장이 멈추지 않으려면

케이스웨스턴리저브대학교 강연,
2002년 10월 18일

케이스웨스턴리저브대학은 1826년에 설립된 미국의 사립대학으로, 기계공학, 심리학,
생물학 등의 분야에서 특히 두드러진 실적을 보이고 있으며, 과거에도 많은 노벨상 수
상자를 배출한 바 있다.

또한, 이 대학교와 교세라는 대학 내에 설립된 '교세라 교수직(교세라의 기부 강좌)'을
통해 세라믹 연구에 있어서 연계를 도모하고 있다.

이나모리는 이 대학이 주최한 '윤리 심포지엄'에서 '기업윤리와 리더십'이라는 제목으
로 약 100여 명의 청강자 앞에서 기조 강연을 했다.

한층 더 엄중히 요구되는 리더의 자질

방금 소개받은 이나모리입니다.

저는 교세라 그룹과 KDDI 그룹이라는 두 개의 기업 그룹을 창업해 경영해왔습니다. 이 두 그룹의 매출을 합산하면 현재 매출은 약 4조 엔, 경영이익은 약 1,400억 엔이라는 규모로 성장하고 있습니다. 일본 경제가 계속해서 침체된 지난 10여 년 동안에도 다행히 양사의 매출은 대략 다섯 배 정도 성장했습니다.

오늘은 이처럼 근 40여 년에 걸친 저의 기업 경영 경험을 바탕으로 '기업윤리와 리더십'이라는 주제로 이야기를 하고자 합니다.

역사를 보면 알 수 있듯이, 국가를 비롯해 어떤 집단이든 리더에 따라 그 흥망성쇠가 결정되어왔습니다. 중국 고전에 '한 나라는 한 사람으로 흥하고 한 사람으로 망한다'라는 말이 있듯이,

인류의 역사는 다름 아닌 리더의 역사라고도 할 수 있습니다.

이는 기업도 마찬가지입니다. 기업의 리더, 즉 경영자의 행동 거지는 기업의 번영이나 직원들의 운명을 결정합니다. 특히 요즘에는 기업의 리더가 연루된 불미스러운 일이 빈번히 발생해서 아무리 유명한 기업이라도 도태되는 경우가 많습니다. 이러한 시대이니만큼 경영자의 올바른 자세가 한층 더 엄격히 요구되고 있습니다.

예를 들어, 잘 아시다시피 미국의 대규모 에너지 회사인 엔론Enron사는 이미 파산했습니다. 그리고 그 감사를 맡은 대규모 회계사무소 아서앤더슨Arthur Andersen 또한 그 오랜 역사를 마감했습니다. 또한 대규모 통신전화회사인 월드콤Worldcom도 미 연방 파산법 11조의 적용을 신청하는 등, 어려운 사태를 맞이하고 있습니다.

그리고 일본에서도 최근 몇 년간, 경영진이 연루된 부정행위 등으로 인해 유서 깊은 대기업이 도태되어 일본 경제에 한층 더 그늘을 드리우고 있습니다.

이처럼 경영자에게서 비롯된 경영 위기는 한 기업의 붕괴에서 그치지 않고 경제 사회 전체로 위기가 파급되는 심각한 사태를 초래합니다.

과도한 인센티브가
경영자를 타락에 빠뜨린다

이처럼 기업에 부정이 일어나는 원인으로 가장 먼저 기업이나 경영자를 부정하게 만드는 현재의 경영 시스템 문제를 꼽을 수 있습니다. 특히 최근에 미국의 기업에서 많이 찾아볼 수 있는 경영자에게 지급되는 고액의 보수와 막대한 액수의 스톡옵션은 경영자에게 동기부여가 되기도 하지만, 기업 내 윤리의식을 떨어뜨리고 경영자를 타락에 빠뜨리는 측면이 있기에 우려가 됩니다.

물론 경영자가 기업의 리더로서 재능이 뛰어나고 큰 기여를 하면 그 실적에 걸맞은 대우를 해주고, 또한 더 힘을 발휘할 수 있도록 해야 합니다. 그렇게 해서 기업의 성과가 높아지면 직원에게도 주주에게도 더 나아가서는 사회에도 매우 바람직한 일입니다. 저도 경영자가 실적에 따라 보상을 받는, 이른바 인센티브의 필요성을 전면적으로 부정하는 것은 아닙니다. 그러나 그것이 너무 과도해지면 문제가 된다고 생각합니다.

우선 경영자와 직원 간의 소득 격차라는 문제가 있습니다. 최근 20년간 미국 최고경영자의 보수는 40배 이상 증가했지만, 일반 근로자의 임금상승은 두 배에 그쳤다는 보도도 있습니다. 이렇게 수입에 너무나 큰 격차가 발생하면 기업 내 윤리의식을 유지하는 데 큰 걸림돌이 됩니다.

그리고 지나치게 높은 보수나 스톡옵션은 경영자 자신의 정신을 타락시킬 수 있다는 문제도 있습니다. 막대한 보수나 스톡옵션 권리가 주어지면 아무리 훌륭한 인격을 갖춘 경영자라도 어느 순간 자신의 이익을 극대화하는 데 더 관심을 쏟게 될 것입니다. 그리고 회사나 직원은 뒷전에 두고, 어떻게 주가를 더 높게 유지해 자신의 이익을 부풀릴지에 마음을 빼앗기고 맙니다. 사실, 엔론이나 월드콤 사건도 주가를 높게 유지하려다 보니, 경영자가 부정회계를 지시한 것이 그 원인이라고 합니다.

너무 과도한 인센티브는 마약처럼 경영자의 정신을 좀먹으며 윤리관을 마비시키고 맙니다. 기업을 건전하게 성장 발전시키기 위해서는 이러한 현재의 경영 시스템을 재검토해야 한다고 생각합니다.

리더를 선임할 때 가장 중요한 것

그러나 저는 현재 여러 선진국의 경제 사회가 직면한 경영 위기를 미연에 방지하기 위해서는 경영 시스템이나 경영자의 대우 문제뿐 아니라, 경영자의 자질이라는 근본적인 문제를 다시 한번 고민해봐야 한다고 생각합니다.

약 130년 전에 사이고 다카모리西鄕隆盛라는 걸출한 리더가 메이지유신이라는 혁명을 이루어, 일본을 근대국가로 이끌었습니다. 사이고는 사심이 없는 청렴결백한 리더로, 지금도 수많은 일본인에게 존경을 받고 있는데, 그는 리더 선임에 있어서 다음과 같은 것들이 가장 중요하다고 강조했습니다.

덕이 높은 자에겐 높은 자리를, 공적이 많은 자에겐 보상을
즉 높은 자리로 승격시켜야 하는 것은 어디까지나 '인격'을 갖춘 사람입니다. 뛰어난 업적을 이룬 사람에게는 금전적 보상으로 그 노고에 보답하면 됩니다.

현재 기업에서는 '덕', 즉 '인격'은 그다지 고려하지 않고 오직 능력이나 공적만으로 CEO 등 임원을 임명하고 있습니다. 그리고 앞서 말한 것처럼 고액의 보수가 인센티브로 주어집니다. 한마디로 비즈니스의 세계에서는 '인격'보다는 업적과 직결되는 '기지'를 갖춘 사람이 리더로서 더 적합하다고 여기는 것입니다.

하지만 본래 수많은 사람을 이끄는 리더는 보상을 위해서가 아니라 집단을 위한 사명감을 갖고 자기희생도 꺼리지 않는 고결한 '인격'을 갖춰야 합니다. 사업이 성공해서 지위와 명성, 재산을 얻는다 해도 그것이 집단에 있어 바람직한 일인지를 곰곰이 따져 자신의 욕망을 억누를 수 있는 강한 '극기심'이나 그 성과를 사회에 환원하는 것을 진심으로 기뻐하는 '이타의 마음'을 갖춘 훌륭한 '인격자'여야만 합니다.

자본주의 사회의 여명기에는 그야말로 이러한 사고방식이 널리 공유되었습니다. 여러분도 잘 아시다시피, 자본주의는 기독교 사회, 특히 윤리적인 가르침에 엄격한 프로테스탄트 사회에서 탄생했습니다. 초기 자본주의를 이끌었던 사람들은 경건한 프로테스탄트였습니다. 저명한 독일의 사회과학자인 막스 베버 Max Weber에 따르면, 그들은 기독교의 가르침인 이웃 사랑을 실천하기 위해 노동을 존중하고 생활은 검소하게 하며, 산업 활동으로 얻은 이익은 사회를 위해 베푸는 것을 신조로 삼았다고 합니다.

그래서 기업의 리더인 경영자는 공명정대한 방법으로 이익을 추구하고, 어디까지나 사회 발전에 도움이 되도록 노력해야만 했습니다. 즉 '세상을 위해, 사람을 위해'가 초기 자본주의를 이끈 프로테스탄트의 윤리 규범이었고, 그러한 숭고한 윤리관이 바탕이 되어 자본주의 경제가 급속도로 발전했다고 할 수 있습니다.

아이러니하게도 이러한 초기 자본주의 발전의 원동력이었던 윤리관은 경제발전과 더불어 희박해졌습니다. 어느덧 경영자가 기업 경영을 하는 목적은 '나만 잘되면 된다'라는 식의 이기주의로 변질되고 말았습니다. 내부자 거래를 주제로 한 영화〈월스트리트〉에는 "탐욕은 선이자 자본주의의 엔진"이라고 호언장

담하는 기업 매수가가 등장한다고 합니다. 현실에서도 이러한 사리사욕으로 가득 찬 경영자가 끊임없이 등장하고 있습니다.

'기지'보다 중요한 '인격'

한편, 중국 명나라 시대의 저명한 사상가인 여신오呂新吾[1]는 리더의 자질에 대해 자신의 저서《신음어吶吟語》에서 다음과 같이 말했습니다. '깊이가 있고 무게감이 있는 것이 으뜸이 되는 자질이다.' 즉 리더로서 가장 중요한 자질은 항상 사물을 깊게 생각하는 중후한 성격을 갖추는 것이며, 리더는 그러한 '인격자'여야만 한다는 것입니다.

또한, 여신오는《신음어》에서 '총명하고 재치가 있는 것이 세 번째 자질'이라고도 했습니다. 즉 '머리가 좋고 재능 있고 유창한 말솜씨를 갖추는 것' 등은 우선순위가 낮은 자질이라는 뜻입니다.

현재 자본주의 사회가 황폐화되는 원인은 동서양을 막론하고 '세 번째 자질', 즉 '기지'만 갖춘 사람이 리더로 선출되고 있기

---

1 명나라 말기의 유학자로, 오랫동안 독자적인 수양에 힘썼다. 본명은 여곤呂坤이다.

때문이라고 생각합니다. 벤처를 일으켜 대성공을 거둔 창업형 경영자도, 원래 있던 기업을 한층 더 비약적으로 발전시켜 중흥을 이끈 경영자도 모두 그야말로 재기발랄하고 '기지'에 넘치는 사람입니다.

그들은 참신한 기술개발, 마케팅 기법, 경영전략 등 비즈니스에서의 '기지'를 발휘해 불타는 열정으로 사업을 성장과 발전으로 이끌어갑니다. 애널리스트나 벤처 캐피털리스트도 그러한 '기지' 넘치는 경영자가 이끄는 기업을 높이 평가하고, 결과적으로 주가도 높아집니다.

그러나 닷컴버블 시대에 그랬듯이, 수많은 신진 경영자나 기업이 갑자기 혜성처럼 등장했다가 연기처럼 사라져버렸습니다. 이는 기업의 리더인 경영자를 사이고 다카모리나 여신오가 말한 '인격'이 아니라 '재기'만으로 평가한 결과라고도 할 수 있습니다.

이는 앞에서도 말한 월드콤의 예만 봐도 잘 알 수 있습니다. 제가 KDDI라는 일본에서 두 번째로 큰 통신전화회사를 창업해 이를 경영한 경험도 있기 때문에 월드콤을 예로 들어 리더의 자질에 대해 생각해보고자 합니다.

월드콤은 여러분도 잘 아시다시피, 1983년에 버나드 에버스 Bernard Ebbers 씨가 만든 회사입니다. 저는 이 월드콤보다 1년 뒤인 1984년에 앞서 소개한 KDDI의 전신인 다이니덴덴이라는 통신전화회사를 창업했습니다. 그때 제가 참고로 한 것이 나중에 월드콤에 매수된 장거리통신 전화회사 MCI였습니다.

에버스 씨는 적극적인 M&A 전략으로 월드콤을 성장시켰습니다. MCI를 비롯해 50건 이상의 합병 매수를 거듭하며, 불과 20년도 되지 않아 월드콤을 AT&T와 대적할 만한 거대한 통신 전화회사로 성장시켰습니다. 그 비즈니스 모델은 자사의 주가를 높게 유지하고, 그 주가 상승을 활용해 주식 교환을 통해 경쟁사를 인수하는 것이었습니다.

그런데 올해 들어 이 회사의 부정회계 처리에 대한 의혹이 불거지면서, 70억 달러나 되는 거액의 분식결산이 행해졌다는 사실이 밝혀졌습니다. 애널리스트가 주목하는 재무지표인 EBITDA(이자, 세금, 감가상각 전 영업이익)를 높게 유지하기 위해 일반경비를 설비 투자로 계상하는 등의 부정회계 처리를 한 것으로 알려졌습니다.

이는 기업의 경영 내용을 실제보다 좋아 보이도록 하여 주가를 높게 유지함으로써 M&A를 통한 급격한 성장을 지속함과 동시에, 스톡옵션을 통해 고액의 보상을 받고자 한 에버스 씨와 그 측근인 최고재무책임자CFO의 이기적인 욕망에서 비롯된 문제라고 할 수 있습니다.

이처럼 월드콤 사건은 그 리더인 경영자의 인격에 문제가 있었기 때문에 발생한 것입니다. 하지만 저는 경영자의 '재기'에만 주목하고 그것을 간파하지 못한 애널리스트나 벤처 캐피털리스트에게도 일말의 책임이 있다고 생각합니다.

일본에는 '재자ォ구는 재주에 넘어진다'라는 격언이 있습니다. 일본의 선조들은 재능을 타고난 사람은 그 평범하지 않은 재능으로 큰 성공을 거두지만, 그 재능을 과신하거나 잘못 사용하면 결국 파탄에 이르고 만다는 것을 가르치고 또 훈계해왔습니다.

남들과 다른 재기를 가진 사람일수록 그 힘을 제어할 필요가 있습니다. 저는 그것이 바로 '인격'이며, 이러한 인격을 높이기 위해 철학이나 종교 등을 통해 '인간으로서 올바르게 살아가는 방법'을 끊임없이 배워야 한다고 생각합니다.

인격은 후천적으로 다듬어진다

그렇다면, '인격'이란 무엇일까요. 저는 '인격'이란 인간이 태어나면서부터 타고난 선천적인 '성격'이 그 후 인생을 살아가는 과정에서 후천적으로 다듬어지며 만들어지는 것이라고 생각합니다.

선천적인 '성격'은 사람마다 다릅니다. 강하거나 약하거나 단숨에 밀어붙이거나 신중하거나, 심지어 이기적이거나 배려심이 넘치는 등 그야말로 천차만별입니다. 만약 인생을 살아가면서 아무것도 배우지 않고 새로운 요소를 하나도 익히지 못한다면 타고난 성격이 그대로 그 사람의 인격이 됩니다. 그리고 이러한 인격이 그 사람이 가진 재기가 나아갈 방향성을 결정하게 됩니다.

그러면 어떤 사태가 발생할까요. 선천적으로 '성격'이 이기적인 리더가 뛰어난 '재기'를 발휘하면 일단 성공은 할 수 있을 겁니다. 그러나 인격에 문제가 있기 때문에 언젠가는 사리사욕을 위해 부정을 저지를 수 있습니다. 반대로 타고난 성격이 부족해도 그 후에 인생을 살아가면서 훌륭한 성현의 가르침을 받아 인간으로서 올바르게 살아가는 법을 배워간다면, 후천적으로 훌륭한 '인격자'가 될 수 있습니다.

누구나 선천적으로 타고난 성격은 완벽하지 않습니다. 그래서 위대한 철학이나 종교를 반복적으로 배우는 등, 다양한 수련을 통해 인격을 높여가도록 노력해야 합니다. 특히 수많은 직원을 거느리고 사회적으로도 커다란 책임을 진 경영자는 솔선수범하여 자신의 인격을 갈고닦고 유지하기 위해 반드시 노력해야 합니다.

물론 재기 넘치는 경영자도 인격이 중요하다고 인식하고 있거나, 인간으로서 올바르게 살아가는 방법을 제시해주는 철학이나 종교 같은 가르침을 알고는 있습니다. 하지만 아는 것과 실천하는 것은 완전히 별개입니다. 대다수 경영자는 '인간으로서 올바르게 살아가는 방법' 같은 것은 한번 배우면 그걸로 충분하다고 생각해서 반복적으로 학습하려 하지 않습니다. 그래서 이를 실천하지 못하고, 자기 재능에 매몰되어 허우적거리는 경영자가 끊이지 않는 것입니다. 스포츠맨이 매일 육체를 단련하지 않으면 그 멋진 몸을 유지할 수 없듯이, 인간의 마음도 조금만 관리를 소홀히 하면 눈 깜짝할 사이에 수렁에 빠지고 맙니다.

리더는 그러한 '인간으로서 올바르게 살아가는 방법'을 반복적으로 학습해, 옳지 않은 유혹을 항상 이성으로 억누를 수 있도록 노력해야 합니다. 또한, 매일매일 자신이 한 행동을 돌아보고 반성하는 것도 중요합니다. '인간으로서 올바르게 살아가는 방법'에 어긋나는 행동을 하지는 않았는지, 스스로 엄중히 되짚으며 날마다 반성해야 합니다.

이처럼 부단한 노력을 거듭해야 비로소 자신이 본래 가지고 있던 비뚤어진 '성격'이나 결점을 보완해 새로운 '인격', 다시 말하자면 '제2의 인격'으로 거듭날 수 있습니다. 즉 '인간으로서 올바르게 살아가는 방법'을 반복적으로 학습해 자신의 것으로 만들어나가면 인격을 높일 수 있고 또 이를 유지해나갈 수 있습니다.

'거짓말하지 마라', '정직해라',
단순한 가르침의 의미

그렇다면, '인간으로서 올바르게 살아가는 방법'이란 무엇일까요. 언뜻 생각하면 고매한 철학이나 종교를 통해서만 터득할 수 있을 것 같지만 저는 그렇게 생각하지 않습니다.

어렸을 때 우리는 부모님이나 선생님으로부터 '욕심부리지 마라', '남을 속여선 안 된다', '거짓말하지 마라', '정직해라' 등처럼 인간으로서 지켜야 할 가장 기본적인 규범을 배웠습니다. 그 안에 이미 '인간으로서 올바르게 살아가는 방법'이 담겨 있습니다.

우선, 그러한 단순한 가르침의 의미를 다시 한번 돌이켜 생각하며 철저하게 지켜나가는 것이 중요합니다. 미국을 대표하는 대기업의 CEO들에게 이러한 말을 하면, "일류 대학이나 유명한 비즈니스스쿨을 우수한 성적으로 졸업하고 기업 내에서 가장 높은 곳까지 오른 내게 무슨 실례되는 말이냐"라고 일축해버릴지도 모르겠습니다. 그러나 실제로는 그러한 대기업의 리더가 간단한 가르침을 따르지 못해, 또는 직원들이 따르게끔 하지 못해 불미스러운 일이 잇따르고 있는 것은 아닐지요.

실제로 앞에서 말한 엔론이나 월드콤에서는 실적에 영향을 미치는 사건이 발생했을 때 리더들이 욕심을 부려 기업결산을 부풀렸습니다. 그리고 그러한 사실이 발각되지 않도록 거짓말을 하고 사람을 속이며 사실을 은폐하기에 급급했습니다.

현재, 기업 경영의 위기를 방지하기 위해 한시라도 빨리 고도의 관리 시스템을 구축해야 한다는 목소리가 강하게 일고 있습니다. 그러나 저는 그보다 우선 기업의 리더인 경영자나 임원 스스로가 앞에서 말한 '욕심부리지 마라', '남을 속이지 마라', '거짓말하지 마라', '정직해라'와 같은 단순하면서도 기본적인 가르침을 철저히 따르고, 직원들도 따를 수 있도록 하는 것이 훨씬 더 효과적이라고 생각합니다. 리더가 '인간으로서 올바르게 살아가는 방법'을 보여주는 기본적인 가르침을 바탕으로 솔선수범해서 '인격' 향상에 힘쓰고 이를 유지하기 위해 노력하는 것이 훨씬 더 효과적입니다. 얼핏 보면 그러한 것이 무슨 상관이냐 싶겠지만, 기업의 전략을 막을 수 있는 최선의 방법입니다.

그렇게 느긋한 대처로 끊임없이 발생하는 경영의 위기를 극복할 수 있을지 의문이 드는 분도 계실지 모르겠습니다. 하지만 '재기'만 갖추고 '인격'을 동반하지 않은 리더가 커다란 권력을 쥐고 기업을 휘젓고 다니면 아무리 고도의 경영 시스템을 갖추고 있어도 무용지물에 지나지 않습니다.

제4부 70대의 이나모리 가즈오

후쿠자와 유키치가 말한
이상적인 비즈니스 리더의 자질

19세기 후반, 일본이 근대 여명기를 맞이할 무렵, 실학적인 교육의 중요성을 강조한 계몽사상가, 후쿠자와 유키치는 청운의 뜻을 품은 학생들에게 이상적인 경제인의 모습에 대해 다음과 같이 말했습니다.

그 말을 21세기 경제 사회를 이끌어갈, 여기 모이신 기업인 여러분과 케이스웨스턴리저브대학교의 학생 여러분에게 전하며 제 강연을 매듭짓도록 하겠습니다.

사상은 철학자와 같이 심원해야 하며, 마음은 겐로쿠 무사와 같이 고상하고 정직해야 하고, 이에 더해 쇼조쿠리와 같은 재능이 있어야 하며, 또한 농부의 신체를 갖춰야만 비로소 산업 사회의 대인이 될 수 있다.

즉 비즈니스 사회에서 리더는 철학자 같은 고매한 '사상', 무사 같은 청렴결백한 '심성', 유능한 관리 같은 민첩한 '재기'를 갖춰야 하고, 더 나아가서는 아침에는 샛별, 저녁에는 개밥바라기별을 볼 때까지 성실하게 일하는 농부처럼 그 누구에게도 뒤지지 않는 '노력'을 쌓아야만 한다는 것입니다. 이는 리더에게 필요한 조건을 단적으로 표현한 것이 아닐까 싶습니다.

이러한 리더가 많이 배출되어야만 우리 경제 사회가 건전하게 발전해나갈 수 있습니다. 이 케이스웨스턴리저브대학교가 집단을 행복으로 이끄는 참된 비즈니스 리더의 산실로서 경제 사회, 더 나아가서는 인류 미래에 기여해주시기를 진심으로 바라는 바입니다.

지금까지 경청해주셔서 감사합니다.

경 | 영 | 의 | 원 | 리 | 원 | 칙

❶ 기업의 리더, 즉 경영자의 행동거지는 기업과 직원의 운명
을 결정한다. 특히 현재, 기업의 리더가 연루된 불미스러운
일이 빈번히 발생해, 유명한 기업이라 할지라도 도태되는
경우가 있다. 이러한 시대이니만큼 경영자의 자질이 한층
더 엄중히 요구되고 있다.

❷ 기업 경영의 위기라는 문제를 미연에 방지하기 위해서는
경영 시스템이나 경영자의 처우 문제뿐 아니라 경영자의
자질이라는 근본적인 문제에 대해서도 다시 한번 곰곰이
생각해봐야 한다.

❸ 높은 자리로 승격시켜야 하는 것은 어디까지나 '인격'을 갖

리더십과 이타심 437

춘 사람이다. 뛰어난 실적을 쌓은 사람의 노고에 대해서는 금전 등으로 보상하면 된다.

❹ 본래 리더는 보수를 위해서가 아니라 집단을 위한 사명감을 갖고 움직여야 한다. 자기희생도 꺼리지 않는 고결한 '인격'을 갖추고 있어야 한다. 사업이 성공해 지위와 명성, 재산을 얻는다 해도 그것이 집단에 있어 바람직한 일인지 아닌지를 곰곰이 따져 자신의 욕망을 억제하는 강한 '극기심'이나, 그 성과를 사회에 환원하는 데 진심으로 기뻐하는 '이타심'을 갖추어야 한다.

❺ '늘 깊게 생각하는 중후한 성격'은 리더에게 있어 가장 중요한 자질이다. 머리가 좋고 재능이 있고 말솜씨가 유창한 것은 부차적인 자질이다.

❻ 평범하지 않은 '재기'를 가진 사람일수록 그 힘을 제어할 무엇인가가 필요하다. 그것이 바로 '인격'이다. 인격을 높이기 위해 철학이나 종교 등을 통해 '인간으로서 올바르게 살아가는 방법'을 끊임없이 배워야 한다.

❼ '인격'이란 인간이 타고난 선천적 '성격'이 그 후 인생을 살
아가는 동안 후천적으로 다듬어지면서 완성된다.

❽ 누구나 타고난 '성격'은 완벽하지 않다. 그렇기 때문에 위대
한 철학이나 종교를 반복적으로 학습하는 등, 다양한 수련
을 통해 '인격'을 높여가도록 노력해야 한다. 특히 수많은 직
원을 고용하고 사회적으로도 커다란 책임을 지는 경영자는
솔선수범하여 자신의 '인격'을 높이고 유지하기 위해 반드
시 노력해야 한다.

❾ 리더는 '인간으로서 올바르게 살아가는 방법'을 반복적으로
학습해, 항상 이성으로 옳지 못한 유혹을 제어할 수 있도록
노력해야 한다. 또한 매일매일 자신이 한 행동을 되돌아보
고 반성하는 것도 중요하다. '인간으로서 올바르게 살아가
는 방법'에 어긋나는 행동을 하지는 않았는지 스스로 엄중
히 되짚으며 날마다 반성해야 한다.

❿ '인간으로서 올바르게 살아가는 방법'이란 '욕심부리지 마
라', '남을 속이지 마라', '거짓말하지 마라', '정직해라' 등과
같이, 어렸을 때 부모님이나 선생님에게 배운 인간으로서

지켜야 할 가장 기본적인 규범이다. 그러한 단순한 가르침의 의미를 다시 한번 돌이켜 생각하며 철저하게 지키는 것이 중요하다.

⑪ 우선 기업의 리더인 경영자나 임원 스스로가 단순하면서도 기본적인 가르침을 철저히 따르고, 또한 직원들도 따를 수 있도록 해야만 한다. 이처럼 리더가 '인격' 향상에 힘쓰고, 또한 유지하기 위해 부단히 노력해야 한다. 언뜻 보면 멀리 돌아가는 것 같지만 그것이 기업을 지켜내는 최선의 방법이다.

⑫ 비즈니스 사회에서 리더는 철학자와 같은 고매한 '사상', 무사와 같은 청렴결백한 '심성', 유능한 관리와 같은 민첩한 '재기'를 갖춰야 하고, 더 나아가서는 아침엔 샛별, 저녁엔 개밥바라기별을 볼 때까지 열심히 일하는 농부처럼 그 누구에게도 뒤지지 않는 '노력'을 거듭해야 한다.

11장

차세대 리더에게
바라는 것

규슈대학교 비즈니스스쿨 제1기생 수료 기념 심포지엄 강연,
2005년 3월 15일

규슈대학교 비즈니스스쿨은 규슈 지역에서 세계에 통용되는 비즈니스 전문가를 육성

한다는 목표로 설립되었다. 그 1기생의 MBA 취득 기념으로 심포지엄이 개최되어, 그

곳에서 이나모리는 '차세대 리더에게 바라는 것'이라는 제목으로 리더에게 요구되는

자질과 사고방식에 대해 강연했다.

미래의 리더들에게

방금 소개받은 이나모리입니다.

이번에 규슈에서 처음으로 출범한 규슈대학교 비즈니스스쿨 제1기생 여러분이 졸업을 맞아, 그 기념으로 강연을 해달라는 요청을 받았습니다.

이미 반세기가 지났지만, 당시 20대 전반이었던 제가 청운의 꿈을 안고 이 규슈의 땅을 뒤로했던 때를 떠올리며 '제 이야기가 조금이라도 도움이 된다면'이라는 생각에 의뢰를 받아들여 지금 이곳에 서게 되었습니다.

오늘은 '차세대 리더에게 바라는 것'이라는 제목으로, 그 무렵의 저와 마찬가지로 부푼 꿈을 안고, 앞으로 수많은 직원을 거느린 회사를 경영하고 나아가 일본의 미래를 짊어질 미래의 리더들을 위해 이야기를 하고자 합니다.

또한, 현재 이미 리더로서 각계에서 커다란 활약을 하고 있는 이 회장에 모이신 여러분께도 제 이야기가 조금이나마 도움이 되었으면 합니다.

확고한 인격을 갖춘 리더의 중요성

저는 미국 굴지의 싱크탱크인 워싱턴의 국제전략문제연구소 CSIS와 친밀한 관계를 유지하고 있습니다. 이번 달 23일에도 CSIS와 공동으로 교토에서 국제 심포지엄을 개최할 예정입니다. '정치의 새로운 국제주의: 21세기의 국제연합 개혁'을 주제로, CSIS의 존 햄리John J. Hamre 소장과 국제협력기구의 오가타 사다코緒方貞子 이사장에게 강연을 부탁드릴 예정입니다.

이 CSIS와의 친밀한 관계는 CSIS의 부회장인 데이비드 애브셔David Manker Abshire 전 NATO 대사가 미국에서 번역 출판된 저의 저서 《새로운 일본, 새로운 경영新しい日本 新しい経営》을 읽고, 특히 그중에서 '리더의 자세'라는 부분에서 큰 감명을 받으면서 시작되었습니다.

그는 "지금은 전 세계적으로 리더의 자세가 중시되는 시대는 아닙니다. 그런데 당신의 책을 읽고 커다란 영감을 받았습니다. 저는 워싱턴에서 '리더십, 창조성, 가치관'이라는 심포지엄을 개최할 생각입니다. 도움을 주실 수 있겠습니까?"라는 제안을 했습니다. 저는 그 취지에 공감해 1999년에 워싱턴에서 공동으로 회의를 개최했고, 미국의 정관계와 재계의 저명한 분도 참여하여 활발한 토론이 이루어졌습니다.

그때, 저에게 특히 인상 깊었던 것은 회의 시작 부분의 애브셔 씨의 연설이었습니다. 그는 "조지 워싱턴이 초대 미국 대통령이 될 수 있었던 가장 큰 이유는 그가 훌륭한 인품을 갖춘 인격자였기 때문"이라고 말했습니다.

미국은 영국으로부터 독립을 쟁취해 국가를 이루었는데, 세계 각국의 식민지 중에 미국처럼 독립 후에 순조롭게 발전한 사례는 거의 찾아볼 수 없습니다. 여러 아프리카 국가의 사례만 봐도, 옛 종주국의 멍에를 벗자마자 독재 정치에 빠지거나 내란에 시달리고, 어렵게 독립을 쟁취한 국가가 혼란을 겪으며 사분오열되는 경우가 대부분입니다. 미국만이 독립한 후에도 눈부신 발전을 이루었습니다. 이는 다음과 같은 이유가 있었기 때문이라고 합니다.

미국이 독립했을 때 합중국 의회는 대통령에게 강력한 권한을 부여했는데, 그렇게 할 수 있었던 것은 초대 대통령인 워싱턴이 훌륭한 인품을 갖춘 인격자였기 때문입니다. 만약 그에게 인간으로서 중대한 결점이 있었다면, 국가의 운명이 위태로워질 수도 있는 만큼, 한 사람에게 막강한 권력을 부여하지 않았을 것이라고 합니다. 요컨대, 애브셔 씨는 리더로서 가장 중요한 것은 그 사람의 '인격'이라는 것을 워싱턴을 예로 들어 설명한 것입니다.

저도 그 회의의 오찬회에서 '인격의 중요성'이라는 제목으로 연설을 했습니다. 아무리 훌륭한 인격을 갖춰도 시간이 지나면 변질되기 마련이다, 그렇다면 변하지 않는 강고한 인격을 갖춘 사람을 리더로 선출해야 한다, 권력을 잡는 순간 교만에 빠질 만한 사람을 리더로 선출하면 그 집단은 불행해지고 만다는 내용이었습니다.

이어서 저는 그러한 강고하고 변치 않는 인격을 갖춘 사례로, 우치무라 간조內村鑑三가 지은 《대표적 일본인》이라는 책에 나오는 니노미야 손토쿠二宮尊德에 대해 소개했습니다. 니노미야 손토쿠는 평범한 농부였지만 그 누구에게도 뒤지지 않는 노력으로 논밭을 일구어 황폐한 마을을 차례차례 재건했고, 결국 막부의 부름을 받게 되었습니다. 그가 처음으로 저택 안으로 들어섰을 때, 그의 행동거지는 그 어떤 고귀한 자에게도 뒤지지 않았다고 합니다. 이처럼 손토쿠는 노동을 통해 강건한 인격을 갖추었다는 이야기를 하며, 확고한 인격을 갖춘 리더의 필요성에 대해 강조했습니다.

그때 애브셔 씨가 "워싱턴에서 훌륭한 회의를 할 수 있었네요. 다음에는 일본에서 개최하면 어떨까요?"라고 제안했습니다. 저도 '일본이야말로 참된 리더가 부족하다. 특히 정계에서 그런 경향이 두드러진다. 총리를 포함해서 참된 리더가 존재하지 않는 현 상황을 타파해야 한다'라고 통감하고 있었기에 제안을 수락했습니다.

그리고 2001년에 '지금 요구되는 리더십'이라는 제목으로, 도쿄에서 미일 리더십 회의를 열었습니다. 회의에는 나카소네 야스히로中曾根康弘 전 총리를 비롯해, 작가인 사카이야 다이치堺屋太一 씨, 변호사인 나카보 고헤이中坊公平 씨, 베스트셀러《강대국의 흥망》의 저자 폴 케네디Paul Kennedy 씨, 전 미재무성 차관 데이비드 멀포드David Mulford 씨 등 미국과 일본의 저명한 인사들이 참여해 리더십에 대해 뜻깊은 논의를 나누었습니다.

그때, 저는 첫 문을 여는 연설을 '한 나라는 한 사람에 의해 흥하고, 한 사람에 의해 망한다'는 중국 고전의 한 소절로 시작해, 리더십의 중요성에 대한 지론을 펼쳤습니다. 즉 국가란 리더에 따라 흥하기도 하고 리더에 따라 망할 수도 있으니, 그만큼 리더십이 중요하다는 것을 강조한 것입니다.

인류의 역사는 리더의 역사

인류의 역사는 그야말로 리더의 역사라고 해도 과언이 아닙니다. 이는 기업 경영에서도 결코 다르지 않습니다. 실제로 최근 들어 우리는 한 사람의 리더에 의해 기업이 발전하고, 또한 마찬가지로 대성공을 거둔 기업이 한 사람의 리더로 인해 무참하게 무너지는 모습을 수도 없이 보고 듣고 있습니다. 왜 이러한 일이 발생하는 것일까요. 그것은 리더에게 요구되는 자질을 생각해보면 저절로 드러난다고 생각합니다.

그렇다면, 리더에게 요구되는 자질이란 어떤 것일까요. 중국 고전에 정통한 야스오카 마사히로安岡正篤 씨는 '지식智識', '견식見識', '담식膽識'이라는 '3식三識'으로 표현했습니다.

우선, 일에 필요한 '지식'은 당연히 갖춰야 합니다. 그러나 '지식'만으로는 리더가 될 수 없습니다. 야스오카 씨에 따르면, 리더에겐 '견식'이 필요합니다. '견식'이란 단순한 지식이 아닌 '이렇게 해야 한다', '이렇게 되고 싶다'와 같은 확고한 신념으로까지 발전한 것을 말합니다.

또한, 리더는 조직의 선두에 서서 집단을 이끌어나가야 하므로 통솔력이 필요합니다. 그것은 용기나 호기, 또는 결단력이나 실행력과도 같습니다. 리더에게 그런 것이 갖춰지지 않으면 수많은 구성원으로 이루어진 집단을 진두지휘해나갈 수 없습니다.

야스오카 씨는 그러한 것을 통틀어 '담식'이라 부릅니다. 아무리 신념으로까지 발전한 '견식'을 갖추고 있어도 이를 실행할 수 있을 만한 담력이 없으면 집단을 이끌어 나갈 수 없다, 리더는 '지식'에 담력을 더한 '담식'을 제 것으로 만들도록 노력해야 한다고 말합니다.

저는 이러한 리더의 자질과 더불어, 앞서 애브셔 씨가 조지 워싱턴의 예에서 언급했듯이 인격이 중요하다고 생각합니다. 또한, 그것은 동서양 또는 시대를 뛰어넘는 진리라고 생각합니다.

중국의 여신오가 명나라 시대에 지은 《신음어》라는 저술에는 리더에게 요구되는 자질을 언급한 구절이 있습니다.

'깊이가 있고 무게감이 있는 것이 으뜸이 되는 자질, 사소한 일에 구애받지 않는 용기가 있는 것이 두 번째 자질, 총명하고 재능 있는 것이 세 번째 자질이다.'

우리는 흔히 재능이 있고, 즉 전략적 사고를 할 수 있고 전문 지식이 풍부하고 언변이 뛰어난, 이른바 '총명하고 재능 있는' 사람을 리더로 임명해왔습니다. 예를 들어, 관료의 세계에서는 그 힘들다는 국가 공무원 고위직 시험을 치르고 그 좁디좁은 문을 뚫은 이른바 수재형 인재가 행정의 리더가 되고 있습니다. 하지만 여신오의 말에 따르면, 그러한 총명함과 재능은 세 번째로 갖춰야 할 자격에 지나지 않습니다.

그러한 능력은 일개 관료에게는 부족함이 없는 자질이겠지만 집단을 이끌어나가는 리더가 되려면 그것만으로는 충분치 않습니다. 집단을 이끄는 리더에겐 앞에서 말한 바와 같이 숱한 상황에서 집단을 올바르게 이끌 수 있는 용기가 필요합니다.

하지만 그것만 가지고서는 참된 리더가 될 수 없습니다. 여신 오가 '사소한 일에 구애받지 않는 용기가 있는 것이 두 번째 자질'이라고 말했듯, 대담성과 용기는 리더가 갖춰야 할 자질에 있어서는 2순위에 지나지 않습니다.

리더의 자질 중 가장 중요한 것은 여신오가 '깊이가 있고 무게감이 있는 것이 으뜸이 되는 자질'이라고 강조했듯이, 틀림없이 생각이 깊고 신뢰받을 만한 듬직한 성격을 갖추는 것입니다. 한마디로 그것이 '인격자'이지 않을까 싶습니다. 즉 여신오는 능력, 용기, 인격이라는 세 가지 요소를 겸비하는 것이 바람직하며, 만약 순서를 정한다면 첫째는 '인격', 둘째는 '용기', 셋째는 '능력'이라고 말한 것이지요.

집단을 이끌기 위해 필요한 것

저는 리더가 집단을 이끌어나가려면 방금 말씀드린 자질을 모두 갖춘 후 더 나아가 비전, 목표를 세워야 한다고 생각합니다. '우리 회사는, 우리 부서는, 이러한 목표를 향해 나아가고 있다'는 뚜렷한 비전, 목표를 세워야 합니다.

그리고 그 바탕에는 반드시 미션이 있어야 합니다. 즉 우리 회사, 혹은 우리 부서의 '사명'을 확고히 제시해야만 합니다. 단순히 실적을 올리기 위해서라면 목표를 설정하는 것만으로도 충분하지만, 그 집단의 지속적인 성장 발전을 목표로 한다면 리더는 '목표 달성을 통해 무엇을 지향할 것인가'까지 충분히 고려해야 합니다.

목표 달성이 회사에 있어, 사회에 있어, 국가에 있어 그리고 더 나아가서는 인류에 있어 어떠한 가치를 지니는가. 그러한 근본적인 문제까지 고려해서 누구나 공감할 수 있는 대의명분을 갖춘 '사명'을 확고히 할 필요가 있습니다. 집단 내에서 그러한 고매한 비전이나 미션을 확립하면 그 집단에 속한 구성원은 물론 자기 자신도 이를 동기로 삼아 일에 매진할 수 있습니다.

또한, 리더는 명확한 판단 기준을 갖는 것이 중요합니다.

저는 스물일곱 살에 교세라는 회사를 만들면서 경영에 발을 들여놓았는데, 회사 경영에 대한 지식이나 경험은 전혀 없었습니다. 파인 세라믹스 기술자로는 다소나마 지식이나 경험을 쌓았을지 몰라도, 경영자로서는 그야말로 맨땅에서 시작했습니다. 그런 제가 회사를 창업하고 처음으로 맞닥뜨린 문제는 '경영자로서 무엇을 기준으로 판단해야 하는가' 하는 것이었습니다.

창업 당시, 교세라는 '이 일은 이런 식으로 풀어가자. 고객에겐 이렇게 어필하자. 이 일은 다음부턴 이렇게 추진하자'는 식으로 모든 것을 제가 진두지휘해야만 해서, 스물여덟 명밖에 안 되는 작은 회사였지만 종일 무엇인가를 판단해야만 했습니다.

이제 막 문을 열어서 한순간에 날아가버릴 수도 있는 작은 회사였기 때문에 제가 무엇 하나라도 잘못 판단하면, 회사의 존속 자체에 커다란 영향을 주게 됩니다.

경영자로서 경험이 있었다면 '이럴 땐 이랬으니, 이렇게 하면 된다. 저럴 땐 이렇게 해서 실패했으니, 이건 해선 안 된다' 하면서 경험을 토대로 판단을 내렸을 겁니다. 그런데 당시 저는 아직 스물일곱 살이라는 젊은 나이에다 경영에 관한 지식이나 경험조차 전혀 없었기 때문에 판단 기준이 없어서 그저 난감하기만 했습니다. 그렇다고 아무런 결정도 내리지 못하면 회사는 곤경에 빠지고 맙니다.

고심 끝에 제가 내린 결론은 어렸을 때 부모님이나 학교 선생님께 배운 것을 기준으로 판단하자는 것이었습니다. 즉 그야말로 원초적인 윤리관인 '인간으로서 해도 되는 것, 하면 안 되는 것'을 기준으로 옳고 그름을 판가름하기로 한 것입니다. 한마디로 저는 경영의 판단 기준을 '인간으로서 무엇이 옳은가'에 두고 오로지 그 원리원칙을 따르기로 결심했습니다.

그러한 저의 판단 기준은 그야말로 원초적이었지요. 하지만 지금 생각해보면 교세라가 그 후 기업으로서 한눈팔지 않고 순조롭게 성장하고 발전을 거듭해나가는 데 커다란 버팀목이 되어주지 않았나 싶습니다.

누구나 쉽게 이해할 수 있도록
고안한 인생 방정식

또한 저는 어떻게 해야 지방 대학교를 졸업하고 맨주먹으로 벤처를 창업한 저와 같은 사람이 일류 대학교를 나와 대기업에 취직한 사람들과 어깨를 나란히 하고 일하며 인생을 살아갈 수 있을까, 항상 고심했습니다. 그리고 그 결과 누구나 쉽게 이해할 수 있는 한 가지 방정식에 도달했습니다.

그것은 '인생과 일의 결과=사고방식×열의×능력'이라는 것입니다.

인간이 태어나 죽음에 이를 때까지 밟아온 인생의 결과, 또는 일의 결과는 그 사람이 가진 '능력'과 더불어 그가 얼마나 '열의'를 가지고 인생이나 일에 임해왔는가 그리고 그가 어떤 '사고방식'으로 인생을 살고 일해왔는가 등 세 요소의 곱으로 나타납니다.

앞서 저는 리더에겐 우선 '능력'이 필요하다고 말씀드렸습니다. 리더는 전략, 전술을 생각해야만 하고, 일할 때는 전문적인 지식이 필요하니 아무래도 '능력'이 있어야 하지요. 그리고 이러한 '능력'이란 머리가 좋은 것만을 말하지 않습니다. 건강하고 튼튼해서 험한 일을 할 수 있는 체력도 '능력' 중 하나입니다. 리더에겐 그러한 뛰어난 '능력'이 필요합니다.

하지만 개중에 '능력'은 있는데 그다지 '열의'가 느껴지지 않는 사람도 있습니다. 특히 유명 대학을 나온 사람 가운데서 자주 눈에 띄는데 자신의 머리가 좋다고 자만해서 성실하게 열심히 노력하려 들지 않기 때문입니다. '머리가 나쁜 사람은 아침부터 밤까지 열심히 노력해야 하지만, 나는 머리가 좋으니까 그 정도 일은 누워서 떡 먹기야'라고 생각해서 그다지 열심히 일하지 않습니다. 반면, 설령 머리가 그다지 뛰어나지 않아도 아침부터 늦은 밤까지 몸이 부서질 정도로 열심히 일에 몰두하는 '열의'로 가득 찬 사람도 있습니다.

저는 이러한 '능력'과 '열의'에 0점부터 10점까지의 점수를 매겨, 그것이 덧셈이 아닌 곱셈으로 평가되어 인생에 영향을 준다고 생각합니다. 이러한 방식으로 계산하면 우수한 대학교를 나온 머리 좋은 사람의 '능력'은 90점 정도, 지방 대학교 출신으로 재주가 그다지 출중하지 않은 사람의 '능력'은 60점 정도가 될 것입니다.

그리고 단 한 번뿐인 인생을 허송세월할 수는 없다, 그 누구에게도 뒤지지 않도록 열심히 살자는 사람의 '열의'는 90점 정도일 것입니다. 반면, 아침부터 밤까지 일만 하는 건 멍청한 짓이다, 단 한 번뿐인 인생이니 즐겨야 한다며 빈둥거리며 사는 사람의 '열의'는 30점 정도겠지요. 그렇게 따지면, '능력'이 그다지 뛰어나지 않더라도 열의를 갖고 다른 사람보다 노력하는 사람은 능력 60점×열의 90점으로 5,400점이 됩니다. 반면, 능력이 90점이나 되어도 열심히 일하지 않아 열의가 30점밖에 안 되는 사람은 2,700점으로, 그 절반밖에 되지 않습니다.

능력과 열의를 덧셈으로 계산하면 그다지 많은 차이가 나지 않습니다. 곱셈으로 계산되기 때문에 커다란 차이가 나는 것입니다. 그리고 그렇게 따져야 능력이 그리 뛰어나지 않더라도 '그 누구보다 열심히 노력'하면 능력이 출중한 사람을 뛰어넘어 커다란 성과를 올릴 수 있다고 생각할 것입니다.

여기에 '사고방식'이라는 요소가 더해집니다. 이 사고방식은 마이너스 100점부터 플러스 100점까지 있다고 생각합니다. 그러면 곱셈으로 계산하기 때문에 조금이라도 부정적인 생각을 하면, 인생이나 일의 결과가 모두 마이너스가 되고 맙니다. 게다가 능력과 열의가 크면 클수록 그만큼 더 커다란 마이너스 값이 나옵니다.

한마디로 이 방정식은 '사고방식'이 얼마나 중요한지를 보여줍니다. 즉 사고방식, 인간성, 사상, 철학, 또는 그 사람의 인격이 인생에 있어서 가장 중요한 요소라는 사실을 말해줍니다.

사고방식이 조금만 어긋나도
모든 인생이 뒤틀린다

'사고방식'이 중요하다는 사실을 보여주는 실례로 다음과 같은 것이 있습니다.

예를 들어, 능력이나 열의는 차고 넘치는데 무슨 까닭에서인지 세상을 비뚤게 살아가려는 사람이 있습니다. 세상은 모순으로 가득하고 불공평하다고 여겨, 그런 사회라면 폭력으로 맞서겠다며 테러행위를 저지르거나 하는 사람들입니다. 그러한 사람들은 원래 고매한 이상을 가지고 있었다고 해도, 어느새 독선적으로 변해 수단과 방법을 가리지 않고 자신의 이상을 실현하려 하기 때문에 인생의 결과가 마이너스가 되어버리고 맙니다.

예전에 있었던 일인데, 1960년 당시 이른바 60년 안보투쟁이 벌어졌습니다. 그때 국회 주변은 일본 안전보장조약 개정에 반대하는 학생 단체의 시위로 어수선했습니다. 저는 이미 교세라를 창업한 상태였는데, 정의감에 불타고 혈기왕성했던 터라 경영자인 제가 직접 교세라를 대표해서 국회 시위에 참여하고 싶다는 생각을 했습니다. 그래서 도쿄로 출장을 간 김에 당시 이미 60세에 가까웠던 전무와 함께 국회까지 간 적이 있습니다. 당시 일본에는 수많은 사람이 순수한 마음으로 그러한 사회운동에 참여고자 하는 시대적인 분위기가 있었고, 정의감에 불타는 많은 젊은이가 시위에 참여했습니다.

그러나 그런 사람 대다수도 실제로 사회에 나가 나이를 먹으면 점차 사회에 순응합니다. 그중 극히 일부분만 뒤틀려 무차별 테러로 사회를 전복시키겠다는 생각을 하지요. 이른바, 일본적군日本赤軍입니다. 그들은 처음에는 순수한 정의감으로 진지하게 일본이 나아갈 길을 생각하던 사람들이었습니다. 그러나 그 후 사고방식이 부정적으로 변해간 것입니다.

몇 년 전에 그러한 적군의 리더 중 한 명이 일본에 귀국해 체포되었습니다. 본인은 "내 인생은 충실했다"고 큰소리를 쳤습니다. 하지만 젊은 나이에 일본을 떠나, 골란Golan 고원 근방에서 내내 전투 훈련을 하며 무차별 테러로 계속 살인을 저지르다가 50세가 넘은 지금에서야 겨우 고향으로 돌아왔건만, 기나긴 수감생활을 보내야만 합니다.

대체 그러한 인생에 남는 것이 무엇일까요. 단 한 번뿐인 귀중한 인생을 그런 짓으로 낭비한다는 게 과연 옳은 일일까요. 뛰어난 '능력'을 가지고 태어났고 불타는 '열의'로 행동했습니다. 그런데 단 한 가지, 비뚤어진 '사고방식'으로 모든 인생이 엇나가고 만 것입니다.

그만큼 인생에서 '사고방식'은 중요합니다. 일과 인생에서 좋은 결과를 내고 싶다면 어떤 인생을 살고 싶은지, 어떤 리더가 되고 싶은지를 생각하고, 우선 그에 걸맞은 사고방식을 갖춰야 합니다.

어떤 사고방식, 인생관, 철학을 가져야 할까요. 그것은 그야말로 개인의 자유입니다. 하지만 그렇게 자신이 품은 인생관, 철학으로 잉태된 인생의 결과 또한 스스로 책임져야만 합니다.

그런데 우리는 그러한 인생관에 대해 학교 등에서 거의 배우지 못합니다. 그래서 인생관에 대해 깊이 생각해본 적도 없이 그저 막연히 살다가 그 대가를 그대로 치르고 마는 것입니다. 저는 어렸을 때부터 어떤 사고방식, 어떠한 철학을 가지고 살아야 하는지에 대해 철저히 가르쳐야 한다고 강하게 생각합니다.

저는 젊었을 때부터 사고방식이 중요하다고 확신했기 때문에 스물일곱 살이라는 젊은 나이에 회사를 만든 후에도 '교세라 철학', 즉 인간으로서 어떻게 살아야 하는지를 항목별로 정리해 써나갔습니다. 일하면서 터득한 '이런 사고방식으로 인생을 살아가야 한다' 하는 것을 수십 개 항목으로 적어나갔습니다.

그것을 한마디로 간추려 말하자면, 앞서 설명한 '인간으로서 무엇이 올바른가'가 아닐까 싶습니다. '회사에 있어서 무엇이 올바른가'는 아닙니다. 당연히 '나에게 있어서 무엇이 올바른가' 또한 아닙니다. '인간에게 있어서 무엇이 올바른가', 즉 인간으로서 보편적으로 올바르다고 생각되는 것을 원리원칙으로 삼아 인생을 살아가고, 또한 교세라에서도 회사의 '철학'으로 직원들에게 끊임없이 당부하며 이를 공유해왔습니다.

결국, 사고방식이란
'무엇을 지향하는가'이다

당시 사내에서 그러한 것을 강조하면, 일부 사람들은 "어떤 사고방식을 갖든 개인의 자유 아니냐. 왜 교세라에 입사하면 사고방식마저 강요당해야 하느냐. 이건 사상 통제다. 우리는 자유사회에서 살아가고 있으니 자유롭게 생각할 수 있어야 하는데, 교세라에서는 사고방식을 강요하니 뭔가 이상하지 않느냐"라며 반발했습니다.

고심했지만, 저는 얼마 되지 않는 경험을 통해 '당연히 어떤 사고방식을 갖든 자유다. 하지만 제멋대로 된 사고방식으로 일을 하면 회사가 제대로 될 리 없다'고 굳게 믿고 있었기 때문에 끝까지 회사의 사고방식인 '교세라 철학'을 직원들에게 강조했습니다. 하지만 하루아침에 그들을 설득할 수는 없었습니다. 거센 반론이 제기되어 큰 논쟁이 벌어졌고, 당시 무척 힘들었던 기억이 납니다.

또한 그러한 '사고방식'을 경시하는 경향은 회사 밖에서도 마찬가지였습니다.

한때, 띠동갑으로 저보다 나이가 훨씬 많지만 허물없이 지낸 와코루의 창업자, 츠카모토 고이치 씨와 함께 교토의 기온祇園 일각에서 경영자들만 모이는 '일레븐'이라는 모임을 만들었습니다. 그곳에는 수많은 교토의 경영자뿐 아니라 도쿄에서도 소니의 모리타 아키오盛田昭夫 씨를 비롯해 많은 분이 발걸음을 해주셨습니다.

어느 날, 그곳에서 저보다 두세 살 정도 어린 교토의 의류회사 경영자와 논쟁이 벌어졌습니다. 그는 이른바 2대째 상속자로, 유명 대학교를 졸업하고 은행에서 근무한 후 가업을 잇게 되었는데, 그야말로 머리가 비상해 영리하고 말끔한 경영을 꿈꾸는 사람이었습니다. 제가 "경영이란 이래야만 한다"라고 지론을 펼치자, 그가 "이나모리 씨, 그건 아니죠. 저는 이렇게 생각합니다"라며 반론에 나서 치열한 논쟁이 펼쳐졌습니다.

평소에 츠카모토 씨는 그런 골치 아픈 이야기에는 끼지 않는 분이었는데, 그때 갑자기 그 사람에게 "대체 무슨 말을 하느냐. 가만히 있어라"라며 화를 냈습니다. 갑자기 가만히 있으라는 말을 듣자 그도 한순간 화가 치민 듯했습니다. 이어서 츠카모토 씨가 "이나모리는 자신의 인생관에 따라 올바르게 경영해나가고 있다. 당신은 그걸 자신의 생각과는 다르다며 반론하고 있는데, 당신의 경영과 이나모리의 경영을 비교해봐라. 하늘과 땅만큼 실적 차이가 나지 않느냐. 그걸 단순히 나란히 놓고 비교해서 어느 쪽이 옳다고 논하는 것 자체가 말이 안 된다. 이나모리보다 뛰어나게 회사를 경영하면서 '당신의 사고방식은 잘못됐다'라고 하면 그나마 말이 될지 몰라도 당신과 이나모리는 원래

지향하는 바가 다르니, 논쟁거리도 되지 않는다" 하면서 그를 나무랐습니다.

츠카모토 씨는 결국 '사고방식'이란 무엇을 목표로 하는가에 따라 완전히 달라진다는 말씀을 하고 싶었던 것 같습니다. 어디로 가고 싶은가, 그에 따라 실현을 위한 과정이 달라지고 이를 위한 사고방식도 달라집니다. 지향점이 다른 사람끼리 서로 내말이 맞네 네 말이 맞네, 하면서 옥신각신할 게 아니라는 것을 츠카모토 씨 방식으로 표현했던 것입니다.

이러한 '어떤 사고방식을 가져야 하는가' 하는 것은 '어떤 산을 오를 것인가'에 비유할 수 있습니다. 근처에 있는 낮은 산을 하이킹에 나서는 가벼운 기분으로 오른다면 평상복 차림에 운동화를 신고도 갈 수 있을 겁니다. 그런데 북알프스 같은 겨울 산을 정복하고자 한다면, 이에 걸맞은 장비를 구비해야만 합니다. 하물며 에베레스트에 오르고자 한다면, 암벽등반부터 수많은 장비, 엄격한 트레이닝도 필요할 것입니다. 이처럼 오르려는 산에 따라 준비해야 할 것이나 장비가 다른 것처럼, 어떠한 인생, 어떠한 경영을 목표로 하느냐에 따라 그 사람의 사고방식 수준은 완전히 달라집니다.

세계 최고봉을 목표로 한다면 열심히 훈련을 쌓아야 하는데, 보통 일반 사람들은 "그렇게 강도 높은 훈련을 계속하면 몸이 망가진다. 직원들에게 휴식을 주고 기분 전환을 시켜주지 않으면 따라올 수가 없다" 하는 식의 달콤한 말을 많이 합니다. 츠카모토 씨는 '그렇게 하이킹을 나서는 기분으로 오를 수 있는 산과 이나모토가 오르려는 산은 근본적으로 다르다. 험준한 산에 오르려면, 설령 낙오하는 자가 생겨도 엄격한 훈련을 통해 주도면밀하게 하나도 빠짐없이 준비해야 한다. 그러니까 회사의 높은 목표에 걸맞은 고매한 사고방식을 직원들이 갖도록 해야 한다'라는 것을 일깨워주셨던 것 같습니다.

실제로 저는 창업을 할 때, 직원들에게 다음과 같은 말을 자주 했습니다.

교세라는 스물여덟 명밖에 되지 않는 인원으로, 교토의 나카교구 니시노쿄하라마치에 자리한 미야키전기라는 회사의 창고를 빌려 문을 열었습니다. 스물여덟 명 가운데 일곱 명은 저와 함께 회사를 그만두고 함께하기로 한 사람이거나 다른 회사에서 옮겨온 사람들입니다. 나머지 스무 명은 이제 막 학교를 졸업하고 입사한 사람들이었습니다. 저는 거의 매일 그들을 모아 놓고, "지금은 이런 영세기업이지만, 일단 하라마치의 최고의 회사가 될 것이다. 하라마치에서 최고가 되면 니시노쿄의 최고, 니시노쿄에서 최고가 되면 나카교의 최고, 나카교구에서 최고가 되면 교토의 최고가 될 것이다. 교토에서 최고가 되면 일본 최고, 일본에서 최고가 되면 세계 최고가 될 것이다"라며 마치 앵무새처럼 되풀이해 말했습니다.

그러나 실제로는 니시노쿄구에서 일인자를 목표로 한다고 해도, 그 구역 내에는 일생을 걸어도 뛰어넘을 수 없을 만큼 커다란 규모의 회사가 있었습니다. 자동차 수리용 스패너 등의 공구를 만드는 교토기계공구라는 회사였습니다. 더구나 나카교구 최고라고 하면, 시마즈제작소라는 곳이 있었습니다. 시마즈제작소로 말하자면, 최근에 노벨상 수상자를 배출하면서 유명해졌는데, 당시에도 제가 대학시절에 연구실에서 사용했던 분석기 등을 제조한 하이테크 기업이었습니다. 그러니만큼 그런 고도의 기술을 구사하는 대기업을 뛰어넘는다는 건 도저히 불가능한 일이라고 내심 생각했습니다.

하지만 그래도 저는 직원들에게 "세계 최고를 목표로 한다"고 계속해서 강조했습니다. 그리고 그러한 선발기업이나 일류기업에 조금이라도 다가서려면 보통의 노력만으로는 어림없다고 생각해서, 이루어나갈 커다란 목표에 적합한 사고방식을 모든 직원과 공유하기 위해 노력한 것입니다.

이는 스포츠의 세계에서도 마찬가지입니다. 다소 오래전 이야기라 죄송하지만, 예를 들어 다이마츠 히로후미大松博文 감독이 이끈 일본 여자 배구팀이 1964년에 도쿄 올림픽에서 우승한 적이 있습니다. 그때 다이마츠 감독은 회전 리시브를 할 수 있도록 여자 선수들을 혹독하게 훈련시켰습니다. 너무나도 혹독한 훈련에 "여자를 저렇게 훈련시키다니, 인권을 침해하는 게 아니냐"라는 비판이 나올 정도였습니다.

그러나 세계 최고의 배구팀을 만들려면 그런 상식을 뛰어넘는 훈련이 필요합니다. 일본에서 다소 강한 정도의 배구팀을 만드는 것이 목표였다면 그렇게 혹독한 훈련을 할 필요가 없었겠지만, 세계 최고를 목표로 한다면 반드시 남들과는 다른 혹독한 단련이 필요합니다. 우선, 무엇을 향해 나아갈 것인지 '목표'를 정하면, 그에 맞춰 어떤 '사고방식'이 필요한지도 정해집니다.

교세라는 계속해서 그러한 높은 목표를 고집했기 때문에 저는 회사가 궤도에 오른 후에도 성실하고 금욕적인 사고방식을 밀어붙였습니다. 그래서 언론인 등으로부터 "교세라는 미쳤다"라는 비아냥을 듣기도 했습니다. 그리고 "획기적인 발명이나 발견을 하려는 사람은 광기의 세계로 들어서야만 한다"라는 저의 발언에서 꼬투리를 잡아서, 교세라의 교京라는 글자를 '미치다'의 교狂[1]로 바꾸어 '교狂세라'라고 비아냥거리는 기자도 있었습니다.

또한 경영자 중에서도 "재밌고 즐겁게 경영을 하자는 것이 우리 회사의 방침이다. 이나모리 씨의 경영은 너무 금욕적이고 엄격하다. 직원들도 우리처럼 재밌고 즐거운 회사를 더 선호할 것이다"라고 말하는 사람이 있었습니다.

---

1 미칠 광狂은 일본어에서 '교'로 발음된다.

그러한 비판에도 저는 애써 반론하지 않았습니다. 재미있고 즐거운 인생을 살아가고 재미있고 즐겁게 경영을 하고 싶어 하는 사람이 지향하는 회사와 제가 지향하는 회사는 전혀 달랐기 때문입니다.

저는 누구도 알지 못했던 파인 세라믹스의 세계를 개척해, 세계 최고의 회사로 만드는 것을 목표로 했습니다. 그러한 회사는 재미있고 즐거워야 한다는 사고방식으로는 절대로 실현할 수 없습니다. 쓴맛을 맛보며 가시밭길을 계속 걷는 삶을 피할 수 없는 것이지요.

리더에게 요구되는
차원 높은 사고방식

요즘 들어 일본의 산업계에도 수많은 불미스러운 일이 연이어 일어나고 있습니다. 예전에 각광을 받으며 유능한 경영자로 이름을 날린 사람이나 역사를 자랑하는 대기업이 몰락하고 있는 것이지요. 그런 경영자나 회사를 목격하면서 마음이 아팠습니다. 특히 창업자의 경우를 보면 같은 길을 걸어온 사람으로서 정말이지 통탄을 금할 수 없었습니다.

저는 그러한 일도 모두 리더의 사고방식에서 기인했다고 생각합니다. 결국 '어떤 산을 오를 것인가'라는 과제에 있어, 기업의 나침반이 되어야 할 리더에게 아무런 잘못이 없다고 말할 수는 없습니다.

벤처든 역사가 오래된 기업이든, 리더는 뛰어난 능력은 물론이고 불타는 열의도 갖추고 있었을 것입니다. 그리고 처음에는 그릇된 사고방식도 가지고 있지 않았을 겁니다. 그렇기에 커다란 성공을 거두어 회사를 발전시킬 수 있었겠지요. 그런데 일단 성공을 거두고 나서 지위나 재산, 명예욕 그리고 가족에 대한 사랑 등에 휘둘려 리더의 사고방식이 변질되고 몰락의 길로 들어서고 만 것입니다. 성공의 문을 연 것도 그 리더지만, 몰락의 방아쇠를 당긴 것 또한 그 리더인 것입니다.

앞서 말했듯, 결과를 스스로 책임질 수만 있다면 어떤 사고방식을 갖든 자유입니다. 그러나 기업 경영자를 비롯한 집단의 리더라면 예외입니다. 리더의 사고방식이 초래하는 결과는 자기 한 사람만이 아니라 직원 그리고 사회에도 영향을 끼치기 때문입니다. 그래서 집단을 이끌어가는 리더는 어떤 사고방식을 갖든, 결코 개인의 자유라고 할 수가 없습니다. 집단을 행복하게 하고, 또한 사회를 윤택하게 하려면 고매한 사고방식을 갖는 것은 리더의 의무입니다. 하물며 한 나라를 이끌어가는 총리라면 그중에서도 가장 올바른 사고방식과 고매한 인격을 갖추어야겠지요. 그렇지 않으면 망국의 사태를 맞이할 수도 있습니다.

기업에서도 사장뿐 아니라 부장이든 과장이든 조직의 우두머리 격이라면 사고방식을 결코 개인의 자유에 맡길 수 없습니다. 집단을 행복하게 하기 위해서 올바른 사고방식을 가져야만 합니다. 리더 그리고 리더를 목표로 하는 사람은 이러한 점을 명심해야 합니다. 아까 예로 든 니노미야 손토쿠 이야기에서도 알 수 있듯이, 아무리 환경이 변해도 흔들리지 않는 단단한 인격을 확립하지 않으면 참된 리더가 될 수 없습니다.

　중국 고전에 '오직 겸손만이 복을 받는다'는 말이 있습니다. 겸손하지 않으면 행복이나 행운을 얻을 수 없다는 뜻입니다. 겸손함을 잃는다는 것은 인생을 살아감에 있어 그리고 경영을 해나감에 있어서도 가장 큰 손실입니다. 설령 성공했다고 해도 부족함을 알고 겸손함을 잃지 말고, 자신을 행복하게 해준 주변 모든 사람에게 감사해야 합니다. 또한 이와 더불어 다른 사람에게 행복을 주기 위해 뭔가를 하려는 '이타적인 마음'을 갖는 것이 중요합니다. 성공을 거두고 최고의 경지에 이르렀을 때 이처럼 '남을 위해'라는 사고방식을 가질 수 있다면 절대 몰락의 길로 들어서는 일은 없습니다.

　저는 사회에 봉사하고자 하는 마음에서 '세이와주쿠'라는 젊은 경영자를 위한 경영학원을 운영하고 있습니다. 현재 3,500명 정도의 중견·중소 기업의 경영자들이 모여, 저의 경영철학을 바탕으로 각지에서 모임을 하고 있습니다. 그렇게 배움을 터득한 학생 가운데 수많은 사람이 상장을 하고 장외거래를 했지요. 그런데 상장을 한 순간부터 모임에 나오지 않는 사람이 간혹 있습니다. 그런 사람은 백이면 백, 얼마 되지 않아 정도를 벗어나 회사 실적에 큰 피해를 줬다는 소식이 들려옵니다.

저도 사고방식에 대해 열심히 가르치고 스스로 열심히 공부하고 실천하면서 멋진 성공을 거두었지만, 저를 둘러싼 환경이 바뀌어 사고방식이 틀어지면서 회사 경영 자체가 흔들린 적이 있습니다. 사고방식의 중요성을 보통 사람의 곱절이나 되는 시간과 노력을 들여 공부한 사람이라도 까딱하면 그런 곤경에 빠지고 맙니다. 저는 그런 모습을 수도 없이 목격했습니다.

회장에 모이신 각계의 리더를 앞에 두고 마치 어린아이를 타이르는 듯한 말을 해서 죄송하지만, 우리는 이러한 사고방식을 한번 배우면 그만이라는 식으로 생각하고 계속 되풀이하며 새겨나가지 않습니다. 다시 한번 이러한 사고방식의 중요성에 대해 깊이 이해하고 날마다 끊임없이 반성하면서 자신의 것으로 만들어나가야만 합니다. 그렇게 하면, 우리 인생이나 몸담은 일이 반드시 지금보다 훨씬 더 풍성하고 알찬 결실을 맺을 것이라고 저는 확신합니다.

규슈대학교는 유수의 대학으로, 지금까지 각계에 뛰어난 인재를 수없이 배출해왔습니다. 이번에 제1기 졸업을 맞이한 이 비즈니스스쿨 또한 앞으로 수많은 훌륭한 리더를 배출하는 산실이 될 것으로 믿어 의심치 않습니다.

현재 일본은 산업계를 포함해 커다란 전환점을 맞이하고 있습니다. 그러한 환경 속에서 규슈대학교가 짊어질 역할은 앞으로 한층 더 무거워질 것입니다. 부디 오늘 말씀드린 바와 같이, 비즈니스 스킬뿐 아니라 '인격'적인 면에서도 뛰어난 인재를 키울 수 있도록 노력해주시길 바라며, 이만 강연을 마치겠습니다.

감사합니다.

❶ 인류의 역사는 리더의 역사라고 해도 과언이 아니다. 이는 기업 경영에서도 결코 다르지 않다. 실제로 우리는 한 명의 리더에 의해 기업이 발전하고, 또 한 명의 리더로 인해 기업이 무참히 무너지는 모습을 수없이 보고 듣고 있다.

❷ 리더에게는 '견식'이 필요하다. 견식이란 단순한 지식이 아니라 '이렇게 해야 한다', '이렇게 되고 싶다'처럼 확고한 신념으로까지 이른 것을 말한다. 또한, 리더는 조직의 선두에 서서 집단을 이끌어나가야 하므로 통솔력이 필요하다. 그것은 용기나 패기, 또는 결단력이나 실행력과도 같다. 리더에게 이러한 것들이 갖춰져 있지 않으면, 수많은 구성원으로 이루어진 집단을 이끌 수 없다.

❸ 리더의 자질 가운데 가장 중요한 것은 여신오가 '깊이가 있고 무게감이 있는 것이 으뜸이 되는 자질'이라고 강조했듯이, 틈 뜸 없이 생각이 깊고 신뢰할 수 있는 듬직한 성격이다. 한마 디로, 그런 성격을 갖춘 사람은 '인격자'라고 할 수 있다.

❹ 리더가 집단을 이끌어나가려면 비전, 목표를 세워야 한다. '우리 회사는, 우리 부서는, 이러한 목표를 향해 나아가고 있 다'는 뚜렷한 비전, 목표를 세워야 한다.

❺ 단순히 실적을 올리기 위해서라면 목표를 설정하는 것만으 로도 충분하지만, 그 집단의 지속적인 성장과 발전을 목표 로 한다면 리더는 '목표 달성을 통해 무엇을 지향할 것인가' 하는 것까지 충분히 고려해야 한다.

❻ 목표 달성이 회사에 있어, 사회에 있어, 국가에 있어 그리고 더 나아가서는 인류에 있어 어떠한 가치를 갖는가. 그러한 근본적인 문제까지 고려해서 누구나 공감할 수 있는 대의 명분을 갖춘 '사명'을 확고히 해야 한다. 집단 내에서 그러한 고매한 비전이나 미션을 확립하면, 집단에 속한 구성원은 물론 자기 자신도 그러한 것을 동기로 삼아 일에 매진할 수

있다.

❼ 어렸을 때 부모님이나 학교 선생님께 배운 것을 기준으로 판단한다. 즉 그야말로 원초적인 윤리관인 '인간으로서 해도 되는 것, 하면 안 되는 것'을 기준으로 옳고 그름을 판가름하기로 했다. 경영의 판단 기준을 '인간으로서 무엇이 올바른가'에 두고, 오로지 그 원리원칙을 따르기로 한 것이다.

❽ '인생과 일의 결과=사고방식×열의×능력'. 인간이 태어나 죽음에 이를 때까지 밟아온 인생의 결과, 또는 몸담은 일의 결과는 그 사람이 가진 '능력'과 더불어 그가 얼마나 '열의'를 가지고 인생이나 일에 임해왔는가 그리고 그가 어떤 '사고방식'으로 인생을 살고 일해왔는가 같은 세 요소의 곱셈으로 나타난다.

❾ 능력이 그리 뛰어나지 않더라도 '그 누구보다 열심히 노력'하면 능력이 출중한 사람을 뛰어넘어 커다란 성과를 올릴 수 있다. 여기에 사고방식이라는 요소가 더해진다. 이 사고방식은 마이너스 100점부터 플러스 100점까지 있다. 여기에 곱셈을 하기 때문에 조금이라도 부정적인 생각을 하면,

인생이나 일의 결과가 모두 마이너스가 되고 만다. 게다가 능력과 열의가 크면 클수록 그만큼 커다란 마이너스 값이 나온다.

⑩ 어떤 인생을 살고 싶은가, 어떤 리더가 되고 싶은가. 우선, 이에 걸맞은 사고방식을 갖춰야 한다. 어떤 사고방식, 인생관, 철학을 가져야 하는가. 그것은 그야말로 개인의 자유이다. 하지만 그렇게 자신이 품은 인생관, 철학으로 인해 잉태된 인생의 결과 또한 스스로 책임져야만 한다.

⑪ '어떤 사고방식을 가져야 하는가'는 '어떤 산을 오를 것인가'에 비유할 수 있다. 근처에 있는 낮은 산을 하이킹에 나서는 기분으로 오른다면 평상복 차림에 운동화를 신고도 오를 수 있다. 그런데 에베레스트에 오르려 한다면, 암벽 등반 기술부터 수많은 장비와 엄격한 훈련이 필요하다. 오르는 산에 따라 준비해야 할 것이나 장비가 다른 것처럼, 어떠한 인생, 어떠한 경영을 목표로 하느냐에 따라 그 사람의 사고방식 수준은 완전히 달라진다.

⑫ 벤처든 유서 깊은 전통기업이든, 그 기업의 리더는 뛰어난

능력은 물론 불타는 '열의'도 갖추고 있었을 것이다. 그리고 처음엔 '사고방식'도 그릇되지 않았을 것이다. 그렇기에 커다란 성공을 거두어 회사를 발전시킬 수 있었던 것이다. 그런데 일단 성공을 거둔 후에 지위나 재산, 명예욕 그리고 가족에 대한 사랑 같은 것에 휘둘려 리더의 사고방식이 변질되면 몰락의 길에 들어서고 만다. 성공의 문을 연 것도 그 리더이지만 몰락의 방아쇠를 당긴 것도 그 리더이다.

⓭ 우리는 이러한 사고방식을 한번 배우면 그만이라는 식으로 생각하고 되풀이해서 새겨나가지 않는다. 사고방식의 중요성을 깊이 이해하고 날마다 반성하며 자신의 것으로 만들어야 한다. 그렇게 하면 우리의 인생이나 몸담은 일이 그 어느 때보다 풍성하고 알찬 결실을 맺을 것이다.

•

12장

경영자에게 필요한
'세 가지 힘'

•

세이와주쿠 뉴욕 학원장 정례회 강연,
2006년 2월 26일

| 배 | 경 |

세이와주쿠 뉴욕은 57번째 학원으로 2005년 4월에 개원했다. 이번 강연은 개원 기념식 이후 두 번째 강연으로, 이날 이나모리는 미국 및 일본에서 참가한 약 200여 명의 학원생 앞에서 경영자에게 필요한 '세 가지 힘', 즉 한 가지 자력自力과 두 가지 타력他力에 대해 설명했다.

당신은 경영자로서
역량을 갖추고 있습니까

오늘은 이국땅에서 열심히 노력하고 있는 뉴욕에 계신 학원생 여러분께 도움이 되었으면 하는 바람에서 경영에 있어 중요한 세 가지 힘에 대해 말씀드리고자 합니다.

그 첫 번째는 '경영자 자신이 가지고 있는 힘'입니다. 그런데 그것을 어떻게 가늠할 수 있을까요. 그 힘은 다름 아닌 〈경영 12개조〉의 모든 항목을 실행할 수 있는가에 달려 있습니다. "당신은 경영자로서 역량을 갖추고 있습니까"라는 질문을 받았을 때, "〈경영 12개조〉의 모든 항목을 충실히 따르고 실천하고 있습니다"라고 대답할 수 있다면 그 사람은 경영자로서 충분한 역량을 갖추고 있는 것입니다.

지금 하고자 하는 사업이
비즈니스로서 성립하는가

미국에 계신 여러분의 이야기를 듣다 보니, 대부분이 자신의 아이디어를 비즈니스로 만들기 위해 독립했다는 것을 알게 되었습니다. 일본에서는 부모님으로부터 사업을 물려받거나, 또는 회사에 들어가 스스로 배우고 경험한 것을 토대로 독립하는 경우가 많습니다. 반면, 미국에서는 독창적인 발상을 떠올리고 그것으로 새로운 비즈니스를 시작해보고자 독립하는 경우가 많은 것 같다는 생각이 들었습니다. 그런 분들에게는 〈경영 12개조〉를 실천하기에 앞서 필요한 것이 있습니다.

바로 지금 하려는 사업이 비즈니스로서 성립하는지, 스스로 검증해보는 것입니다.

제조업이라면 만들고자 하는 제품의 시장가격이 이미 형성되어 있을 것입니다. 그러한 시장가격을 자재비, 인건비 등을 포함해서 충분히 감당할 수 있는 원가로 만들 수 있는지를 검토해야 합니다.

그러한 검토도 없이 '나는 이것을 만들 수 있으니까'와 같은 이유만으로 사업에 착수하면, 원가가 그 제품의 시장가격을 이미 넘어서서 수익성이 맞지 않을 수 있습니다. 그렇게 되지 않도록 시장가격을 충분히 감당할 수 있는 원가로 만들 수 있다는 확신이 설 때 사업에 착수해도 늦지 않습니다.

유통업도 마찬가지입니다. 유통업이라고 뭉뚱그려 말해도, 물건을 매입해 판매하는 방식이 있는가 하면 실제로 물건을 매입해 판매하지 않고 판매 수수료만 받는 방식도 있습니다. 미국에서는 후자를 '렙'이라고 합니다. 제조업체를 대신하여 상품을 구입할 사용자를 물색해, 양자가 직접 거래할 수 있도록 다리를 놓아주고 중개료로 대금의 몇 %를 수수료로 받는 식의 비즈니스입니다. 미국에서 사업을 할 땐, 자본이 들지 않기 때문에 유통업이 가장 손쉬운 비즈니스라 할 수 있을 것입니다.

이러한 유통의 경우에도 판매가격에서 매입가격을 뺀 총마진 gross margin이 얼마나 될지 미리 생각해둬야 합니다. 그다지 판매관리비가 들지 않는다면 낮은 총마진으로도 수익성을 확보할 수 있습니다.

그러나 판매하는 데 홍보비용이 많이 들어서 총마진이 높아야만 하는 경우도 있습니다. 판매촉진에 상당한 인건비가 드는 경우도 있을 것입니다. 업종이나 시장에 따라 미리 매출총이익을 염두에 둬야 합니다.

이처럼 유통업도 자신이 다루고자 하는 상품에서 어느 정도의 총마진을 얻을 수 있는지 그리고 영업원을 고용해 판매한다면 인건비를 충분히 충당할 수 있는지에 대해 먼저 생각해야만 합니다.

시뮬레이션을 통해 충분히 수익성을 검토한 후 '이 정도라면 할 수 있겠다' 싶으면 앞서 말씀드린 경영자로서의 역량을 갖추고 있는지, 즉 〈경영 12개조〉를 충실하게 실천할 수 있는지가 관건입니다.

자신이 하고자 하는 사업으로 틀림없이 충분한 총마진, 매출총이익을 얻을 수 있고, 허튼 짓을 하거나 주먹구구식 경영을 하지 않는 한 충분히 꾸려나갈 수 있겠다는 판단이 서면, 그다음은 〈경영 12개조〉에 담긴 경영자로서의 자질, 능력을 충분히 발휘해나가는 것이 중요합니다. 경영자로서의 역량이 부족한 사람이 경영을 잘할 리 만무합니다. 기업의 가장 높은 자리에 선 사람은 〈경영 12개조〉를 충실히 실천해나갈 만한 역량을 갖추어야만 합니다.

경영자가 실천해야 할 〈경영 12개조〉

그럼 이제 〈경영 12개조〉에 대해 간단히 설명하도록 하겠습니다.

첫 번째는 '사업의 목적, 의의를 명확히 한다'입니다. 공명정대하고 대의명분을 갖춘 높은 목표를 세워야 합니다. 요컨대, 왜 이 사업을 하는가를 스스로 납득하기 위해서라도 반드시 대의명분을 갖춘 목적, 의의를 명확히 해야만 합니다. 사업을 시작하는 이유가 자신의 사리사욕을 채우기 위해서라면 직원들은 '경영자가 자신의 잇속을 채우기 위해 우리를 이용하고 있다'라고 생각하게 되고, 그들의 협조를 얻지 못할 것입니다. 직원들의 공감을 얻을 수 있는 대의명분을 갖춘 고차원적인 목적, 의의를 세울 필요가 있는 것입니다.

방금 저는 자신의 사리사욕을 채우기 위해 회사를 만들어서는 안 된다고 말했습니다. 그런데 미국에서는 경영자가 사리사욕으로 가득 차 자기 잇속만 채우기 위해 사업을 시작하는 경우가 많은 것 같습니다. 그리고 임원들에게 "파트너인 당신한테도 이만큼 줄 테니 도와달라"고 회유해 사내에서 이해관계로 맺어진 인간관계를 형성합니다.

이렇게 고위층에만 몫이 돌아가니 일반 직원들 사이에 불평불만이 쌓여 조합을 만드는 등 수많은 문제가 발생합니다. 이처럼 미국의 회사는 대부분 이해득실로 움직이기 때문에 더욱더 대의명분을 갖춘 목표를 세우는 것이 중요하다고 생각합니다.

두 번째는 '구체적인 목표를 세운다'입니다. "우리 회사는 이번 달 이만큼의 매출을 올려 이만큼의 이익을 내자"처럼 매달 구체적으로 계획을 세워서 그것을 직원들에게 잘 설명하고 공유해야 합니다. "알겠습니다. 그 계획대로 합시다"라는 공감을 얻어야 합니다. 즉 직원들의 협조를 얻어 회사의 방향을 조준하고 목표를 달성할 수 있도록 구체적인 계획을 세우고 그 계획을 공유해야 합니다. 공동의 목표가 되는 계획을 월별로 세우지 않는다면 기업이라고 할 수가 없습니다.

세 번째는 '강렬한 열망을 마음에 품는다'입니다. 여기에 '잠재의식에까지 파고들 정도로 강렬하고 지속적인 열망을 가질 것'을 덧붙이고 있습니다. 리더는 어떻게 해서든 이렇게 되고 싶다, 무슨 일이 있어도 이루고 싶다는 강렬한 열망을 마음에 품고 있어야 합니다. 자나 깨나 그것만 생각할 정도로 강렬히 열망하는 마음을 품어야 합니다.

제가 사장직을 맡아 교세라를 경영하면서 수많은 고민을 할 때의 일입니다. 그 무렵부터 저는 강렬히 갈구하는 마음이 없으면, 그 어떤 일도 이루지 못한다고 생각했습니다. 어느 해 신년을 맞이하고 회사에 처음 출근한 날, 한곳에 모인 직원들 앞에서 그해의 방침으로 "새로운 계획의 성공은 흔들리지 않고 굴하지 않는 일념에 있다. 그러니 염원하고 또 염원하라. 고고하게, 굳건히, 한결같이"라는 슬로건을 제시했습니다. 사실 이것은 나카무라 덴푸中村天風 씨의 말을 빌린 것입니다. 이 말을 붓으로 적어 사내에 걸어두었습니다.

대의명분을 갖춘 목표를 세워 회사를 일으키고, 매월 구체적인 계획을 세워 그것을 토대로 경영해가는 것. 즉 계획을 성공시키려면 그 어떤 고난에도 흔들리지 않는 불굴의 일념이 필요합니다. 그것도 사심 없이 고매하고 굳건한 마음으로 생각해야 합니다.

계획을 성공시키기 위해서는 고귀한 마음을 품고 끝까지 꿋꿋하게 밀고 나가야 합니다. 그것을 덴푸 씨의 말을 빌려 슬로건으로 내건 셈입니다. 이것이 바로 강렬한 열망을 마음에 품는다는 뜻입니다.

네 번째는 '그 누구에게도 뒤지지 않을 만큼 노력한다'입니다. 매일 일을 한다는 것은 결코 쉬운 일이 아닙니다. 매일매일 영업을 하러 돌아다니며 아무리 거절당해도 수주를 받기 위해 노력한다, 이러한 소박한 일을 하나하나 꿋꿋이 해나가며 부단히 노력해야만 합니다.

다섯 번째로 제가 강조하는 것은 '매출은 최대화하고 비용은 최소화한다'입니다. 이익을 좇아서는 안 됩니다. 이익은 나중에 자연히 따라오는 것입니다. 매출을 최대한 높이고 경비를 최소화하려는 노력을 거듭하면, 이익은 결과적으로 자연히 뒤따릅니다. 그리고 이것이야말로 고수익 기업을 실현하는 길입니다.

여섯 번째는 '가격 결정이 곧 경영이다'입니다. 아까 총마진을 적절히 낼 수 있는지를 검토해야만 한다고 했는데, 그 전제인 판매가나 매입가를 잘못 결정하면 아무리 노력해봤자 이익을 낼 수 없습니다. 그야말로 가격 결정은 경영 그 자체인 것입니다.

판매가도 매입가도 자기 혼자서 결정할 수는 없습니다. 시장이나 상대방이 결정하는 것이지요. 하지만 그 가격으로 해도 될지 말지를 결정하는 것은 경영자 자신입니다. 얼마로 해야 얼마나 팔 수 있을지를 예측하기란 쉬운 일이 아닙니다. 그러나 최고경영자는 자사 제품의 가치를 제대로 파악한 후, 최대의 이익을 낼 수 있는 지점을 찾아내야만 합니다. 그야말로 가격 결정은 그 누구도 아닌 최고경영자만이 할 수 있는 일이라 해도 과언이 아닙니다.

일곱 번째로 저는 '경영은 강한 의지로 결정된다'라고 말합니다. 경영을 하려면 그 어떤 것에도 굴하지 않는, 바위도 뚫을 수 있는 강한 의지가 필요합니다. 제2조에서 세운 구체적인 목표를 달성하기 위해서라도 그 어떤 것에도 꺾이지 않는 강한 의지가 필요합니다.

여덟 번째는 '불타는 투혼'입니다. 경영을 하려면 그 어떠한 전쟁터에서도 승리를 거머쥘 수 있는 뜨거운 투지가 필요합니다. 비즈니스에는 경쟁이 따릅니다. 치열한 경쟁에서 승리를 쟁취해 기업을 키우려면 투혼을 불사르는 자세가 필요합니다.

아홉 번째는 '용기를 가지고 임한다'입니다. 최고경영자가 비겁하게 행동하면, 조직 전체에 부정부패가 마치 들불처럼 번집니다. 수많은 직원을 거느린 경영자는 굳센 사명감과 신념을 바탕으로 한 용기를 갖고, 솔선수범하여 올바른 길로 나아가야만 합니다.

열 번째는 '항상 창조적으로 일한다'입니다. 매일 똑같은 일만 반복하면 그 기업은 발전할 수 없습니다. 다만, '창조적으로 생각하라'고 말해도 하루아침에 독창적인 일을 할 수 있는 것은 아닙니다. 오늘보다 내일, 내일보다 모레와 같은 식으로, 날마다 창조성을 키워 일을 해나가야 합니다.

열한 번째는 '배려하는 마음으로 성실하게'입니다. 장사라는 것은 '상대방에게도 자신에게도 득이 되는 것'이어야 합니다. '자리이타自利利他'처럼 다른 사람을 이롭게 하고자 배려하는 마음, 성실한 마음으로 사업을 해나가면 고객에게 기쁨을 주고 더 나아가 자신에게도 이득이 됩니다.

열두 번째는 '항상 밝고 긍정적으로, 꿈과 희망을 품고 정직한 마음으로'입니다. 경영을 하다 보면 끊임없이 어려운 문제가 생깁니다. 자칫 그러한 어려움에 압도당할 수도 있지만, 경영자란 어려울수록 밝고 긍정적인 마음으로 이를 헤쳐나가야 합니다. 그러려면 우선 스스로 꿈과 희망을 품고 진솔한 마음으로 살아가는 것이 중요합니다.

위의 열두 가지를 경영자가 실천하지 못하면 제대로 된 경영을 해나갈 수 없습니다. 경영에 필요한 세 가지 힘 가운데 첫 번째가 이러한 경영자 자신의 힘입니다. 즉 경영자가 경영의 바탕이 되는 열두 조항을 실천할 수 있는 힘을 기르는 것이 성공적인 경영의 필수조건이라고 할 수 있습니다.

지지해주는 파트너와 전 직원의 '타력'

두 번째는 자신과 같은 마음으로 경영을 해주는 사람, 특히 부관이나 오른팔이 되어줄 파트너의 힘, 즉 다른 사람의 힘입니다. 경영자는 이러한 다른 사람의 힘을 얻을 수 있어야 합니다.

훌륭한 파트너의 도움으로 성공한 경영자로는 혼다기연공업의 혼다 소이치로本田宗一郎를 꼽을 수 있습니다. 대장간을 하는 아버지 밑에서 태어나 오랫동안 물건 만드는 일을 해온 혼다 씨를 경리에 밝은 후지사와 다케오藤沢武夫 씨가 옆에서 물심양면으로 도와주었습니다. 혼다 씨와 다케오 씨의 끈끈한 파트너십이 있었기에 혼다가 그야말로 세계적인 기업으로 성장할 수 있었다고 합니다.

마츠시타 고노스케 씨에게도 다카하시 아라타로高橋荒太郎라는 파트너가 있었습니다. 고노스케 씨는 제조나 장사에 있어서 본연의 자세와 마음가짐을 중시하는 사람이었습니다. 한편 그 옆에는 경리와 회계에 능통한 다카하시 씨가 있었습니다. 이러한 선례만 봐도 알 수 있듯이, 한쪽 짐을 나눠 짊어져줄 좋은 파트너를 만날 수 있느냐 없느냐에 따라 경영의 성패가 갈린다고 해도 과언이 아닙니다.

경영이라는 무거운 짐이 든 커다란 보따리를 홀로 등에 지고 허리를 구부려가며 비탈길을 올라가는 것보다, 멜대 한쪽을 파트너에게 맡기고 가운데에 경영이라는 무거운 짐을 매달아 둘이서 "영차, 영차" 하면서 지고 가는 것이 훨씬 더 수월할 것입니다. 한쪽 짐을 맡아줄 파트너의 협력이라는 타력을 얻을 수 있느냐는 경영에 있어 매우 중요한 부분입니다.

제 경우에는 혼다 소이치로 씨에게 있어 후지사와 다케오 씨, 마츠시타 고노스케 씨에게 있어 다카하시 아라타로 씨와 같은 파트너가 없었습니다. 스스로 제조도 영업도 모두 해내야만 했습니다. 《이나모리 가즈오의 회계 경영》이나 《아메바 경영》에 나와 있듯이, 본래 기술자였던 제가 회계마저 봐야 했습니다. 홀로 만능이 되어야만 했던 셈입니다. 그것은 결코 칭찬받을 만한 일이 아닙니다.

저는 엄청난 고생을 했습니다. 나와 같은 마음으로 경영해줄 파트너가 있으면 좋겠다는 생각을 수도 없이 했습니다. 손오공처럼 자기 털을 뽑아서 분신을 만드는 그런 요술 같은 일이 가능하다면, 저도 그렇게 하고 싶을 정도였습니다. 분신이 있다면 넌 영업을 맡아줘, 넌 경리를 봐줘 하고 부탁할 수 있을 테니 말입니다.

그래서 생각해낸 것이 바로 아메바 경영입니다. 경영의 방향키를 쥐고 신음하는 제 마음을 이해시키려면 어떤 부서를 맡겨서 저와 같은 경험을 하게 하는 수밖에 없었습니다. 그런 생각으로 아메바 경영을 시작했는데, 결국은 경영자의 마음을 이해해주는 파트너가 필요했던 것이지요. 이른바 공동 경영자가 될 만한 사람이 필요했습니다. 그래서 부문별 독립채산제를 만들어, 각 리더에게 부문의 경영을 맡기고 경영의 파트너가 되어줄 만한 인재를 키우려고 했습니다.

저는 이렇게 모든 것을 홀로 처리해가면서 크나큰 고통을 맛봤습니다. 그래서 '자력'에는 한계가 있다는 생각을 하게 된 것이지요. 인간은 결코 홀로 살아갈 수 없습니다. 다른 사람의 도움이 있기 때문에 비로소 살아갈 수 있습니다. 마찬가지로 홀로 경영을 해나간다는 것은 매우 어려운 일입니다. 역시 나의 분신이 되어줄 든든한 동반자가 필요합니다.

마음과 마음으로 맺어진
탄탄한 신뢰관계 구축하기

그런데 미국에서는 신뢰할 수 있는 파트너를 찾아내기가 그리 쉬운 일은 아니라고 생각합니다. 인종도 종교도 제각각이지요. 게다가 냉정한 손익계산서로만 인간관계가 이루어지는 자본주의의 본고장인 미국 사회에서 믿을 만한 파트너를 찾아내기란 매우 어려운 일입니다.

그러나 어려운 것은 일본에서도 마찬가지입니다. 어제까지 믿었던 사람이 동종업계의 다른 회사로 높은 보수를 받고 뒤도 돌아보지 않고 떠나버립니다. 기량이 있고 힘을 발휘하는 사람일수록 동종업계에서 탐을 냅니다. 당연히 다른 회사에서 헤드헌팅을 받기도 합니다. 오늘까지 함께 일했던 동료가 다음 날에는 경쟁자가 되는 셈입니다. 그렇게 되면 우리의 정보를 모두 가지고 있는 만큼 크게 우리를 앞지를 우려도 있습니다. 이처럼 믿을 만한 파트너를 얻기가 쉽지 않은 것이 현실입니다. 일본은 미국만큼 냉정하지는 않지만 어렵다는 점에는 차이가 없습니다.

그렇다고 혼자 동분서주한들 한계가 있습니다. 소규모 회사 정도는 키울 수 있을지도 모르겠습니다. 하지만 매출 100억 엔, 200억 엔이라는 중견 규모의 회사로 키울 생각이라면 아무래도 믿을 만한 파트너가 필요합니다. 가령, 미국에서는 스톡옵션 등을 이용해 인센티브를 주는 등 보상을 통해 파트너를 확보하는 경우가 많습니다. 최근에는 일본에서도 그러한 경향이 강해지고 있습니다. 하지만 그런 욕심에 기반한 관계는 결코 오래가지 못합니다.

신뢰할 수 있는 파트너를 얻고자 한다면, 마음과 마음으로 맺어진 신뢰관계를 구축해야 합니다. 물론, 이해관계도 맞아야 하지만 기본은 어디까지나 사람의 마음인 것입니다.

교세라는 마음과 마음으로 맺어진 관계를 바탕으로 해왔습니다. 창업을 할 때, 저는 별다른 기술이 없었습니다. 의지할 수 있는 것이라고는 뜻을 함께한 사람들뿐이었습니다. 그래서 그들의 마음에 의지해나가자고 생각했습니다. 사람의 마음이란 매우 변덕스럽고 변하기 쉬운 덧없는 것입니다. 그러나 역사를 거슬러 올라가보면, 목숨을 걸고서라도 마음으로 맺어진 사람과의 약속을 지킨 일화를 접할 수 있듯이, 마음은 한번 맺어지면 정말로 믿을 수 있는 소중한 것입니다. 인간의 마음은 변덕스럽고 변하기 쉽지만, 한편으로는 굳건히 믿을 수 있는 소중한 보물이 되기도 합니다. 그 누구에게도 기댈 수 없던 저는 이 소중한 마음의 결속력을 바탕으로 경영을 해나가고 싶다고 생각했습니다.

그러려면 우선 저 자신이 기업 경영에 대해 올바른 사명감을 가져야 하고, 그것을 파트너가 될 만한 사람들에게 분명하게 전달해야 합니다. "나는 이런 인생관, 철학을 가지고 인생을 살아갈 생각입니다. 나는 이러한 사고방식으로 기업을 경영해나가려고 합니다. 내 생각에 동의해줄 수 있겠습니까"라고 말하며 앞으로 제 사람으로 만들고 싶은 사람을 차례차례 설득해나갔습니다. 그리고 그들은 저에게 "그런 생각이라면 저도 함께 힘을 보태겠습니다"라고 말해주었습니다.

또한, 신뢰를 바탕으로 마음과 마음을 이어가려면 자기 생각을 상대방에게 전달하는 것만이 아니라 상대방에게 신뢰를 얻을 수 있도록 경영자 자신이 마음의 문을 열고 다가가야 합니다.

저는 창업을 할 때부터 제가 그런 마음으로 다가가면, 상대방도 같은 마음으로 보답해줄 것이라고 믿어 의심치 않았습니다.

그리고 일단 그런 파트너가 한 명 생기면 두 명, 세 명으로 늘어납니다. 여섯 명의 임원이 있다고 치면, 그 여섯 명이 모두 같은 마음으로 맺어진 관계가 됩니다. 이렇게 이어진 사람들은 신뢰할 수 있는 파트너가 되어, 타력으로서 자력을 갖춘 경영자를 뒷받침해줍니다. 우선 스스로 올바른 사고방식을 구축하고, 그다음 그러한 생각에 공감할 수 있도록 동료를 설득해 신뢰할 수 있는 파트너로 만들어가는 것이지요.

전 직원에게 믿음을 주고 신뢰를 얻는다

파트너뿐 아니라 모든 직원의 협력을 구하는 것도 중요한 일입니다. 모든 직원이 자발적으로 일하는 분위기를 만들기 위해서는 자사의 경영에 대해 숨김없이 말하고 이해를 구해야만 합니다. 또한, 회식 등의 자리를 통해 "나는 이런 경영을 펼쳐서 직원 여러분에게 이러한 것을 해주고 싶다"고 이야기해야 합니다. 그리고 직원 모두가 '이 사장을 위해서라면 그 어떤 노력도 아깝지 않다'는 생각을 할 수 있도록 만드는 것이 중요합니다.

여러분도 세이와주쿠에 들어온 이후 직원들을 자신과 같은 방향으로 이끌기 위해 열심히 노력하고 계실 겁니다. 모든 직원의 이해와 협력 여부에 회사의 경영이 좌우된다고 해도 과언이 아닙니다.

우주, 자연의 힘을 내 편으로 만들다

여기에서 잠깐 이야기를 정리하자면, 경영에 필요한 힘 가운데 첫 번째는 경영자의 힘, 즉 자력입니다. 경영자는 〈경영 12개조〉의 모든 항목을 실천해야만 합니다.

두 번째는 다른 사람의 힘, 즉 타력입니다. 실력을 갖춘 경영자를 전심전력으로 뒷받침해줄 수 있는 파트너를 찾아 그 숫자를 늘려가는 동시에 사장이 올바른 경영을 할 수 있도록 아낌없이 지지해주는 내 사람으로 만들어가야만 합니다.

경영을 하는 데 있어 중요한 힘 중 세 번째 또한 타력입니다. 다만, 이것은 두 번째 타력과 달리, 사람의 힘이 아닙니다. 위대한 우주의 힘, 자연의 힘을 내 편으로 만들어야 합니다. 이 힘이 있으면 행운이 깃들어, 운명을 좋은 방향으로 바꿀 수 있습니다.

이렇게 말하면 무슨 무속신앙 같아 어려운 이야기처럼 들릴지도 모르지만, 이는 제가 항상 여러분께 하는 말입니다.

운명은 바꿀 수 있다는 것을 《음즐록陰騭錄》을 예로 들면서 여러분께 여러 번 말씀드린 적이 있습니다. 선한 생각을 하고 선한 일을 하면, 운명은 좋은 쪽으로 흘러갑니다. 나쁜 생각을 하고 나쁜 짓을 하면, 운명은 나쁜 쪽으로 흘러갑니다. 선한 일은 선한 결과를 낳고, 악한 일은 악한 결과를 낳는다는 이 인과의 법칙은 엄연한 우주의 진리라는 것을 거듭 말씀드렸습니다. 이 법칙에 따라 선한 생각을 하고 선한 일을 하면, 좋은 결과가 나옵니다. 이것이 다름 아닌 우주의 위대한 힘, 자연의 힘을 내 편으로 만드는 길입니다.

불교에서도 가르치는 인과의 법칙

선한 생각을 하고 선한 일을 하면 좋은 결과를 얻는다. 나쁜 생각을 하고 나쁜 짓을 하면 나쁜 결과를 얻는다. 이러한 인과의 법칙은 인생에 있어서 한 치의 오차도 없이 성립되고, 불교에서는 '인연因緣'이라는 말로 이러한 사고방식을 가르치고 있습니다. 우리는 흔히 '생트집을 잡는다'[1]고 하여 그다지 좋지 않은 의미로 사용하고 있지만, 본래의 뜻은 다릅니다.

---

1 '因緣をつける'는 인因과 연緣이라는 두 가지 원인을 붙인다는 의미로, 관용적으로 '생트집을 잡는다'는 뜻으로 쓰인다.

부처님께서는 우선 '인因(직접적인 원인)'이라는 것이 있고, 그것이 '연緣(간접적인 원인)'과 닿아 '과果(결과)'가 만들어진다고 말씀하셨습니다. 이러한 것을 후에 하쿠인白隱 선사와 같은 고명한 스님이 여러 비유를 들어 설파했습니다.

예를 들어, 쌀은 벼 한 톨에서 비롯됩니다因. 벼를 밭에 떨어뜨리면 물, 흙, 빛, 열 등의 자연과 더불어 싹이 트고 자라납니다. 그리고 이윽고 이삭을 맺습니다. 그리고 쌀이 수확되는 결과果를 낳는 것입니다. 이것이 본래 인연이 가지고 있는 의미입니다.

불교에서는 '윤회를 반복해온 우리의 지난날의 업보가 현세를 살아가면서 수많은 연과 닿아 결과를 낳는다. 따라서 현재 당신이 이런 인생을 보내고 있는 것은 당신이 가지고 태어난 업보가 연과 닿아 나타난 결과이다'라고도 합니다. 불교의 인과의 법칙도 《음즐록》에서 가르치는 인과의 법칙과 완전히 동일한 것입니다.

부처님께서는 카르마業가 인因이며, 그것은 사념思念에서 생긴다고 말씀하십니다. 아무것도 없었던 우주에서 가장 먼저 생겨난 것이 '생각'이라는 것입니다. 또한, 기독교에서는 '태초에 말씀이 계시니라'라고 합니다. 생각이 없었다면 신도 말을 하지 않았을 테니, 역시 생각이 가장 먼저 생겨났고 모든 것의 원인이 되는 셈입니다.

이야기가 다소 벗어나긴 했지만, 불교에서 인과의 법칙을 어떻게 바라보고 있는지 알 수 있는 이야기를 하나 소개해드리겠습니다.

제가 속한 임제종臨濟宗을 비롯한 선종에는《무문관無門關》이라는 선문답을 모아놓은 공안집公案集이 있습니다. 그 제2칙에 '백장의 여우'라는 문답이 있습니다. 그 내용은 다음과 같습니다.

언제나 열심히 설법을 들으러 오는 노인이 있습니다. 어느 날, 설법을 마쳤는데도 그 노인이 돌아가지 않았습니다. 스님이 이를 이상히 여겨 묻자, 자신은 먼 옛날 이 절의 주지였다고 했습니다. 그리고 노인은 말했습니다.

"제가 주지였을 때, '깨달음을 얻은 위대한 스님은 부처님이 설법하는 인과의 법칙과는 무관한 존재인가'라는 물음을 받았습니다. 저는 '그것은 당연하다. 깨달음을 얻은 위대한 사람이 되면, 인과의 법칙을 해탈할 수 있다'라고 대답했습니다. 그렇게 대답을 하자마자 저는 여우로 윤회하고 말았습니다. 스님에게 다시 한번 여쭙겠습니다. 깨달음을 얻은 자는 인과의 법칙에서 해탈할 수 있습니까?"

스님은 그 노인에게 이렇게 대답합니다.

"설령 깨달음을 얻은 자라도 인과의 법칙에서 벗어날 순 없습니다. 하지만 깨달음을 얻은 자는 왜 인과의 법칙이 존재하는지 잘 알고 있습니다. 이처럼 인과의 법칙을 터득한 자가 깨달음을 얻을 수 있는 것입니다."

"그렇군요, 잘 알겠습니다. 저는 교만하게도 깨달음을 얻은 자는 인과의 법칙에서 해방되어 자유로워진다고 말하는 바람에 여우로 윤회하고 말았습니다. 스님의 말씀을 듣고 잘 알게 되었습니다."

이어서 노인은 "여우로 살아온 제 육신은 오늘로 끝입니다. 이 절 뒷산에 여우의 사체가 있을 테니, 그 여우를 한 사람의 승려로 보내주기를 부탁드립니다"라며 자리를 떠났습니다.

스님은 장례식을 치르기 위해 운수승을 모았습니다. "누구 장례식이지, 아무도 죽지 않았는데"라고 의아스러워하면서도 운수승들은 스님의 말씀대로 뒷산에 모였습니다. 보아하니, 스님의 발밑에 한 마리의 야생 여우 사체가 있었습니다. 스님은 이 여우를 승려처럼 다비에 올리고 경을 읊으며 극진히 장례를 치러주었습니다.

이것이 《무문관》의 제2칙인 '백장의 여우'입니다. 선종에서는 이렇게 이야기를 바탕으로 선문답을 합니다. 선종은 이지적이어서 사후세계에 대해서는 일절 말하지 않습니다. 그렇지만 그 속에서도 인과의 법칙은 엄연히 존재한다고 말하고 있는 것입니다.

항상 감사하는 마음을 갖다

위대한 우주의 힘, 자연의 힘을 얻기 위해서는 인과의 법칙에
따라 선한 생각을 하고 선한 일을 해야 합니다.

그렇다면, 그러한 '선한 일'이란 무엇일까요.《음즐록》에서도
'선한 생각을 하라'고 가르치고 있는데 한마디로 말하면 감사,
이타라고 할 수 있습니다. 이타란 남을 배려하고 어여삐 여기는
아름다운 사랑으로, 불교에서는 자비라고 합니다.

이러한 이타의 마음은 항상 감사하는 마음이 없으면 가질 수
없습니다. 자신이 행복하므로 다른 사람에게 감사하는 것, 삼라
만상 모든 것에 감사하는 마음을 갖는 것. 그 자체가 아름다운
선한 마음인데 그러한 감사하는 마음이 있으면 자연스레 남을
배려하고 자비로운 마음 상태가 됩니다.

어제 환영 회식에서 추수감사절에 대해 다음과 같은 말이 나
왔습니다.

"1620년에 메이플라워호에 올라탄 청교도들이 조국인 영국
을 떠나 미국대륙으로 건너온 첫해에 그들을 맞이한 건 혹독한
첫 겨울이었습니다. 수많은 사람이 귀한 목숨을 잃었습니다. 그
리고 살아남은 자들에게 식량을 나누어 주며 도와준 건 다름 아
닌 아메리카 원주민이었습니다. 살아남은 청교도들은 원주민을
따라 부지런히 일해, 다음 해 11월에 도움을 준 아메리카 원주

민들을 초대해 처음으로 수확한 작물이나 산에서 잡은 야생 칠면조를 식탁에 올려놓고 축하하는 자리를 열어, 친구나 신의 은혜에 감사(추수감사절)의 마음을 전한 것입니다."

나는 이 말을 듣고 감사하는 마음이 그저 의식으로만 남는 게 아니라 현재 미국 사회에 정착되었더라면 더 멋진 사회가 됐을 텐데 싶은 생각이 들었습니다. 일본에서도 그러한 것들이 점점 사라지면서 삭막한 사회로 변해가고 있습니다.

선한 마음을 설명하고자 할 때 많은 말을 늘어놓을 필요는 없습니다. 감사하는 마음, 배려하는 마음만으로도 충분합니다. 반면, 악한 마음이란 무엇인가 하면, 이타의 마음과 대비되는 이기적인 마음입니다. 가령, 나만 잘되면 된다는 욕심이 악한 마음, 악한 생각입니다.

항상 다른 사람을 이롭게 하고자 하는 마음을 품고 감사하면서 살아가는 사람은 반드시 우주의 힘을 얻고 행운을 맞이합니다. 반대로 자기만 잘되면 된다는 이기심으로 똘똘 뭉친 사람은 하는 일마다 뜻대로 풀리지 않습니다.

지성으로 번뇌를 억제하다

저는 항상 여러분에게 선한 마음을 가지라고 말했는데, 이와 동시에 그러기가 좀처럼 쉽지 않다는 말씀도 드리고 있습니다.

우리 인간은 자연으로부터 본능을 부여받고 태어납니다. 그 본능 중에서 가장 강력한 것이 부처님께서 말씀하신 번뇌입니다. 이 번뇌 중에서도 가장 강력한 것이 삼독三毒이라 불리는 세 가지 번뇌입니다. 그 첫 번째가 '탐욕', 두 번째가 '분노', 세 번째가 '어리석음'입니다. 어리석음이란 불평불만을 늘어놓으며 다른 사람을 미워하거나 질투하거나 시기하는 악한 마음입니다.

본능, 번뇌는 자연이 우리에게 선사해준 것입니다. 만약 이것이 없다면 우리는 살아갈 수 없습니다. 가령, 육체를 유지하기 위한 식욕이나 적과 싸우는 투쟁심은 살아가기 위해 반드시 필요한 것으로 자연이 우리에게 준 것입니다.

그러나 지성을 가지고 자신의 본능, 번뇌를 조절하지 않는다면 일상의 모든 것이 탐욕, 분노, 어리석음이라는 세 가지 본능에 지배당하고 맙니다. 머리로 생각하는 것이 아니라 반사적으로 그러한 것들이 튀어나오게 됩니다. 반사적으로 손익을 따지고, 반사적으로 화가 나고, 반사적으로 불만이 쌓입니다. 머리로 생각하는 것이 아닙니다. 순간적으로 튀어나오는 본능, 번뇌에 우리의 일상적인 행동이 지배당하고 마는 것입니다. 그것이 본능이고 번뇌입니다.

다시 한번 말씀드립니다. 본능, 번뇌가 없으면 인간은 살아갈 수 없습니다. 하지만 그것이 너무 강해져 한계를 넘으면 이기심, 즉 악한 마음이 생겨 신세를 망치게 됩니다. 어떻게든 본능, 번뇌를 억제하고 이타의 마음이 그 모습을 드러낼 수 있도록 해야 합니다.

그때 필요한 것이 바로 지성입니다. '나만 잘되면 된다는 건 이상하지 않은가. 모두가 행복해지는 방향으로 생각해야 하지 않을까'와 같이, 지성을 가지고 자신에게 말해야 합니다. 본능, 번뇌를 억누르고 감사하는 마음을 가져야 한다, 배려하는 마음, 남을 어여삐 여기는 마음이 필요하다고 일상적으로 자신에게 말해줘야 합니다. 그 외에 다른 방법은 없습니다. 이렇게 항상 이타심이 표출되도록 자신을 채찍질하며 끊임없이 노력해야 합니다.

예로부터 흔히 '수행이 필요하다'고들 합니다. 이는 다름 아닌 이기심을 억누르고 이타심이 표출되도록 자신을 타이르는 것을 말합니다. 이러한 노력의 결과는 "저 사람은 수양을 쌓은 사람이다", "저 사람은 정진해가는 사람이다"와 같은 평판으로 이어집니다.

영국의 계몽사상가인 제임스 앨런James Allen은 이러한 마음의 모습을 '정원'에 비유했습니다.

마음의 정원을 가꾸지 않으면 그곳엔 잡초의 씨앗이 퍼져, 어느새 잡초가 무성해지고 맙니다. 마음의 정원에 아름다운 꽃을 피우고 싶다면, 아름다운 꽃의 씨앗을 심어 가꾸어야만 한다고 강조했습니다. 한마디로 마음의 정원을 가꾸지 않으면 그곳에 번뇌라는 잡초가 저절로 자라난다는 것입니다. 그래서 그 번뇌라는 잡초를 뽑고, 그곳에 새로운 이타의 마음, 배려로 가득 찬 자비로운 마음, 감사하는 마음과 같은 아름다운 꽃의 씨앗을 심어야 합니다.

물론 심기만 해선 안 됩니다. 꾸준히 가꾸지 않으면 눈 깜짝할 사이에 다시 번뇌라는 잡초가 무성하게 자라, 애써 심어놓은 이타의 마음이라는 아름다운 꽃마저 시들어버리고 맙니다. 항상 돌보며 이타의 마음이 만개할 수 있도록 해야만 합니다.

이기심을 억누르고 이타심이나 감사하는 마음이 자라나도록 매일매일 자신을 타이르며 노력해야 합니다. 지금 이곳에서 이 말을 듣고 이해했다고 해서, 그리 간단히 이타의 마음이 생기는 것은 아닙니다. 끊임없는 노력이 중요합니다.

이타심을 갖고자 하는 노력이 인격을 바꾸고, 행운을 가져온다

이기심을 억누르고 이타의 마음이 자랄 수 있도록 항상 스스로에게 다짐합니다. 끊임없이 이러한 노력을 하면 인격이 바뀌어 기분 좋은 사람으로 변해갑니다. 주위에서 "10년 전, 20년 전과는 아주 딴판이다"라는 말을 듣게 될 것입니다. 인상마저 달라집니다. 인간의 얼굴은 타고난 것입니다. 하지만 인상, 표정은 변해갑니다. 얼굴은 마음을 비추는 거울이라는 말처럼, 마음을 아름답게 가꾸면 인상까지 아름답게 변해갑니다.

인격이 변하면 자연마저 내 편이 되어줍니다. 저는 무슨 까닭인지, 나이를 먹고 나서 벌레를 잡지 못하게 되었습니다. 보통 집에서 바퀴벌레가 나오면 빗자루를 들고 잡는데, 저는 그렇게 하지 못합니다. 바퀴벌레뿐 아니라 모기도 잡지 못하게 되었습니다. 피를 빨아먹으면 "어이, 저리로 가"라며 내쫓기만 합니다. 저희 집 주변은 자연으로 둘러싸여 있어, 호박벌이라는 커다란 벌도 자주 날아다닙니다. 정원사가 "이 벌은 위험해요. 바로 쫓아내야 해요"라고 하지만, 근처로 날아와도 저는 쫓아내지도 않고 피하지도 않습니다. 그러면 벌들도 해를 끼치려 하지 않습니다.

또한, 여름에 외출을 하려는데 갑자기 소나기가 내려도 그조차 반갑게 느끼게 되었습니다. 지금까지 가물어서 아스팔트 틈새에서 자란 잡초가 물을 먹고 싶어 숨을 헐떡이고 있었습니다. 그런데 일주일 만에 소나기가 내립니다. 그 잡초가 내지르는 환희의 소리가 들리는 것만 같았습니다. 제 입장에서 보면, 외출하려는 순간 내린 소나기라서 원래대로라면 기분이 좋지 않았을 겁니다. 그럼에도 그곳에 있는 식물들이 기뻐하는 소리가 들리는 듯해, '아, 비가 내려서 다행이다'라는 생각이 든 것입니다.

제4부 70대의 이나모리 가즈오

이기심을 누르고 이타심이 자라나도록 항상 스스로에게 다짐하면, 그 사람의 인격이 변합니다. 동시에 자연스럽게 우주의 도움도 받을 수 있습니다. 그 어떤 초능력이나 초자연적인 현상에 대해 말하는 것이 아닙니다. 실제로 운이 트입니다. 그때까지 실패했거나 장애물이 되었던 것들이 순조롭게 길을 터줍니다. 인격이 바뀌면 그러한 일도 일어납니다.

경영을 할 때 중요한 세 번째 힘은 두 번째와 마찬가지로 타력이지만, 사람의 힘이 아닌 우주, 자연의 힘입니다. 그러한 것들을 내 편으로 만들어 행운을 불러들여야 합니다. 그러한 행운은 노력해서 얻는 것입니다. 만약 언제나 행운이 넘치는 사람이 있다면 그건 그저 그 사람의 운이 좋아서가 아니라, 그 사람이 아름다운 마음을 갖고 있기 때문입니다.

오늘 제가 드린 말씀을 정리하자면, 경영자는 우선 자신이 힘을 가지고 있어야만 합니다. 바로 자력입니다. 두 번째는 타력입니다. 뛰어난 파트너의 도움은 물론, 전 직원이 협력해줄 만한 사람이 되어야 합니다. 세 번째도 타력인데, 이는 우주, 자연의 도움을 받아야만 한다는 것입니다. 이 세 가지 힘이 없으면 올바른 경영을 할 수 없습니다.

자본주의 사회에서는 '이타적인 마음으로 어떻게 경영을 할 수 있는가. 이기심이 없으면 경영을 할 수 없다'라고들 생각합니다. 그러나 결코 그렇지 않습니다. 불교에서 말하는 '자리이타'입니다. 자신의 이익을 얻고자 한다면 우선 이타적인 마음이 필요합니다. 다른 사람을 도울 수 없다면, 자신도 결코 성공할 수 없습니다.

사업 계획을 세울 때, 자신의 잇속을 채우려고 계획을 세우는지, 아니면 주변 사람들 모두의 행복을 위해 계획을 세우는지에 따라 전개 양상이 크게 달라집니다. '모두를 위해서'라는 생각으로 사업 계획을 세우면, 타력을 얻어 일이 순탄하게 흘러갑니다. 자신의 잇속만 생각하는 이기적인 마음으로 계획을 세우면, 아무리 잘 짜인 계획이라도 수많은 방해를 받게 되어 제대로 굴러가지 않습니다.

자본주의 사회에서도 이타심이 가장 중요하다는 말씀을 거듭 드리며, 오늘의 이야기를 마치겠습니다. 감사합니다.

❶ 〈경영 12개조〉를 실천하기에 앞서 지금 하려고 하는 사업이 비즈니스로서 성립하는지 시뮬레이션을 통해 수익성을 충분히 검토한다. '이 정도면 될 것 같다' 싶으면 사업을 시작해도 된다. 이 전제가 있어야만 비로소 사업이 가능하다.

❷ 경영자로서 역량이 부족한 사람이 경영을 잘해나갈 리 만무하다. 기업의 가장 높은 자리에 선 자는 〈경영 12개조〉를 충실히 실천해나갈 만한 역량을 갖춰야만 한다.

❸ 자신과 같은 마음으로 경영해주는 사람, 특히 부관이나 오른팔이 되어줄 파트너의 힘, 즉 다른 사람의 힘이 필요하다. 이러한 타인의 힘을 얻을 수 있는 경영자가 되어야만 한다.

❹ 경영이라는 무거운 짐이 든 커다란 보따리를 홀로 등에 지고 허리를 구부려가며 비탈길을 올라가기보다는 멜대 한쪽을 파트너에게 맡기고 한가운데에 경영이라는 무거운 짐을 매달아 둘이서 "영차, 영차" 하며 짊어지고 가는 편이 훨씬 수월하다는 것은 자명하다. 한쪽을 맡아줄 파트너의 협력, 즉 다른 사람의 힘을 얻을 수 있는가는 경영에 있어 매우 중요한 부분을 차지한다.

❺ 경영의 방향키를 쥐고 고뇌하는 경영자의 심정을 이해시키기 위해서는, 부서를 맡아 경영자와 같은 경험을 해보도록 하는 수밖에 없다. 그런 생각으로 시작하게 된 것이 아메바 경영이고, 파트너, 공동 경영자가 될 만한 사람을 이렇게 찾아나갔다. 부문별 독립채산제를 만들어 각 리더에게 부문의 경영을 맡겨 경영의 파트너가 되어줄 만한 사람을 키우고자 했다.

❻ 마음은 한번 맺어지면 정말로 의지가 되는 소중한 것이다. 변덕스럽고 덧없는 것이 인간의 마음이지만, 다른 한편으로는 굳건히 신뢰할 수 있는 소중한 보물이 되기도 한다. 기댈 수 있는 것이 아무것도 없었기 때문에 이러한 소중한 마음

의 연결을 바탕으로 경영을 해나가야겠다고 생각했다.

❼ 신뢰를 바탕으로 마음과 마음을 연결해나가려면, 자신의 생각을 상대방에게 전달하는 것만 아니라, 상대방으로부터 신뢰를 얻을 수 있도록 경영자 자신이 마음의 문을 열고 다가가야만 한다. 그렇게 마음으로 다가가면, 상대방도 같은 마음으로 보답해줄 것이다. 창업 당시부터 그렇게 생각해왔다.

❽ 경영에 필요한 힘 중 첫 번째는 경영자의 힘, 즉 자력이다. 두 번째는 다른 사람의 힘, 즉 타력이다. 경영에 있어 중요한 세 번째 힘 또한 타력이다. 다만 이것은 사람의 힘이 아니다. 위대한 우주의 힘, 자연의 힘을 내 편으로 만드는 것이다. 이러한 힘이 있으면 운명을 좋은 방향으로 바꿀 수 있다.

❾ 위대한 우주의 힘, 자연의 힘을 얻기 위해서는 인과의 법칙에 따라 선한 생각을 하고 선한 일을 해야 한다. '선한 일'이란 감사하는 마음, 배려하는 마음만으로 충분하다. 반면, 악한 마음이란 이타의 마음과 대비되는 이기적인 마음이다. 나만 잘되면 된다는 욕심이 악한 마음, 악한 생각이다. 항상

다른 사람을 이롭게 하고자 하는 마음을 품고 감사하면서 살아가는 사람은 반드시 우주의 힘을 얻고 행운을 얻을 수 있다. 반대로 나만 좋으면 된다는 이기심으로 똘똘 뭉친 사람은 하는 일마다 뜻대로 풀리지 않는다.

❿ 본능, 번뇌가 없으면 인간은 살아갈 수 없다. 하지만 그것이 너무 강해져 한계를 넘어서면 이기심, 즉 악한 마음이 생겨서 신세를 망치게 된다. 본능, 번뇌를 억제하고 이타의 마음이 그 모습을 드러낼 수 있도록 하려면 지성이 필요하다. 지성으로 일상적으로 자신을 타일러야 한다. 그 외에 다른 방법은 없다. 항상 이타심이 표출되도록 스스로 다짐하며 끊임없이 노력해야 한다.

⓫ 경영을 할 때 중요한 세 번째 힘은 우주, 자연의 힘이다. 이것을 내 편으로 만들면 행운이 따른다. 그러한 행운은 노력해서 얻는 것이다. 만약 언제나 행운이 넘치는 사람이 있다면 그것은 단순히 그가 운이 좋은 것이 아니라 그가 아름다운 마음을 가지고 있는 것이다.

⓬ 사업 계획을 세울 때, 자신의 잇속을 채우려고 계획을 세우

는지, 아니면 주변 사람들 모두가 행복해지도록 계획을 세우는지에 따라 전개 양상이 크게 달라진다. '모두를 위해서'라는 생각으로 사업 계획을 세우면, 타력을 얻어 일이 순탄하게 흘러간다. 자신의 잇속만 생각하는 이기적인 마음으로 계획을 세우면, 아무리 잘 짜인 계획이라도 수많은 방해를 받아 제대로 굴러가지 않는다.

2011년에 열린 이나모리 가즈오 경영철학 중국 광저우 보고회에서.

2010년대, 글로벌 금융위기 이후 세계적인 경제 불안정성이 커지고 있던 가운데, 기업 경영에 있어 '철학'의 중요성을 절감한 다수의 중국 기업가가 이나모리의 경영철학 및 경영기법에서 해답을 찾기 시작했다. 그 결과, 이나모리 가즈오의 여러 저서가 중국에서 연속해서 베스트셀러가 되었다. 이나모리는 중국 각지에서 개최된 시리즈 강연을 통해, 자신이 한평생 체득한 경영의 요체를 중국 기업가들에게 체계적으로 전달했다.

제 5 부

70대의
이나모리 가즈오

2010년대 ①

번영하는 기업의 기법

13장

지속적인
기업 성장을 이끄는
'아메바 경영'

2011년 이나모리 가즈오 경영철학 중국 광저우 보고회 강연,
2011년 9월 25일

본 강연은 2011년 9월 25일에 이나모리의 경영철학과 그의 사상을 중국에 전파하는 것을 목적으로 설립된 '이나모리 가즈오 (베이징) 관리고문 유한공사'가 주최한 '2011 년도 이나모리 가즈오 경영철학 광저우 보고회'에서 이루어졌다.

중국 및 일본의 기업 경영자 약 1,600명이 참가한 이 보고회는 이나모리 가즈오의 경영철학을 중국에 보급함으로써 중국 기업의 발전과 성장에 기여한다는 목적으로 개최되었다. 2010년 6월 베이징에서 열린 보고회를 시작으로 하여 2010년 10월에는 칭다오에서 개최되었으며, 이 보고회는 중국에서 열린 세 번째 이나모리 가즈오 경영철학 보고회이다. 베이징에서는 '기업 경영에 왜 철학이 필요한가?'라는 주제로, 또 칭다오에서는 '경영의 원점 12개조'를 주제로 강연했다.

경영을 실천하는 과정에서 탄생한
'아메바 경영'

오늘 강연에서는 기업 경영의 '실학'으로서 제가 고안하고 주창한 독자적인 관리회계 시스템인 '아메바 경영'에 관해 말씀을 드리고자 합니다.

일본에서는 곧잘 '중소기업과 뾰루지는 커지면 위험하다'라고 말합니다. 이는 조직이 성장해 그 규모가 커지면 커질수록 경영 실태와 회사 어딘가에서 '새어나가는' 낭비를 파악하기 어려워지고 정말 필요한 경영 개선에 대응하지 못한 채 잘못된 대처만 반복하면서, 모처럼 멋지게 성장시킨 기업을 오히려 쇠퇴시켜버리는 사례가 끊이지 않았기 때문입니다.

가족 단위로 경영하는 작은 식료품점을 예로 들면 이 이야기가 무슨 뜻인지 잘 이해할 수 있을 것입니다. 예컨대, 부부 두 사람이 경영하는 작은 식료품점에서는 채소, 생선, 정육 그리고 가공식품 등 매우 다양한 식료품을 취급합니다. 그리고 그와 같은 식료품점은 대개 매출 총액으로 수익을 따지는 경우가 많아서 도대체 어떤 물건을 팔아서 가게가 돈을 벌고 있는지를 제대로 파악하지 못하는 것이 일반적입니다.

예컨대, 가게 전체적으로는 흑자를 내고 있다고 해도, 실태를 자세히 보면 정육 부문이 수익 대부분을 내고 있고 채소 부문은 적자일 수도 있습니다. 그 같은 자세한 상황을 알면, 채소 판매와 관련해서는 근본적으로 경영을 개선하는 동시에 정육 부문은 그 규모를 확대하는 등 실태에 맞는 적절한 경영 대응을 펼쳐 가게의 성장과 발전을 꾀할 수 있게 되는 법입니다.

같은 맥락에서, 저는 교세라가 급성장을 하고 나날이 조직이 확대되는 가운데, 조금이라도 '낭비가 없는', 즉 조직 각 부문에서 '새어나가는 것'을 조금이라도 줄일 수 있는 경영을 위해 조직을 세분화하고 또 그 조직별로 월별 매출과 비용의 내역을 신속하고 명확하게 파악할 수 있도록 하는 시스템을 구축하여 그 운용에 힘써왔습니다. 그것이 바로 지금부터 말씀드리고자 하는 '아메바 경영'이라고 불리는, 제가 만든 교세라만의 독자적인 관리회계 시스템입니다.

'관리회계management accounting'란 경영정보를 이해관계자에게 공개하기 위한 재무회계financial accounting나 납세와 관련하여 기업의 과세소득을 측정하기 위한 세무회계tax accounting와 달리 경영자가 회사의 경영 실태를 파악해 의사결정과 성과관리에 활용하기 위한 회계 기법을 말합니다. 아메바 경영은 그중에서도 경영의 실천 과정에서 탄생한, 그야말로 경영자가 경영을 영위하기 위한 관리회계 시스템입니다.

아메바 경영은 교세라나 KDDI가 거둔 지금까지의 성장 및 발전에서 가장 큰 원동력으로 작용했을 뿐 아니라 작년(2010년)부터 제가 경영 재건에 힘쓰고 있는 일본의 국적 항공사인 일본항공JAL에서도 올해 봄부터 도입을 추진했습니다. 그 결과, 사상 초유의 동일본 대지진 사태 후에 국내외 여객 수가 대폭 감소했음에도 불구하고 사태 직후에도 흑자를 기록하는 등 아메바 경영이 일본항공JAL의 기적적인 경영 개선에 큰 힘이 되고 있습니다.

또한, 교세라 그룹뿐 아니라 외부에서도 수많은 요청을 받아서 아메바 경영의 도입을 지원하는 컨설팅 사업을 시작했는데, 지금까지 일본에서 400개 이상의 기업이 아메바 경영을 도입해 이미 상장에 성공한 기업 그리고 상장을 앞둔 기업도 속속 등장하고 있습니다.

게다가 항간의 요청에 따라 제가 주창해온 아메바 경영의 핵심을 정리한 책을 2006년에 출판했는데 출판하자마자 일본 국내에서 베스트셀러가 되었고 이후 중판을 거듭해 현재 약 20만 부의 판매고를 올리고 있습니다. 중국에서도 2009년도에 이 책이 출판되어 현재 큰 호응을 얻고 있습니다.

경영자의 강한 의지와 넘치는 열정 그리고 누구에게도 지지 않는 노력과 끊임없는 창의력이 있으면 기업은 성장, 발전을 이룰 수 있습니다. 그러나 기업이 급격히 발전하면 조직이 비대해 지면서 낭비가 심해지고 어느 부문에서 낭비가 일어나고 있는지 파악이 안 되어 쇠퇴의 길로 들어서는 경우가 왕왕 있습니다.

기업이 성장, 발전하고 그 번영을 오랫동안 지속하려면 확고한 관리회계 시스템을 확립해서 회사 내부의 각 부문별로 경영 실태를 실시간으로 파악하고 그에 적합한 조치를 신속하게 취해야 합니다.

현재 급격한 경제성장을 실현하고 있는 중국에서도 수많은 기업이 사업을 다각화하고 있고 또 회사 조직을 비약적으로 확대해나가고 있습니다. 이 같은 급속한 성장과 발전을 이룩한 중국의 기업이야말로 지금 확고한 관리회계 시스템을 시급하게 도입하지 않으면 안 된다고 생각합니다.

그래서 오늘은 '아메바 경영이 기업의 지속적인 성장을 가능케 한다'라는 제목으로 몇 가지 말씀을 드리고자 합니다.

아메바 경영의 세 가지 목적

먼저 아메바 경영이라는 개념을 이해하는 데 있어 가장 중요한 '아메바 경영의 목적', 즉 '왜 아메바 경영이 필요한가?'에 대해 말씀을 드리겠습니다.

아메바 경영의 목적은 다음 세 가지라고 생각합니다.

1. 시장Market과 직결된 부문별 수익체계 구축
2. 경영자 의식을 갖춘, 즉 '소사장' 정신으로 충만한 인재 육성
3. 경영철학에 기반한 전원 참여 경영의 실현

| 제1 목적 |

시장과 직결된 부문별 수익체계 구축

먼저 첫 번째 목적은 '시장과 직결된 부문별 수익체계 구축'입니다. 이에 관한 이야기는 아메바 경영의 탄생 배경과 정확히 맞물리지 않나 생각합니다.

제가 대학을 졸업한 뒤 맨 처음으로 취직한 곳은 교토의 쇼후공업이라는 세라믹스 애자를 제조하는 회사였습니다. 당시 저는 그 회사에서 연구개발을 담당했습니다. 그 후 어떤 세라믹 소재 개발에 성공하면서 저는 그 재료를 활용한 제품을 제조하

는 부문의 리더로서 제조 및 판매에도 참여하게 되었습니다. 하지만 회계 처리는 회사의 경리부가 맡아서 처리할 뿐 제가 경영에 관한 수치를 볼 일은 없었고 부서의 손익에 대해서도 잘 알지 못했습니다.

그 후, 교세라를 창업한 이후부터는 저와 함께 창업에 몸을 던진, 이전 직장인 쇼후공업에서는 제 상사였던 선배님께 회사 회계 업무를 맡겼습니다. 그분은 아주 치밀하게 원가계산을 하고 몇 개월이 지나면 "그때의 원가는 이렇게 나왔습니다"라고 제게 보고해주셨습니다.

저는 연구개발, 제조, 영업에 모두 관여하고 있어 정신이 없을 만큼 바쁘게 일했기 때문에, 저에게는 과거의 경영 수치를 확인하고 검토할 여유가 없었습니다. 그러나 그분이 원가계산과 관련하여 워낙 열성적으로 제게 보고해주셨기 때문에 저는 "죄송합니다. 그런데 이런 과거의 원가계산은 현재 우리 회사 경영에는 큰 도움이 안 될 것 같습니다"라고 제 생각을 밝혔습니다. 제 생각은 다음과 같았습니다.

"저는 경영자로서 이번 달에 정해놓은 수준의 이익을 내기 위해 매일매일 손을 쓰고 있는데, 석 달 전의 원가가 이러이러해서 이익이 이만큼 나왔다고 보고를 받아도 그에 대해서는 어떻게 손을 쓸 방법이 없습니다. 게다가 가격이 늘 변하고 또 품종도 바뀌는 상황에서 석 달 전의 제품 원가를 들어봤자 전혀 소용이 없죠."

그렇게 설명했는데, 실제로 교세라 창업 당시에는 전자부품의 시장가격이 급격하게 하락했습니다. 지난달에 주문받은 제품을 이번 달에 또 주문받을 때는 '전월 가격에서 10% 깎아달라'는 고객의 요청을 피하기 어려운 상황이었습니다. 이처럼 시시각각 변화하는 판매가격에 어떻게든 우리 회사가 따라가지 않으면 안 되는 상황인데, 3개월 전의 '옛' 원가를 파악하고 이해한다고 해도 아무런 의미가 없었지요. 이는 큰 폭의 할인이 횡행하는 요즘 같은 비즈니스 환경에서도 마찬가지가 아닐까 싶습니다.

공업제품은 보통 몇 단계의 제조공정을 거쳐 생산됩니다. 그 몇 단계나 되는 공정을 거치는 사이에 원재료비, 인건비, 감가상각비, 광열비, 잡비 등의 비용이 추가되어, 제품의 원가는 각 공정에서 소요된 비용의 합계로 계산됩니다.

반면, 제품을 판매할 때의 가격은 이 같은 원가와 관계없이, 시장원리에 의해 결정되어버리고 맙니다. 즉 고객사가 구매하는 가격으로 판매하지 않으면 안 되니, 그런 상황에서 이익을 내기 위해서는 그 시장가격보다도 싼 원가로 제품을 만드는 수밖에 없습니다. 또한 그 시장가격 역시 매일 변동합니다. 만약 제품 가격이 시시각각으로 떨어지는 상황에서 앞서서 대응하지 못하거나 잘못 대응하면 경영자가 목표로 하는 이익을 내기

느커녕 곧바로 적자를 볼 수밖에 없습니다.

따라서 사후적으로 계산한 원가 등은 아무런 의미가 없으며, 경영자에게는 몇 개월 전에 어떤 경영을 했는지, 그 결과를 보여주는 기록에 불과합니다. 경영자에게 필요한 것은 회사가 바로 지금 어떤 경영 상태에 놓여 있고, 지금 바로 어떤 조치를 취해야 좋을지를 알려주는 '살아 있는 수치'입니다.

원리원칙에 따른 부문별
수익성 제도

그 후, 교세라는 경험이 많은 회계 전문가에게 회사의 회계 업무를 다 맡겼는데, 그때의 에피소드를 말씀드리겠습니다.

저는 그 회계 담당자에게 '이번 달 결산은 어떻게 되었느냐'고 물었습니다. 그는 매우 난해한 회계용어를 구사하면서 제 질문에 답변했는데, 저는 그 말이 너무 어려워서 이해할 수가 없었습니다. 그래서 질문을 몇 번이나 반복한 끝에 저는 "이제 알겠습니다. 간단히 말해서, 경영이란 매출을 최대로 늘리고 비용을 최소화하면 되는 것이로군요. 그러면 이익이 저절로 늘어나는 거군요"라고 말했습니다.

바로 그 순간에 '매출 최대, 비용 최소'가 회사 경영의 절대적인 원칙임을 저는 깨달았습니다. 그 이후 이 같은 경영 원칙에 따라 매출을 최대로 늘리기 위해 노력하는 한편 모든 비용을 철저히 줄이기 위해 노력해왔습니다.

그러나 저는 최고경영자로서 회사 전체의 매출과 비용을 파악해 '매출 최대, 비용 최소'라는 원칙에 따라 경영할 수 있지만, 대부분의 직원이 속한 제조 부문에서는 직원들이 공정별 매출을 파악할 수 없어 비용 절감을 위한 노력은 할 수 있어도 매출을 늘리는 데는 관심도 책임도 가질 수가 없었습니다.

'매출 최대, 비용 최소'라는 경영의 원칙에서 보면 각 제조공정에서 비용을 최소로 줄이는 동시에 매출을 최대로 늘리는 노력을 하지 않으면 안 됩니다. 그러려면 각 제조공정의 리더가 현재 매출액이 얼마고, 그것이 어떻게 발생하는지 체감할 수 있도록 해야 합니다.

그래서 저는 전체 공정을 작은 단위조작unit operation으로 나누고, 공정별로 수익성을 명확하게 파악할 수 있는 관리체계에 대해 고민하기 시작했습니다. 예컨대, 세라믹스의 제조 부문이라면 그것을 원료 공정, 성형成形 공정, 소성燒成 공정 그리고 가공 공정의 네 가지로 나누고 각 단위조작 간에 사내 매매를 하기로 한 것입니다.

즉 '원료 부서는 성형 부서에 원료를 판매한다'는 식으로 각 공정의 작업물을 다음 공정에 사내 매매하는 형태를 갖추면, 각 단위조작에 매출이 발생해 각 단위조작을 마치 하나의 중소기업처럼 독립적인 수익 창출 단위로 설정할 수 있습니다. 그러면 '매출 최대, 비용 최소'라는 경영의 원칙을 그 어떤 작은 단위의 사업부에서라도 실천할 수 있게 되는 것입니다.

또한 그 단위조작은 고정적인 것이 아니라 사업 전개에 따라 단세포동물인 아메바처럼 분열하거나 증식하는 식으로 대응하면 좋겠다고 판단해서, 교세라에서는 그 단위조작을 '아메바'라고 부르기로 했습니다. 바로 이것이 저희 교세라의 아메바 경영이라는 용어의 유래입니다.

이와 같은 '매출 최대, 비용 최소'라는 원칙에 따라, 아메바별로 수익성을 누구나 알 수 있는 형태로 나타낸 것이 바로 저희 교세라가 독자적으로 만든 '시간당 수익표'입니다. 이 '시간당 수익표'에서는 매출과 비용뿐 아니라 '시간당'이라는 용어에서 알 수 있듯이 노동시간당 부가가치를 계산해서 그 아메바의 생산성이 명확히 드러날 수 있도록 하고 있습니다.[1]

또한 이 '시간당 수익표'의 계획과 실적을 대조함으로써 각 아메바가 세운 매출 및 비용에 관한 계획 대비 현재의 수행 정도를 해당 아메바의 리더가 실시간으로 파악할 수 있게 되었고, 그에 따라 계획에 맞는 결과를 내기 위한 대응을 즉시 취할 수

---

1 교세라의 '시간당 수익'은 '매출−비용'을 투입 노동시간으로 나누어 계산한다.

있게 되었습니다.

대부분의 제조업에서는 회계 부서에서 사후적으로 회계 처리를 하고, 원가 등의 데이터가 시간이 한참 지난 후에 나옵니다. 그러나 시장가격은 늘 변화하기 때문에 과거의 원가를 기반으로 대응하다가는 경영의 현실과 괴리가 발생해서 적절한 개선책을 마련할 수 없습니다.

따라서 복잡하고 규모가 큰 회사 전체 조직을 필요에 따라 '아메바'로 불리는 작은 조직으로 나누고, 그 아메바별로 매출과 비용 등의 경영실적을 실시간으로 파악할 수 있는 경영관리 시스템이 반드시 필요합니다.

또한 이러한 경영관리 시스템이 작동하면, 예컨대 시장가격이 대폭 하락했다 해도 판매가격의 하락이 아메바 간의 매매가격에 곧바로 반영되어 각 아메바가 즉각적으로 비용을 줄이는 등의 대책을 취할 수 있게 해주고, 각 아메바의 수익성이 급격하게 악화되는 것도 방지할 수 있습니다.

즉 아메바 경영이란 시장의 역동성을 사내 아메바에 직접 전달하고, 나아가 시장의 변화에 회사 전체가 실시간으로 대응할 수 있게 하는, 그야말로 시장과 직결된 경영관리 시스템인 것입니다.

조금 전에 '매출 최대, 비용 최소'가 경영의 원칙이라고 말씀드렸는데요, 이 같은 경영의 대원칙을 철저히 실천하기 위해 조직을 작은 단위조직으로 나누어 시장의 움직임에 즉각 대응할 수 있도록 부문별 수익성 관리를 시행하는 것, 바로 이것이 아메바 경영을 하는 일차적인 목적입니다.

| 제2 목적 |

경영자 의식을 갖춘 인재 육성
공동 경영자로서의 동료를 늘린다

다음으로 아메바 경영의 두 번째 목적인 '경영자 의식을 가진 인재 육성'에 대해 말씀드리겠습니다.

교세라 창업 당시, 저는 연구개발, 제조, 영업, 관리 등 모든 부문을 직접 챙겼습니다. 제조 부문에 문제가 생기면 곧바로 현장에 달려가지 않으면 안 됐고, 주문을 확보하기 위해 고객사를 방문해야만 했습니다. 또한 고객사로부터 클레임이 발생했을 때도 제가 직접 진두지휘하며 대응해야만 했습니다. 즉 여러 역할을 동시에 수행하지 않으면 안 될 정도로 정신이 없을 만큼 다망했습니다.

그래서 정말 가능하다면 제 분신을 만들어서 '너는 영업을 좀 더 열심히 뛰어'라든가 '제조 쪽에 문제가 생겼으니 너는 지금 바로 그쪽으로 가봐'라고 지시할 수 있으면 얼마나 좋겠나 하는 생각이 굴뚝같았습니다. 손오공처럼 자기 털을 뽑아서 입으로 훅 불면 분신이 몇 명이나 나타나서 그들에게 뭔가를 지시할 수 있으면 좋으련만 하고 정말 진지하게 고민했을 정도입니다.

또한 그와 동시에 저처럼 경영에 책임감을 갖고 경영자로서의 자각을 가진 사람이 있으면 좋겠다는 생각이 강하게 들었습니다. 사장인 저처럼 '경영자로서의 책임감을 가진 공동 경영자'가 절실했고, 한 명이라도 더 그런 인재를 키우고 싶었습니다.

어떤 회사든 경영자는 외로운 법입니다. 최고경영자로서 혼자 최종 결단을 내리지 않으면 안 됩니다. 그런 만큼 늘 불안함이 따라다닙니다. 저는 회사를 경영해본 경험도 없고 또 경영에 관한 지식도 없었기 때문에, 저와 희로애락을 함께하며 경영의 책임을 함께 짊어질 '동료'로서의 공동 경영자에 대한 절실함이 더 컸던 것 같습니다.

이처럼 회사의 규모가 커지면서 회사 전체를 최고경영자 혼자서 이끌어가기 어려워지면, 영업 부문과 제조 부문을 분리하여 "영업만이라도 책임을 지고 봐주게. 제조는 내가 어떻게든 최선을 다하겠네"라며 제조 부문과 영업 부문을 분리하는 것이 일반적입니다.

또한, 그렇게 분담을 해도 사업 및 조직의 규모가 계속 확대되면 영업 부문에 대해서는 예컨대 동부와 서부로 구분하는 등 영업 지역을 나누게 됩니다. 여기서 고객이 더 늘어나면 동부와

서부 지역을 A지구, B지구, C지구로 구분하는 등 영업조직을 더 세분화할 수 있습니다.

제조 부문도 마찬가지입니다. 제조 부문의 책임자 한 사람으로 공정 전체를 관리할 수 없어지면 제조 부문을 작은 단위로 나누고, 그 소단위의 리더에게 각각 경영 책임을 맡겨서 세세하게 수익성을 살펴볼 수 있도록 해야 합니다.

이렇게 작은 조직 단위로 세분화하면 조직별 관리는 그리 어렵지 않습니다. 즉 기업을 작은 단위로 나누면 특별히 탁월한 능력을 갖추지 않은 사람, 말하자면 보통 수준의 능력만 갖춘 사람이라도 경영을 할 수 있습니다.

또 회사의 조직을 소조직으로 나누어 그 소조직이 각각 독립적인 중소기업과 같은 형태로 운영될 수 있도록 하면 리더는 중소기업 경영자와 같은 의식을 갖게 되고, 그 결과 제가 그토록 바라마지않던 경영 책임을 같이 짊어질 동료, 이른바 공동 경영자가 성장해나가게 되는 것이지요. 이처럼 회사를 중소기업 또는 소기업의 집합체로 재구성하고, 그 경영을 각 리더에게 맡겨 경영자 의식을 가진 인재를 육성해나가는 것, 그것이 바로 아메바 경영의 두 번째 목적입니다.

경영철학에 기반한 전원 참여 경영의 실현
경영이념과 정보 공유로 직원의 경영자 의식 제고

아메바 경영의 세 번째 목적은 '경영철학에 기반한 전원 참여 경영의 실현'입니다. 이는 교세라를 창업한 당시 일본 내 사회 정세가 배경으로 작용했습니다. 제2차 세계대전 후의 일본에서는 노사 간의 대립이 매우 격렬했고, 특히 교세라의 소재지인 교토는 그와 같은 경향이 강했습니다.

왜 노사 간의 대립이 발생하는 걸까요? 그것은 노동자가 자신들의 권리만을 주장하며 경영자의 고충과 고민을 이해하려고 하지 않기 때문입니다. 또 경영자 역시 노동자의 고충을 이해하고 그들의 권리를 지켜주려고 하지 않기 때문입니다.

그 외에도 여러 사회적인 요인이 노사 간의 대립을 격화시키지만 그중에서도 노사 쌍방이 자신의 이기심만 내세우면서 자기 이익 추구에만 집착한 나머지 상대를 배려하지 않는 것이 가장 큰 요인라고 저는 생각합니다.

그렇다면, 노사 갈등을 해소하기 위해서는 경영자가 노동자의 입장을 충분히 이해하여 그들의 권리를 존중하는 동시에 노동자의 의식을 경영자와 같은 수준으로 끌어올려야 할 것입니다. 그렇게 해서 경영자와 노동자가 같은 사고방식과 의식을 공유할 수 있다면 노사 간 대립은 틀림없이 해소될 것입니다.

그럼, 경영자와 노동자가 사고방식과 의식을 공유하려면 어떻게 해야 할까요? 이 문제를 두고 치열하게 고민하는 과정에서 제 머릿속에 떠오른 것이 바로 '대가족주의'라는 개념입니다. 즉 이 세상에는 매우 다양한 회사 형태가 있는데, 만약 '직원 전원이 경영자'인 회사가 있다면 그런 회사는 분명히 세상에서 가장 강한 기업일 것이라고 저는 생각했습니다.

그러나 그런 제 '상상 속' 기업 형태는 일본의 사회제도상 존재하지도 않고 또 존재할 수도 없었습니다. 그럼에도 저는 노사가 대립하는 것이 아니라 직원과 경영자가 하나의 목적을 위해 같은 무대에 올라 서로 협력하고 공생할 수 있는 회사의 형태가 이상적이라고 판단했고, 그 모델을 '가족' 개념에서 찾았습니다.

회사가 마치 하나의 큰 가족처럼 움직이도록 경영할 수 있으면, 노사 간 대립은 해소될 것이고 회사 경영도 반드시 좋아질 것이라고 확신한 저는 전 임직원이 가족처럼 서로 배려하고 돕고 공유하여 상호 대립이 없는 회사를 만들어보겠다는 의미의 '대가족주의'를 교세라 경영철학의 골격으로 삼았습니다.

당시 노사 간의 격렬한 대립이 이어지던 일본 사회에서 경영자와 직원이 같은 사고방식과 의식으로 하나가 된, 마치 가족 같은 기업을 어떻게든 만들어야 한다고 스스로에게 맹세했습니다. 그러려면 앞서 말씀드렸듯이 먼저 '아메바' 리더에게 작은 단위의 운영을 맡겨 경영자 의식을 갖춘 사람을 한 명이라도 더 키워내야 했습니다. 그러나 조직을 작게 나누는 것만으로는 한계가 있을 수밖에 없습니다.

이 지점에서 저는 노사의 입장을 넘어 경영자와 직원이 하나가 될 수 있도록 모든 직원이 납득하고 공감할 수 있는 경영의 목적, 즉 '경영이념'을 공유하기 위해 노력했습니다.

교세라의 경영이념은 '전 직원의 물질적·정신적 행복을 추구하는 동시에 인류와 사회의 진보 및 발전에 기여한다'입니다. 즉 교세라라는 기업은 모든 직원의 물질적 또는 정신적 행복을 추구하는 것을 목표로 하고, 나아가 '세상을 위해, 인간을 위해' 공헌하는 것을 회사의 대의명분으로 내걸었습니다.

이처럼 그 누구나 납득할 수 있고 또 공감할 수 있는 경영이념을 내세울 때 비로소 직원들은 교세라를 '자신의 회사'로 받아들이게 되고 또 교세라를 위해 혼신의 힘을 다해 일해줄 것이라고 확신했습니다. 또한 경영자 역시 직원들의 행복을 실현하기 위해 온몸과 온 마음을 다해 경영에 임하게 될 것이라고 확신했습니다. 그 결과, 경영자와 직원이 같은 목적을 위해 같은 의식을 가지고 임하는, 동지 또는 가족이 되는 것입니다.

저는 그런 의미에서 '경영이념'을 높게 내걸고 기회가 있을 때마다 그 의미에 대해 직원들에게 끊임없이 이야기하고 공유하는 노력을 거듭했습니다.

이렇게 경영자와 직원이 대의명분을 공유함으로써, 경영자의 이기심과 노동자의 이기심이라는 대립 구도를 넘어 '전원 참여 경영'을 가능케 하는 것, 바로 이것이 아메바 경영을 하는 세 번째 목적입니다.

'아메바 경영' 운영 시 유의할 사항
아메바 조직 만들기의 세 가지 포인트

이제 아메바 경영의 세 가지 목적에 대해 충분히 이해하셨으리라고 생각됩니다. 다음으로는 아메바 경영을 실제로 운영할 때 유의할 점에 대해 말씀드리고자 합니다.

먼저 '아메바 조직을 만드는 법'입니다. 아메바 경영에서는 조직을 어떻게 나누어 아메바를 만들 것인가 하는 것이 성공의 열쇠입니다. 그 포인트는 다음과 같은 세 가지입니다.

첫 번째 포인트는 '부문의 수입과 지출이 명확하고 독립채산이 가능한 단위일 것'입니다. 즉 그 부문에 수입이 명확하게 존재하고, 그 수입을 얻기 위해 소요된 비용도 명확하게 나온다는 조건을 충족하는 조직으로 나누어야 합니다.

어느 조직이건, 비용에 대해서는 파악할 수 있지만 수입은 파악하기 어렵거나 혹은 부문에 따라 수입이 아예 없는 곳도 있습니다. 독립채산제를 실행하려면, 매출과 매입이 명확하고 손익 계산이 가능해야 합니다. 즉 수입이 있고 지출도 명확하게 파악할 수 있어야 한다는 것이 첫 번째 포인트입니다.

두 번째 포인트는 '하나의 사업으로 완결되는 상태로 세분화한다'입니다. 바꿔 말해, 하나의 독립된 회사로 성립할 정도의 기능을 가진 단위로 세분화하는 것입니다.

아메바의 리더는 한 사람의 경영자로서 아메바를 독립채산제로 경영하기 때문에, 아메바는 하나의 사업으로서 완결된 상태여야 하고, 리더가 경영자로서 끊임없이 창의력을 발휘하며 일의 보람을 느낄 수 있는 조직이어야만 의미가 있습니다.

파인 세라믹스의 제조공정을 예로 들어보겠습니다. 앞에서 말씀드렸듯이 파인 세라믹스의 제조공정에는 먼저 원료를 조합하는 원료 공정이 있고, 그다음에는 그 원료 분말을 눌러서 원하는 모양으로 만들어내는 성형 공정이 있으며, 성형된 것을 고온에서 구워 모양을 굳히는 소성 공정과 구워낸 제품을 잘 연마해 마무리하는 가공 공정이 있습니다. 교세라의 제조 부문에서 맨 처음 아메바로 구분한 것은 그중 원료 공정이었습니다. 처음에는 세라믹스의 원료를 조합하는 공정을 독립채산 조직으로 만드는 것이 '하나의 사업으로서 완결되어야 한다'는 아메바 경영의 조건을 고려할 때 지나치게 세분화하는 것은 아닌가 하는 생각도 들었습니다.

그러나 일본에는 교세라와 같은 세라믹 제조업체에 이미 조합한 원료를 납품하는 회사가 있습니다. 원료 조합만으로 비즈니스를 해내는 회사가 있다면, 교세라에서도 원료를 싸게 사들여 조합한 후 교세라 내부의 그다음 공정인 성형 부문에 판매하는 것이 하나의 사업으로 성립할 수 있지 않을까 하고 생각했습니다. 그래서 원료 부문을 아메바로 독립시키기로 결정한 것입니다.

그다음 공정인 성형, 소성 그리고 가공에 관해서도, 실제로 이같은 임가공만으로 비즈니스를 해내는 중소기업이 일본에는 꽤 많습니다. 기계와 재료를 지급받고 제품 가공에 드는 비용, 즉 가공료만 받아서 비즈니스를 영위하는 것입니다. 교세라의 해당 부문도 원료 부문에서 원료를 사서 성형이나 소성, 가공을 해서 그것을 필요로 하는 부문에 판매할 수 있도록 하면 독립채산 부문으로 성립할 수 있지 않을까 생각하여 이 같은 부문도 아메바로 독립시켰습니다.

이처럼 하나의 독립적인 사업으로 성립하는 상태까지 조직을 세분화하는 것이 아메바 조직 구성의 두 번째 포인트입니다.

세 번째 포인트는 '회사가 지향하는 본래 목적을 수행할 수 있어야 한다'는 것입니다. 설령 '독립채산성이 있는 조직'이라는 조건을 충족한다 해도, 그것을 하나의 아메바로 독립시키면 회사의 일관성 있는 경영이 저해되는 경우도 있습니다. 그럴 때는 독립시켜서는 안 됩니다.

즉 조직을 아메바처럼 세분화하면 회사로서 조화를 이루어야 할 기능이 지나치게 흩어져 회사의 목적이 저해되는 경우가 생깁니다. 이와 같은 아메바를 만들어서는 안 된다는 뜻입니다.

영업 부문을 예로 들면, 수주 및 매출이 늘어나고 조직이 점차 커지면 영업 부문을 더욱 세분화해 수주를 받으러 가는 부서, 제품을 납품하는 부서, 청구서를 발행하고 대금 회수만 하는 부서 등 독립채산이 가능한 부분으로 더 세분화할 수도 있습니다.

하지만 그렇게 되면 고객에게 영업 부문 전체의 일관된 서비스를 제공할 수가 없습니다. 고객과 거래를 하기 위해 어떤 부서는 수주만 바라보고 있으면 될까요? 결코 그렇지 않습니다. 그 부문은 납기 관리도 해야 하고 납품도 해야 하며, 클레임 대응이나 대금 회수도 해야 합니다. 그런 일을 각기 다른 아메바가 담당했다가는 고객의 요구에 부응할 수 없게 됩니다.

따라서 아메바는 그저 '나눌 수 있으니까 나눈다'라는 생각으로 조직화하면 안 됩니다. 회사 전체의 목적과 방침을 수행할 수 있는 단위로만 나눠야 합니다.

그리고 중요한 것은 그렇게 아메바를 만들었다고 해서 그것으로 끝이 아니라는 점입니다. 아메바가 현재 회사가 처한 사업 환경에 적합하게 조직되었는지 아닌지를 경영자는 늘 주의 깊게 살펴봐야 합니다.

기존의 아메바를 더 세분화하거나, 반대로 지나치게 세분화된 것은 다시 통합하는 등 아메바의 형태를 회사의 상황에 맞게 끊임없이 수정하고 개량할 필요가 있습니다. 제조 부문이건 영업 부문이건, 아메바 조직을 어떤 기준으로 만들 것인가 하는 것은 매우 중요한 문제이며, 여기서 실패하면 아메바 경영을 하는 의미도 사라지고 맙니다. 그런 의미에서 '아메바 조직을 어떻게 만들 것인가 하는 것이야말로 아메바 경영의 출발점이자 종착점'이라 해도 과언이 아닙니다.

아메바 간의 가격 결정을 어떻게 할 것인가?

아메바 경영을 실천하면서 또 하나 고려해야 할 포인트는 '아메바 간의 가격 결정'입니다.

공정별로 아메바 조직이 만들어지면 각 아메바는 서로 매매를 하게 되므로 판매가격을 결정해야 합니다. 그런데 아메바 경영 체계는 각 아메바가 조금이라도 수익성을 높이려고 안간힘을 쓰는 구조이기 때문에, 아메바 간의 판매가격 결정은 매우 중요한 문제인 동시에 매우 어려운 문제이기도 합니다. 왜냐하면 아메바 간의 판매가격이라는 것은 객관적이지 않기 때문입니다. 즉 그 가격을 객관화할 수 있는 기준이 없습니다. 고객에게 판매하는 최종 가격은 존재하지만 사내의 공정 간 매매가격에 대해서는 객관적인 기준이 전혀 없습니다.

그렇다면 아메바 간 매매가격은 어떻게 결정될까요? 우선 어떤 제품의 수주가 결정되면 그 최종 판매가격에 맞춰 각 공정의 가격을 역순으로 결정합니다. 이 제품은 고객에게 이 가격으로 판매하니 고객 대상으로 판매하기 직전의 최종 공정인 검사 부문에서는 이 정도, 그전 공정인 가공 부문에서는 이 정도, 하는 식으로 최초 공정인 원료 부문으로까지 거슬러 올라가서 판매가격을 정하고 공정 간 가격을 결정합니다. 이때, 어느 부문에서는 노동력을 많이 들이지 않았는데도 판매가격을 비싸게 책정해 쉽게 수익성을 올립니다. 반면, 또 다른 부문에서는 많은 수고를 들이지만 판매가격이 낮아서 아무리 노력해도 수익이 나지 않아 힘들어지기도 합니다. 그렇기 때문에 아메바 간의 판매가격을 판단하는 사람은 늘 공정해야 하고, 모두가 납득할 수 있을 만큼의 통찰력을 갖추고 있어야 합니다. 어느 부문에서 얼마나 많은 비용이 발생하는지, 어느 정도의 노동력이 필요한지, 얼마나 기술적으로 어려운지 등을 잘 파악하고 더 나아가 사회적 상식에 비추어 그에 상응하는 수익성을 낼 수 있도록 가격을 결정해야 합니다.

여기서 사회적 상식이란 노동의 가치에 대한 상식입니다. 예컨대 전자제품을 판매하기 위해서는 몇 %의 이윤율이 필요한

지, 일용직이나 아르바이트 노동자의 일당은 얼마인지, 이 작업을 외주로 맡길 때의 인건비는 얼마인지 등을 잘 이해하고 있어야 합니다.

요약하면, 각 아메바의 일, 작업, 노동을 잘 이해하는 리더가 그 아베마의 비용과 노동력을 사회적인 상식을 토대로 고려해서 그에 맞게 매매가격을 공정하게 책정해야만 합니다. 이는 매우 어려운 행위이며, 또 그만큼 중요한 일입니다.

회사 전체의 도덕과 이익을 해치는 '이익의 대립'

이 같은 과정을 거쳐 아메바 간 판매가격을 결정하더라도, 아메바 간에 이해가 대립해서 다툼이 발생할 수 있습니다. 예컨대, 어떤 제품을 수주하고 처음에는 각 아메바가 공정하게 판매가격을 결정했습니다. 그런데 두 달이 채 지나지 않아 시장경쟁으로 인해 제품의 최종 판매가가 10%나 떨어졌습니다.

이럴 때 전 공정에서 판매가격을 10%씩 내릴 수 있다면 아메바 간 이해 대립 없이 일이 잘 풀릴 수도 있습니다. 그러나 '그 제품은 이전부터 채산성이 맞지 않아 가격을 올려야 한다고 줄곧 요청했는데 이번에 또 일률적으로 10%씩이나 가격을 내렸다가는 우리 수익성은 더 악화되어 생산을 할 의미가 없어진다. 그럴 바에야 이번 주문은 우리에게 필요없다'라며 반발하는 아메바가 나올지도 모릅니다. 그러면 일률적으로 10%씩 가격을 내릴 수 없게 되고, 아메바 간에 다툼이 시작됩니다.

또한, 영업 부문과 제조 부문 간에도 갈등이 생길 수 있습니다. 제조업체에서는 매절 형식으로 제조-영업 간에 거래를 하는 경우가 대부분입니다. 영업 부문이 제조 부문으로부터 상품을 매입해서 모든 책임을 지고 고객에게 판매하는 형태입니다. 이럴 때 영업 부문은 제조 부문에서 가능한 싸게 사들여 최대한 비싸게 고객에게 팔아 이익을 남기려고 하는 상사 기업처럼 움직입니다. 고도의 상술을 발휘할 수 있는 묘미가 있지요.

그러나 교세라와 같은 제조사 직판 영업의 경우에는 매절로 거래를 하면, 영업 부문은 최대한 싸게 사려고 하고 제조 부문은 최대한 비싸게 팔려고 하다 보니, 영업 부문과 제조 부문 간에 이해관계가 첨예하게 대립하여 회사 전체를 피폐하게 만들 수도 있습니다.

그래서 저는 영업-제조 부문이 서로 대립하지 않도록 이전부터 영업 부문이 매출을 올리면 제조 부문으로부터 자동적으로 10%의 영업 수수료를 챙길 수 있도록 했습니다. 이른바 '커미션 제도'를 도입한 것이지요. 이와 같은 제도하에서는 영업 부문이 '싸게 사서, 비싸게 파는' 식으로, 즉 자신의 재량이나 상술로 수익을 올리지는 못하지만 대신 매출만 올리면 무조건 10%의 영업 수수료를 챙길 수 있기 때문에 영업-제조 부문이 가격 교섭으로 다툴 일은 없어집니다.

그러나 이 같은 제도하에서 영업 부문은 아무리 제품의 판매 가격이 떨어져도 매출의 10%를 영업 수수료로 받을 수 있기 때 문에, 가격을 깎아달라는 고객의 요구를 너무나도 간단히 수 용해버리는 상황이 벌어집니다. 제조 부문 입장에서는 원가를 10% 낮추는 것조차 힘들고 적자가 날 수도 있는 일인데, 영업 부문은 쉽게 고객사의 가격인하 요구를 받아들이는 것이지요. 그러다 보니 제조와 영업 사이에 이해관계가 충돌하여 다툼이 벌어지기도 했습니다.

또 해외의 현지 법인과 일본의 본사 간에도 대립이 발생했습 니다. 특히 고객으로부터의 클레임이 발생하거나 납기에 문제 가 생기면, 미국의 영업 부분과 일본의 제조 부문 사이에 곧바 로 다툼이 시작됐습니다. 미국의 영업 부문은 자신들의 실적이 오르지 않는 것은 일본의 제조 부문에 문제가 있기 때문이라며 불같이 화를 냈습니다. 당시에는 미국과 일본 간에 텔렉스로 연 락을 주고받았는데 항의의 텔렉스가 끊임없이 일본으로 날아 왔습니다.

원칙대로라면 클레임이 들어와 고객의 신뢰를 잃어버릴 위 기에 처했을 때야말로, 일본의 제조 부문과 미국의 영업 부문이 일치단결하여 위기 상황을 극복하기 위해 다 같이 최선을 다하지 않으면 안 됩니다. 그러나 실제로는 그 반대로, 위기가 닥쳤을 때 내부 갈등이 일어나고 또 그 소문이 나면서 고객사에까지 전해지는 경우가 많았습니다. 현지의 영업 부문이 납기 문제 등으로 몇 번이나 고객 기업으로부터 질책을 받으면, "이번 일은 교세라의 일본 제조 부문의 잘못 때문입니다. 저희는 몇 번이나 제조 부문에 텔렉스를 쳤는데, 그들이 약속을 지키지 않는 통에 이렇게 되었습니다"라는 말을 너무나도 태연하게 고객 앞에서 내뱉는 직원까지 생겼습니다.

자기 체면을 세우기 위해 영업 부문이 고객 앞에서 자사의 제조 부문을 비난하는 것입니다. 그런 식으로 처신하면 교세라 전체가 신용을 잃어서 두 번 다시 주문을 못 받을 수도 있는데, 당장의 어려움을 모면하려고 그런 말을 하는 영업사원까지 나오게 된 것이지요.

이 같은 대립은 바로 자기 자신만 지키려고 하는 '이기심' 때문에 일어납니다. '아메바 경영'에서는 회사를 작은 소조직으로 나누고 각 소조직이 독립채산으로 경영을 해나가기 때문에, 자기 부문의 이익을 가능한 한 많이 챙기려는 의식이 강해질 수밖에 없습니다. 바로 그 때문에, 부문 간 싸움이 일어나 회사 전체의 조화가 무너져버리는 것입니다.

원칙대로라면, 각 부문은 자신의 부문을 지키고 또 발전시키기 위해 최선을 다하는 동시에 회사 전체의 이익을 최대로 끌어올리기 위해 전력을 다하지 않으면 안 됩니다. 이른바 '개별과 전체 간의 조화'가 중요한 것이지요. 그러나 실제 상황에서는 그런 조화를 이루어내지 못하고, 개별 이익은 달성해도 전체의 이익은 훼손되는 일이 벌어졌습니다.

아메바 경영의 리더에게는 철학이 필요하다

그와 같은 모순을 해결하기 위해서는, 개별적 이익을 추구하면서도 입장 차이를 넘어서는 보다 고차원적인 판단과 대응을 가능하게 하는 확고한 철학이 필요합니다. 즉 아메바의 리더는 각 부문의 이익을 대표하는 사람인 동시에 교세라 전체의 이익을 대표하는 사람이기도 하다는, 고차원적인 철학을 지녀야 합니다.

여기서 말하는 고차원적인 철학이란, 교세라의 경우에는 앞서 소개한 '전 직원의 물질적·정신적 행복을 추구한다'라는 경영이념이 우선입니다. 이와 같은, 전원이 공유할 수 있는 이념이 있기 때문에 직원들은 자기 부문의 이익에 매이지 않고 동료의 행복 역시 실현하기 위해 회사 전체의 이익을 우선적으로 고려하게 됩니다.

또한 보편적인 가치관을 지향하는, 확고한 사고방식도 필요합니다. 저는 교세라를 경영하면서 늘 '인간으로서의 기본적인 사고방식'을 직원들에게 강조해왔습니다. 교세라에서는 이를 '필로소피Philosophy'라고 부릅니다. 이는 공평, 공정, 정의, 용기, 성실, 인내, 노력, 친절, 겸허, 박애와 같은 아주 기본적인 용어로 표현되는, 부모님이나 선생님으로부터 배운 인간으로서의 기본적인 덕목이며, '인간으로서 무엇이 올바른가?'라는 물음에 대한 절대적인 해답이기도 합니다.

이 같은 기본적이고 보편적인 철학, 즉 필로소피가 기업 내부에 공유될 때야 비로소 아메바의 리더는 자기만 좋으면 된다는 '악한' 생각을 없애고 회사 전체를 위한 '선한' 생각을 할 수 있게 됩니다.

아메바 경영을 추진하는 리더에게 있어 고매한 철학, 즉 필로소피가 필요한 또 다른 이유가 있습니다. 그것은 리더가 될 만한 인간은 원래 이기적이고 자기주장이 강한 사람이기 때문입니다.

자칫 잘못하면 잘못된 행동을 할 수도 있는 인간이기 때문에 보편적인 철학으로 자신의 행동을 제어할 필요가 있습니다. 즉 자신을 다스리는 고차원적인 철학을 체화함으로써 자기 본연의 이기적인 행동을 최대한 억제하고, 아메바 경영이 정상적으로 작동할 수 있도록 해야 합니다.

그런 점에서 저는 리더는 고매한 철학을 가지고 훌륭한 인간성을 겸비한 사람이어야 한다, 그것도 '완벽한 인격자'여야 한다고 늘 강조해왔습니다. 즉 아메바 경영에 있어 리더라는 존재는 인격적으로 훌륭한 인간이지 않으면 안 되며, 그런 리더가 되어야만 조직을 영속적으로 발전시킬 수 있습니다.

'사람 중심의 경영'을 가능케 하는 경영 시스템

교세라가 아메바 경영을 운용하면서 이 같은 철학을 가장 잘 반영한 것이 바로 보상제도입니다.

교세라에서는 어떤 아메바가 아무리 훌륭한 실적을 올렸다고 해도 그에 연동해서 급여를 올려주거나 상여금을 지급하지는 않습니다. 물론 일의 실적은 장기적으로 평가하여 급여 인상이나 승진에 반영하지만, 아메바의 수익성이 좋다고 해서 그저 단기적인 실적만 보고 월급이나 상여금의 액수를 곧바로 올려주는 급여 시스템은 시행하지 않습니다. 만약 아메바의 실적을 개인의 보수에 직접 반영하면, 직원들은 단기적인 업적에 일희일비하게 되고, 또 불평불만과 질투로 인해 사내의 인간관계가 무너져버리고 맙니다. 그래서 교세라에서는 어느 아메바가 탁월한 실적을 올리면 회사 전체에 크게 공헌했다는 차원에서 돈이나 승진이 아니라 동료들로부터의 상찬과 감사를 선사합니다.

이를 교세라 외부 사람들에게 이야기하면 '그렇게 인센티브가 없는데도 회사가 잘 돌아가는군요'라며 좀 의아해하는 경우가 많습니다. 그러나 교세라는 앞에서도 말씀드렸듯이, 전 직원이 납득하고 또 지지하는 경영이념 아래서 '인간으로서 옳은 일을 한다'는 철학을 철저히 강조해왔고 또 이를 전사적으로 공유해왔습니다.

그래서 금품으로 사람의 마음을 조종하는 것이 아니라, 회사에 기여한 공로를 모두에게 인정받는 것이야말로 최고의 영예임을 아메바 리더를 비롯한 전원이 인식하게 되었습니다. 이처럼 아메바 경영은 숭고한 철학을 바탕으로 한 경영 시스템이라고 해도 과언이 아닙니다.

대부분의 서구 기업은 이른바 성과주의에 의한 경영을 하고 있습니다. 성과주의란 인간의 물욕에 직접적으로 대응하는 방식으로, 일의 성과에 따라 보상도 고용도 무미건조하게 배분하고 결정하는 방식입니다. 하지만 그와 같은 방법으로는 일시적인 동기부여는 할 수 있을지 몰라도 그것을 오랫동안 지속하기는 어려울 것입니다.

반면 아메바 경영은 경영자와 직원 그리고 직원들 간의 신뢰관계를 바탕으로 한 전원 참여형 경영, 말하자면 '사람의 마음을 소중히 여기는' 경영 시스템입니다.

아메바 경영에서는 전 직원이 경영에 참여하기 때문에, 공장에서 일하는 사람을 포함한 모든 직원이 자신들의 목표를 향해 자발적으로 일합니다.

세간에서는 노동자는 그저 일만 하면 된다는 식으로 가혹한 목표치를 부여하고 강제로 일을 시키거나, 혹은 고액의 성과급으로 꾀는 식의 계산적인 경영을 통해 성과를 높이려고 합니다. 반면 아메바 경영은 현장에서 일하는 직원 한 사람 한 사람이 '우리가 경영자다'라는 주인의식을 가지고 일하는 기쁨을 느끼면서 자발적으로 일에 임하게 함으로써 성과 향상을 도모하는 경영 시스템입니다.

이처럼 아메바 경영은 철학을 기초로 하는 '사람 존중의 경영'이며, '사람 친화적인 경영'을 가능케 하는 경영 시스템입니다. 더 나아가 스스로 참여하고 스스로 경영하는 기쁨을 느낄 수 있는 경영, 개개인의 노동 가치를 존중하는 경영, 그것이 바로 아메바 경영입니다.

전 세계 구석구석까지 전파된 아메바 경영

교세라 그룹의 약진은 이러한 철학에 뿌리를 둔 아메바 경영이

전 세계 구석구석까지 전파되어 글로벌한 차원에서 실천되고 있기 때문이라고 생각합니다.

중국의 기업도 향후 더욱더 글로벌화가 진행될 것입니다. 그러면 세계 각지의 운영에 있어 글로벌하게 통용되는 보편적인 경영철학을 공유하고 이를 바탕으로 확고한 경영관리 시스템을 구축하여 올바르게 실천하는 과정이 반드시 요구될 것입니다.

오늘의 제 강연이 이 자리에 모인 여러분이 그러한 훌륭한 경영을 실현하는 하나의 계기로 작용할 수 있다면 정말 큰 영광이겠습니다.

경 | 영 | 의 | 원 | 리 | 원 | 칙

❶ 조직이 성장하여 그 규모가 커지면 커질수록 경영 실태와 낭비를 파악하기 어려워져서, 필요한 경영 개선 조치를 취하지 못하거나 잘못된 대처만 반복하면서 어렵게 성장시킨 기업을 쇠퇴시키는 사례가 끊이지 않고 있다. 급격하게 성장하고 조직이 날로 확대되는 상황에서 조금이라도 낭비가 없는 경영을 하기 위해서는 조직을 세분화하고, 조직별로 월별 매출과 비용 내역을 신속하고 명확하게 파악할 수 있는 시스템을 구축하고 그 운영에 힘써야 한다.

❷ 관리회계란 경영정보를 이해관계자들에게 공개하기 위한 재무회계나 납세와 관련하여 기업의 과세소득을 측정하기 위한 세무회계와는 달리, 경영자가 회사의 경영 실태를 파

악해 의사결정과 성과관리에 활용하기 위한 회계 기법을 말한다. 아메바 경영은 경영을 직접 실천하는 과정에서 태어난, 그야말로 경영자가 경영을 하기 위한 관리회계 시스템이다.

❸ 경영자의 강한 의지와 넘치는 열정 그리고 누구에게도 지지 않는 노력과 끊임없이 발휘하는 창의성이 있으면 기업은 성장과 발전을 이룰 수 있다. 그러나 회사가 급격하게 성장하면서 조직이 비대해지고, 어느 부분에서 낭비가 일어나고 있는지 파악하지 못하게 되면서 기업이 쇠퇴의 길로 접어드는 경우가 종종 있다. 기업이 성장, 발전하고 그 번영을 오랫동안 지속해나가려면 확고한 관리회계 시스템을 확립해 각 부문의 경영 실태를 실시간으로 파악하여 그에 적합한 조치를 신속하게 취해야 한다.

❹ 아메바 경영의 세 가지 목적은 '시장과 직결된 부문별 수익 시스템 구축', '경영자 의식을 갖춘, 즉 소사장 정신으로 충만한 인재 육성' 그리고 '경영철학을 바탕으로 한 전원 참여 경영의 실현'이다.

❺ 사후적으로 계산된 원가는 전혀 의미가 없다. 경영자에게는 몇 달 전에 어떤 경영을 했는지 그 결과를 보여주는 기록에 불과하기 때문이다. 경영자에게 필요한 것은, 회사가 바로 지금 어떤 경영 상태에 놓여 있는지 그리고 바로 지금 어떤 조치를 취해야 하는지를 알려주는 '살아 있는 수치'이다.

❻ '매출 최대, 비용 최소'라는 원칙에 입각해서 아메바별로 수익성 상태를 회사 내부의 누구라도 이해할 수 있는 형태로 나타내는 것이 바로 교세라가 독자적으로 만든 '시간당 수익표'이다. 이 시간당 수익표에서는 매출과 비용뿐 아니라 '시간당'이라는 용어에서 알 수 있듯이 노동시간당 부가가치를 계산함으로써 해당 아메바의 생산성을 명확하게 알 수 있도록 하고 있다. 시간당 수익표의 계획과 실적을 대조함으로써 각 아메바가 세운 매출, 비용 계획을 현재 어느 정도 수행하고 있는지를 해당 아메바의 리더는 실시간으로 파악할 수 있으며 그에 따라 계획에 맞는 결과를 내기 위해 신속하게 대응할 수 있다.

❼ 경영의 실태에 맞는 적절한 대응을 취하기 위해서는, 복잡하고 커다란 전체 조직을 필요에 따라 아메바로 불리는 소

조직으로 나누어 아메바별로 매출과 비용 등의 경영 현황을 실시간으로 파악하는 경영관리 시스템이 필요하다. 이러한 경영관리 시스템이 있으면 설령 시장가격이 크게 하락하더라도 판매가격 하락이 아메바 간 매매가격에 즉시 반영되어 각 아메바는 즉시 비용을 낮추는 등의 대책을 세울 수 있어 급격한 수익성 악화를 피할 수 있다.

❽ 아메바 경영이란 시장의 역동성을 사내 모든 아메바에 직접 전달하고 나아가 그와 같은 시장 변화에 회사 전체가 실시간으로 대응할 수 있게 하는, 그야말로 시장과 직결된 경영관리 시스템이다.

❾ '매출 최대, 비용 최소'라는 경영의 대원칙을 철저하게 실천하기 위해 회사 조직을 단위조작으로 나누어 시장의 움직임에 즉각적으로 대응할 수 있도록 부문별 수익성 관리를 하는 것, 바로 그것이 아메바 경영의 첫 번째 목적이다.

❿ 어느 회사든 경영자는 고독하다. 최고경영자로서 혼자서 최종 의사결정을 내려야 한다.

⓫ 회사의 조직을 단위조작으로 나누어 그 소조직들이 각각 독립적인 중소기업과 같은 형태로 운영되도록 함으로써 리더는 중소기업 경영자와 같은 의식을 갖게 되고, 그 결과 경영 책임을 함께 짊어질 수 있는 동료, 즉 공동 경영자가 양성된다. 회사를 중소기업 또는 소기업의 집합체로 재구성하고 해당 경영을 각 리더에게 맡겨 경영자 의식을 가진 인재를 육성하는 것이 아메바 경영의 두 번째 목적이다.

⓬ 노사 간 대립을 완화하거나 해소하기 위해서는 경영자가 노동자의 입장을 충분히 이해하여 그들의 권리를 존중해주는 동시에 노동자의 의식을 경영자와 동일한 수준으로 끌어올리지 않으면 안 된다. 그럼으로써 경영자와 노동자가 사고방식과 문제의식을 공유할 수 있게 되면, 노사 간 대립은 틀림없이 해소된다.

⓭ 노사의 개별 입장을 넘어서 경영자와 직원이 일치단결하기 위해서는 모든 직원이 납득하고 공감할 수 있는 경영의 목적, 즉 경영이념을 높이 세우고 기회가 있을 때마다 직원들에게 그 의미에 대해 이야기하고 공유하도록 노력해야 한다. 대의명분을 공유함으로써 경영자의 이기심과 노동자의 이

기심이라는 대립 구도를 넘어 '전원이 참여하는 경영'을 가능케 하는 것, 바로 이것이 아메바 경영의 세 번째 목적이다.

⑭ '아메바 조직을 만드는 법'의 첫 번째 포인트는 '부문의 수입과 비용이 명확하고 독립채산이 가능한 단위일 것'이다. 즉 그 부문의 수입이 명확하게 존재하고 또 그 수입을 확보하는 데 필요한 비용도 명확하게 나오는 조건을 충족하는 조직으로 나누어 아메바를 만든다.

⑮ '아메바 조직을 만드는 법'의 두 번째 포인트는 '하나의 사업으로 완결될 수 있는 상태로 세분화하는 것'이다. 바꿔 말해, 하나의 독립된 회사로 성립할 정도의 기능을 가진 단위로 세분화하는 것이다. 왜냐하면 아메바의 리더는 한 사람의 경영자로서 아메바를 독립채산으로 경영해나가기 때문에, 아메바는 하나의 사업으로서 완결된 상태여야 하고 리더가 경영자로서 끊임없이 창의력을 발휘하면서 일의 보람을 느낄 수 있어야만 의미가 있기 때문이다.

⑯ '아메바 조직을 만드는 법'의 세 번째 포인트는 '회사가 지향하는 본래 목적을 수행할 수 있어야 한다'는 것이다. 예컨대

독립채산으로 영위해나갈 수 있는 조직이라는 조건을 충족했다 하더라도, 그것을 하나의 아메바로 독립시키면 회사 전체의 일관된 경영이 저해되는 경우도 있다. 그럴 때는 아메바로 독립시켜서는 안 된다.

⑰ 아메바를 만들었다고 해서 거기서 끝이 아니다. 아메바가 그때그때의 사업환경에 적합한 조직인지 아닌지를 경영자는 항상 주의 깊게 살펴봐야 한다.

⑱ 아메바 조직을 어떤 기준으로 만들 것인가 하는 문제는 매우 중요하며, 이에 실패하면 아메바 경영을 도입하고 추진하는 의미가 사라지고 만다. 아메바 조직을 어떻게 만들 것인가 하는 것이야말로 아메바 경영의 출발점이자 종착점이다.

⑲ 각 아메바 간의 판매가격은 각 아메바의 업무, 작업, 노동을 잘 이해하고 있는 리더가 그 아메바의 비용과 노동력을 사회적인 상식을 토대로 고려하여 공정하게 책정하고 결정해야 한다. 이는 매우 어려운 행위이며 그만큼 매우 중요한 일이다.

⑳ 아메바 경영에서는 회사를 작은 조직으로 나누어 각 소조직이 독립채산으로 경영을 해나가기 때문에 자기 부문의 이익을 되도록 많이 챙기려는 의식이 강해지기 쉽다. 바로 그 때문에, 부문 간에 다툼이 일어나 회사 전체의 조화가 깨지기 쉽다. 자신의 부문을 지키고 또 발전시키는 데 최선을 다하는 동시에 회사 전체의 이익을 최대한으로 끌어올리기 위해 전력을 다하지 않으면 안 된다. 이른바 '개별과 전체의 조화'를 이루는 것이 중요하다.

㉑ 아메바 간의 갈등을 해결하기 위해서는, 개별의 이익을 추구하면서도 입장의 차이를 넘어서는 보다 고차원의 판단과 대응을 할 수 있게 하는 확고한 '철학'이 필요하다. 즉 아메바의 리더는 각 부문의 이익을 대표하는 사람인 동시에 교세라 전체의 이익을 대표하는 사람이기도 하다는 고차원적인 철학이 필요하다.

㉒ 아메바 경영이 제대로 작동하려면 고매한 철학과 훌륭한 인간성을 겸비한 사람이 리더를 맡아야 한다. 그것도 '완벽한 인격자'여야 한다. 아메바 경영에 있어 리더라는 존재는 전인격적으로 훌륭한 인간이어야 하며, 그 같은 리더가 되

어야만 조직을 영속적으로 발전시킬 수 있다.

㉓ 세간에는 노동자는 그저 일만 하면 된다는 식으로 가혹한 목표치를 부여해 강제적으로 일을 시키거나, 혹은 고액의 성공 보수로 꾀는 식의 타산적인 경영을 하며 실적 향상을 꾀하는 회사가 많다. 반면 아메바 경영이란 현장에서 일하는 직원 한 사람 한 사람이 '우리가 경영자다'라는 주인의식을 갖고 일하는 기쁨을 느끼면서 자발적으로 업무에 임하게 함으로써 실적 향상을 도모하는 경영 시스템이다.

㉔ 아메바 경영은 철학을 기초로 하는 '사람 존중의 경영'이며, '인간 친화적인 경영'을 가능케 하는 경영 시스템이다. 더 나아가 스스로 참여하고 스스로 경영하는 기쁨을 느낄 수 있는 경영, 개개인의 노동 가치를 존중하는 경영, 그것이 바로 아메바 경영이다.

14장

경영의 원점에서 보는 '교세라 회계학'

50년간 단 한 번도 적자를 내지 않는 회계의 7대 원칙

.

2011년 이나모리 가즈오 경영철학 다롄 보고회 강연,
2011년 10월 23일

'이나모리 가즈오 (베이징) 경영자문 유한공사'가 주최한 제4회 경영철학 보고회가 중국 다롄에서 개최되었다. 이나모리는 '교세라 회계학—지금 시대가 필요로 하는, 경영을 위한 회계학'이라는 제목으로 비약적인 성장을 이룬 중국 기업이 향후 그 발전을 이어가는 데 필요한 일곱 가지 회계원칙에 대해 설파했다.

회계 전문가가 아닌 내가 확립한,
회계의 원리원칙

오늘은 제가 오래전부터 '경영의 실학'으로 불러온, 제가 생각하는 기업 회계의 방식이라 할 수 있는 이른바 '교세라 회계학'에 관해 말씀을 드리도록 하겠습니다.

저는 회계 또는 경리 전문가가 아닙니다. 그러나 경영자로서 늘 회사 경영에 매진하는 가운데 회계의 중요성을 절감해 독학으로 공부를 거듭하는 한편, 그것을 경영에 직접 적용하면서 시행착오를 겪는 과정에서 기업 회계에 관해 저 나름의 원리원칙을 확립할 수 있었습니다.

교세라가 지난 50년 이상 단 한 번의 적자 없이 성장과 발전을 거듭할 수 있었던 것도 이러한 기업 회계에 관한 사고방식을 일찍이 확립하고 그 이후에도 그것을 계속 관철해온 것이 하나의 요인이라고 생각합니다.

이러한 경험을 바탕으로 1998년에 일본에서 저의 기업 회계에 관한 문제의식과 그 실천 경험을 정리한 저서 《이나모리 가즈오의 실학稲盛和夫の実学》을 출판했습니다. 이 책은 '엔지니어 출신의 경영자가 집필한 실천적인 비즈니스 서적'이라는 평가를 받으며 일본에서 베스트셀러가 되었고, 지금도 경영자, 사업가, 회계사 등에게 널리 읽히고 있습니다. 또한, 이곳 중국에서도 이 책은 올해(2011년) 새롭게 발간되었는데 중국의 독자분들이 아주 높게 평가해주고 계십니다.

중국 경제가 비약적인 발전을 이어가고 있는 가운데 수많은 중국 기업도 급격한 성장과 발전을 이루고 있습니다. 이러한 급성장 기업이 앞으로도 계속해서 성장, 발전을 이루기 위해서는 이를 뒷받침할 수 있는 확고한 기업 경영의 사고방식과 관리체계를 필수적으로 구축해야 합니다. 이 같은 관리체계가 바로 아메바 경영이며, 또 오늘 말씀드릴 교세라 회계학입니다.

경영의 원점과 회계
대상의 본질로 돌아가서 생각하기

먼저 그와 같은 저의 회계학이 어떻게 탄생하게 되었는지부터 말씀드리도록 하겠습니다.

1959년에 지원해주신 분들의 후의에 힘입어 교세라를 설립했을 때, 27세의 젊은 기술자였던 저겐 회사 경영에 대한 경험이나 관련 지식이 전혀 없었습니다. 그럼에도 창업 전에 근무했던 회사에서 저는 제품의 연구개발에서부터 사업화에 이르는 전 부문을 담당했기 때문에 제품 개발, 제품 생산 그리고 제품을 시장에 판매하는 것으로 구성되는 기업 경영의 세 가지 과제에 대해서는 어떻게든 잘 대응할 수 있을 것으로 생각했습니다.

그러나 회계에 관해서는 정말 아무것도 몰랐습니다. 대차대조표라는 것을 처음으로 접하고 오른쪽의 대변에 '자본금'이라고 하는 돈이 있고, 왼쪽의 차변에는 '현금/예금'이라고 하는 돈이 있는 것을 보고, '돈이 오른쪽 왼쪽 두 쪽으로 나뉘어 있구나' 하는 생각만 했을 정도로 회계에 대해서는 정말 일자무식이었습니다.

그 정도로 회계에 관한 지식이 없는 저였지만, 직원들은 회사의 여러 사안에 대해 저의 판단을 요청해왔습니다. 또 교세라는 창업한 지 얼마 되지 않은 영세기업이었기 때문에 뭐 하나라도 잘못 판단하면 곧바로 회사가 기울어질 수도 있었습니다. 그래서 저는 무엇을 기준으로 판단해야 하는지, 정말 밤에 잠을 못 이룰 정도로 고민하고 또 고민했습니다.

그리고 회사 경영에 관한 지식이나 경험이 없었기 때문에, 회사의 모든 사안과 관련하여 '인간으로서 무엇이 옳은가?'라는 질문을 제게 던지고, '옳은 것을 옳은 대로 지켜나가자'라고 결심했습니다. 저 자신이 충분히 이해할 수 있는, 어릴 적 부모님과 학교 선생님으로부터 배운 원초적인 윤리관에 비추어 모든 사안을 판단하기로 한 것입니다. 그렇게 하면 회사 경영에 관한 지식과 경험이 없어도 잘못된 판단은 하지 않을 수 있으리라 생각했습니다.

그렇게 이른바 원리원칙을 토대로 하는 판단 기준을 제 안에 확립했습니다. 되돌아보면, 회사 경영에 관한 세간의 상식에 구속되지 않았던 것이 오히려 제게는 다행이었다고 생각합니다. 이렇게 말씀드리는 이유는 대상을 그 본질에서 바라볼 수 있게 되었기 때문입니다.

'회계'에 관해서도 마찬가지였습니다. 늘 대상의 본질로 돌아가서 생각하려고 노력했기 때문에 회계상의 안건에 관해서 납득이 안 되는 것이 있으면 바로 회계 담당자를 불러서 그에 관한 소상한 설명을 들으려고 했습니다.

그러나 당시 제가 알고 싶어 했던 것은 회계나 세무에 관한 교과서적인 설명이 아니라 회계의 본질과 그 원리였는데 회계 담당자로부터는 그에 대한 답변을 잘 들을 수가 없었습니다.

경리 또는 회계 전문가로부터 "회계적으로는 이렇게 됩니다"라는 설명을 들어도, 매일 몸으로 회사 경영에 임하는 저로서는 잘 이해가 되지 않았습니다. 그래서 "이건 왜 그럴까" 하고 제가 납득될 때까지 질문을 거듭했습니다.

경리부장과의 토론이 낳은
'교세라 회계학'

교세라를 창업한 후 몇 년이 지나 입사한 경리부장이 있었습니다. 그는 역사와 전통이 있는 기업에서 매우 풍부한 업무 경험을 쌓은 베테랑 회계 전문가였습니다. 그가 입사한 지 얼마 되지 않았을 때, 저와 그 사이에는 자주 의견 충돌이 있었습니다. 경리 업무에 정통한 그는 제가 사장이라고 해서 쉽게 져주지 않았습니다. 경리에 관한 자신의 입장과 문제의식을 사장인 제게도 양보하지 않았습니다.

그러나 저는 궁금한 것이 있으면 아무리 사소한 것이라도 그에게 질문을 했습니다. "왜 이 전표를 쓰느냐?", "회사를 경영하는 입장에서는 이렇게 될 것으로 보는데, 왜 회계에서는 그렇게 되지 않느냐?" 등 회계에 관련된 모든 사안에 대해 저는 '왜?'를 반복했습니다.

상대가 "여하튼 기업 회계에서는 그렇게 합니다"라고 목소리를 높여 답을 해도, "그걸로는 답이 되지 않는다. 경영자가 알고 싶어 하는 것에 답하지 못하는 회계는 아무런 의미가 없다"라며 납득이 갈 때까지 물고 늘어졌습니다.

맨 처음 그는 저의 그런 질문과 추궁에 놀라고 당황스러워했습니다. 아마도 제 질문에 질려버렸을 것입니다. 회계 전문가를 자부하는 그에게 있어서는 상상도 할 수 없는 희한한 질문의 연속이었을 것이기 때문입니다. 그러나 그로부터 수년이 지났을 때 갑자기 그의 태도가 달라졌고, 제 의견과 질문에 매우 진지하게 귀 기울여주었습니다. 그는 제가 경영자로서 '경영은 어떻게 해야 하는가'라는 입장에서 회계에 대해 고민하고 있다는 것을 이해하고 회계 전문가로서는 지금까지 생각해본 적이 없는, 그야말로 '경영을 위한 회계'라는 저의 접근법을 이해하려고 노력해주기 시작했습니다. 시간이 지나 그에게 물었더니, 당시 제가 집요하게 묻고 얘기했던 것들이 '회계의 본질'이었다는 것을 한참이 지나서 깨달았다고 말해주었습니다.

그 후, 그는 교세라의 경리부장으로서 일본에서의 주식상장과 미국에서의 ADR 발행 등과 같은 중요한 일을 맡아주었고, 교세라가 성장하고 발전하는 과정에서 회계 시스템을 더욱 정교하게 진화시켜주었습니다.

저 또한 그러한 교세라의 성장, 발전 과정에서 직면한 다양한 회계 및 세무 관련 안건에 대해 저의 경영철학을 바탕으로 정면으로 맞부딪히며 대응하고 판단을 거듭해나갔습니다. 그리고 구체적인 경영 사안을 통해, 회계 및 재무는 어떤 것인지, 또 어떻게 작용해야 하는지에 관해 제 나름의 철학과 이론을 체득하기에 이르렀습니다.

또한, 이러한 사고방식은 '교세라 회계학'으로 집대성되어 교세라 특유의 경영관리 시스템인 '아메바 경영'과 함께 교세라 내부에서 교육되고 공유되어 교세라 성장의 원동력 중 하나가 되었습니다.

그렇게 탄생하고 성장한, 경영자를 위한 실용적인 회계학인 '교세라 회계학'은 일곱 가지의 원칙으로 구성됩니다. 지금부터 차례대로 말씀드리겠습니다.

| 원칙 1 |

현금주의 경영

첫 번째는 '현금주의cash basis 경영'[1]의 원칙입니다.

이는 회계상의 수치가 아니라 실제로 나타나는 '현금의 움직임'에 초점을 맞추는 경영을 말합니다. 이 역시 '대상의 본질로

---

1 여기서의 '현금주의 경영'은 회사가 번 돈이 어디에 또 어떻게 존재하는지를 명확하게, 실시간으로 파악하는 것을 목적으로 하는 경영 방식이다. 그럼으로써 서류상의 '이익'을 기다리는 것이 아니라 그야말로 확실하게 존재하는 '현금'을 토대로 경영의 방향을 잡는 것을 말한다.

돌아가서' 회사를 경영하겠다는 저의 문제의식에서 태어났습니다.

근대 회계학에서는, 수입이나 지출이 발생하는 거래가 일어나면 그때 수익과 비용이 발생한 것으로 계산합니다. '발생주의 accrual basis'로 불리는 회계 처리 방식인데, 이 방식을 취하면 실제로 현금을 받거나 지출하는 시간과 그것이 수익이나 비용으로 회계상에 인식되는 시간이 달라집니다.

그 결과, 결산서에 표기되는 손익의 수치 움직임과 실제의 현금 움직임이 직결되지 않아서 경영자는 경영의 실체를 제대로 파악하기 어려워집니다.

예컨대, 이익이 났다고 해도 실제로는 현금이 아니라 재고나 회수되지 않은 미수금 등 다양한 형태를 띠고 있을 수 있습니다. 이 같은 이유로 결산상으로는 흑자이지만 은행에서 빚을 내야 하는 상황이 벌어지기도 합니다.

경영의 기반이 되는 것은 어디까지나 수중에 있는 현금이기 때문에 회계상 이익이 발생했다고 해서 안심할 것이 아니라 '벌어들인 돈은 지금 어디에 있는가'를 늘 인식하고 고려하여 사내 보유현금을 늘리는 경영을 해야 합니다.

이와 같은 현금을 기반으로 하는 경영은 기업에 안정성을 가져다주는 것이기도 합니다. 일본에서는 '어음 결제가 안 된다'라면서 돈을 구하기 위해 필사적으로 대책을 강구해서 마침내 어음 결제를 끝내면 자신이 마치 아주 훌륭한 경영 대응을 한 것처럼 착각하는 경영자들이 있습니다. 그러나 항상 돈을 구하러 다니는 식으로 회사를 경영한다면 마이너스 경영을 이른바 '플러스마이너스 제로' 상태로 잠깐 돌려놓는 것일 뿐 그래서는 결코 회사를 성장, 발전시킬 수 없습니다.

또한 일본의 경영자 중에는 은행에서 빚을 내서 그 돈을 종잣돈 삼아 사업을 확장해나가야 한다고 생각하는 사람이 많습니다. 그러나 '날씨가 좋을 때는 우산을 빌려주지만, 정작 비가 오면 빌려준 우산을 빼앗는다'라는 일본 속담처럼, 은행은 매우 잔인한 존재입니다. 그렇기 때문에 어떤 상황에서도 비에 맞지 않으려면 자신의 힘으로 비에 젖지 않도록 대비해야 합니다.

게다가 현대는 기술혁신이 매우 급속하게 이루어져 눈 깜짝할 사이에 사업환경이 일변할 수 있습니다. 이처럼 기업을 둘러싼 환경이 급격히 변화하는 상황에서도 사업을 계속해서 키워나가려면 필요한 자금을 필요한 시기에 연구개발이나 신규 설비 투자에 투입해야만 합니다.

그렇기 때문에 경영자는 필요에 맞춰 바로 쓸 수 있는 돈, 즉 자기 자금을 충분히 확보해둬야 합니다. 이를 위해 사내유보금을 든든히 쌓아두는 것 외에는 다른 방법이 없습니다. 바꿔 말해, 기업의 안정성을 측정하는 지표인 자기자본비율을 높게 유지해야 합니다.

앞서 말씀드린 것처럼, 일본의 기업은 차입을 전제로 경영을 해나가는 경향이 있습니다. 이익을 계속해서 쌓아 자기 돈으로 회사를 경영하는 것이 아니라, 은행으로부터 돈을 빌려 회사를 경영하는 것입니다. 이익을 많이 내서 돈을 세금이나 배당금으로 써버리는 것보다 은행에서 돈을 빌려 금리를 내는 것이 오히려 절세도 되어 장점이 많다고 보는 식입니다.

그러나 은행 차입을 통한 자금조달은 시장의 금리 및 자금 수급 동향, 정부와 금융기관의 정책 및 방침 등에 큰 영향을 받습니다. 그래서 새로운 사업이나 생산설비 확대를 위한 투자의 타이밍을 놓칠 수 있습니다.

저는 이와 같은 이유로 인해 창업 직후부터 제 수중에 있는 현금을 가능한 한 늘리는 것을 경영의 핵심 과제로 여기며 이를 위해 최선을 다했습니다. 그 결과, 저희 교세라는 고수익 체질에 더해 조기에 '무차입경영'을 실현할 수 있었습니다.

나아가, 이와 같은 현금주의 경영을 통해 여유자금을 확보할 수 있었기 때문에 새로운 사업 기회가 왔을 때 과감하게 대응할 수 있었고, 신규 사업을 유리한 위치에서 추진할 수 있었습니다.

이처럼 현금을 기반으로 하는 경영, 즉 현금주의 경영은 기업 경영에 안정성을 가져다주는 동시에 지속적으로 발전하는 경영의 기반이 되는 기본원칙이라고 할 수 있습니다.

| 원칙 2 |

일대일 대응의 원칙

두 번째는 '일대일 대응의 원칙'입니다. 일대일 대응의 원칙이란 물품과 돈이 움직이면 반드시 전표가 작성되어 그것이 물품 및 돈과 함께 움직이게 하는 것을 말합니다. 회사 안에서 이 같은 일대일 대응 원칙을 철저하게 적용하면, 전표 한 장 한 장의 수치가 고스란히 회사 전체의 실적을 나타내게 되고, 기업 회계가 회사의 진정한 모습을 나타내게 됩니다.

이러한 과정의 중요성은 다음과 같은 경험을 한 이후에 깨달았습니다.

교세라 창업 3년째였던 1962년에 저는 처음으로 미국에 갔습니다. 당시 일본의 파인 세라믹스 시장은 한정되어 있었기 때문에 최첨단 전자산업과 반도체산업이 한창 발전하고 있던 미국에서 세라믹 제품을 판매하고자 한 것이지요.

맨 처음에는 주문을 전혀 받지 못해 정말 고생했지만 1968년에는 이후에 반도체산업의 중심지가 되는 실리콘밸리 근처에 저희 교세라의 영업 거점을 개설하여 미국 현지에서의 영업 활동을 본격적으로 시작했습니다. 그때, 해외 경험이 풍부한 무역 부장에게 입사한 지 얼마 되지 않은 젊은 직원을 붙여 그 두 명을 미국 주재원으로 발령을 냈습니다.

이 신입사원은 이후에 교세라 부사장이 되어 해외 관련 업무를 총괄하며 큰 활약을 해주는 핵심 임원으로 성장했는데, 당시에는 영어도 잘 못했고 또 회계에 관한 지식도 없는 이공계 출신의 '햇병아리'였습니다. 그래서 일본계 재미교포 공인회계사에게 경리 업무를 지도해달라고 부탁했습니다. 그 신입사원은 전표 처리 등에 최선을 다했지만, 좀처럼 잘 기억하지를 못해 꽤 고생하는 듯했습니다.

그래서 저는 미국으로 출장을 갔을 때 그를 샌프란시스코 교외에 있는 스탠퍼드대학교 도서관에 데리고 가서 회계에 관해 같이 공부를 한 적이 있습니다. 그 도서관 서가에는 난해한 회계 전문서적뿐 아니라 구멍가게 주인을 위한 부기 해설서까지 비치되어 있었습니다. 역시 실학의 나라 미국이라는 생각을 하며 둘이서 기초 회계 공부를 했던 것을 지금도 기억합니다.

그러다 보니 미국에서의 판매도 순조롭게 늘어나기 시작했습니다. 그때가 마침 실리콘밸리의 반도체산업이 발흥하던 시기이기도 해서 반도체 업체에서 주문이 급격하게 늘어났지요. 신입사원인 그 역시 영업 활동 및 제품의 발주, 납품 관리 그리고 경리 업무까지 거의 초인적으로 혼자서 모든 일을 소화해냈습니다.

그때 그는 미국으로 출장을 간 저를 붙잡고 실적 추이를 나타내는 경리 자료를 꺼내 보이면서 "사장님, 실적이 순조롭게 늘어나고 있습니다!"라며 자신감 있게 보고했습니다. 사실, 반기별 성과만 보자면 그 직원의 말대로 매출도 이익도 순조롭게 늘어나고 있었습니다. 그러나 월별 결산을 봤더니, 큰 적자를 내거나 아니면 큰 흑자를 내거나 하면서 수익의 기복이 매우 심했습니다.

저는 "이런 일이 있을 수는 없지 않나? 이달은 이만큼 팔아 이 정도로 흑자가 나왔다. 그러나 그다음 달은 비슷한 매출인데도 이렇게 적자가 난다는 게 이상하지 않나. 도대체 어떻게 된 건가?"라고 물었습니다.

그러나 그는 "아닙니다. 공인회계사님이 가르쳐주신 대로 처리하고 있습니다. 그렇게 처리하면 확실히 이렇게 나옵니다"라고 대답했습니다. 그래서 경리 자료를 다시 꼼꼼하게 살펴봤더니, 실은 '일대일 대응'이 안 되었던 것이었습니다. 실제로는 다음과 같이 처리되어 있었습니다.

미국 고객으로부터 주문을 받으면 일본에서 제품을 항공편으로 미국에 보냅니다. 제품이 공항에 도착하면 곧바로 그 신입사원은 고객에게 들고 갑니다. 그리고 그때 매출전표를 작성합니다. 그러나 일본에서 현지로 보내는 '선적서류shipping documents'[1]

---

1 수출업자는 화물을 선적한 후에 화환어음을 발행하는데, 이때 수입업자에게 어음과 함께 보내는 서류를 선적서류라고 부른다.

는 은행을 경유하기 때문에 일주일 정도 늦게 미국에 도착합니다. 서류가 미국에 도착한 후 비로소 그는 일본에서부터의 제품 매입을 계상합니다. 즉 판매한 제품의 매입 처리가 이루어지지 않은 상태에서 먼저 매출 처리를 하고 있었던 것입니다.

그래서 월말에 일본에서 제품이 도착해 그것을 미국의 고객에게 납품하면 그달에는 매출이 잡혀 이익이 늘어나지만, 일주일 후에 매입이 잡히면 그다음 달에는 큰 적자가 나오는 것입니다. 이런 이유로, 월별 손익이 큰 폭으로 변동하고 있었습니다.

즉 매입을 계상하기 전에 매출을 계상했기 때문에 매출이 곧바로 이익으로 연결되어버렸던 것입니다.

그래서 저는 이러한 문제를 지적하면서 '일대일 대응의 원칙'을 철저하게 적용할 것을 지시했습니다. 제품이 입고되었을 때 매입전표를 작성해 일본 본사에 미지급금을 계상할 것, 그 후 '선적서류'가 도착했을 때 이미 작성한 매입전표와 잘 비교해서 미지급금을 은행에 대한 지급채무로 전환할 것, 이 두가지 사항을 그에게 지시했습니다.

개별 거래가 아무리 정확하게 처리되었다고 해도 일대일 대응으로 처리되지 않으면 경영자료가 실체를 나타내지 못해 결국 경영의 방향을 잘못 잡을 수 있는 위험이 있습니다.

오늘 말씀드린 미국에서의 회계 처리 문제와 관련해서는 다음과 같은 후일담이 있습니다.

교세라가 처음으로 주식을 상장하려고 했을 때 지인을 통해 한 공인회계사를 소개받았습니다. 저는 주식상장 건을 그분께 곧바로 의뢰하려고 했는데, 그분은 "당신이 어떤 경영자인지를 충분히 파악한 후에 일을 수락할지 말지 결정하고 싶습니다. 일을 의뢰해주셔서 대단히 감사하지만 일의 수락 여부는 의뢰해 주시는 분의 인물 됨됨이를 난 후에 결정하겠습니다"라는 답변을 주셨습니다.

또한 제가 그 공인회계사를 직접 만나 뵈니 전보다 더 차갑고 까다로운 반응을 보이셨습니다. "감사를 하는 회계사에게 '이 정도 건은 그냥 넘어가주시죠. 이 정도의 회계 조작은 할 수 있는 것 아니냐, 너무 엄격하게 굴지 마시지요'라고 이야기하는 경영자들이 있습니다. 저는 그런 식의 경영자와는 절대 일을 하고 싶지 않습니다. 회계라는 것은 공정하지 않으면 안 됩니다. 옳은 것을 옳은 방향으로 밀어붙일 수 있는, 그런 그릇의 경영자가 아니면 회계감사 의뢰를 수락할 수 없습니다. 그래도 괜찮으시겠습니까?"

저는 그의 말에 곧바로 승낙했습니다. "괜찮습니다. 제 삶의 방식이야말로 그러하니까요. 그건 제가 바라마지 않는 일입니다." 그러자 이런 말이 돌아왔습니다.

"다들 처음에는 그렇게 말씀하십니다. 지금은 회사 상황이 괜찮으니까 그렇게 말씀하시는 거죠. 그러나 경영이 어려워지고 상황이 나빠지면 '어떻게든 좀 해달라'고 말하게 됩니다."

'정말 깐깐하고 고집이 센 회계사를 만났군' 하고 생각하면서도 "저는 공정하려고 노력하는 사람입니다. 믿어주시길 바랍니다"라고 대답했고, 그와 같은 밀고 당기기를 몇 차례나 반복한 끝에 그분은 마침내 교세라의 회계감사 업무를 수락해주셨습니다.

드디어 저희 교세라의 상장이 결정되었을 때도 그 공인회계사는 '벤처기업으로 창업해서 이렇게 빨리 상장을 하려고 하니, 내부 관리 시스템이 아직 제대로 갖춰지지 않았을 가능성이 크고, 또 회사가 워낙 빠르게 성장했기 때문에 여러 가지 문제가 있을 것이다'라고 생각했던 것 같습니다.

교세라 내부 관리에 대한 감사에 착수하면서 제일 먼저 그의 눈에 걸린 것은 바로 본사의 감시로부터 가장 멀리 떨어진 해외 부문이었습니다. 그는 바쁜 감사 업무 와중에도 아까 말씀드린 미국의 영업 거점까지 일부러 찾아가서 감사 업무를 수행했습니다. 그가 미국에 가서 보니, 회계 전공자도 아닌 이공계 출신의 젊은 신입사원이 영어도 잘 못하면서 영업부터 경리까지 그것도 혼자서 다 감당하고 있었습니다. 이 상황을 파악한 공인회계사는 이미 '이것만 봐도 짐작이 간다'고 생각했다고 합니다.

그런데 그가 막상 조사를 해보니 모든 전표가 완벽하게 일대일 대응으로 처리되어 있었습니다. 또한 미국의 영업 거점에는 현금을 관리하는 작은 금고가 있었는데, 금고를 열어 현금과 장부를 대조해보니 계산이 단 한 푼의 차이도 없었습니다. 이에 그는 혀를 내둘렀고 그 후로 교세라의 회계 시스템을 전적으로 신뢰하게 되었습니다.

이 같은 일대일 대응의 원칙은 회사 안에서 모든 순간에 성립되어야 합니다. 예컨대 고객에게 제품을 출하할 때는 반드시 출하전표를 발행해 매출을 계상하고, 그것을 이후에 미수금으로 관리하여 입금될 때까지 추적 관리합니다. 제품의 배송을 운송업자에게 맡기든 영업사원이 직접 고객에게 배송을 하든, 이 같은 절차는 동일합니다.

교세라 창업 초창기에는 저희 물건을 주문해주는 고객의 대부분이 기업 연구소이거나 공적인 연구기관이었습니다. 그와 같은 기관 연구자들로부터 '이런 실험을 하고자 하니, 급히 이와 같은 것을 세라믹스로 만들어주시오'라는 주문을 받고 정말 다양한 제품을 만들었습니다. 또한, 그 기관들은 실험의 진척 상황에 따라 약속한 납기보다 시기를 훨씬 앞당겨 납품해달라고 일방적으로 요청하기도 했습니다.

그런 상황이 벌어질 때면 한밤중에도 영업직원들이 잠도 못 자고 발주처로 날아가서 여하튼 제품만은 갖다 놓고 돌아오는 경우가 종종 있었습니다. 상황이 그러하니, 한밤중에 돌아온 영업직원은 '오늘 너무 늦었으니, 전표는 그냥 내일 처리하자'라며 당일에 전표를 작성하는 것은 미루게 됩니다. 그러다가 그다음

날도 정신없이 바쁘니 전표 건을 완전히 잊어버리고 맙니다.

그러다가 월말이 돌아오면 사내 제조 부문으로부터 '그 제품, 입금은 어찌 되었나? 언제 매출로 처리되느냐?'라는 문의가 들어옵니다. 그제야 허겁지겁 전표를 아무리 찾아도 나오지 않고 납품했던 고객 기업에 물어봐도 담당자의 기억도 분명하지 않으며, 해당 제품도 이미 실험에 사용되어버려 어떻게 확인할 방법이 없습니다. 결국 대금을 받지도 못하게 되는 것입니다. 이러한 경우가 꽤 있었습니다.

그래서 저는 어떤 경우라도 전표를 발행하지 않으면 물건이 움직일 수 없도록 하는, 일대일 대응의 시스템을 구축했던 것입니다. 이 같은 시스템은 향후 기업 내부에서 IT 인프라가 아무리 높은 수준으로 업그레이드된다고 하더라도 똑같이 적용되어야 합니다. 이와 같은 기본적인 원칙이 현장에서 지켜지지 않으면 컴퓨터로 집계된 수치 역시 아무런 의미가 없어집니다. 또한 물건의 움직임과 돈의 움직임이 모두 일대일 대응으로 처리되고 있다는 것이 지극히 단순해 보일 수도 있지만, 그것이 회사를 건전하게 경영해나가는 데 얼마나 중요한지는 기업 경영에 있어 자주 발생하는 회계 부정과 같은 불미스러운 일을 떠올려보면 쉽게 이해할 수 있을 것입니다.

예를 들어, 거래 기업과 결탁해서 가공의 매출을 일단 결산기 말에 계상하고 다음 결산기 초에 그것을 다시 반품으로 돌려 장

부상의 수지를 맞추는 행태가 대표적입니다. 이런 짓이 횡행한 결과, 경영자에게 회사 경영의 실태가 제대로 보이지 않게 되는 것은 말할 것도 없고, 사내의 경영관리가 형식화되어 조직의 도덕성을 심각하게 떨어뜨립니다. 그런 회사가 영속적으로 발전할 리 만무합니다.

이곳 중국에서도 '도덕의 위기'로 불리는 기업 회계 부정 사건이 몇 건이나 발생했다고 들었습니다. 또한 최근 미국의 증권거래위원회sec가 북미에 상장된 중국 기업의 회계처리에 대해 분식회계 등의 의혹을 제기해 감사 거부, 주가 급락, 상장 폐지 등의 사태가 발생함에 따라 중국 당국과 협의에 들어갔다는 소식이 일본에도 보도된 바 있습니다.

현재 세계 경제에서 지극히 큰 역할을 하는 중국 경제를 짊어진 중국 기업에도 바로 지금이야말로 건전한 회계가 요구되고 있습니다. 그 건전한 회계를 실현하기 위해서라도 이 같은 일대일 대응의 원칙을 사내에 확립하는 것이 중요합니다.

오늘 말씀드린 일대일 대응 원칙의 핵심은 바로 '원칙을 지키는 것'입니다. 최고경영자 이하 모든 임직원이 일절 예외 없이 일대일 대응 원칙을 철저하게 지켜냄으로써 기업 내 부정을 미연에 방지하고 더 나아가 사내 도덕과 윤리의 수준을 높여나간다면, 회사에 대한 직원들의 신뢰감을 더 높일 수 있습니다.

일대일 대응의 원칙을 통해 공명정대하고 투명한 자세가 회사 내에 뿌리내린 기업만이 현대 글로벌경제에서도 성장과 발전의 궤도를 계속해서 달릴 수 있습니다.

근육질 경영의 원칙

세 번째는 '근육질 경영'의 원칙입니다.

기업은 계속해서 발전하지 않으면 안 되는 존재입니다. 그러기 위해 기업은 군살이 전혀 없는, 탄탄하고 강건한 몸을 만들어야 합니다. 그것이 바로 '근육질 경영'입니다.

그렇다면 기업에 있어서 '근육'이란 무엇일까요? 그것은 사람, 물건, 돈, 설비와 같은 매출과 이익을 낳는 회사의 자산을 말합니다. 반면, 매출과 이익을 낳지 못하는 여분의 자산, 예컨대 팔리지 않는 재고나 과잉 설비는 '군살'입니다. 이러한 불필요한 자산을 철저하게 도려내고 유익한 자산을 최대한 활용해야 계속해서 발전하는 '근육질'의 기업 체질로 거듭날 수 있습니다.

저는 이와 같은 근육질 경영을 실현하기 위해 매우 다양하고 구체적인 대응을 취해왔습니다.

교세라 창업기에는 자금적인 여유가 없었던 터라 그야말로 '근검절약'을 지상과제로 여겼습니다. 회사 사무실의 책상이나

의자도 새 제품이 아니라 저렴한 중고 철제가구를 사서 사용했습니다. 어느 회사가 이전을 하면서 처분하는 물품은 새 제품의 몇분의 1 가격이기 때문에 그런 중고품만 사들였지요.

제조설비를 구입할 때도 현장의 기술자들은 새 기계를 사고자 했지만, 저는 "기계나 설비는 납기만 잘 맞출 수 있다면 중고로 만족하라"고 늘 말했습니다. 아무리 성능이 좋은 기계가 있어도 쉽게 사지 말고 지금 보유하고 있는 기계를 어떻게 하면 활용할 수 있을지 철저하게 고민하고 창의력을 발휘할 수 있도록 교육해왔습니다.

창업한 지 얼마 안 되어 미국을 방문했을 때, 경쟁사인 미국 세라믹 제조사의 공장을 견학할 기회가 있었습니다. 그곳에는 독일제 최신 프레스기가 아주 정연하게 비치되어 있었고, 또 리드미컬하게 작동하고 있었습니다. 저희 교세라에서는 엔지니어들이 손수 설계한 수제 프레스기를 어떻게든 돌리려고 온갖 아이디어를 짜내던 시기였습니다.

그야말로 최첨단의 공장을 견학하면서 "이 기계는 한 대에 얼마 정도 하나요?"라고 물었더니 그곳 공장장이 제 눈이 튀어나올 정도의 엄청난 금액을 말했습니다. 저는 그 금액을 듣고 그때 바로 이렇게 생각했습니다.

'이렇게 비싼 기계인데, 기계가 대체 1분에 제품 몇 개를 만들어내는 것일까? 교세라에서 가동 중인 자체 제작 기계로도 이

첨단 기계의 절반 정도는 생산하고 있다. 즉 생산성은 절반이다. 그러나 가격이 이 첨단 설비의 몇십분의 1밖에 안 되는 우리 기계가 최신 설비의 50%나 되는 생산성을 보인다면, 투자효율은 우리가 직접 만든 기계가 훨씬 더 높지 않은가.'

설비 투자를 하면 확실히 생산성이 향상되고 또 최첨단 기술을 사용하고 있다는 만족감도 얻을 수 있을지 모릅니다. 그러나 그것이 반드시 경영 효율을 끌어올린다는 보장은 없습니다.

엔지니어나 경영자 모두 성능이 좋은 최신형 기계를 원하고, 그것을 사지 않으면 경쟁에서 뒤처진다고 생각하기 쉽지만, 설비 도입으로 인해 고정비가 크게 증가하면 경영 체질이 약화될 수 있다는 점을 충분히 이해해야 합니다. 중고 설비 도입을 포함해서 비용 대비 효과를 충분히 검토하고 고정비를 최대한 줄여야 약간의 매출 감소에도 끄떡없는 고수익의 경영체질을 만들 수 있습니다.

또한 저는 투기를 경계하고 땀 흘려 얻은 이익에만 가치를 두고 있습니다. 제게 있어 투자란 정말 땀 흘려 일하면서 이익을 얻기 위해 필요한 자금을 투입하는 것이지, 고생도 하지 않고 이익을 손에 쥐려고 하는 시도가 아닙니다. 저의 회계학에는 일확천금을 노린다는 발상이 조금도 없습니다.

예를 들어, 잉여자금 운용에 관해서는 원금보장을 대원칙으로 하고 토지나 금융상품에 대한 투기적 투자나 기형적 투자는 일절 하지 않습니다. 일본 기업 중에서는 토지나 주식 가격이 폭등했던 버블경제 때 이른바 재테크라는 명분으로 재무 부문이 투기적인 자금운용에 뛰어든 사례가 꽤 많았습니다.

그러나 버블경제가 붕괴한 후에 그 같은 기업 대부분이 막대한 손해를 보고 말았습니다. 저희 교세라는 쉽게 버는 이익은 조금도 좇지 않았습니다. 새로운 가치를 사회에 제공함으로써 얻을 수 있는 '땀의 결정'인 이익을 어떻게 하면 늘릴 수 있을까 하는 본연의 기업활동에 주력해왔습니다.

기업의 사명은 창의적인 기업활동으로 새로운 가치를 탄생시켜 사회의 진보와 발전에 공헌하는 것입니다. 그와 같은 활동의 성과로 얻을 수 있는 이익을 저는 '땀 흘려 얻은 이익'이라 부르며 기업이 추구해야 할 진정한 이익이라고 생각해왔습니다.

그리고 그렇게 해서 얻은 공명정대한 이익을 꾸준하게 쌓아두면 어떤 불황에도 끄떡없는 훌륭한 근육질 기업을 실현할 수 있는 것입니다.

또한 저는 이와 같은 '근육질 경영'을 펼치기 위해 물품 구매에 있어서도 '당좌 매입'을 원칙으로 삼고 있습니다. '당좌 매입'이란 '필요한 것을 필요한 때에 필요한 만큼만 사들이는 것'입니다. 일반적으로 원재료나 소모품 등은 일괄해서 대량으로 사들이면 가격이 싸고, 또 가격이 급변하는 원재료 등은 값이 쌀 때 한꺼번에 사들여야 한다고 생각하는 사람이 많습니다. 그러나 저는 이러한 관례와 상식을 전면 부정해왔습니다.

왜냐하면 인간은 물품을 많이 사놓으면 자기도 모르게 절약하지 않고 쓰기 때문입니다. 또 대량의 물품을 관리하는 노동과 비용도 필요해집니다. 게다가 시장 변화로 인해 제품의 사양이 확 바뀌어 창고에 쌓아뒀던 원재료 전체가 무용지물이 될 가능성도 있습니다.

반면, 당좌 매입을 하면 수중에 필요한 물량밖에 없기 때문에 절약하게 되고, 그 물품을 소중하게 사용하게 될 뿐 아니라 여분의 관리비나 창고비 등이 들지 않습니다. 게다가 시장 변화에도 무척 유연하게 대응할 수 있습니다.

이 같은 당좌 매입은 오늘날 많은 기업이 채택하고 있는 이른바 '적기생산방식Just-in-Time, JIT' 또는 '간판방식'과 그 맥을 같이 하는데, 저희 교세라는 50년도 더 된 창업 초창기부터 이와 같은 방식을 관철해오며 근육질 경영을 실현할 수 있었습니다.

다만, 엄밀하게 말하자면 '적기생산방식' 또는 '간판방식'과 제가 말씀드리는 '당좌 매입' 방식은 약간 다릅니다. 전자는 협력회사 또는 하청기업에 재고 부담을 전가하지만 저희 교세라는 그렇지 않습니다. 저희가 사용할 분량만큼만 조금씩 당좌로 사들여 저희가 그 부담을 안는 방식입니다.

완벽주의의 원칙

네 번째는 '완벽주의 원칙'입니다.

이 원칙은 '애매함'이나 '타협'을 완전히 배제하여 모든 일을 어정쩡하지 않게, 즉 '완벽하게' 수행하는 것을 목표로 합니다. 연구 개발 및 제조 현장에서는 아주 작은 실수도 연구 실패와 불량제품 발생으로 이어지기 때문에 완벽한 일 처리가 요구됩니다.

그러나 간접 부문 등의 사무 부문에는 자료를 작성하거나 할때 '조금 틀리는 건 어쩔 수 없다. 나중에 지우개로 지우면 된다'라고 생각해버리는 사람이 많습니다. 그러나 투자계획에서건 수익성 관리에서건, 그 기초가 되는 수치에 조금이라도 오류가 있으면 경영 판단을 그르칠 수 있습니다. 이 때문에, 관리 부문이나 영업 부문, 특히 회계 부문에 있어서는 완벽주의가 필수적입니다.

저는 경리 부문 직원들에게 월별 결산서에 조금이라도 불명확한 부분이 있으면 이에 관한 설명을 요청했습니다. 또 그때, 회계 서류에 잘못 기입된 수치 등의 오류가 발견되면 저는 매우 엄격하게 주의를 주었습니다. 당시의 경리부장은 "충분히 검토하지도 않은 자료를 사장님께 제출하면, 반드시 사장님은 엄격하게 내용을 검토하고 집요하게 질문을 하셨고 또 사장님께서 자료를 꼼꼼하게 검토하느라 보고 시간도 길어졌다. 그러나 철저하게 준비하고 또 사전에 다각도로 검토를 완료하여 제출한 자료에 관해서는 아주 간단한 설명을 듣는 정도로 넘어가기도 하셨다"라며 요즘에도 이야기합니다.

저의 경우, 자료를 꼼꼼하게 보다가 수치가 틀리거나 하는 오류가 발견되면 이상하게도 그 틀린 수치가 제 눈앞으로 날아오는 듯한 느낌을 받습니다. 틀린 수치나 문제가 있는 수치가 마치 '저 좀 봐주세요'라고 말하는 것처럼 제 눈에 확 들어옵니다. 반대로, 사전에 수치를 충분히 검토한 자료는 아무리 꼼꼼하게 들여다봐도 눈에 거슬리는 부분을 발견할 수 없습니다.

회사 경영에 있어 책임 있는 자리에 앉은 사람이 자기부터 완벽주의를 실현해야 한다는 것을 명심하여 정말 진지하게 일에 매진하면, 그 같은 자료 안에 앞뒤가 맞지 않는 부분이나 수치 오류 등이 있는지를 아주 예민하게 검토하게 되는 법입니다. 또 그렇게 함으로써 자료를 만드는 사람도 자연스럽게 완벽주의를 체화하게 됩니다. 이렇듯, 경영자 자신이 먼저 솔선수범하여 정말 진지하게 집중해서 모든 일에 임하면 회사 전체에 완벽주의가 스며듭니다.

이 완벽주의는 오늘 말씀드린 경영자료를 작성할 때뿐 아니라 기업 전체가 목표 달성을 위해 취하는 자세로서 전 직원에게 공유되어야 합니다. 예컨대, 저희 교세라에서는 매출이나 이익

등의 경영 목표와 실적과 관련해서 '100%는 아니지만 95%에는 도달했으니 이 정도로 충분하다'라는 생각은 있을 수 없습니다. 매출, 이익, 나아가 제품 개발에 이르기까지, 업무 전반에 걸친 자세에 '완벽주의'가 관철되어야 합니다. 이 같은 완벽주의가 지켜지는 회사는 어떠한 어려움에도 흔들리지 않고 당연히 성장, 발전합니다.

| 원칙 5 |

더블 체크의 원칙

다섯 번째는 '더블 체크double check'의 원칙입니다.

이는 모든 전표 처리와 입금 처리를 복수의 직원이 맡는 것을 말합니다.

이 같은 더블 체크의 원칙을 지키는 이유는 오류를 발견하고 방지하기 위해서지만, 또 하나의 목적이 있습니다. 바로 '사람을 소중히 여기는 직장'을 만들기 위해서입니다.

인간에게는 의도하지 않게 잘못을 저지르는 나약한 면이 있습니다. 이 같은 '사람의 마음'이 갖는 약점으로부터 직원을 보호하는 데는 모든 회계 처리를 복수의 직원이 함께하는, 즉 더블 체크의 원칙이 유효합니다.

조금 오래된 일인데, 1995년에 일본의 대형 시중 은행 뉴욕 지점의 한 직원이 무려 11년 동안이나 미국 국채를 대차대조표에 자산·부채로 기록하지 않는 거래, 이른바 부외거래off-balance transaction[1]하여 은행에 1,100억 엔이나 되는 거액의 손실을 입힌 사건이 있었습니다. 이 사건으로, 그 시중 은행은 미국에서 강제 철수 명령을 받았을 뿐 아니라 이후 다른 시중 은행과 합병되어 지금은 존재하지도 않는 은행이 되어버렸습니다.

일개 은행 직원이 일으킨 사건으로 어째서 역사와 전통을 자랑하던 대형 은행이 무너져내렸을까요? 그것은 그 은행에 더블 체크 시스템이 없었거나 아니면 있었다고 해도 엄격하게 지켜지지 않았기 때문입니다.

여러 사람, 여러 부서가 서로 체크하고 확인하며 업무를 진행해야 합니다. 이런 엄격한 시스템이 존재, 작동하면 사람이 죄를 짓는 것을 미연에 방지할 수 있고 긴장감과 활력이 넘치는 직장을 만들어내 회사를 영속적 발전으로 이끌 수 있습니다. 이 더블 체크의 핵심은 일상 업무에서 구체적인 점검 시스템을 구축하는 것에 있습니다.

교세라 창업 이래, 저는 다양한 사안과 대상에 관해 그 구체적

---

1 영어 그대로 '오프밸런스 거래'라고도 부른다. 대차대조표에 수치가 나타나지 않는 장부외거래로 금리, 통화스와프, 금리선물거래 등이 대표적인 예이다.

인 관리 방법을 하나하나 확립해왔습니다. 너무 소상한 이야기가 될지도 모르지만 구체적인 예를 하나 들면서 더블 체크의 작동 방식에 관해 더 설명하도록 하겠습니다.

먼저 입출금 관리에 있어서는, 돈을 넣고 빼는 사람과 입출금 전표를 작성하는 사람을 반드시 구분하는 것이 원칙입니다. 작은 회사의 경우, 예를 들어 사장이 직접 출금 전표를 끊고 사장이 직접 현금을 출금하는 일이 일상적으로 이루어지고 있을 것입니다. 그러나 이렇게 관리했다가는 악의가 없다 해도 얼마든지 제멋대로 돈을 쓸 수 있고, 또 엄격하게 관리할 수가 없습니다. 이를 방지하기 위해서는 전표를 작성하는 사람과 돈을 취급하는 사람을 반드시 구분해야 합니다.

은행에 입금을 하든, 구매 물품 대금을 지불하든, 인건비를 지급하든, 기타 경비를 지출할 때도 지불하는 사람과 전표를 작성하는 사람은 반드시 구분해야 합니다.

또한 입금의 경우에도 송금되었다고 해서 돈을 다루는 담당자가 입금 전표를 끊어 처리해서는 안 됩니다. 그 입금과 관련한 담당자, 담당 부서에 연락해 입금 내용을 명확하게 반영한 전표를 작성하게 하고, 그 후 입금 처리를 진행해야 합니다. 즉 전표를 작성하는 사람과 돈을 취급하는 사람을 반드시 구분해야 한다는 것이 더블 체크의 원칙입니다.

현금 취급도 마찬가지입니다. 소액의 현금을 취급하는 경우,

매일 결산을 하면서 현금 잔액이 전표에 작성한 잔액과 일치해야 합니다. 그러려면 결산 때만이 아니라 모든 시점에 현금의 움직임과 전표의 움직임이 합치되어야 합니다. 이를 위해서는 현금 출납 담당자 이외의 사람이 업무시간 내에 적절한 빈도로 현금 잔액과 전표를 서로 비교하며 체크해야겠지요.

회사 인감을 취급할 때도 마찬가지입니다. 보통 인감 상자는 이중으로 만들어서, 외함은 휴대용 금고로, 내함은 소형 인감함으로 사용합니다. 저는 내함의 열쇠 관리자인 인감 관리자와 외함의 열쇠 관리자를 반드시 다른 사람으로 임명해 상호 점검할 수 있도록 해왔습니다.

금고의 관리 역시 그와 같이 대응했습니다. 금고 열쇠가 두 개라면, 반드시 다른 두 사람이 열쇠를 취급하도록 했습니다. 그리고 금고는 업무시간 내에 상시 잠그고, 금고를 열 때는 반드시 입회자를 동반해 복수의 직원이 있는 상황에서 돈을 넣거나 빼도록 했습니다.

물품과 서비스 구매에 있어서도 더블 체크는 필수적입니다. 물품이나 서비스를 요청한 부서에서 구매 담당 부서에 의뢰 전표를 작성해 건네고, 구매 담당자가 발주하는 시스템을 구축했습니다. 물품이나 서비스를 필요로 하는 부서에서 직접 업체에 전화 등으로 의뢰하거나 가격이나 납기를 협상하는 것은 기본적으로 금지했습니다.

회사 내부의 정식 구매 시스템을 통해 물품이나 서비스를 구매하면 구매에 동반될 수 있는 업체와의 유착 등의 문제를 미연에 방지할 수 있습니다. 이는 더블 체크에 의한 관리 시스템에 필수적인 요소입니다. 더불어 업체에 확실한 대금 지불을 보증하는 일이기도 합니다.

나아가 사내 자동판매기나 공중전화의 현금 회수 역시 엄격하게 처리하고 있습니다. 얼마 되지 않는 금액이라 그다지 주의를 기울이지 않는 경우가 꽤 많을 것입니다. 그러나 취급하는 돈이 소액이라 할지라도 그것이 쌓이고 쌓이면 큰 금액이 됩니다. 또 무엇보다 '천 길 제방도 땅강아지나 개미구멍 때문에 무너지고 100척의 높은 집도 굴뚝 사이 작은 연기구멍 때문에 타버린다'라는 중국의 고전 《한비자》의 명문과도 같이, 사소해 보이는 것일지라도 소홀히 하지 않는 것이 중요합니다.

더블 체크의 원칙은 금액의 대소, 사안의 경중과 관계없이 반드시 철저하게 지켜야 합니다. 바로 이것이 철칙입니다. 언뜻 보기에는 너무나도 당연한 것 같지만, 이처럼 당연한 것을 확실하게 지키기가 실제로는 어렵습니다. 그저 지시만 해서는 이 원칙이 철저하게 지켜지지 않습니다. 최고경영자 스스로가 현장에 나가서 엄격하게 지시하고 점검하지 않으면 안 됩니다. 최고경영자 스스로가 엄격하게 대응하고 또 반복적으로 확인해야 비로소 더블 체크의 원칙이 사내에 정착될 수 있습니다.

그러나 가장 중요하고 그 근저에 자리 잡아야 하는 것은, 결코 직원들이 죄를 저지르지 않게 하겠다는 경영자의 따뜻한 배려의 마음입니다. 직원에 대한 그러한 마음이 경영자에게 있다면 더블 체크의 원칙이 사내에 공유되고 실천될 수 있습니다.

| 원칙 6 |

수익성 향상의 원칙

여섯 번째는 '수익성 향상'의 원칙입니다.

기업에 있어 자사의 수익성 향상은 중대한 사명입니다. 저는 수익성 향상을 위해 창업 직후부터 '아메바 경영'으로 불리는 소집단 독립채산제도를 창안, 도입했습니다. 이는 회사가 급속히 성장함에 따라 점차 비대해지는 조직을 작게 나누어 각각의 조직이 주체성, 즉 주인의식을 갖고 사업을 전개할 수 있도록 하는 방안입니다.

사업의 진전에 따라 조직이 자유자재로 변화한다는 점을 그러한 속성을 가진 원생동물 아메바에 비유해 '아메바 경영'이라고 부르고 있습니다. 각 아메바는 채산 부문profit center으로서 운영되는데, 마치 한 개의 독립된 중소기업인 듯 활동합니다. 또한 해당 아메바의 리더에게는 기본적으로 경영계획, 실적관리, 노무관리 등 조직경영 전반에 관한 권한이 위임되고 있습니다.

아메바 경영이란 그런 의미에서 리더를 중심으로 직원 개개인이 아메바 조직 내에서 자신의 목표를 명확하게 파악하고 각자의 입장에서 목표를 달성하기 위해 자발적으로 노력을 거듭해나갈 수 있게 하는, 그야말로 전원 참여형 경영 시스템이라고할 수 있습니다.

이러한 '아메바 경영'과 오늘 말씀드린 '교세라 회계학'은 교세라 경영관리 체계의 근간을 이루는 두 바퀴입니다. 즉 교세라의 경영은 '필로소피'라는 경영철학의 기반 위에 교세라 회계학과 아메바 경영이라는 두 기둥으로 지탱되는 견고한 집에 비유할 수 있을 것 같습니다.

교세라의 아메바 경영에 관해서는 지난달(9월)에 있었던 '경영철학 광저우 보고회'에서 소상하게 말씀드렸기 때문에, 오늘은 아메바 경영에서 회계학과 밀접한 관련이 있고, 또 각 아메바의 수익성을 끌어올리는 데 매우 중요한 역할을 하는 '시간당 수익 제도'에 대해 말씀을 드리도록 하겠습니다.

일반적으로는 매출을 늘리고자 하면 매출에 비례해 비용도 늘어납니다. 그러나 저는 제 부족한 지혜를 다 짜내서 매출을 최대한 늘리면서도 비용은 철저하게 최소화하는 것을 경영의 대원칙으로 삼아왔습니다.

'시간당 수익'에서는 이 같은 '매출 최대, 비용 최소'라는 경영의 대원칙을 실현하기 위해 매출에서 비용을 뺀 '차감 매출'이라는 교세라의 독자적인 개념을 사용하고 있습니다. 이 차감 매출이란 일반적인 경제용어로 말하자면 '부가가치'에 가깝다고 할 수 있겠습니다.

기업이 수익성을 향상시키기 위해서는 이 같은 부가가치를 높이지 않으면 안 되는데, 저는 직원들이 이 부가가치 개념을 되도록 쉽게 이해할 수 있도록 '단위시간당 부가가치'를 계산해 이를 '시간당'이라고 부르며 부가가치 생산성을 높이기 위한 지표로 삼았습니다.

이 같은 '시간당 수익 제도'에서는 복잡한 원가계산은 사용하지 않고 한 아메바를 구성하는 모든 사람이 자기 아메바의 수익 상황을 쉽게 이해할 수 있도록 하고 있습니다. 그리고 수익 상황에 대한 지표가 기재된 '시간당 수익표'를 회사 안의 모든 아메바가 월별로 작성하도록 하고 있습니다.

일반적인 기업에서 말단 직원은 자기가 속한 부문이 매출이나 이익을 어느 정도 올리고 있는지조차 모릅니다. 위에서 알려주지도 않습니다. 그러니 자기 부문이 부가가치를 얼마나 올리고 있는지도 당연히 알 수가 없지요. 이 같은 기업에서 직원이 자기 부문의 수익 향상을 위해 자발적으로 노력한다는 것은 있을 수 없는 일입니다.

반면, 저희 교세라에서는 아메바 경영과 시간당 수익 제도를 통해, 직원들은 자신이 속한 부문의 경영 목표와 그 달성 현황을 확실하게 파악할 수 있고 수익성을 끌어올리기 위해 바로 지금 자신이 무엇을 해야 하는지를 명확하게 파악할 수 있습니다. 막 입사한 신입사원도 예외가 아닙니다. 이 역시 교세라가 고수익 체질의 기업으로 발전하는 데 있어서 큰 역할을 한다고 할 수 있습니다.

| 원칙 7 |
투명 경영의 원칙

일곱 번째는 '투명 경영'의 원칙입니다.

저는 교세라 창업 이래 신뢰, 배려, 친절과 등을 귀히 여기는, 이른바 '마음을 중시하는 경영'을 지향해왔습니다. 그래서 직원과 탄탄한 신뢰 관계를 구축하기 위해서라도 기업 경영은 반드시 투명해야만 한다고 생각했습니다.

이 같은 투명 경영을 위해서는 회사를 둘러싼 상황을 고려해 최고경영자가 지금 무엇을 생각하고 있고, 또 지금 무엇을 목표로 삼고 있는지를 직원들에게 정확하게 전하는 것이 중요합니다. 회사의 현황, 직면한 과제 그리고 지향해야 할 방향에 관해 정확하게 알림으로써 직원들과 방향성을 맞추고 그 힘을 집결해나가지 않으면 높은 목표를 달성할 수도, 또 위기를 넘어설 수도 없는 법입니다.

또한 지금 수주량이 어느 정도이고 그에 대한 대응이 원래 계획에 비해 어느 정도 늦어지고 있는지, 또 이익은 어느 정도 나고 있고 그것이 어떻게 쓰이고 있는지 등 회사가 처한 모든 상황과 사정이 임원뿐 아니라 말단 직원들에게도 잘 보이도록 하는 이른바 '투명 경영'을 지향해왔습니다.

또 하나, 이와 같은 '투명 경영'에서 중요한 것은 최고경영자 스스로가 솔선수범하고 공명정대한 자세를 견지하는 것입니다. 경영진의 회사 비용 유용이나 무분별한 접대 등은 결코 용납되어서는 안 됩니다. 만약 그와 같은 행태가 이어지면 직원들의 반발과 이탈이 초래되고, 도덕적 해이가 들불처럼 번져 기업 경영이 근간에서부터 흔들릴 수 있습니다.

이러한 의미에서 회계의 역할은 지대합니다. 기업 회계에 있어 '투명 경영'에 의거한 공명정대한 관리 시스템이 구축되면 임직원은 부정을 저지를 수 없습니다. 또한 만에 하나 부정이 발생해도 최소한의 수준에 그치도록 할 수 있습니다.

이를 위한 회계 시스템은 결코 복잡할 필요가 없습니다. 인간으로서 보편적으로 옳다고 여기는 것을 추구하는 경영철학을 기반으로, 정보의 흐름이 원활한 직장을 만들어가는 것이 중요합니다.

회계에 관한 이와 같은 사고방식과 시스템은 기업 내부의 부정을 막을뿐더러 회사의 건전한 발전을 위해서도 필수적입니다. 이와 같은 회계 시스템 없이는 기술이 아무리 뛰어나고 자금이 풍부해도 기업을 영속적으로 성장시킬 수 없는 법입니다.

교세라가 그간 길을 잘못 들어서지 않고 순조롭게 발전할 수 있었던 것도 확고한 경영철학을 기반으로 한 '회계' 관련 사고방식과 시스템을 구축하여 공명정대한 기업문화를 확립했기 때문이라고 생각합니다.

지금까지 제가 지향해온 그리고 앞으로도 지향해나갈 기업회계에 관한 일곱 가지 원칙에 관해 말씀드렸습니다.

더욱 견고한 경영관리 체제로
더 큰 발전을

일본에서는 빠르게 성장하고 발전한 벤처기업이 갑자기 파산하는 경우가 꽤 있습니다. 이는 기업 회계의 원칙과 시스템을 제대로 확립하지 못한 상황에서 조직과 매출의 규모만 급속도로 커졌기 때문입니다. 또한 역사와 전통을 자랑하는 굴지의 대기업이 경영 악화 상태에 빠져 분식회계 등 부정회계로 인해 무너지는 사례도 꽤 있습니다. 이 또한 기업 내부에서 회계 원칙이 무시되었기 때문입니다.

복잡해 보이는 회사 경영의 실체를 정확하고도 구체적으로 표현하고, 경영에 기여하는 동시에 사내에 청렴하고 공명정대한 풍토를 조성할 수 있는 경영관리 체계를 구축하는 것은 필수적입니다. 또한 이는 전문적인 회계 지식이나 경험을 요하는 것이 아니라, 오늘 계속 말씀드렸듯이 누구나 이해할 수 있는 단순명료한 것이어야 합니다. 그래야만 회사 내에서 직원들에게 널리 공유될 수 있고 직원들이 실천할 수 있기 때문입니다.

중국은 현재(2011년) 세계 제2위의 경제 대국으로 큰 발전을 이루었습니다. 그리고 앞으로는 그 영향력이 더욱 커질 것입니다. 그런 상황에서 경제발전을 이끌어가야 할 중국 기업 경영자 여러분에게 지금 요구되는 것은 기업 경영의 관리체제를 더 견고하게 구축해나가는 것이라고 생각합니다.

지금 단계에서도 넘쳐흐르는 기업가정신에 더해, 오늘 말씀드린 회계학 또는 관리회계 시스템을 기업 내에 정착시킨다면 중국 기업은 앞으로 어떤 경제 변동이 있더라도 더욱 성장과 발전을 거듭할 수 있을 것이라고 확신합니다. 또한 그와 같은 기업의 노력을 통해 중국은 앞으로도 세계 최고의 경제 대국으로 부상할 것임에 틀림없습니다.

저의 오늘 강연이 이 자리에 모이신 여러분이 그와 같은 훌륭한 기업 경영을 해나가는 데 도움이 된다면 저로서는 정말 큰 영광이겠습니다. 여러분의 발전과 중국의 번영을 진심으로 기원하면서 오늘 제 강연을 이것으로 마치겠습니다.

경 | 영 | 의 | 원 | 리 | 원 | 칙

❶ 경영의 바탕은 어디까지나 수중에 있는 현금이다. 회계상의
이익이 발생했다고 해서 안심할 것이 아니라 '벌어들인 돈
은 지금 어디에 있는가?'를 항상 인식하고 고려하여 수중의
현금을 늘리는 경영을 해야 한다.

❷ 기업을 둘러싼 환경이 급격히 변화하는 상황에서도 사업을
계속해서 성장시키기 위해서는 필요한 자금을 필요한 시기
에 연구개발이나 신규 설비 투자에 투입하지 않으면 안 된
다. 그렇기 때문에 경영자는 필요에 맞춰 바로 쓸 수 있는
돈, 즉 자기 자금을 충분히 확보해두어야 한다. 그러려면 사
내유보금을 든든히 쌓아두는 것 외에는 방법이 없다.

❸ '현금주의 경영'으로 풍부한 자금을 보유할 수 있게 되면 새로운 비즈니스 기회가 왔을 때 주저하지 않고 바로 대응할 수 있고, 이 같은 대응으로 인해 신규 사업을 유리한 위치에서 추진할 수 있게 된다.

❹ 회사 안에 '일대일 대응의 원칙'을 철저하게 적용하면, 전표한 장 한 장의 수치가 쌓인 것이 그대로 회사 전체의 실적을 보여주기 때문에 기업 회계가 회사의 '진짜 모습'을 나타내게 된다.

❺ 어떤 경우에서도 전표를 발행하지 않으면 물건이 움직일 수 없도록 하는 '일대일 대응'의 시스템을 구축해야 한다. 이같은 기본적인 원칙이 현장에서 지켜지지 않으면 컴퓨터로 집계된 수치 역시 아무런 의미가 없어진다.

❻ 물건의 움직임과 돈의 움직임이 모두 '일대일 대응'으로 처리된다는 것이 지극히 단순하게 보일 수 있지만, 그것이 회사를 건전하게 경영하는 데 있어 얼마나 중요한지는 기업 경영에서 자주 발생하는 회계 부정과 같은 불미스러운 일을 떠올리면 쉽게 이해할 수 있다.

❼ '일대일 대응의 원칙'의 핵심은 '원칙을 지키는 것'이다. 최고경영자 이하 모든 임직원이 예외 없이 일대일 대응의 원칙을 철저하게 지켜냄으로써 기업 내 부정을 미연에 방지하고 나아가 사내 도덕과 윤리의 수준을 높여나간다면 회사에 대한 직원들의 신뢰감을 더 높일 수 있을 것이다.

❽ 기업은 계속해서 발전하지 않으면 안 되는 존재이다. 이를 위해 기업은 군살이 전혀 없는, 탄탄하고 강건한 몸을 만들어야만 한다.

❾ 기업에 있어서 '근육'이란 무엇인가? 그것은 사람, 재료, 돈, 설비와 같은 매출과 이익을 낳는 회사의 자산이다. 반면, 매출과 이익을 낳지 못하는 여분의 자산, 예컨대 팔리지 않는 재고나 과잉 설비는 '군살'이다. 이러한 불필요한 자산을 철저하게 도려내고 유익한 자산만을 최대한 활용함으로써, 계속해서 발전하는 근육질의 기업 체질로 바꿔낼 수 있다.

❿ 설비 투자를 하면 생산성은 확실히 향상되고 최첨단 기술을 사용하고 있다는 만족감도 얻을 수 있을지 모른다. 그러나 그것이 반드시 경영 효율을 끌어올린다는 보장은 없다.

❶ 나는 투기를 멀리하고 이마에 땀을 흘려 번 이익에만 가치를 두었다. 내게 투자란 정말 땀 흘려 일하면서 이익을 얻는 데 필요한 자금을 투입하는 것이지, 고생도 하지 않고 이익을 챙기려고 하는 것이 아니다. 내 회계학에는 일확천금을 노린다는 발상이 조금도 없다.

❷ 기업의 사명은 창의적인 기업활동을 통해 새로운 가치를 만들어 사회의 진보와 발전에 공헌하는 것이다. 그와 같은 활동의 성과로서 얻는 이익을 나는 '이마에 땀을 흘려 얻은 이익'이라고 부르며 기업이 추구해야 할 진정한 이익이라고 생각해왔다. 그렇게 해서 얻은 공명정대한 이익을 꾸준히 쌓으면 어떤 불황에도 끄떡없는 훌륭한 '근육질' 기업을 실현해낼 수 있다.

❸ 회사 경영에 있어 책임 있는 자리에 앉은 사람이 자기부터 완벽주의를 명심하고 성실하게 업무에 임하면, 자료의 앞뒤가 맞지 않는 부분이나 수치 오류 등을 아주 예리하게 찾아낼 수 있다. 또 그렇게 함으로써 자료를 만드는 사람도 자연스럽게 완벽주의를 체화하게 된다.

⓮ 매출이나 이익 등의 경영 목표와 실적과 관련해서 '100%는 아니지만 95%에는 도달했으니 이 정도로 충분하다'라는 생각은 있을 수 없다. 매출, 이익, 나아가 제품 개발에 이르기까지 업무 전반에 걸친 자세에 '완벽주의'가 관철되어야 한다.

⓯ 인간에게는 의도하지 않게 잘못을 저지르는 나약한 면이 있다. 이와 같은 '사람의 마음'이 가진 약점으로부터 직원을 보호하는 데 있어 모든 회계 처리를 복수의 직원이 맡는 '더블 체크'의 원칙은 매우 유효하다.

⓰ 여러 사람, 여러 부서가 서로 체크하고 확인하면서 일을 진행한다. 이러한 엄격한 시스템이 존재하고 작동하면 직원이 죄를 짓는 것을 미연에 방지하는 동시에 긴장감과 활력이 넘치는 직장을 만들어내어 회사를 영속적인 발전으로 이끌 수 있다.

⓱ 일반적으로 매출을 늘리고자 할 때는 매출에 비례해서 비용도 늘어나게 마련이다. 그러나 나는 모든 지혜와 방법을 동원하여 매출을 최대한으로 늘리면서도 비용은 철저하게 최소한으로 줄이는 것을 경영의 대원칙으로 삼아왔다.

⓲ 회사를 둘러싼 상황을 고려하여 최고경영자가 지금 무엇을 생각하고 있고, 또 지금 무엇을 목표로 삼고 있는지를 직원들에게 정확하게 전하는 것이 중요하다. 회사의 현황, 직면한 과제 그리고 지향해야 할 방향에 관해 정확하게 알림으로써 직원들과 방향성을 맞추고 그 힘을 결집해나가지 않으면 높은 목표를 달성할 수 없고 위기를 넘어설 수도 없다.

⓳ '투명 경영'에서 중요한 것은 최고경영자 스스로가 솔선수범하고 공명정대한 자세를 견지하는 것이다. 경영진의 회사 비용 유용이나 무분별한 접대 등은 절대로 용납되어서는 안 된다. 만약 그런 일이 벌어진다면 직원들의 반발과 이탈이 발생하고 도덕적 해이가 들불처럼 번져서 기업 경영의 근간이 흔들리는 결과가 초래된다.

⓴ 빠르게 성장하고 발전하던 벤처기업이 갑자기 파산하는 경우가 있다. 이는 기업 회계의 원칙과 시스템을 제대로 확립하지 않은 상황에서 급속도로 조직과 매출 규모만 커졌기 때문이다. 또한 역사와 전통을 자랑하는 대기업이 분식회계 등을 계기로 무너지는 사례도 적지 않다. 이 역시 기업 내부에 회계 원칙이 제대로 정립되지 않았기 때문이다.

2013년, 일본항공 이사 퇴임 후 감사회에서.

2010년, 법정관리에 들어간 일본항공의 회장으로 취임. 경영철학의 침투와 관리회계 시스템 '아메바 경영'의 도입을 주축으로 개혁을 꾀하여 파산 후 2년 8개월이라는 단기간에 재상장을 달성했다. 경영자 인생의 집대성이라고 할 수 있는 일본항공 재건을 통해 그의 경영철학, 경영기법의 실효성과 보편성을 세상에 알렸다.

70~80대의
이나모리 가즈오

2010년대 ②

기업 경영의 핵심

15장

철학이야말로
경영의 원천

세이와주쿠 후쿠시마 발족식 강연,
2011년 6월 2일

동일본 대지진이 발생하고 약 3개월이 지난 2011년 6월 2일, 오래전부터 준비해온 세이와주쿠 후쿠시마가 예정대로 개원을 맞이했다.

이나모리는 원전 사고로 인한 영향이 우려되는 당시 상황에서 고리야마시를 방문하여 전에 없던 곤경과 싸우는 후쿠시마의 학원생들에게 일본항공 재건을 사례로 들며 경영에 있어서 철학의 필요성과 그 강인한 힘에 대해 설명했다.

전에 없던 곤경에 맞서
분투하는 여러분께

여러분, 안녕하십니까. 방금 전 세이와주쿠 후쿠시마 개원식에서 학원생 여러분께서 자기소개를 해주셨습니다. 여러분의 이야기를 듣는 것만으로도 아직 혼란이 이어지는 가운데 복구를 위해 필사적으로 일어서고자 하는 모습을 엿볼 수 있었습니다. 특히 이렇게 어려운 환경 속에서 어떻게 해야 자신의 회사를 일으키고 직원 그리고 자기 가족을 행복하게 할 수 있는지 진지하게 고민하고 계실 줄로 압니다. 정말 어려운 상황이겠지만 부디 힘내주시기를 부탁드립니다.

오늘은 기다리던 개원식이라서 어떤 말씀을 드려야 할지 고민을 많이 했는데요, 아무래도 지금의 혼란함 속에서 가장 중요한 것은 '철학'을 다시 한번 생각해보는 것이 아닐까 싶습니다. 여러분이 철학을 배우고 그것을 전 직원과 공유하는 것이 회사 경영의 핵심이라고 저는 생각합니다.

특히 철학을 공유한다는 것은 전 직원이 경영자와 같은 마음가짐과 사고방식을 갖는다는 것을 의미하므로 회사 경영에서 가장 중요하며 현재의 상황에서도 근본적인 원동력이 되리라고 생각합니다.

지진이 발생한 지 벌써 3개월 가까이 흘렀지만, 아직도 피해 지역에는 잔해가 산재해 있고, 후쿠시마 제1 원자력발전소에서는 원자로 안정화를 위한 필사적인 작업이 이어지고 있습니다. 또한 아직도 피난 생활을 하고 있는 분들이 10만 명이 넘는다는 보도가 있으며, 더 나아가서는 근거 없는 유언비어에 시달리는 분들도 계실 것으로 생각됩니다.

세이와주쿠 후쿠시마는 그런 가혹한 상황 속에서 개원을 했습니다. 이번 개원을 전례 없는 곤경에 맞서 싸우는 후쿠시마 학원생 여러분을 전국의 세이와주쿠의 동료들, 이른바 솔메이트가 따스하게 어루만지고 시련을 극복할 수 있는 용기를 나누어주는 계기로 삼았으면 합니다.

경영의 요체는 '철학'에 있다

오늘은 '철학이야말로 경영의 원천'이라는 주제로 철학의 필요성과 그 철학이 지닌 놀라운 힘에 대해 말씀드리고자 합니다.

이번에 들어오신 후쿠시마 학원생 여러분도 각 회사의 경영을 더욱 훌륭하게 발전시키고 싶고, 그 방법을 알고자 하는 마음에 입교를 희망하셨으리라 생각합니다.

그렇다면 발전적인 경영을 실천하기 위해서는 어떻게 하면 좋을까요?

그 방법은 다양하겠습니다. 세상에는 경영에 관한 많은 책이 출판되어 있습니다. 그리고 수많은 경영 컨설턴트 전문가가 활약하고 계십니다. 그뿐 아니라 대학에서 경영학을 지도하는 교수님은 새로운 경영 이론을 속속 내놓고 있습니다.

그리고 많은 경영자는 그러한 경영서적이나 경영 컨설턴트, 경영 이론에 의지하려 합니다. 하지만 그것을 따르고 참고해도 생각처럼 경영이 잘되지 않는 것이 현실입니다. 그래서 많은 경영자가 도무지 어떻게 경영해야 좋을지 몰라 고민하고 헤매며 갈팡질팡하는 것은 아닐까요.

그런데 틀렸습니다. 경영의 요체는 '철학'으로 귀결됩니다. 즉 기업 내에서 경영철학을 확립하고 그것을 경영자는 물론 전 직원이 공유하고 실천할 때 기업은 반드시 성장과 발전을 이룰 수 있다고 저는 굳게 믿고 있습니다.

그것은 제가 교세라와 KDDI를 경영하며 경험했을 뿐 아니라 현재 추진하고 있는 일본항공의 재건에서도 실감하고 있습니다. 이후에 일본항공 재건을 예로 들어, 기업 경영에 있어 철학이 얼마나 중요한지를 말씀드리고자 합니다.

철학은 역경 속에서 깊은 고민 끝에 마침내 찾아낸 것

우선 철학이란 무엇일까요? 교세라 창업 초창기에 탄생해 오늘날의 성장과 발전의 토대가 된 저의 경영철학에 대해 그 탄생 배경부터 말씀드리고자 합니다.

저는 스물일곱 살 때, 많은 분의 도움으로 교세라를 창업했습니다. TV 브라운관의 전자총에 사용되는 절연 부품을 제조하는 회사로 시작했는데, 그 제품은 대학을 졸업하고 처음 취업한 쇼후공업이라는 애자 제조회사에서 제가 개발한 새로운 세라믹 소재를 사용한 제품이었습니다.

쇼후공업에서는 갓 졸업한 애송이었던 제가 곧장 연구개발부터 제조 및 판매에 이르기까지의 업무를 일관되게 담당하게 되었습니다. 즉 단순히 재료를 연구하는 데 그치지 않고 그 재료를 사용한 제품 개발부터 생산 프로세스 검토, 제조설비 설계, 나아가서는 일상적인 생산 활동을 비롯해 고객에 대한 영업 활동까지 이 제품에 관한 거의 모든 업무를 광범위하게 담당했습니다.

하지만 저는 회사 경영에 대해서는 경험이나 지식이 전혀 없었습니다. 그로 인해 지원해주시는 분들에게 자본금 300만 엔을 출자받고 여기에 1,000만 엔의 자금을 은행에서 빌려 교세라를 창업했지만, 경영자인 저 자신으로서는 매우 불안한 출발이었습니다.

그래서 저는 나날이 '어떻게 하면 경영을 잘할 수 있을까?'라고 열심히 고민했고, 현재 '필로소피'라고 부르는 제 경영철학의 원형과 같은 것을 차츰 만들어나갔습니다.

사실 이처럼 매사의 본질에 대해 생각하는 습관은 쇼후공업에 재직하며 연구하던 무렵부터 시작되었습니다. 쇼후공업은 적자 행진으로 월급날이 되어도 월급을 주지 못해 "조금만 기다려달라"고 말하기 일쑤였고, 일주일 때로는 2주일이나 급여 지급이 지연되는 회사였습니다. 물론 보너스는 거의 지급되지 않았고 항상 노동조합과 다투고 사내에는 붉은 깃발이 나부끼고 연중 파업이 이어지는 형국이었습니다.

저는 그런 회사에서 나가는 것도 여의치 않아 그저 새로운 세라믹 재료개발이라는 주어진 업무를 어쩔 수 없이 해나가야만 하는 처지였습니다. 게다가 처우도 좋지 않고 연구시설도 부족한 열악한 환경 속에서도 훌륭한 연구 성과를 거두려면 어떤 마음가짐으로 업무에 임해야 하는지를 매일 생각하며 고민했습니다. 지금 후쿠시마 여러분께서도 마찬가지 상황에 놓여 있다고 생각합니다. 생활비도 부족한 열악한 상황에서 어떻게 해야 할지, 여러분의 상황과 당시 저의 상황이 비슷하지 않았을까 생각합니다.

그 무렵부터 '일을 하려면 이런 사고방식, 이런 방법으로 진행해야 하지 않을까'라는 생각이 떠오를 때마다 연구 실험노트 한 귀퉁이에 써 내려갔습니다.

교세라를 시작하면서 제 나름대로 업무의 요체 같은 것을 적어둔 그 노트를 꺼내서, 그 후 경영에 몸담으면서 깨달은 것들을 더해 다시 한번 경영의 요체로 정리한 것이 제가 만들어낸 '필로소피'입니다.

말하자면, 매우 열악한 환경 속에서 그 회사를 그만두고 나갈 수도 없고 연구개발을 이어가야만 할 때, 그런 역경 속에서 어떻게 하면 일을 하고 훌륭한 연구를 하고 발전적인 회사를 만들 수 있을까를 생각하고 고민하면서 그때그때 노트 한구석에 적어두었던 것이 지금부터 말씀드릴 철학의 원형입니다.

즉 저 자신이 경영에 임하면서도 경영이라는 것이 무엇인지 몰랐기 때문에 '불안해서 견딜 수 없군. 어떻게 해야 잘 경영할 수 있을까'라고 깊게 고민하고 그 끝에서 마침내 찾아낸 경영에 대한 사고방식 그리고 그 방법을 정리한 것이 '철학'인 것입니다.

그 철학에는 예를 들어 '마음을 기반으로 경영한다'라거나 '방향을 맞춘다', '원리원칙을 따른다', '하루하루를 진지하게 산다', '모래판 한가운데서 씨름을 한다' 등 여러 가지가 있는데, 이는 지금 말씀드린 것처럼 제가 업무나 연구를 이어가고 경영을 하며 고심하던 가운데 만들어낸 그야말로 실천적인 경영철학입니다.

남들과 비슷한 능력으로
남들 이상의 성과를 거두려면

그중에서도 제가 저의 경영철학을 종합적으로 설명하면서 자주 거론하는 항목 중에 저의 인생관, 업무관을 하나의 '방정식'으로 표현한 '인생과 일의 방정식'이라는 것이 있습니다.

그것은 '인생과 일의 결과=사고방식×열의×능력'이라는 것입니다. 말하자면 인생의 결과, 또는 업무의 결과는 그 사람이 지닌 사고방식, 즉 철학에 그 사람의 열의와 능력을 곱한 값으로 나타낼 수 있다고 생각했습니다.

저는 오랫동안 이 방정식에 따라 일을 했습니다. 그리고 이 방정식으로만 저 자신의 인생과 교세라의 발전을 설명할 수 있다고 생각합니다.

저는 결코 유복하다고는 할 수 없는 가정에서 태어나 중학교와 대학교 입학시험 그리고 취직시험에도 번번이 실패를 했습니다. 이렇듯 많은 좌절을 경험한, 남들과 비슷한 '능력'밖에 없는 제가 어떻게 하면 남들보다 더 많은 것을 이룰 수 있을까 고민한 끝에 찾아낸 것이 바로 이 방정식입니다.

인생의 결과 또는 업무의 성과를 나타내는 이 방정식의 세 가지 요소 '사고방식', '열의', '능력' 중에서 '능력'은 아마도 선천적인 것일 수 있습니다. 부모로부터 물려받은 지능과 운동신경, 또는 건강 등이 이에 해당합니다.

천부적 재능이라고도 할 수 있는 이 '능력'을 점수로 표현한다면 개인차에 따라 0점부터 100점까지 매길 수 있겠습니다.

이 '능력'에 '열의'라는 요소를 곱합니다. '열의'란 '노력'이라고도 말할 수 있는데 여기서도 의욕이나 패기가 없는 무기력한 사람부터 업무나 인생에 대해 타오르는 듯한 열정을 품고 열심히 노력하는 사람까지 개인차가 있습니다. 이 '열의'도 마찬가지로 무기력한 사람을 0점이라고 한다면 타오르는 듯한 투혼으로 누구에게도 지지 않는 노력을 기울이는 사람은 100점이라고 할 만큼 그 범위가 넓습니다.

단, 이 '열의'는 '능력'과는 달리 자신의 의지로 결정할 수 있습니다. 따라서 저는 우선 '능력'은 자신의 천부적 재능으로 갖춰진 것으로 쉽게 바꿀 수 없지만, '열의'는 자신의 의지로 바꿀 수 있다고 생각해 이 '열의'를 최대한으로 발휘하기 위해 교세라를 창업했을 때부터 오늘까지 '누구에게도 지지 않을 정도의 노력'을 쏟으며 일했습니다.

끊임없는 노력이 성공을 불러온다

이 '누구에게도 지지 않을 정도의 노력'을 쏟아 일하는 것이 가장 중요합니다. 많은 사람이 자신은 노력했다고 말합니다. 하지만 비즈니스 세계에서는 상대가 자신보다 더 큰 노력을 기울인다면 패배하고 맙니다. 어느 정도의 노력은 의미가 없고 누구에게도 지지 않을 정도의 노력을 기울이지 않으면 험난한 사회에서 승리할 수 없습니다.

그리고 그 노력은 순간적이거나 일시적인 것으로 그치면 안 되고 끝이 없어야 합니다. 다시 말해 끊임없이 이어지는 노력을 쏟는 인내심이 필요합니다. 저도 주위 사람에게 "저 사람은 언젠가 쓰러질 거야"라는 말을 들으면서도 창업한 이후로 밤낮없이 온 힘을 다해 업무에 매달렸습니다.

이는 마라톤에 비교하면 마치 42.195km를 단거리 경주처럼 전력으로 질주하는 것과 마찬가지였습니다. 모두가 불가능하다고 생각했을 때, 교세라는 창업 당시부터 전속력으로 달려왔습니다. 그러자 세라믹스 업계에서는 후발주자였음에도 불구하고 어느샌가 유서 깊은 선두 제조사가 눈앞에 들어오고 단번에 추월해서 지금은 세계 최고의 파인 세라믹스 제조사로 성장할 수 있었습니다. 이는 '열의', 즉 노력이 가져다준 성과라고 생각합니다.

사실은 교세라를 경영하기 시작했을 때 인생이라는 장거리 마라톤 경주를 100m 경주에 임하는 것처럼 전속력으로 달리겠다고 마음먹고 달려왔지만, 직원이나 제 주위 가족도 그렇게 열심히 달리면 몸이 축나고 만다는 둥 한 달도 못 버틸 거라는 둥, 하물며 기업 경영은 평생을 쏟아야 하는데 그토록 무리하면 체력이 남아나지 않는다는 둥 모두에게 주의를 들었습니다. 하지만 일류 마라톤 선수는 우리가 100m 경주에서 뛰는 속도로 마라톤에 임합니다. 우리 같은 풋내기가 42.195km를 완주하려고 천천히 달린다면 거리는 점점 더 벌어질 것이 틀림없습니다.

그러므로 저는 설령 도중에 쓰러져도 좋으니 일류 마라톤 선수와 같은 속도로 달리자는 말을 직원들에게 전달하고 공유하고자 했습니다. "승산이 없는 승부는 하지 말자. 설령 도중에 쓰러지더라도 마라톤 선수가 달리는 페이스에 우리도 맞춰 달리자"라고 계속해서 독려했습니다. 그런데 최선을 다해 달리던 우리의 속도가 생각보다 빨랐는지 선두 주자였던 세라믹스 제조사가 시야에 들어오더니 어느샌가 우리가 추월해서 저조차도 놀랐던 것이 생각납니다.

사고방식이 마이너스이면
결과도 마이너스

조금 전의 방정식으로 이야기를 되돌려서 이 '능력'과 '열의'를 점수로 환산해봅시다. 예를 들어 건강하고 우수해서 '능력'이 90점인 사람이 있다고 합시다. 머리가 좋고 좋은 대학을 졸업한 '능력' 90점의 사람이 만약 자신의 능력을 과신하고 자만하여 성실하게 노력하는 것을 게을리한다면 그 사람이 가진 열의는 30점 정도 될 것입니다. 그러면 능력 90점에 열의 30점을 곱해도 2,700점에 그칩니다.

한편 '나는 평균보다 조금 나은 정도라 능력은 60점 정도일 거야. 특출난 재능이 없으니 온 힘을 다해 살아가자, 필사적으로 노력하자, 열심히 하자'라며 스스로 다짐하고 열정을 불태워 꾸준히 노력하는 사람이라면 '열의'는 90점이 될 것입니다. 그러면 60점 곱하기 90점은 5,400점으로 능력은 있지만 노력하지 않는 사람의 점수인 2,700점에 비해 두 배의 결과가 나옵니다.

다시 말해 '능력'이 평범해도 꾸준히 노력을 기울이면 부족한 능력을 메워서 능력 있고 재능이 뛰어난 사람보다 두 배의 성과를 거두는 것도 결코 불가능하지 않습니다.

그리고 이 방정식에서 가장 중요한 것은 '능력'과 '열의'를 곱한 값에 '사고방식'도 곱해진다는 점입니다. 심지어 조금 전의

'능력'과 '열의'가 0점에서 100점까지였다면 '사고방식'은 나쁜 사고방식부터 좋은 사고방식까지, 마이너스 100점에서 플러스 100점까지 변동폭이 매우 큽니다.

예를 들어 고생을 마다하지 않고 다른 이가 잘되기를 바라며 열심히 살아가는 '사고방식'은 플러스이지만 세상을 비관적으로 보고 타인을 시기하며 올바른 삶을 부정하는 '사고방식'은 마이너스의 사고방식이라고 생각합니다.

이 방정식은 곱셈이므로 플러스 '사고방식'을 갖고 있으면 인생과 업무의 결과가 더욱 높은 플러스 값이 될 것이며 반대로 조금이라도 마이너스의 사고방식을 갖고 있다면 이 방정식의 답은 마이너스의 결과가 됩니다. '능력'이 있으면 있을수록 '열의'가 강하면 강할수록 인생과 업무에서 크게 마이너스로 움직이는 끔찍한 결과가 나오는 것입니다.

조금 전에 예로 들었던 60점의 '능력'과 90점의 '열의'를 가진 사람이 인간으로서 참되어 90점의 '사고방식'을 가졌다면 방정식 결과는 60×90×90으로 48만 6,000점이라는 매우 높은 점수가 나옵니다.

한편 '능력'과 '열의'가 같더라도 조금이나마 부정적인 '사고방식', 즉 마이너스의 사고방식을 가졌다면, 예를 들어 사고방식이 단 1점이라도 마이너스라면 이 방정식 결과는 마이너스 5,400점으로 완전히 바뀝니다. 더욱이 마이너스 90점이라는 반사회적이며 매우 나쁜 사고방식을 가졌다면 최종적으로는 마이너스 48만 6,000점이라는 극히 비참한 결과를 인생이나 업무에 초래하게 됩니다.

며칠 전 일본적군의 구성원이었던 사람이 심장병으로 옥중사망했습니다. 정확히 환갑을 맞이한 60세의 나이였는데 정의감이 투철했던 젊은 시절에 일본 정치가 혼란스러웠기 때문에 어떻게든 바꾸고 싶다는 훌륭한 열정, 즉 열의와 훌륭한 능력을 가지고 있었을 것입니다.

하지만 현재 상황을 바꾸려면 폭력 혁명밖에 방법이 없다는 나쁜 사고방식으로 인해 일본항공 472편 하이재킹 사건[1]을 일으켰습니다. 고등학교 졸업의 최종 학력에도 불구하고 대단한 열의와 훌륭한 능력을 갖췄지만 사고방식이 옳지 않았습니다. 이로 인해 말년에 무기징역에 처해져 감옥에 계속 수감었다가 얼마 전 세상을 떠났다는 결말을 듣고 사고방식이라는 것이 얼마나 중요한지 이 방정식으로 또 한번 설명할 수 있지 않을까 하는 생각이 들었습니다.

실제로 남들보다 뛰어난 '능력'과 흘러넘치는 '열의'를 갖고 창업한 회사를 발전시켜 거대한 부를 손에 쥐었더라도 제멋대

---

1 1977년 9월 28일 일본적군파가 수감된 적군파 회원들을 석방시키기 위해 일본항공 소속 472편을 납치하여 방글라데시 다카 공항에 강제 착륙시킨 사건.

로 행동하다가 사회로부터 손가락질을 받으며 무대 위에서 사라지는 사람이 어느 시대에나 존재합니다. 그런 사람은 '사고방식'이 올바르지 않았던 것입니다.

그렇다면 어떤 사고방식을 가져야 할까요? 제가 생각하는 플러스의 사고방식을 열거해보겠습니다.

항상 긍정적이며 건설적일 것. 모두와 함께 일하고자 하는 협조성을 가질 것. 밝을 것. 긍정적일 것. 선한 마음을 품을 것. 배려심이 있으며 상냥할 것. 부지런하고 정직하며 겸허한 노력가일 것. 이기적이지 않고 탐욕스럽지 않을 것. '충분함'을 알 것. 그리고 항상 감사하는 마음을 가질 것 등입니다.

플러스의 사고방식은 지금 말한 것과 같은 자세를 갖춘 것이며 한마디로 선한 생각으로 선한 행동을 하는 것입니다.

반대로 마이너스의 사고방식은 어떤 것일까요? 지금 열거한 플러스의 사고방식에 반대편에 있는, 이른바 나쁜 생각으로 나쁜 행동을 하는 것이라고 생각합니다. 이것도 마찬가지로 열거해보겠습니다.

소극적, 부정적, 비협조적. 어둡고 악의에 차 있으며 심술궂고 남을 곤란하게 만드는 것. 부지런하지 않고 거짓말에 능숙하며 오만하며 게으른 것. 이기적이고 탐욕에 차 있으며 불평불만만 늘어놓는 것. 사람을 미워하고 시기하는 것. 이러한 것이 나쁜 사고방식이 아닐까 생각합니다.

물론 이 밖에도 많겠지만 자신의 사고방식이 플러스인지 마이너스인지, 즉 선한지 나쁜지를 매일 반성을 거듭하면서 조금이라도 플러스 방향으로 움직여 선한 사고방식을 갖도록 유념하면 '인생과 일의 방정식'의 결과를 최대화할 수 있다고 저는 생각합니다.

　제가 오늘 여러분에게 말씀드리는 이 필로소피, 즉 경영철학, 인생철학을 자신의 마음속에 확립하고 일상을 살아가는 것이 선한 사고방식이라고 생각합니다. 방금 열거한 것들이 모두 '철학' 안에 포함되어 있습니다. 그런 의미로 인생 방정식 가운데 제가 가장 중요하다고 생각하는 이 '사고방식'은 철학과 같은 개념이라고 할 수 있겠습니다.

　다시 말해 제가 말씀드리는 철학을 배우고 그것을 자기 것으로 만들어 인생을 살아가는 동시에 직원들에게도 잘 설명해주어 자신처럼 그 선한 사고방식을 공유하도록 하는 것입니다. 그렇게 하면 회사는 반드시 발전적인 방향으로 움직입니다.

강연 청중이 들려준 즉흥시

저는 인생과 업무의 결과는 이 방정식으로 표현된다고 생각하며 그중에서도 사고방식이야말로 '철학'이라고 생각합니다. 따라서 저는 해외 등 곳곳을 다니며 이 방정식을 소개하고 틈나는 대로 설명했는데 그중에서 특히 기억에 남는 일이 있습니다.

1999년 10월, 저는 뉴욕주립 알프레드대학교Alfred University 를 방문했습니다. 해당 대학에는 존 프랜시스 맥마흔John Francis McMahon 수업이라는 이전에 재직했던 교수님의 이름을 딴 강의가 있었는데, 저에게 한 시간 반 정도 강의를 해달라는 의뢰가 들어왔었거든요. 강사로 선정되는 것은 매우 영광스러운 일이고 예전에 해당 대학에서 명예박사 학위를 받기도 했기 때문에 승낙했는데 제 강의에는 다수의 학생 외에도 현지 명사와 타 대학의 교수님 등도 많이 참가했습니다.

그중에는 당시 알프레드대학교의 세라믹공학 재료과학 학부장인 로널드 고든Ronald Gordon 교수와 그의 부인도 계셨습니다. 이 부부는 공항으로 저를 마중 나와주시고 호텔로 데려다주시는 등 머무는 동안 많은 도움을 주셨습니다.

강의에서는 슬라이드와 샘플을 사용해 교세라 창업 이후 세라믹 개발을 어떻게 진행해왔는지에 대해 이야기했습니다. 그리고 '기술자는 어떤 마음가짐으로 일해야 하는가'에 대해 앞서 말씀드린 '인생과 일의 방정식'을 적용해 설명했습니다.

그날 밤 강의의 감사 만찬회가 열렸을 때 고든 교수의 부인이 "오늘 이야기를 듣고 깊은 감명을 받았습니다. 그 소감을 담은 시를 선물하고 싶습니다"라고 말씀하셨습니다. 부인은 저와도 꽤 떨어진 테이블에 계셨는데 일부러 제 자리까지 그 시를 가지고 오신 것입니다.

읽어보니 매우 훌륭한 시였습니다. 제가 "기쁜 마음으로 받겠습니다. 하지만 당신이 쓴 시이니 오늘 모두 모인 만찬회에서 여러분께 낭독해주세요"라고 부인에게 부탁했고, 부인이 시를 읊으니 만찬회에 참가한 사람들도 크게 감동했습니다. 부인은 시에 'FORMULA(방정식)'라는 제목을 붙였습니다. 그 시를 번역한 것을 낭독하겠습니다.

방정식

지금 나의 심금을 울리는
당신의 지혜 가득한 그 말
그것은 성공을 위한 과정을 빛나게 하는
하나의 방정식
열정이 닿는 데까지 쏟는 노력을
능력에 곱해보자
그리고 긍정적인 사고를
듬뿍 넣어보자
그리고 이렇게 곱한 것을
항상 단단히 유지하기 위해

사랑을 듬뿍 쏟아보자

그래, 많은 사랑을

다수의 경험을 거친

인생의 뜨거운 가마 속에서

새로움이 무한히 탄생한다

당신의 방정식이 적용됨으로 인해

알아두자

누구나 이 방정식에 따라

자신의 인생을 걸고 있으니

이를 의심할 여지는 없다

당신이 인생을 긍정적으로 생각하면서부터

수백만 명의 사람에게

기여했다

나는 그것을 안다

왜냐하면 당신을 내 눈으로 보았고

당신의 말을 들었고

그리고 당신을 믿으니까

조안 고든_{Joan Gordon}

저의 '인생과 일의 방정식'에서 영감을 받아, 철학이 가진 힘
을 멋진 시로 표현해주셨습니다.

철학이 가져다준
일본항공의 의식 개혁

이 철학이 얼마나 큰 힘을 가지고 있는지를 더욱 깊이 이해하실 수 있도록 이번에는 제가 일본항공 재건 과정에서 경험한 것을 말씀드리고자 합니다.

여러분도 아시다시피 저는 80세를 앞두고 일본 정부의 요청에 따라 파산한 일본항공의 회장으로 취임해 작년(2010년) 2월부터 재건 임무를 맡았습니다. 지금까지 교세라와 KDDI라는 두 가지의 서로 다른 업종의 회사를 창업했고 두 회사를 합하면 매출 5조 엔에 이를 만큼 성장, 발전시켜온 경험이 있지만, 항공운수 사업에 있어서는 전혀 문외한이었습니다.

누구에게 물어봐도 어느 한 사람 찬성해주는 분이 없었습니다. "이제 연배도 있으니 맡지 않는 것이 좋겠다"는 조언이 대부분이었습니다.

하지만 일본 정부의 강력한 요청도 있었거니와 일본항공을 살리는 것은 침체된 일본 경제를 부양하는 일로도 이어질 것이고 반대로 일본항공이 2차 파산이라도 한다면 일본 경제에 막대한 영향을 미치리라고 생각했습니다. 또한 일부 직원은 희망퇴직이 불가피하겠지만 남은 직원의 고용은 어떻게든 지켜줘야 하지 않을까요? 그런 의협심 같은 것이 생겨서 저도 모르게 일본항공 재건을 맡고 회장직에 취임한 것이 작년 2월의 일이었습니다.

앞서도 말씀드렸듯이 저는 항공운수 사업에 관한 경험이나 지식은 전혀 없습니다. 물론 승산도 없었습니다. 그런 제가 일본항공 재건에 임하면서 가지고 간 것은 오직 '철학'과 '아메바 경영'뿐이었습니다.

즉 제가 쌓아 올린 교세라라는 기업의 원점이라고도 할 수 있는 '경영철학'과 '경영관리 시스템'을 들고 일본항공을 재건하기로 마음먹고 교세라 그룹의 두 임원과 함께 일본항공으로 향했습니다.

하지만 아메바 경영을 일본항공의 경영관리 시스템으로 정착시키려면 준비할 시간이 필요했기 때문에 가장 먼저 한 일은 일본항공의 경영진과 직원들의 의식 개혁, 이른바 철학을 일본항공이라는 기업에 이식하는 것이었습니다.

작년 6월, 일본항공의 경영 간부를 소집해서 〈경영 12개조〉에 대해 연속 강의를 하고, 과거 제 강연 DVD 등을 통해 평소에 제가 철학으로서 여러분에게 말씀드린 사고방식을 집중적으로 익히도록 했습니다. 합숙까지 하며 그룹 토론도 밤늦게까지 이어졌다고 합니다.

경영진을 대상으로 하는 연수회를 이처럼 집중적으로 실시하던 가운데 처음에는 제 경영철학인 '필로소피'에 위화감을 느끼던 일본항공의 임원들도 회차를 거듭할수록 철학을 깊게 이해하게 되었습니다.

그리고 많은 임원이 '이렇게 사람으로서, 리더로서 그리고 경영자로서 어떻게 해야 하는지를 보여주는 가르침을 조금 더 빨리 받았더라면 일본항공은 파산하지 않았을 것이며 내 인생도 크게 바뀌었을 것이다. 이렇게 훌륭한 가르침을 내 것으로 만드는 데서 그치지 않고 부하직원들에게도 전하고 싶다'라고 생각하게 되었습니다.

그렇게 일본항공의 간부층에 철학을 침투시키는 동시에 그 저변을 확장하기 위해 일반 직원에 대한 교육도 시작했습니다. 현장 최전선에서 고객과 마주하는 직원의 의식이 바뀌지 않으면 회사는 좋아질 수 없다고 생각해 저도 직접 현장에 나가서 직원들과 이야기를 나누기 시작했습니다.

공항 카운터에서 접수 업무를 하는 직원, 비행기에 탑승해 고객에게 서비스를 제공하는 객실 승무원, 비행기를 조종하여 안전하게 운항하는 기장과 부기장 그리고 비행기 유지보수에 종사하는 정비사들. 그러한 현장 직원들의 일터를 돌아보며 어떤 사고방식을 갖고 어떻게 일해야 하는지에 대한 의식을 바꾸어주면 좋겠다는 생각으로 현장에서 직접 직원들과 소통했습니다.

항공운수 사업은 고액의 비행기와 그 운항에 필요한 설비를 다수 소유하고 매일 경영을 이어나가야 하므로 거대한 장비

산업이라고 생각하기 십상입니다. 하지만 그런 측면도 있지만 궁극적으로 항공운수 사업이란 '서비스 산업'이 아닐까 생각합니다.

예를 들어 고객이 공항에 있을 때 접수 카운터에서 어떻게 대응하는가, 비행기에 탑승했을 때 객실 승무원이 어떻게 접객하는가, 나아가서는 기장이 어떤 기내 안내방송을 하는가와 같은 측면에서 항공 회사의 진가를 가늠할 수 있다고 생각합니다.

바꿔 말해, 일본항공에서 일하는 직원이 탑승객에게 진심을 담아 감사하고 그 마음과 기쁨을 말과 태도로 고객에게 보여주는 것. 그것이야말로 항공운수 사업에 있어 가장 중요한 덕목입니다.

이는 비단 항공운수 사업에 국한되는 사항은 아닐 것입니다. 소매업이든 도매업이든 제조업이든, 고객에게 진심으로 감사하고 그 기쁨을 말과 태도로 보여주는 것이야말로 기업 경영의 원점이라고 생각했기 때문에 저는 이러한 내용을 카운터에서 일하는 직원, 객실 승무원, 기장, 정비사 등 현장의 직원에게 강력히 호소했습니다.

여러분의 응대 하나, 말 한마디, 그것이 일본항공 비행기에 탑승한 분들의 마음에도 영향을 미친다, 일본항공이 사랑받을지 그렇지 않을지 여부는 여러분의 태도와 언행으로 결정된다, 철학, 즉 '인간으로서 어떻게 행동해야 하는가'라는 사고방식, 철학을 몸에 익히기를 바란다고 이야기했습니다.

임직원이 아무리 노력한들 직접 고객과 마주하는 직원의 행동이 중요합니다. 오직 그것으로만 항공운수 사업을 평가할 수 있습니다. 현장의 모두가 항공운수 사업의 성패를 좌우하는 것입니다. 부디 일본항공에 탑승하는 고객이 '또 일본항공에 타야지'라고 생각할 수 있도록 업무에 세심한 주의를 기울이자, 그러한 분위기가 감도는 회사로 바꾸자, 이런 말을 기회가 있을 때마다 직원에게 절절히 호소했습니다.

사실 저는 일본항공에 취임하기 이전에는 일본항공을 싫어했습니다. 일본을 대표하는 국적항공사라는 자부심이 있었던 탓인지 몰라도 오만함, 거만함 그리고 높은 프라이드가 도를 넘어 고객을 소홀히 대하는 모습이 종종 보였기 때문입니다.

이로 인해 예전에 일본항공에 탑승했던 고객 가운데 불쾌감을 느끼고 그 이후에는 다른 항공사를 선택하는 경우가 해마다 늘어나는 듯했습니다. 저도 그와 같은 경험을 해서 일본항공을 싫어했기 때문에 그 사실을 직원들에게 솔직하게 말했습니다.

그리고 그토록 불쾌한 회사였고 그런 직원이 가득했던 일본항공이 철학을 통해 의식 개혁을 도모하면서 서서히 변화했습니다.

현장 최전선에 서서 평소 묵묵히 일하는 직원들이 제가 호소한 바를 이해해주고, 각자의 자리에서 업무에 열심히 적용해준 것입니다. 그리고 일본항공이라는 회사를 사랑하고 고객에게도 일본항공이 사랑받기를 바라는 순수한 마음에 최선을 다해 고객을 응대하게 되었습니다.

직원의 마음에 불을 지피고
고객 감동을 불러일으킨 철학

그러자 최근에는 고객들로부터 칭찬의 편지를 받기 시작했습니다. 제 친구이기도 하고 뇌신경 분야의 저명한 학자이자 게이노야마시로구미芸能山城組[1]의 창립자이기도 한 오하시 쓰토무大橋力 선생에게는 다음과 같은 멋진 편지를 받았습니다.

지난 3월 22일, 연구진 세 명을 비롯해 저까지 총 네 명의 사절단이 부탄의 전통적인 불교의식에서 찾을 수 있을 것으로 기대되는 핵심 뇌기능 활성화 효과를 조사하기 위해 태국 방콕을 경유해서 부탄 파로Paro로 향했습니다. 이때, 나리타-방콕 구간을 JAL 717편으로 이동했습니다. 이날의 놀라운 경험에 대해

---

1 일본의 록, 타악 그룹으로 월드뮤직 앨범을 다수 발표했다. 쓰토무는 야마시로 쇼지山城祥二라는 이름으로 이 그룹을 주재하고 있다.

이야기하고자 합니다.

우선, 체크인할 때의 경험. 순간 다른 회사의 카운터라고 착각할 정도로 이전과는 대응이 달랐습니다. 이때 우리 일행 네 명은 저만 비즈니스 클래스였고 나머지 세 명은 이코노미 클래스였습니다. 그런데 플로어에 나와 있던 안내 담당자가 모두 함께 비즈니스 카운터로 안내해주었고, 진심을 담은 친절하고 정중한 대응 덕분에 쾌적하고 원활하게 체크인할 수 있었습니다. 예전의 JAL 카운터, 특히 퍼스트 클래스나 비즈니스 클래스의 카운터는 대부분 우스꽝스러울 만큼 콧대가 높고 차가웠고, 이코노미 클래스 고객들은 텅 빈 하이 클래스 카운터를 놔두고도 긴 줄이 늘어선 이코노미 카운터로 내쫓기는 듯한 분위기였기 때문에, 정말 믿을 수 없는 변화였습니다.

그렇게 쾌적하게 탑승한 후에도 의외의 경험이 이어졌습니다. 자리 안내, 음료 서비스부터 사무장의 안내방송 그리고 이륙 후의 기장 메시지까지 세심함이 곳곳에 닿아 있었고 진지함과 노력이 넘쳤습니다. 심지어 그것이 매뉴얼에 따라 강요된 것이 아닌 한 사람 한 사람의 자발성, 창조성에 뿌리를 두고 있다는 것을 잘 알 수 있었습니다.

승무원 여러분의 태도에서 예전의 교만함이나 고집스러움이 자취를 감추고 말 못 할 풋풋한 매력이 감돌고 있어 기적을 눈앞에서 본 듯한 느낌이었습니다. 이나모리 선생님의 인재 개발력과 덕화德化 능력이 대단하다는 것은 익히 알고 있었습니다. 하지만 이번 JAL의 경우는 기존의 대형 조직에 이나모리 선생님이 갑작스레 들어가게 된 것이기 때문에 단기간에 상상할 수 없을 정도의 변화를 이끌어낸 것에 새삼 감탄하지 않을 수 없었습니다.

그리고 마지막 결정타는 기내식이었습니다. 저는 일식을 받았는데 명시적으로 인식할 수 있는 재료나 메뉴 그리고 양의 균형도 확실히 훌륭했습니다. 하지만 그보다 더 인상 깊었던 것은 조리의 질이었습니다. 맛 그 자체의 완성도가 기내식이라고는 생각할 수 없을 정도였습니다. 지금까지 해보지 못한 경험입니다. 담당자가 요리사와의 인간관계를 열심히 가꾸고 정성껏 창조적 노력과 점검을 거듭한 것이 틀림없습니다.

사실 저는 아티스트 대열에 속한 사람이라서 잘 아는데, 작곡가나 요리사 등은 의욕이 있느냐 없느냐에 따라 일의 결과가 천지차이입니다. 심지어 그 진실은 본인밖에 알지 못합니다. 제가 먹은 기내식의 성공은 기내식을 준비하는 분들의 정성이 요리사의 마음을 사로잡은 결실이 아닐까 생각합니다.

이번에 우리가 맛본 쾌적한 여행은 객실과 조종실 등 최전선에서부터 기내식을 준비하는 후방까지 막힘없는 활력 향상이 이루어지고 있다는 증거입니다. 이쯤이면 식도락가인 저도 감탄이 절로 나올 정도입니다. 잊고 있었지만, 보잉 777의 객실도 깨끗이 정돈되어 있어 매우 쾌적했습니다.

저는 발리를 비롯한 아시아 각국을 많이 여행하는데 이 지역에서 장비와 서비스가 우수하다고 판단되는 캐세이퍼시픽Cathay Pacific을 주로 이용하고 있습니다. 하지만 이번 JAL 717편의 서비스와 쾌적함은 그 이상입니다. 무엇보다 지금 세계 일류 에어라인 중 어느 것도 이날의 JAL 717편에 필적할 것은 없으며 아마 세계 최고의 수준의 서비스에 달했을 것이라고 저는 확신합니다. JAL의 직원 여러분께서는 부디 지금 진행 중인 JAL 개혁이 대성공으로 향하고 있으며 세계 최고봉을 눈앞에 두고 있다는 사실을 자각하여 흔들림 없이 자신감을 갖고 이나모리의 노선을 힘차게 전진해나가시기를 바랍니다.

그리고 이번 동일본 대지진에 있어서는 일본항공 직원 한 사람 한 사람이 항공운수 사업의 원점에 서서 고객을 위해 매우 훌륭한 일을 해주셨습니다. 그 덕분에 탑승하신 고객에게 많은 격려를 받았습니다.

예를 들어 기내에 장시간 갇혀 있는 고객을 위해 갓 지은 밥으로 주먹밥을 만들어 제공한 객실 승무원. 라운지에 갇힌 고객의 컨디션을 배려하여 가지고 있던 돈으로 초콜릿을 사준 모스크바 지점의 직원. 피해지로 향하는 일본 적십자사의 구호 요원에게 따뜻한 위로의 방송을 하여 기내에 감동의 물결을 일으킨 기장.

그리고 한 객실 승무원은 이타미에서 피해지로 향하는 구호 요원의 짐을 맡아두었다가 무심한 듯 위로와 격려의 메모를 남겨주었다고 합니다. 그 객실 승무원에 대한 감사의 목소리가 이어지고 있습니다.

상부 수납 선반에 짐이 들어가지 않아 객실 승무원이 흔쾌히 기내에 짐을 맡아주셨습니다. 내린 후에 수하물에 살짝 끼워져 있던 메모를 발견했습니다. 아래에 그 내용을 옮겨 적겠습니다. '오늘 탑승해주셔서 대단히 감사합니다. 이른 아침부터 시작되는 업무에 노고가 많으십니다. 피해지에서의 작업과 업무는 매우 힘들 것이라 생각합니다. 부디 몸 조심히 다녀오십시오. 그리고 J-AIR 일동은 피해지가 하루라도 빨리 복구되기를 진심으로 기원하고 있습니다.'

이분은 네 살이 되는 자녀를 남겨두고 피해지에서 자신이 얼마나 도움이 될지 모르겠다는 불안감을 품은 채 파견되었는데 그때 이 메모를 보고 따뜻한 위로를 받았다고 합니다.

이렇듯 일본항공 직원의 따뜻한 응대로 많은 고객이 감동의 의견을 보내주고 계십니다.

마지막으로 하나 더 소개하고자 합니다. 후쿠시마현에 거주하던 어머니가 간사이 지역에 사는 자녀들 집으로 대피할 때 우연히 함께 탑승해 고베로 향하던 비번의 일본항공 객실 승무원에게 감사의 말을 전하고 싶다는 메시지였습니다.

전기나 수도, 통신 같은 모든 생명줄이 끊어지고 강물을 길어 쓰며 끊임없이 이어지는 여진과 원전의 공포로 잠들지 못하는 생활을 이어가던 어머니가 걱정되어 저희가 사는 간사이로 모시고자 했습니다. 그런데 아침, 이바라키 공항을 출발할 예정이었던 모 항공사의 항공편이 피폭 위험을 이유로 긴급 결항을 했습니다. 집으로 돌아갈 교통수단도 없는 가운데 어찌할 바 모르는 칠순에 가까운 어머니를 무사히 간사이까지 모셔다주신 분이 귀사의 객실 승무원 ○○씨입니다.

본가인 고베로 귀가하던 중인 ○○씨는 계획 정전으로 전철이 멈추는 등 혼란스러운 가운데에도 기지를 발휘해 이바라키 공항에서 쓰쿠바→ 나리타 공항→ 이타미 공항까지 어머니를 무사히 모셔와주셨습니다.

도중에 곳곳에서 저희 자식들에게 상황을 알려주시거나 긴장했을 어머니를 다독여주시고, 여러 가지 이야기를 친절하게 들어주시고, 혼란스러운 버스 정류장에서 줄을 서지 않고 새치기를 하는 무리에게는 단호하게 주의를 주셨다고 어머니가 감탄하셨습니다.

사례하고 싶어서 주소를 알려달라고 부탁드려도 "저는 아무것도 하지 않았고 저야말로 어머님과 같이 올 수 있어서 즐거웠습니다. 사람 일은 돌고 도는 것이기도 하고…… 저도 다른 사람에게 많은 도움을 받고 있습니다"라고 말씀하셨습니다.

어쩌면 승객의 안전을 위해 일상적으로 훈련을 받는 ○○씨에게는 평범한 행동이었을지 모릅니다. 하지만 고령인 어머니의 안위를 걱정하여 체온이 떨어지지 않도록, 수분을 섭취하도록, 긴장을 풀 수 있도록 하며 가족에게도 배려를 잊지 않는 행동은 '만약 나였다면……' 하고 생각하면 도저히 할 수 없을 듯합니다.

오랫동안 회사생활을 했지만 제가 가르친 부하직원이나 후배가 유사시에 그녀처럼 행동할지를 생각해보면 그런 교육을 했다는 자신감이 없습니다. 그런 생각을 하니 ○○씨는 물론이거니와 ○○씨의 선배와 상사의 훌륭한 관리에도 깊이 감사드립니다.

이런 시국에 온 힘 다해 일하시느라 수고가 끊이지 않으리라 생각됩니다. 하지만 ○○씨와의 만남을 통해 우리 사용자도 미력하게나마 귀사를 응원하고 싶다는 마음이 생겼습니다. 언젠가 승객으로서 또 한 번 ○○씨의 배려를 접할 기회가 생기기를 바라며 감사 말씀 전달해주시면 좋겠습니다.

이렇게 일본항공 직원들에 대한 감사 편지를 많이 받으면서 저도 깊은 감동에 휩싸였습니다. 이런 감동을 불러일으키는 일본항공 직원들의 행동의 원천에는 '철학'이 있습니다. 철학이야말로 일본항공 직원의 마음에 불을 지피고 이런 감동을 일으키는 행동을 하게 만드는 계기였던 것입니다.

직원의 의식과
회사 실적은 연동된다

경험도 지식도 그리고 승산도 없이 그야말로 맨주먹으로 일본항공의 재건에 뛰어든 저에게는 '철학'과 '아메바 경영'뿐이었습니다.

그 철학의 일부분을 일본항공 직원에게 전파하고 이해시킨 것만으로도 직원의 의식이 극적인 변화를 이루고 그 행동이 훌륭하게 바뀌었습니다. 그리고 나아가서는 직원의 의식 개혁에 따라 회사 실적도 비약적으로 회복되기 시작했습니다.

2011년 3월에 종료된 일본항공 결산에서는 파산 후 첫해였음에도 불구하고 매출이 1조 3,622억 엔, 영업이익은 1,884억 엔으로 사상 최고의 실적으로 마감할 수 있었습니다.

직원의 의식이 좋은 방향으로 바뀌면 자연스레 회사의 실적도 향상됩니다. 즉 일본항공의 재건은 제가 항상 말씀드리고, 세이와주쿠의 모토이기도 한 '마음을 드높여 경영을 발전시킨다'라는 이념을 증명하는 좋은 예가 되지 않았나 생각합니다. 그리고 직원의 의식을 바꾼 것이 바로 '철학'인 것입니다. 즉 철학이야말로 경영의 원천입니다.

철학을 경영자 스스로 잘 이해하고 체득하여 일상에서 실행하는 것도 중요하거니와 이를 모든 직원이 이해하고 일터에서 실천하도록 하는 것이 경영에 있어서는 무엇보다 중요합니다.

그것만으로도 회사를 충분히 경영할 수 있지만 더욱 탄탄한 경영을 하려면 아메바 경영을 도입, 즉 관리회계 시스템을 구축할 필요가 있습니다.

경영에서는 그날그날의 매출, 경비 등 경영상의 계수를 충분히 확인한 후 정확한 판단을 내리는 것이 중요합니다. 다시 말해 지금 우리 회사가 어떤 상황에 처해 있는지를 잘 이해하고 적절한 경영의 방향을 잡아가야 합니다.

만약 회계를 잘 모르는 사람이 있다면 회계사에게 교육을 요청하는 등 자기 회사의 경영 실태를 월별은 물론이고 가능하면 일별로 파악하여 그 수치를 바탕으로 경영을 해나가는 것이 필수적입니다.

일본항공에서도 올해(2011년) 4월부터 항공 사업의 이익원인 각 노선별 채산을 거의 실시간으로 파악할 수 있는 관리회계 시스템을 '아메바 경영'을 기반으로 개발해 도입했습니다.

오늘 아침에도 9시부터 여기에 오기 전까지 그리고 어제는 종일 일본항공의 부문별 실적을 각 담당 책임자에게 발표하도록 하여 그에 대해 저도 질문하고 문제가 있으면 '그 부분은 이상하니까 이렇게 해야 한다'라고 지적하는 회의를 했습니다. 간접 부문의 사람들도 포함해 이전에는 경영 수치를 본 적 없는 임원들까지 모두 진지하게 실적 수치를 보고 토론을 이어갔습니다.

아직 미숙하고 숫자도 애매하게 표현하는 사람도 있지만, 앞으로 매달 이러한 회의를 진행해서 올해 가을쯤에는 일류 경영자로서 수치를 이해하고 경영의 방향타를 잡을 수 있도록 해나가고자 합니다.

지금은 동일본 대지진의 영향으로 여객 수가 큰 폭으로 감소하고 있습니다. 하지만 이런 시련 한가운데에 있기에 더욱더 '아메바 경영'의 도입을 통해 한층 경영 개선에 힘쓰고 설령 역풍 가운데에 있더라도 다시 도쿄 증권거래소에 상장하는 날을 맞이할 수 있도록 올해도 늙은 몸을 채찍질하여 노력하고자 합니다.

그래도 그렇게 오래 할 수는 없으니 젊은이들이 빨리 성장할 수 있도록 힘쓰면서 지금 필사적으로 일본항공 경영에 임하고 있습니다.

겨우 재건의 실마리가 보이고, 올해 실적이 사상 최고에 달할 수 있을 거라 생각했을 때 3월 11일 동일본 대지진이 발생했습니다.

자연이나 신은 우리 인간의 인내력을 시험하는 것처럼 상상을 초월하는 시련을 안기기도 합니다. 그렇지만 시련을 견디고 필사적인 노력을 거듭하며 극복한다면 지금까지보다도 더 큰 성장과 발전을 이룰 수 있습니다. 몇 번의 시련을 넘길 때마다 인간은 성장한다는 것을 믿습니다.

이번에 새로이 발족한 세이와주쿠 후쿠시마를 비롯한 세이와주쿠 학원생 여러분도 부디 각자의 기업에 철학을 확립하고 직원과 이를 공유하기 위해 노력해주셨으면 합니다. 나아가서 아메바 경영과 같은 확고한 관리회계 시스템을 구축한다면 경영은 더욱 튼튼해질 것이며 시련 가운데서도 기업은 반드시 성장과 발전을 이룰 수 있을 것이며, 그 번영을 오래도록 유지할 수 있을 것입니다. 오늘은 '철학이야말로 경영의 원천'이라는 주제로 경영에서의 철학의 필요성과 그것이 어떤 형태여야 하는지, 그것이 얼마나 강인한 힘을 갖는지에 대해 말씀드렸습니다.

훌륭한 경영을 하기 위한 우리 기업 경영인의 노력이 부흥을 향한 가장 큰 원동력이 될 것입니다. 이곳 후쿠시마를 비롯하여 이번 동일본 대지진 피해지역에서 부흥의 망치 소리가 더욱 높아지기를 바라며 우리 모두 용기를 북돋우고 타오르는 투혼으로 끊임없이 경영에 힘쓰도록 합시다.

　이곳에 모여주신 세이와주쿠 학원생 여러분이 더욱 발전된 경영을 이끌어 직원의 행복을 물심양면으로 추구하고 사회의 진보와 발전에 공헌할 수 있기를 기원하며 오늘 제 강연을 마무리하도록 하겠습니다.

경 | 영 | 의 | 원 | 리 | 원 | 칙

❶ 경영의 요체는 철학에 있다. 기업 내에서 경영철학을 확립하고 그것을 경영자를 비롯해 전 직원이 공유하고 실천하면 기업은 반드시 성장과 발전을 이룰 것이다.

❷ '인생과 일의 결과＝사고방식×열의×능력'. 인생과 일의 결과는 그 사람이 지닌 사고방식, 즉 철학에 그 사람의 열의와 능력을 곱한 값으로 나타난다.

❸ 사고방식, 열의, 능력 중에서 능력은 아마도 선천적일 것이다. 부모로부터 물려받은 지능과 운동신경, 또는 건강 등이 이에 해당한다. 단, 열의는 능력과는 달리 자신의 의지로 결정할 수 있다. 즉 능력은 타고난 재능으로 갖춰지므로 쉽게

바꿀 수 없지만, 열의는 자신의 의지대로 바꿀 수 있다. 그렇다면 이 열의를 최대한으로 발휘하기 위해 노력해야 하지 않겠는가.

❹ '누구에게도 지지 않을 정도의 노력'을 쏟아 일하는 것이 가장 중요하다. 많은 사람이 자신은 노력했다고 말한다. 하지만 비즈니스 세계에서는 상대가 자신보다 더 큰 노력을 기울이면 패배한다. 어느 정도의 노력으로는 의미가 없고 누구에게도 지지 않을 정도의 노력을 기울이지 않으면 험난한 사회에서 승리할 수 없다. 그리고 그 노력은 순간적이거나 일시적인 것이 아닌 끝이 없는 것이어야 한다. 다시 말해 끊임없이 노력해야 한다. 지속적이고 끝없는 노력을 계속해 나가는 인내심이 필요하다.

❺ 고생을 마다하지 않고 다른 이가 잘되기를 바라며 열심히 살아가는 사고방식은 플러스이지만, 세상을 비관적으로 보고 타인을 시기하며 올바른 삶을 부정하는 사고방식은 마이너스의 사고방식이다. 플러스 사고방식을 갖고 있으면 인생과 일의 결과가 더욱 높은 플러스 값이 되고 반대로 조금이라도 마이너스의 사고방식을 갖고 있으면 방정식의 답은

단숨에 마이너스가 되어버린다. 능력이 있으면 있을수록 열의가 강하면 강할수록 인생과 일에서 큰 마이너스라는 끔찍한 결과를 얻게 된다.

⑥ 철학의 일부분을 직원들에게 이야기하고 이해시키는 것만으로도 직원들의 의식이 극적인 변화를 이루고 행동이 훌륭하게 바뀐다. 나아가서는 직원의 의식 개혁에 따라 회사의 실적도 비약적으로 회복된다.

⑦ 직원의 의식이 좋은 방향으로 바뀌면 자연스레 회사의 실적도 향상된다. 직원의 의식을 바꾼 것이 바로 철학이며, 철학이야말로 경영의 원천이다.

⑧ 자연이나 신은 인내력을 시험하는 것처럼 우리 인간에게 상상을 초월하는 시련을 안기기도 한다. 그렇지만 시련을 견디고 필사적인 노력을 거듭하여 극복한다면 지금까지보다 더 큰 성장과 발전을 이룰 수 있다. 몇 번의 시련을 넘길 때마다 인간은 성장한다.

16장

기업 경영의 기본은 직원에게 동기를 부여하는 것

세이와주쿠 LA 학원장 정례회 강연,
2012년 10월 1일

본 강연은 2012년 10월에 세이와주쿠 LA 학원장 정례회에서 실시했다.

세이와주쿠 LA는 2004년 세이와주쿠 USA로 설립되었고 그 후, 북미 각지에서 새로운 세이와주쿠가 설립됨에 따라 2009년 '세이와주쿠 LA'로 명칭을 변경했다.

해당 강연에서는 북미뿐 아니라 브라질 및 일본에서 모인 학원생 약 400명을 앞에 두고 기업 경영의 핵심에 대해, 직원들에게 어떻게 동기를 부여할 것인가 하는 관점에서 설명했다.

교세라가 영세기업이었을 당시, 경영자로서 직원들에게 어떻게 동기를 부여했는지, 새로운 사업을 시작하면서 직원들에게 어떤 의미를 부여했는지, 나아가서는 일본항공 재건 시에 직원의 의식을 어떻게 바꾸었는지 등 다양한 경영 경험을 통해 구체적으로 설명했다.

경영의 원점으로 돌아가다

오늘은 '기업 경영의 핵심'이라는 주제로 경영에서 중요한 '조직의 운영', 즉 직원을 어떻게 활성화할 것인가에 대한 관점에서 그 기본을 말씀드리고자 합니다.

그 이유는 이곳 세이와주쿠 LA 학원생 대부분의 회사가 영세기업이기 때문입니다. 간혹 직원이 수백 명씩 있고 매출도 수백억 엔이 넘는 대규모 비즈니스를 경영하는 분도 계시겠지만, 직원 네다섯 명 정도에 매출도 수억 엔에 그치는 규모의 기업이 대부분이라고 들었습니다.

일본에서 오신 학원생도 마찬가지입니다. 이미 큰 회사를 경영하는 분도 계시겠지만 영세기업 또는 중소·중견 기업을 경영하시는 분이 대부분입니다.

오늘은 자기 기업을 더욱 크게 키우고 발전시키려고 할 때, 다시 원점으로 돌아가서 이해해야 할 내용에 대해 말씀드리겠습니다. 혹은 새롭게 작은 기업을 세우고 그 기업을 성장, 발전시키고자 할 때도 참고가 되리라 생각합니다.

매우 기본적이고 원론적인 이야기가 될 수도 있지만, 작은 기업을 크게 성장, 발전시키기 위해서 반드시 기초로 삼아야 할 사항입니다. 이른바 기업 경영의 첫걸음에 대해 말씀드리겠습니다.

직원을 파트너로 만들다

기업 경영에서 가장 영세한 형태는 1인, 또는 부인과 둘이서 사업을 하는 가내공업, 개인 상점과 같은 경우인데, 그러면 아무리 노력해도 성장에 한계가 있을 수밖에 없습니다. 사업을 확대하려면 아무래도 직원을 고용해야 합니다. 한 명이든 두 명이든 직원을 채용하고 그들과 함께 업무를 하며 성장과 발전을 도모하는 것입니다.

이때 고용주인 경영자는 매월 어느 정도의 급여를 줄지 조건을 제시하고 직원은 그 조건에 자신의 노동력을 제공하는 데 동의합니다. 이는 고용계약에 기반한 건조한 노사관계이며 본래 이 두 사람은 파트너가 아닙니다.

하지만 경영자 혼자서는 아무리 노력하더라도 한계가 있습니다. 특히 영세기업에서는 달리 부탁할 만한 사람이 없기 때문에 적은 직원을 파트너로 삼아야 합니다. 직원을 자신과 같은 마음으로 일하고 사업을 지탱해주는 사람, 그야말로 자신과 일심동체가 되어 일하는 파트너로 만들 필요가 있습니다.

즉 '공동 경영자'라고 할 정도의 마음으로 직원을 대하는 것이 중요하다고 저는 생각합니다. 한 명이든 두 명이든 사람을 고용했다면 그를 파트너로서 맞이하고 "당신에게 의지한다"고 말하며 평소에도 그런 자세로 대하는 것이 중요합니다.

그렇게 하면 직원이 우습게 보지 않겠느냐고 생각하기 쉽겠지만 그렇지 않습니다. "저는 당신을 의지합니다"라며 직원에게 솔직하게 말하고 그렇게 대하는 것이 사내 인간관계 구축의 첫걸음입니다.

"여러분, 저와 하나가 되어 회사를 발전시켜봅시다. 그러기 위해서 전면적으로 협조해주십시오. 저는 여러분을 형제 또는 부모, 자식과 같은 관계로 생각하며 함께 이루고자 합니다. 단순한 샐러리맨을 넘어, 그런 마음으로 함께 일합시다"라며 얼굴을 마주 보고 말해야 합니다. "당신에게 의지한다"는 말 그리고 경영자가 직원을 파트너로 생각한다는 자세가 직원에게 동기부여가 됩니다. 이는 특히 영세기업에서 매우 중요합니다.

저도 교세라를 갓 창업했을 무렵, 다양한 기회를 찾아다니며 직원들에게 회사를 이렇게 만들고 싶다는 제 생각을 허심탄회하게 말하기 위해 노력했습니다. 직원을 경영 파트너로 생각했기 때문입니다. 파트너에게는 제 생각을 이해할 수 있도록 설득해야 합니다.

그리고 저의 그런 마음가짐이 있었기에 직원도 진지하게 제 이야기를 들어주었습니다. '이런 사장님이라면 함께 가보자. 회사의 처우는 결코 좋다고 할 수 없지만, 이 사람이라면 평생 함께해도 좋겠다'라는 생각이 싹틀 만큼 탄탄한 인간관계를 기업 내에 만들려고 열심히 노력했습니다.

작은 기업에서는 직원에게 해줄 수 있는 것에 한계가 있습니다. 일은 힘든데 처우는 좋지 않지요. 그럼에도 사장의 기대감을 강하게 느끼고 '조건만 보면 더 좋은 회사가 있겠지만 그곳에 가는 것보다 영세기업이라도 이 회사에서 노력해보고 싶다'라고 직원이 생각할 수 있도록 해야 합니다.

"사장님이 그렇게 말씀하신다면 저도 온 힘을 다해 돕겠습니다" 하고 직원이 진심으로 말할 수 있도록 마음과 마음이 이어진 관계를 만드는 것이 작은 회사를 발전시키고자 할 때 우선적으로 필요합니다.

경영자는 직원에게 급여와 보너스를 지급하지만 이러한 이해관계를 넘어서 어떤 일이 있어도 함께한다는 관계를 기업 내에 형성하지 않으면 회사는 결코 발전할 수 없습니다.

마음과 마음이 통하는 관계, 일체감이 있는 회사, 그런 조직을 만들어나가는 것이 기업 경영의 첫걸음입니다.

직원이 사장을 좋아하게 만드는 방법

하지만 그렇게 노력하더라도 신뢰하던 직원이 퇴사하는 경우가 있습니다. 그런 일이 경영자에게는 가장 슬픕니다. '이 사람은 분명 좋은 파트너가 될 거야'라는 생각으로 기대와 신뢰를 품고 일정한 업무를 맡겼던 사람이 너무 쉽게 관두고 맙니다.

사장 입장에서는 마치 자신을 부정당한 것 같은 느낌마저 듭니다. '이 사람은 앞으로도 회사를 받쳐줄 거야'라고 의지하며 눈여겨보던 사람이 회사를 포기하고 떠납니다. 그럴 때 매일 진지하게 경영하는 경영자일수록 쓸쓸하고 안타까운 마음이 들 것입니다.

그런 참담한 경험을 하지 않도록 직원과 강한 유대감을 쌓고 진심으로 감동할 수 있도록 마음과 마음이 통하는 인간관계를 만들어가기 위해 무엇보다 노력해야 합니다.

KDDI가 창립 5주년을 맞이한 2005년 무렵의 일인데 다음과 같은 일이 있었습니다. 교세라가 아직 영세기업이었을 때 입사해서 열심히 일하다가 그 후 KDDI로 옮겨 경영 임원으로 정년을 맞이한, 교세라와 KDDI의 발전에 공로가 큰 네다섯 명이 모여 우리 부부를 여행에 초대해주었습니다.

골프를 치고 료칸에서 하루 머무는 일정이었는데 밤에 사은 회를 열고 싶다고 해서 승낙하고 술을 마시며 사람들과 깊은 이야기를 나누었습니다. 그때 저는 그들에게 다음과 같이 말했습니다.

"모두 이름도 없는 교토의 영세기업이었던 교세라에 입사해주었지. 당시 대학을 졸업하고 영세기업인 교세라에 입사했다는 것은 달리 갈 곳이 없었기 때문이 아니었을까. '짚신에도 짝이 있다'는 말처럼 당시 교세라에 어울리는 사람들만 모였을걸세. 그런 변변찮은 사람들이 모여서 열심히 노력한 결과 지금의 교세라가 된 것이지."

그렇게 말하자 그들은 당시에는 분명 "교토 세라믹이라는 회사는 들어본 적이 없다. 그 회사는 괜찮은가. 조금 더 나은 회사로 가는 것이 좋지 않겠는가"라는 걱정 섞인 소리를 친구와 가족들에게 들었다고 했습니다.

하지만 그들은 이렇게 말했습니다.

"분명 미래에 대한 불안감도 있었지만 이나모리 회장님을 만나고 이런 사람이라면 믿고 따라가보자는 그 마음만으로 열심히 살았습니다."

지금 그들은 상당한 자산가가 되었습니다. 상장하기 전에는 교세라 주식을 액면가로 나누었는데 그 가치가 크게 뛰어 지금은 모두 대자산가가 된 것입니다. 그래서 이런 말도 했습니다.

"저는 지금 65세인데 아내나 자식들도 여유롭고 행복하게 지내고 있습니다. 회장님과의 만남이 오늘을 만든 것입니다"라고 모두 진심으로 교세라에서 일했던 인생을 기뻐하고 있었습니다.

저는 이렇게 말했습니다.

"그래도 자네들이 훌륭한 게지. 허름한 회사인 교세라에 와서 경영 경험도 실적도 없는 서른 전후의 풋내기인 나를 믿고 고생을 고생이라 여기지 않고, 그저 한결같이 따라와주었네. 그러니 오늘이 있는 것이고, 그것은 내가 준 것이 아닐세. 자네들이 만든 게지."

그들은 이런 말도 해주었습니다.

"그렇지 않습니다. 우리는 정말 행복합니다. 당시, 교세라보다 조금 나은 회사에 들어가 처음에는 으스대던 녀석들 가운데 지금은 초라하고 보잘것없이 사는 사람도 있습니다. 동창회에 나가면 그런 녀석들이 '너는 좋겠다, 좋겠다' 하며 부러운 듯 말합니다. 누구를 만나더라도 저를 보고 행복한 인생이라고 말합니다"

"젊은 시절부터 밤에도 편하게 잠들지 못하고 휴가도 만족스럽게 쓰지 못하며 오로지 이나모리 회장님을 믿고 함께 열심히 일해온 것이 오늘의 멋진 인생을 만들어준 것입니다."

갓 창업한 영세기업인 교세라에 입사는 했지만 금세 퇴사하는 사람이 많았습니다. 그중에서 마지막까지 남아준 사람이 40년이 지나서 사은회를 열어주고 이런 마음속 깊은 이야기를 들려주었습니다.

이런 사람을 만들어야 합니다. 경영자는 이러한 인간관계를 기업 내에 만들어야 합니다. 사장을 좋아하고 어디까지든 따라와주는 사람을 만들고 그런 대단한 인간관계를 기반으로 회사를 발전시키고 그들을 행복하게 해주어야 합니다.

이것이 기업 경영자의 책무입니다. 전폭적인 신뢰로 직원이 경영자를 따르는 일, 그것이 직원이 사장을 좋아한다는 뜻입니다. 우선은 직원이 사장에게 마음 깊이 빠질 수 있도록 만들어야 합니다.

마음 깊이 빠지도록 하려면 어떻게 해야 할까요. 간단합니다. 자신만을 사랑하는 태도로는 누구도 사로잡을 수 없습니다. 자기를 비우고 자기희생을 무릅쓰고 직원을 최우선으로 생각해야 합니다. 그러면 모두를 사로잡을 수 있습니다. '직원에게 사랑받는다'는 것을 다른 말로 하면, 좋지 않게 들릴지도 모르지만 직원을 꾀어서 자신의 파트너로 만드는 것입니다. 그리고 그러려면 경영자 자신의 희생적인 자세가 필요합니다.

그것은 어떤 직원보다도 열심히 노력하는 경영자로서의 일하는 자세일 것이며 일이 끝난 후에 조금이나마 사비를 털어 직원을 격려하는 등 상대방을 배려하는 자세이기도 할 것입니다. 이러한 자기희생의 정신으로 직원의 마음을 움직이는 것이 전제입니다.

오로지 일의 의의를 꾸준히 설명한다

물론 그것만으로는 충분하지 않을 수 있습니다. 교세라의 여명기에 저는 직원의 진심에 호소하는 데 그치지 않고 이성적으로 직원에게 동기를 부여하기 위해 열심히 노력했습니다.

이성적으로 동기를 부여한다는 것은 바로 '일의 의의'를 설명하는 것입니다. 이것도 분명 중소 영세기업 직원에게는 큰 동기부여가 될 것입니다. 창업기의 교세라가 그랬습니다.

지금 교세라는 파인 세라믹스 업계의 선두 기업으로서 고도의 기술을 보유한 하이테크 기업으로 여겨지고 있습니다. 물론 그럴지도 모르겠으나, 파인 세라믹스의 제조 현장은 그런 하이테크의 이미지와는 조금 다릅니다. 특히 창업기의 교세라는 낡은 목조 건물을 임대해 사용하고 있어 더더욱 그런 분위기를 느낄 수 없었습니다.

파인 세라믹스의 원료로 사용되는 금속산화물은 아주 작은 미립자입니다. 그것을 배합하는 원료 공정, 프레스 등으로 형태를 만드는 성형 공정 그리고 구워낸 제품을 치수에 맞게 가공하는 연삭 공정 등을 거치자면 아무래도 분말이 현장에 흩날릴 수밖에 없습니다.

그리고 성형한 제품을 구워내는 소성 공정은 1,000도가 훌쩍 넘는 고온에서 이루어집니다. 1,700도를 넘는 고온에서 불꽃은 붉은색이 아니라 새하얀색이라 작업용 안경을 쓰지 않으면 용광로 안을 들여다볼 수조차 없습니다. 그 정도로 고온의 환경이기에 여름에는 근로 환경이 매우 가혹하지요.

파인 세라믹스라고는 하지만 3D 업종에 속합니다. 그러니 업무를 하다 보면 금세 먼지투성이 땀범벅이 되고, 직원들은 고도의 기술을 요하는 의의 있는 일을 하고 있다는 생각을 하지 못합니다.

제가 근무했던 쇼후공업이라는 애자 제조회사에 훗날 교세라의 창립 멤버가 된 사람들이 입사했습니다. 저는 업무에 대한 그들의 의욕을 어떻게 해서든 북돋우고 높은 사기를 유지해야만 한다고 생각했습니다.

그러기 위해 일의 의의에 대해 설명하기 시작했습니다. 업무가 끝난 밤에 항상 그들을 모아서 다음과 같은 이야기를 했습니다.

"여러분은 종일 가루를 개거나 형태를 만들거나, 굽고 깎으며 단조롭고 심심한 업무를 하고 있다고 생각할지 모르겠지만 결코 그렇지 않습니다."

"지금 여러분이 하는 연구는 학문적으로 의미가 있습니다. 도쿄대학교 교수든 교토대학교 교수든, 무기화학에 종사하는 교수 가운데 그 누구도 이 산화물 소결이라는 실용적인 연구에 손을 대지 않았습니다. 지금 우리는 그야말로 최첨단 연구를 하고 있으며 이는 매우 의미 있는 일입니다."

"그리고 지금 진행 중인 주제는 전 세계적으로도 한두 회사에서만 진행하는 최첨단 연구개발입니다. 이 연구개발이 성공하면 여러 제품에 쓰여서 사람들의 생활에 크게 기여할 것입니다. 그렇게 사회적으로 의의 있는 연구개발이 성공하느냐 실패하느냐는 여러분의 평소 노력에 따라 결정됩니다. 부디 잘 부탁드립니다."

매일 밤 그런 이야기를 했습니다.

단순히 "이 가루와 저 가루를 유발에 넣어 섞으십시오"라고 하면 아무런 동기부여도 되지 않습니다. 그렇기에 가루를 섞는 이 행위가 얼마나 의미 있는 일인지에 대한 이야기를 거듭 나누었습니다.

당시는 1950년대 중후반, 제2차 세계대전이 끝난 지 겨우 10여 년이 지났을 무렵입니다. 마침 한국전쟁이 끝난 직후로 경기도 매우 좋지 않았습니다. 그렇게 일본이 아직은 가난하고 취직도 좀처럼 쉽지 않을 때 고등학교를 졸업하고 회사에 입사는 했지만, 그저 매달 월급만 받으면 된다는 사람이 대부분이었지요.

하지만 그들도 자신의 일에서 의의를 찾으면 의식이 고취되고 있는 힘을 최대한 발휘해주리라고 생각했습니다. 그런 생각으로 저는 일이 끝난 후에 매일 밤 그들을 모아서 일의 의미에 대해 설파했습니다.

이렇게 일의 의의를 설명한 일 그리고 앞서 말했던 자기희생적인 자세로 경영자인 저를 좋아하도록 만드는 것은 큰 효과를 발휘했습니다.

훌륭한 비전을 제시하다

직원에게 동기를 부여하기 위해 제가 추가로 취한 행동이 '비전'을 내거는 것이었습니다.

저는 교세라가 아직 중소 영세기업이었을 때부터 꿈에 대해 이야기했습니다.

"우리가 만드는 특수한 세라믹은 전 세계 전자산업이 발전하는 데 반드시 필요하다. 이것을 전 세계에 공급하자."

"작은 마을 공장으로 시작했지만, 나는 이 회사를 마을 최고, 즉 하라마치 최고의 회사로 만들고자 한다. 하라마치에서 최고가 되면 나카교구의 최고가 되자. 나카교구의 최고가 되면 교토의 최고가 되자. 교토의 최고가 되면 일본 최고가 되자. 일본 최고가 되면 세계 1등이 되자."

교세라는 교토시 나카교구 니시노쿄하라마치에서 창업했습니다. 그래서 '하라마치 최고'가 되자고 한 것인데, 임차한 사옥에 직원 수십 명, 매출도 연간 1억 엔에 미치지 못하는 영세기업일 때부터 '일본 최고, 세계 최고의 기업이 되자'고 틈나는 대로 직원에게 말했습니다.

하지만 실제로는 가장 가까운 전철역에서 회사로 오는 짧은 거리에 교토기계공구라는 큰 제조사가 있었습니다. 아침부터 밤까지 철컹, 철컹하는 소리와 함께 활력을 띠는 곳이었습니다. 자동차 정비에 사용하는 스패너와 펜치 등 차량 공구를 만드는 회사였습니다. 우리는 목조 창고를 빌려서 작업을 겨우 시작한 갓 생긴 회사에 불과했습니다.

그러니 니시노쿄 지역에서 최고가 되자는 말에 직원들은 '회사에 오는 길에 지나는 그 회사보다 커질 수는 없지 않겠는가' 하는 표정을 지었지요. 솔직히 저도 말은 그렇게 했지만 처음에는 정말 해낼 수 있으리라고 생각하지 않았습니다.

심지어 "나카교구의 최고가 되자"고 말하기는 했지만 나카교구에는 훗날 노벨상 수상자를 배출한 상장기업인 시마즈제작소가 있었습니다. 분석 기기로는 세계적으로도 유명한 회사였습니다. 나카교구의 최고가 되려면 이 시마즈제작소를 넘어서야 합니다. 아무리 생각해도 도저히 불가능한 이야기였습니다.

그럼에도 "나카교구의 최고가 된다, 교토의 최고가 된다, 일본 최고가 된다, 세계 최고가 된다"는 말을 지칠 줄 모르고 직원에게 끊임없이 말했습니다.

그러자 처음에는 반신반의하던 직원도 어느샌가 제가 말한 꿈을 믿게 되었고 그 꿈을 실현하기 위해 힘을 합하고 노력을 쏟게 되었습니다. 그리고 저도 그 꿈을 확실한 목표로 삼게 되었습니다.

그 결과, 교세라는 파인 세라믹스 분야에서 앞선 대형 기업을 추월하고 세계 최고의 기업으로 성장했을 뿐 아니라 많은 사업을 전개하여 매출이 1조 엔을 넘을 정도로 성장했습니다.

기업에 모인 사람들이 공통된 꿈, 소망을 가지고 있느냐 없느냐에 따라 그 기업의 성장력은 달라집니다. 훌륭한 비전을 공유하고 '이렇게 되고 싶다'고 회사에 모인 직원이 강하게 염원하면 거기에 강한 의지가 작용하고 꿈을 실현하기 위해 어떤 장애라도 극복하려는 강인한 힘이 생깁니다.

이 꿈과 소망에 이르는 힘의 원동력이 바로 '비전'입니다. '회사를 이렇게 만들고 싶다'는 비전을 그리고 그것을 직원과 공유하며 사기를 최대한으로 끌어올리는 것이 기업을 발전시키는 데 큰 추진력이 됩니다.

회사의 목적은 무엇인가?
미션 확립하기

직원의 사기를 더욱 굳건하게 하는 것이 '미션'입니다. 회사의 사명, 목적을 명확히 하고 그것을 직원과 공유하는 것입니다.

제가 이 미션, 즉 교세라라는 회사의 목적에 대해 이해하게 된 계기가 있습니다. 바로 회사 설립 3년 차, 교세라가 아직 중소 영세기업이었을 때 일어난 직원들의 반란 사건이었습니다.

창업 2년 차에 채용한 직원 열 명 정도가 1년 정도 근무하다가 간신히 제 몫을 하게 됐을 무렵의 일입니다. 당시 수첩을 열어보니 창업 3년 차인 1961년 4월 29일 마침 전 천황의 생일 공휴일이었습니다. 그날도 휴일 출근을 했던 것일까요, 갑자기 그 직원들이 저를 찾아왔습니다.

"연봉 인상률은 매년 이 이상일 것. 보너스는 얼마 이상 지급할 것. 대단한 회사라고 생각하고 입사했는데 갓 설립해서 붕면 날아갈 것 같은 중소기업이라 우리는 매우 불안하다. 경영자인 당신이 보증하지 않으면 우리 모두 회사를 관둘 각오가 되었다"라며 협박했습니다.

그때 저는 "그런 약속은 할 수 없다"고 말하고 회사가 처한 상황을 설명했습니다. 하지만 설득할 수 없었고 협상은 3일 밤낮으로 저희 집에서까지 이어졌습니다. 최종적으로 저는 "미래의 일까지 약속할 수는 없지만 반드시 여러분이 행복해질 수 있도록 할 테니 나를 믿어달라"고 말하고 겨우 수습할 수 있었습니다.

사실 교세라를 창업할 때, 저는 창업의 목적을 '이나모리 가즈오의 기술을 세상에 알리는 것'이라고 규정했습니다.

그런데 일부 직원이 "급여를 올려달라, 보너스를 달라"라고 처우 보장을 요구해왔으니 놀랄 수밖에 없었지요.

당시 가고시마에 있는 제 본가는 매우 어려운 형편이었습니다. 저는 7형제의 차남인데 부모님과 형제에게 큰 부담을 주면서 대학까지 진학했습니다. 그런 이유로 취직하면 조금이라도 경제적으로 지원해야 한다고 생각했고 실제로도 조금이나마 매월 생활비를 보냈습니다.

그렇게 부모님과 형제들조차도 만족스럽게 도와주지 못하는 마당에 인연도 연고도 없는 생판 남에게 "자신의 미래를 보장해달라"라는 말을 듣고 고민에 빠졌습니다.

솔직히 '이럴 거면 회사를 차리는 게 아니었어. 일개 월급쟁이라도 좋으니 다른 회사에 취직해서 내 기술을 조금 더 살리는 게 낫지 않을까'라고 생각할 정도였습니다.

하지만 깊게 고민한 끝에 직원의 생활을 지키는 것이야말로 회사의 목적이라는 생각에 이르렀고 그래서 만든 것이 '전 직원의 물질적·정신적 행복을 추구한다'는 구절로 시작하는 교세라의 경영이념입니다.

기술자로서의 제 이상을 버리고 당시 60여 명에 불과했던 전 직원의 물질적·정신적 행복을 추구하는 것을 경영의 목적으로 삼겠다고 결심한 것입니다. 여기에 사회적 공기公器로서 기업의 책임을 수행하기 위해 '인류, 사회의 진보 발전에 공헌한다'는 한 구절을 더해 경영이념으로 내걸었습니다.

이러한 경영이념을 수립하고 전 직원에게 "교세라는 앞으로 이 이념을 경영의 목적으로 삼는다"라고 선언했습니다.

이 경영이념은 직원의 사기 향상에 크게 기여했습니다. 교세라를 이나모리 가즈오의 기술을 세상에서 평가받기 위한 곳으로 삼았다면 저는 의지에 타올라 연구에 몰두하고 신제품을 연이어 발표했을 것입니다. 하지만 직원들 입장에서는 '이나모리 가즈오의 기술을 세상에 알리고 이나모리 가즈오를 유명하게 만들기 위해 우리가 일해야 하는 것인가'라는 생각이 들 것입니다.

그리고 설령 회사가 발전한다고 해도 이나모리 가즈오 개인의 자산만 늘어나는 것이 아닐까 하고 생각할 것입니다. 회사의 목적이 개인의 사리사욕으로 귀결되면 직원의 사기는 꺾이고 맙니다.

이 경영이념을 수립했을 당시, 저는 이것이 '대의명분'을 갖췄다고 생각하지 않았습니다. 하지만 지금 생각해보면 훌륭한 대의를 갖고 있었던 것입니다. '대의'의 사전적 정의는 '사람으로서 마땅히 행해야 할 큰 도리'입니다. 그렇다면 '사私'를 벗어나

'공公'을 위해 도리를 지켜야 합니다. '전 사원의 행복을 물심양면으로 추구한다'는 회사의 목적은 경영자의 사리사욕을 넘어서 직원을 위한다는 '공'을 의미하며 곧 '대의'를 의미합니다. 이 '대의'에는 사람을 움직이는 큰 힘이 있습니다.

전 세계의 평화 실현과 같은 거대한 목적은 아니지만, 여기에 모인 직원을 행복하게 하겠다는 기업의 목적은 사리사욕을 넘어섰기에, 기업에 모인 모두가 진심으로 공감하고 공명할 수 있었습니다. 그리고 이 사명에는 부끄러움이 전혀 없기 때문에 경영자인 저 자신도 이 목적을 추구하기 위해 일말의 망설임 없이 전력을 다해 행동할 수 있었습니다.

이것이 오늘날의 교세라 기업문화의 토대가 되었습니다. 전 직원이 공유할 수 있고 동기부여가 되는 공명정대한 기업 목표를 갖는 것이 기업 경영에 있어서 가장 중요하다고 생각합니다.

고매한 대의가
사업을 성공으로 이끈다

다이니덴덴(현 KDDI)을 창업할 때도 마찬가지였습니다.

당시 4조 엔이 넘는 매출을 자랑하던 전전공사(현 NTT)라는 거대기업에 비해 아직 매출 2,000억 엔 정도에 불과한 교세라의 도전이었지만, 다이니덴덴이 오늘날의 KDDI에 이르기까지 성장하고 발전할 수 있었던 것은 창업 동기가 대의를 바탕으로 하고 있었기 때문입니다.

전기통신사업의 자유화가 결정되었을 때, 전전공사에 대항할 수 있는 일본의 대기업이 새 회사를 만들고 경쟁하여 통신요금을 낮춰주기를 바랐지만, 거대 NTT에 겁먹고 어느 곳도 도전하려고 하지 않았습니다.

이대로라면 NTT의 독점이 이어지거나 허울뿐인 경쟁사가 만들어져도 정보화 시대가 도래했을 때 비싼 통신요금 때문에 일본이 뒤처지게 되리라는 사실을 저는 우려했습니다.

그래서 벤처기업이었던 교세라가 입후보하여 NTT에 도전하기로 결정한 것입니다. 어디까지나 '국민을 위해 전기통신 요금을 낮추고 싶다'는 순수한 생각에 다이니덴덴을 만들었고, 대의명분으로 기업을 시작한 것이지요.

그런 이유로 저는 다이니덴덴의 직원을 모아 "국민을 위해 통신요금을 낮춥시다. 이런 고매한 프로젝트에 참가하는 것은 여러분의 인생에 의의를 부여해줄 것입니다. 100년에 한 번 있을까 말까 한 일대 사회 개혁이 이루어지는 순간에 참여했다는 행복에 감사하며 이 목표를 이루도록 합시다"라고 호소했습니다.

한편 교세라에 이어 손을 든 국철(현 JR)은 '우리는 철도통신 기술을 보유하고 있고 통신 기술자도 있다. 그리고 도쿄에서 나고야를 지나 오사카까지 통신 간선을 깔려면 신칸센 갓길을 따라 광섬유를 깔면 된다. 게다가 국철에 드나드는 업체를 중심으로 고객을 확보하는 것도 간단하다. 교세라가 주축인 다이니덴덴보다 모든 면에서 유리하다'라고 생각하여 니혼텔레콤이라는 회사를 설립했습니다.

여기에 일본도로공단, 도요타자동차가 주축이 된 일본고속통신은 구 건설성의 후원을 받고 있는 데다 나고야를 지나 오사카를 잇는 고속도로에 광섬유를 깔면 손쉽게 인프라를 구축할 수 있고, 도요타의 강력한 영업력도 확보하고 있다는 점을 기반으로 설립되었습니다.

즉 다이니덴덴을 제외한 두 회사는 대의명분이 아닌 손익계산으로 사업을 시작한 것이 아닌가 싶습니다.

이 세 회사는 치열한 시장경쟁을 펼쳤지만, 결과적으로 JR은 니혼텔레콤을 매각하고 말았습니다. 그리고 도로공단, 도요타가 세운 일본고속통신은 현재 KDDI에 흡수되었습니다.

지금은 새로운 전기통신사업자 3사 가운데 다이니덴덴의 존속회사인 KDDI만이 NTT를 잇는 종합 전기통신사업자로 성장하고 있습니다. 기술이 있고, 자금이 있고, 신용이 있고, 영업력이 있는 등 모든 조건을 갖춘 회사는 잘 유지되지 않은 반면, 대의명분은 있지만 자금이나 기술은 전혀 없는 다이니덴덴만 성공한 것입니다.

이는 대의명분이 있는 목적이 사업 진행에 있어 얼마나 중요한지를 증명하는 게 아닐까 싶습니다.

교세라가 오랫동안 진행해온 태양에너지 사업도 마찬가지입니다. 현재 일본에서는 이른바 전력의 전량 매입제도가 시작되면서 메가솔라 계획이 봇물처럼 쏟아져 나오고 중국 등 해외 업체를 포함한 제조사가 난립해 치열한 시장경쟁을 펼치고 있습니다.

그러나 우리 교세라는 30년 이상 전부터 전 세계에서도 선구적으로 태양전지 개발, 양산화에 착수했습니다. 또한 태양광발전협회라고 하여 일본에서 태양광 발전·보급 활동을 펼치는 단체가 있는데, 제가 초대 대표로 취임한 이후로 12년 동안 그 직책을 맡으며 초창기 태양전지 보급과 계몽에 힘써왔습니다.

경제산업성[1] 등의 보조금이 나오기 시작한 최근에야 태양광발전 사업도 궤도에 오르기 시작하여 각 사가 일제히 시장에 진출하기 시작했지만 교세라는 이 사업을 일으키기 위해 업계의 선두에 서서 고군분투해왔습니다.

이 태양광발전협회가 20주년을 맞이하여 기념 심포지엄을 개최했는데, 일본에서 태양광 에너지 사업을 선도해온 저에게 강연을 해달라는 요청이 있어서 업계 관계자, 학자 등 수백 명

---

1 우리나라의 기획재정부에 해당하는 기관.

앞에서 다음과 같은 취지의 이야기를 했습니다.

"최근 시대의 흐름에 따라 태양광 발전 분야가 성장하고 있는 것은 고무적인 일이지만, 단순히 시대의 흐름에 편승해 사업을 한다면 오래 지속되지 못할 것입니다. 왜 태양광 발전 사업을 해야 하는지 대의명분을 세우는 것이 중요하지 않을까요?"

이런 말씀을 드렸는데 태양광 발전 사업의 대의명분이란 에너지 문제와 지구 환경문제의 해결에 기여하는 것입니다.

앞으로 머지않아 지구상의 석유자원과 천연가스는 고갈될 것입니다. 그리고 화석에너지 사용량을 감축하고 온실가스 배출을 줄이지 않으면 지구 온난화를 멈출 수 없습니다.

즉 인류에게 필요한 에너지를 확보하고 소중한 지구 환경을 지킴으로써 인류의 지속적 발전을 도모하기 위해 우리 교세라는 태양광 발전 사업을 오랫동안 키워왔습니다.

이러한 대의명분이 있었기 때문에 매년 적자가 이어져도 집념과 투지를 불태우며 사업을 존속할 수 있었으며 최근에야 드디어 꽃을 피우게 된 것입니다.

모든 부문에서 대의명분을 내걸다

저는 교세라의 임원이 한자리에 모인 회의석상에서 "교세라의 모든 부문에서 대의명분을 내걸어야 한다"라고 말한 적이 있습니다.

교세라라는 기업에는 '전 직원의 물질적·정신적 행복을 추구한다'라는 경영이념, 대의명분이 있습니다. 마찬가지로 경영진이 책임을 지고 있는 각 사업에도 대의명분을 세우면 어떨까, 그렇게 함으로써 부하직원들도 '이 훌륭한 목적을 실현하기 위해 분골쇄신해 사업 발전을 위해 노력하겠다'라는 동기가 고취되어 노력해줄 수 있지 않겠느냐 하고 말했습니다.

교세라에서는 매월 실적 보고회 등에서 '아메바 경영'에 기반해 월별 손익계산서를 보며 "이번 달은 '시간당' 지표가 좋지 않다. 대체 무슨 일을 하는 것인가?"라는 엄격한 지도가 이루어집니다.

하지만 단순히 '시간당' 지표가 나쁘다고 추궁하는 것이 아니라 "대의명분이 있는 이 사업에 투자하고 회사를 위해 기여하려고 하는데 이런 실적으로는 사업을 발전시킬 수 없을 뿐 아니라 사회 공헌도 어렵다. 적자의 원인을 철저히 파악해서 한시 빨리 수익성이 좋아지도록, 즉 사업 목적을 실현할 수 있도록 해야 한다"라고 설명할 수 있어야 합니다.

회사의 윗선이 "시간당 실적이 나쁘다, 수익성이 나쁘다"라며 사업부장을 혼내고 또 사업부장이 자기 부서의 직원을 질책해서는 아무도 진정으로 실적을 올리려 하지 않을 것이고 결과적으로 실적은 개선되지 않을 것입니다.

"제가 듣기 싫은 소리를 하는 이유는 이익 추구를 위해서가 아닙니다. 이 사업의 대의명분을 관철하기 위해서는 이익이 필요하고 사업을 성장 발전시켜야 합니다. 그래서 저는 실적 저하를 엄격하게 문책하는 것입니다"라고 말할 수 있으며, 그렇게 하면 직원의 동기는 완전히 달라집니다.

교세라의 사업부장과 아메바 리더는 이른바 중소기업의 경영자라고 할 수 있습니다. 제가 젊었을 때, 아직 교세라가 중소 영세기업이었을 때 대의명분, 즉 기업의 목적에 대해 생각했습니다. 여러분도 마찬가지로 '나는 평생을 이 의의 있는 사업을 위해 힘쓰겠다'라고 선언할 수 있을 만큼 훌륭한 대의명분을 세워야 합니다. 그리고 부하직원이 진심으로 그 대의명분에 공감해서 "그런 의의 있는 사업의 한 축을 저도 담당하고 싶습니다"라고 앞장서서 말할 수 있는 조직을 만들어야 합니다.

매출 1조 엔이 넘는 규모가 되고 사업도 다각화된 교세라가 앞으로도 경직되거나 매너리즘에 빠지지 않고 발전을 거듭해나가기 위해서는 각 사업에 활력이 돌아야 합니다. 그러려면 사업별로 대의명분을 내걸어야 한다고 교세라 사내에 호소했습니다.

세이와주쿠 참가생 중에는 2대 경영자가 많은 것으로 아는데, 그렇게 부모로부터 사업을 물려받은 중소기업 경영자야말로 사업의 의의를 더욱 명확히 세워야 합니다.

저는 아버지나 할아버지가 시작한 사업을 계승했다는 학원생에게 "사장의 아들로서 뒤를 이은 것에 불과한데 당신은 사장으로서의 진정한 자격을 갖췄는가"라고 물어보고 설교하는 경우가 종종 있습니다.

작은 회사의 경우, 부모의 일을 꺼리는 사람이 참으로 많습니다. 열 명 중 아홉 명은 가업을 좋아하지 않습니다. 패기 넘치는 사람일수록 대부분 "아버지가 경영하는 지방의 작은 회사는 물려받고 싶지 않다. 도시에 있는 대기업에 취직해서 국제적으로 활약하고 싶다"고 말합니다. 그렇게 처음에는 아버지의 회사를 무시했지만 40세쯤 되니 대기업에서의 자기 앞날에 한계를 보고는 사장이나 해보려는 심산으로 귀향하는 것입니다.

그런 괘씸한 사람은 중소기업이라도 사장 역할을 제대로 해낼 수 없습니다. 회사에는 아버지가 경영했을 때부터 일하는 고참 직원이 많을 테니까요. 그 사람들은 '우리가 열심히 일한 덕분에 능력도 없는 아들이 사장이랍시고 버티며 높은 급여를 받는다. 누가 열심히 일하겠는가'라고 생각할 것입니다.

그래서 저는 "아버지는 회사를 가업으로 여기고 이끌어왔는데 당신이 사장이 된 후 직원들을 위해 무엇을 해줄 수 있는지, 회사를 어떤 목적으로 경영할 것인지 등 대의명분이 있는 회사의 목적을 만드시오"라고 지도합니다. 그런 제 말을 진지하게 듣고는 경영이념의 중요성을 자각하고 회사의 목적을 세워서 그 목적을 사내에 공유하기 위해 애쓰면 회사는 완전히 바뀔 것입니다.

직원과 함께 철학을 배우고 공유하다

사업의 목적이 사적인 것, 경영자를 위한 것이라면 경영자 자신도 내심 찜찜할 것입니다. 반면 사업의 목적이 공공을 위한 것이라면 마음속 깊은 곳에서부터 힘을 낼 수 있습니다. 최근 런던 올림픽에서도 자신을 위해서가 아닌 팀을 위해, 조국을 위해서라고 생각하니 폭발적인 힘을 발휘하여 생각지도 못한 좋은 성적을 거둔 사람이 있었습니다.

그것이 대의명분이 지니는 힘입니다. '사私'를 버리고 상대방과 주변을 위하면 '진, 선, 미'라는 단어로 표현되는 인간의 마음속 깊은 곳에 있는 아름다운 마음이 자연스럽게 솟아납니다. 그리고 그러한 아름다운 마음은 이 우주를 떠도는 생명 있는 모든 것을 성장, 발전시키려는 흐름에 동조하여, 그 결과도 반드시 좋은 방향으로 흘러갑니다.

그러면 경영자가 철학을 배우고 철학을 통해 마음을 수양해야 합니다. 나아가 자신뿐 아니라 직원에게도 철학을 이야기하고 사내에서 공유하도록 노력해야 합니다.

기업의 고매한 목적을 추구하기 위해서 나는 이런 사고방식으로 경영을 하겠다는 생각을 사내에서 이야기하고 공유해야만 합니다.

즉 직원과 마음으로 통하고 사내에 비전과 미션을 확립했다면, 다음으로 할 일은 경영자 본인이 가지고 있는 철학을 설명하고 그것을 직원과 공유하는 것입니다.

사람은 무엇을 위해 살며 무엇을 위해 일하는가, 나는 인생을 이렇게 생각하며 이렇게 살아갈 생각이다, 여러분과 함께 이런 삶을 살기로 했다는 등의 경영자의 철학, 사상이 기업의 목적을 설명하는 가운데 자연스레 녹아 나올 것이며 녹여내야 합니다.

'사장님이 이런 훌륭한 생각을 가지고 있으니 우리 직원들은 감동과 존경의 마음을 갖는다. 그러니 사장님과 함께 회사 발전을 위해 힘써야겠다'라고 직원이 생각하도록 만들어야 합니다.

일본의 대기업에서는 회사의 최고경영자가 자신의 인생철학을 전파하는 일이 거의 없습니다. 하지만 저는 '단 한 번뿐인 인생을 인간으로서 어떻게 살아갈 것인가'에 대한 생각을 창업한 이후로 직원에게 끊임없이 설명했습니다. 그것이 '교세라 필로소피'입니다.

지금 교세라 필로소피는 수첩에 정리해둔 것만 해도 140개 항목에 이릅니다. 이 교세라 필로소피가 직원의 피가 되고 살이 되어 침투하고, 그들의 의욕을 고취하는 데 기여하며, 교세라라는 기업의 정신과 풍토를 만들었습니다.

저는 이 세이와주쿠에서도 30년 가까이 교세라 필로소피에 대해 연설했습니다. 그랬더니 어떤 베테랑 학원생은 제가 말씀드린 이 사고방식을 마치 자기 생각인 것처럼 말하게 되었습니다.

생각해보니 그 학원생은 직원을 설득해서 회사 발전에 적극적으로 협조해주기를 바랐지만, 어떻게 말하면 좋을지 그 방법을 몰랐던 것 같습니다. 어설프게 "나는 이렇게 생각한다"라고 말해도 그 내용이 진부하면 직원은 아무도 믿어주지 않을 것이고 오히려 역효과가 날 수도 있습니다.

그래서 세이와주쿠에 들어와 저의 철학을 공부하고 '이나모리 학장은 이렇게 말했지'라고 들은 내용을 똑같이 사내에 이야기해본 것 같습니다. 그랬더니 신기하게도 권위가 생긴 것 같은 생각이 들고 직원도 무시하지 않게 되었다고 합니다.

물론 본인도 스스로 공부를 할 것입니다. 세이와주쿠의 CD를 듣거나 제 책을 읽으면 점차 제 생각이 본인의 것이 됩니다. 그렇게 몇 해 지나면 더 이상 이나모리 학원장의 생각이 아니라 사장인 본인의 생각이 되지요. 그 경지에 이르면 "나는 이렇게 생각한다"라고 말해도 틀린 생각이 아니며 사람의 마음에 울림을 주는 감동적인 말로 대화할 수 있게 됩니다. 직원은 더욱 사장을 신뢰하고 사내는 결속되며 활력을 띠게 됩니다.

다시 말해 경영자가 철학을 전파하는 기업은 성장합니다. 세이와주쿠에서도 성공하고 성장하는 회사는 모두 마찬가지입니다. 철학을 경영자가 직접 말할 수 있게 되고, 나아가 그 철학을 직원들과 공유합니다. 그 형태는 기업마다 다르겠지만 철학을 사내에 공유하는 정도는 회사의 실적과 정비례합니다.

철학을 자신의 것으로 만들도록
마음을 드높인다

한 학원생의 회사에 방문하니 사장실에 '교세라 필로소피'라는 제목의 포스터가 붙어 있었습니다. 적어도 제목 정도는 자신의 회사 이름으로 바꿔도 좋을 텐데, 교세라라는 이름이 그대로 큰 글씨로 붙어 있었습니다. 사옥 복도나 계단 곳곳에도 제 어록이 붙어 있었습니다.

그런 회사일수록 실적이 좋습니다. 즉 제 철학을 믿고 그것을 그대로 흡수한 기업, 경영자는 성장과 발전을 이룹니다.

본인은 교양이 없고 철학책, 종교서적 한 권을 읽은 적이 없다, 학생일 때도 공부에 매진하지 않아서 어휘력도 부족하다, 그래서 학원장의 강연록에서 발췌해서 그대로 이야기한다. 그것만으로 충분합니다.

저도 한때는 그랬습니다. 마쓰시타 고노스케 씨에게 배운 것,

야스오카 마사히로 씨나 나카무라 덴푸 씨의 말을 빌려서 사용했습니다. 처음에는 빌린 내용이라도 상관없습니다. 그 내용을 반복해서 말하다 보면 머지않아 자신의 것으로 만들 수 있습니다.

부디 철학을 사내에 공유하는 일에 힘써주세요. 이 철학을 공유한다는 것은 일본인이 해외에서 경영을 할 때도 매우 효과적입니다.

지금은 일본인이 미국을 비롯한 해외에 회사를 차려도 좀처럼 성장시키지 못하는 문제가 있습니다. 여기에는 다양한 이유가 있겠지만 일반적으로는 문화의 차이가 크다고 여겨집니다. 기독교 문화권, 이슬람교 문화권 등에서 일본의 문화는 특이하게 여겨지고 그것이 바로 사내가 결속되지 못하는 요인이자 회사가 발전하지 못하는 근본적인 원인이라고 많은 사람이 생각하고 있습니다.

가령 일본의 특이한 문화로 무사도를 꼽을 수 있는데 무사도의 '부끄러움'의 정신은 좀처럼 이해되지 않을 것이라 생각합니다. 불교의 경우를 봐도 '공空'이라는 개념은 이해하기 쉽지 않을 것입니다.

이러한 점에서 보면 특이한 문화적 배경의 이질적인 일본식 경영, 또는 사고방식을 기독교 문화권이나 이슬람교 문화권 사람에게 전파하고 공유하기는 매우 어려울 수 있습니다.

하지만 저는 달리 생각합니다. 기독교, 이슬람교, 또는 불교와 같은 다양한 종교의 세계 속에도 어떤 종교와도 결코 모순되지 않는 보편적인 철학이 있을 것입니다. 그것을 자신의 철학으로 삼아야 합니다.

그것이 바로 교세라 필로소피입니다. 교세라 필로소피를 굳이 말하자면 불교 철학을 기반으로 만들었는데, 기독교 문화권에서 말하든 이슬람교 문화권에서 말하든 결코 모순되지 않습니다. 그래서 자신감을 갖고 당당히 세계 각지에 전파했습니다.

교세라는 북미 지역에 약 4,000명의 직원이 있습니다. 다수의 협력사가 있으며 사장은 모두 미국인입니다. 저는 그들에게도 교세라 필로소피를 전파했습니다. 독실한 기독교 신도인 사장들도 모두 잘 이해해줍니다. 또한 회사가 커지면서 하버드나 MIT, 프린스턴 등 미국 일류 대학, 대학원을 졸업한 사람을 고용하게 되었는데, 그 사람들도 교세라 필로소피라는 확고한 철학을 접하고는 "일리가 있군요" 하면서 납득하고 공감해주었습니다.

이렇게 보편적인 철학을 전파하기 위해서도 경영자 스스로가 마음을 드높이려는 노력을 게을리해서는 안 됩니다. 기업이 작을 때는 경영자의 그릇이 작아도 괜찮습니다. 하지만 그 상태로는 결코 기업이 발전하지 않습니다. 확고한 철학을 배우고 자신의 그릇을 키우기 위해 노력해야 합니다.

작은 기업을 크게 만들려면 마음을 드높여야 합니다. 모쪼록 일상에서 반복을 거듭하며 자신의 마음을 드높이는 데 주력해 주셨으면 합니다. 경영자가 자신의 그릇을 키우면 경영도 발전하고 그러면 기업도 반드시 성장하고 발전합니다. 이 '마음을 드높여서 경영을 발전시킨다'라는 말이야말로 경영의 요체이며 세이와주쿠의 모토입니다.

기업 경영의 핵심은
직원의 의욕을 고취하는 것

해외에서 회사를 세운 일본인 경영자는 타국 땅에서 종교관은 물론이거니와 인생관도 다른 외국인을 직원으로 고용하고 조직으로 결속하여 사업을 이끌어가고자 합니다. 하지만 이런 회사 대부분은 직원이 적고 매출도 그리 크지 않습니다.

이런 현상을 타개해 기업을 크게 성장, 발전시키기 위해서는 우선 직원들이 경영자를 좋아하게 하는 것, 일의 의의를 설명하는 것, 더 나아가 비전을 높이 내걸고 미션을 확립하는 것, 철학을 끊임없이 전파하는 것 그리고 경영자 자신의 마음을 드높이는 것에 집중해야 합니다.

저는 기업 경영이란 우선 이러한 항목을 철저히 수행해 직원들의 공감과 동의를 얻어 의욕을 고취하는 것, 그것뿐이라고 생

제6부 70~80대의 이나모리 가즈오

각합니다.

성장하는 기업 경영의 핵심은 바로 여기에 있습니다. 기업을 경영하는 것이니만큼 물론 영업이나 물류 체제, 관리회계 및 경리 시스템 구축 등 구체적인 경영 방식과 수단도 정비해야 합니다. 하지만 그것들은 전문가의 지도를 받으면서 순차적으로 진행하면 됩니다.

기업이 아직 작고 좀처럼 성장하지 않거나 작은 기업을 갓 설립했을 때는 몇 명 되지 않는 직원의 의욕을 최대한 끌어올리는 것이 가장 중요하며 이를 위해 지금까지 말씀드린 것을 실천하기 위해 노력해야 합니다. 그러면 회사는 반드시 발전합니다.

이는 기업의 크고 작음을 가리지 않습니다. 제가 재건을 맡았던 일본항공도 마찬가지였습니다. 파산한 기업에 남은 3만 2,000명 직원의 마음을 하나로 모아 동일한 사고방식으로 일해야 한다고 생각해서 가장 먼저 의식 개혁을 촉구하고 철학을 철저히 전파했습니다. 그것만으로도 실적이 V자형 회복세를 보였고, 이후에도 꾸준히 상승세를 이어갔습니다.

이는 직원의 의식이 바뀌고 그들의 의욕이 높아졌기 때문일 것입니다. 의식 개혁을 도모하고 철학을 공유함으로써 직원 스스로가 동기를 부여하고, 스스로 생각하며 경영에 참여하게 된 것이 일본항공 재생의 가장 큰 요인이라고 생각합니다.

의식 개혁을 통해 새로 태어난
일본항공

일본항공 재건에 대해 조금 더 말씀드리겠습니다.

저는 정부와 기업재생지원기구로부터 일본항공 재건을 의뢰받아 2010년 2월에 일본항공 회장에 취임했습니다.

실제로 취임해서 보니 과연 무너진 회사다운 분위기와 의식을 전 직원이 갖고 있는 것 같았습니다. 그 상태로는 큰일이겠다 싶어서 어떻게 하면 기업을 재건할 수 있을지 깊이 고민했습니다. 취임하기로 결정한 이후에도 일본의 신문, 잡지, TV 등에서는 "80세에 가까운 노인이 그토록 어려운 항공운수사업인 일본항공을 재건한다는 것은 무모한 일이다. 재건은커녕 2차 파산할 게 분명하다"라고 보도했습니다.

분명 저는 확실히 경험도 없고 아무것도 내놓을 것이 없었습니다. 교세라라는 중소 영세기업을 맨손 맨주먹으로 일으키고 전기통신사업체인 KDDI를 설립했지만, 항공사업에 대해서는 문외한이었습니다. 제가 가지고 간 것은 경영철학인 '교세라 필로소피'와 관리회계 시스템인 '아메바 경영', 즉 부문별 수익성 제도 두 가지뿐이었습니다.

가장 먼저 직원의 의식을 바꾸고자 당시 사장 이하의 임원분들에게 교세라 필로소피를 기반으로 공부하도록 했습니다. 그리고 이런 철학과 사상을 공유해야 한다고 모두 공감해준다면 조금 수정해서 적용해도 괜찮으니 'JAL 필로소피'를 만들어서 이런 사고방식으로 회사를 경영하자는 지침을 만들어달라고 말했습니다. 그 후 수개월에 걸쳐 일본항공의 임직원이 매일 밤 늦게까지 모여 교세라 필로소피를 공부하고 조금씩 일본항공에 적용할 수 있도록 'JAL 필로소피'를 만들어나갔습니다. 교세라 필로소피에서 크게 바꾸지는 않았지만 항공운수사업에 적용할 수 있도록 정리해주었습니다.

그러나 모두 일류 대학 출신의 지식인인 탓인지 처음에는 좀처럼 필로소피에서 내세우는 원시적인 도덕관 같은 것을 잘 이해하지 못했습니다.

이런 가운데 저는 임원진에게 이런 원시적인 도덕관을 꼭 익혀야 한다고 열심히 호소했습니다. 그중에는 '애들도 아니고 일류 대학을 나와서 벌써 50세가 넘은 어른에게 그런 말을 한다고 해서 듣겠느냐'라는 반응을 솔직하게 드러내는 분도 있었습니다. 저는 그런 임원을 발견하면 엄하게 꾸짖었습니다.

"여러분은 제 자녀 또래의 연배이니 일본항공 회장이 아닌 여러분의 아버지라고 생각하고 들어주길 바란다. 여러분은 두뇌는 명석할지 모르겠으나 사람으로서 가장 근본에 지녀야 할 철학, 사상을 이해하지 못하고 있다. 그래서는 3만 2,000명이나 되는 남은 전 직원을 지도할 수 있을 리 없지 않은가. 만약 이 말을 이해하지 못하고 반발심을 느끼는 사람이 있다면 사표를 제출하기 바란다. 그런 사람이 일본항공을 재건할 수 있을 거라 생각하지 않는다." 어떤 때는 젖은 물수건을 얼굴에 던지며 엄하게 혼내기도 할 정도였습니다.

그렇게 열심히 철학을 설명하다 보니 자연스레 한 사람씩 수긍하더니 "분명 회장이 말하듯 원시적인 도덕관일지도 모르겠다. 우리는 좋은 대학을 졸업해서 지식은 있을지도 모르지만, 이 정도의 지론도 이해하지 못한다면 사람으로서 부끄러운 일이 아닐 수 없다"라며 반성하는 사람이 나오기 시작했습니다. 그러자 그 흐름이 나비의 날갯짓처럼 임원들 사이에 전파되어 본인이 배우는 데만 그치지 않고 조직에서 자기 부하직원과 공유하고 싶다고 말하는 사람이 생겼습니다.

그렇게 각 임원진이 자신의 일터에 철학을 전파하기 시작하던 무렵에 저도 현장에 나가보았습니다. 객실 승무원은 한자리에 모이기가 좀처럼 쉽지 않습니다. 매일 전 세계에서 비행하다 보니 그날 모일 수 있는 인원은 수십 명 정도에 그칩니다. 그래서 몇 차례에 나눠 강연을 했습니다. 객실 승무원에게는 "여러분이 고객과 직접 대면하니 모두 여러분에게 달려 있습니다. 우리 경영진이 아무리 노력해도 고객의 마음은 사로잡을 수 없습니다. 고객의 마음을 사로잡고 고객이 '일본항공이 좋다', '일본항공을 타고 싶다'고 느끼는 것은 여러분의 태도와 언행에 달려 있습니다. 여러분이 최전선에서 고객을 진심으로 소중히 대하지 않고, 고객에게 사랑받지 못하면 일본항공은 결코 재건할 수 없습니다"라고 절실히 호소했습니다. 그중에는 눈물을 흘리며 들어주는 객실 승무원도 많았습니다.

그러고는 정비 공장에도 갔습니다. "정비가 충분하지 않으면 비행기를 안전하게 운행할 수 없습니다. 정비 공장에서 기름 범벅이 되어 매일매일 고생스럽게 비행기를 정비해주는 여러분이 없다면 안전한 운항은 불가능합니다. 그렇게 남모르게 고생하는 여러분에게 진심으로 감사드립니다. 앞으로도 훌륭한 철학과 도덕관을 갖고 아무도 보지 않는 곳에서도 멋지게 일해주시기 바랍니다"라고 말하며 철학을 호소했습니다.

이뿐 아니라 더우나 추우나 고객의 짐을 비행기에 싣고 내리는 지상직 직원들, 기내식을 만드는 사람들 등 모든 부문의 현장을 찾아가 철학을 일깨웠습니다.

그렇게 모두가 철학에 공감하기 시작한 이후 실적은 가파르게 상승했습니다. 즉 일하는 사람의 의식, 마음이 바뀌면 회사도 바뀝니다. 이 회사를 보란 듯이 재건한 2년 8개월의 시간 동안 저는 그 사실을 통감했습니다.

일본항공 재건의 진정한 요인

마치 기적과도 같은 일이 일어났습니다. 처음에는 철학을 직원과 공유하고 '아메바 경영'이라는 부문별 수익성 제도를 시행한 것이 성공의 요인이라고 생각했습니다. 하지만 그것만이 전부는 아니라고 생각합니다.

사실 상장하기 전 즈음부터 매일 잠자리에 들 때면 침대에 누워 생각하곤 했습니다. 이렇게 대단한 결과가 나와서 참 다행이다. 직원도 기뻐하고 일본 경제 사회에도 기여했으니 참 다행이다. 그렇게 생각할수록 사실 이 일은 제가 한 일이 아니라는 생각이 들었습니다. '파산한 일본항공을 재건하는 것은 일본 경제 사회의 부흥을 위한 일이기도 하고 남은 직원 3만 2,000명의 생활을 지키는 일이기도 하다. 이는 세상과 사람을 위한 일이다. 그런 순수한 생각으로 일본항공의 재건을 맡았다.' 하늘이 그 순수한 마음을 응원하고 뒤에서 지원한 것이 아닐까 생각합니다.

제가 일본항공에서 가장 먼저 외친 것이 나카무라 덴푸의 '새로운 계획의 성공 여부는 오직 불굴불요의 마음에 있다. 그렇다면 한결같이 생각하라. 높은 기상으로 굳건하게'라는 구절입니다. 이 구절을 각 일터에 크게 써 붙였습니다. '일본항공의 재건이라는 새로운 계획을 세우고 그것을 성공시키고자 한다면 어떤 역경이 있든 이를 꽉 깨물고 어떻게 해서든 이루고 말겠다는 불굴의 의지가 필요하다. 그러니 한결같이 생각하라.' 한 치의 망설임 없이 높은 기상과 아름다운 마음을 관철하라는 것이 덴푸 씨가 말한 구절의 의미입니다.

대의명분이 있고 그것이 오염되지 않은 순수한 것이라면 반드시 우주의 힘을 빌릴 수 있습니다. 즉 덴푸 씨는 순수한 마음으로 한결같이 노력하면 우주가 도울 것이라고 말하고 싶었던 것 같습니다. 종종 '하늘은 스스로 돕는 자를 돕는다'라는 말을 하는데 일본항공의 재건은 제가 이룬 것이 아니라 제 순수한 의지와 마음에 감동한 우주가 도와준 것이라는 생각에 통감하며 '일본항공 재건이 성공한 것은 하늘의 덕분입니다'라고 매일 밤 손을 모으고 기도합니다.

지금은 영세기업일지 모르지만, 꼭 이 미국 땅에서 훌륭하고 큰 회사를 만들어달라는 취지의 말을 했습니다. 이 말은 결코 꿈이 아닙니다. 경영자가 순수한 마음을 유지하고 누구에게도 지지 않는 노력으로 경영한다면 반드시 하늘의 가호를 받아 훌륭한 회사로 성장할 수 있을 것입니다. 부디 오늘 드린 말씀을 잘 이해하여 각자의 회사를 훌륭하게 성장시켜주시기를 당부드립니다. 북미 세이와주쿠의 여러분이 경영하는 기업이 머지않아 미국을 대표하는 훌륭한 회사로 성장하기를 진심으로 기대하겠습니다.

❶ 경영자 혼자서는 아무리 노력해도 한계가 있다. 직원들을
자신과 같은 마음으로 일하며 사업을 지탱해주는 사람, 그
야말로 자신과 일심동체가 되어 일하는 파트너로 만들어야
한다.

❷ 직원을 '공동 경영자'라는 마음으로 대한다. 사람을 고용하
면 그 사람을 파트너로서 맞이하고 "당신에게 의지한다"고
말하며 평소에도 그런 자세로 대해야 한다.

❸ "저는 당신을 의지합니다"라고 직원에게 솔직하게 말하고
그렇게 대하는 것이 사내에서 인간관계를 구축하는 첫걸음
이다.

❹ "당신에게 의지한다"는 말, 경영자가 직원을 파트너로 생각한다는 자세가 직원에게 동기를 부여한다. 이는 특히 영세기업에서 매우 중요하다.

❺ 마음과 마음이 통하는 관계, 그야말로 일체감이 있는 회사, 그런 조직을 만드는 것이 기업 경영의 핵심이다.

❻ 사장에게 반해 끝까지 따라와주는 사람을 만들고 훌륭한 인간관계를 기반으로 회사를 발전시켜나가고, 직원을 행복하게 만들어야 한다. 이것이 기업 경영자의 임무이다.

❼ 전폭적인 신뢰를 바탕으로 직원이 경영자를 따른다. 이는 직원이 사장을 좋아하기 때문이다. 우선은 직원이 사장을 진심으로 사랑하게 만들어야 한다.

❽ 자신만을 사랑하는 태도로는 누구도 사로잡을 수 없다. 자기를 비우고 자기희생을 무릅쓰고 직원을 최우선으로 생각한다. 그렇게 하면 모두를 사로잡을 수 있다.

❾ '직원이 반하게 만든다'는 바꿔 말하면 좋지 않게 들릴지도

모르지만 직원을 꾀어서 자신의 파트너로 만드는 것이다. 그러기 위해서는 경영자 본인의 자기희생 정신이 필요하다.

⑩ 어떤 직원보다도 열심히 노력하며 경영자로서 일하는 자세. 일이 끝난 후에 조금이나마 사비를 들여 직원을 격려하는 등 상대방을 배려하는 자세. 경영자는 이러한 자기희생을 통해 직원의 마음을 움직일 수 있어야 한다.

⑪ 직원은 자신의 일에서 의의를 찾으면 의욕이 생기고, 자신의 힘을 최대한 발휘해준다.

⑫ 기업에 모인 사람들이 공통된 꿈, 소망을 가지고 있느냐 없느냐에 따라 그 기업의 성장력이 달라진다. 훌륭한 비전을 공유하고 '이렇게 되고 싶다'라고 회사에 모인 직원이 강하게 염원하면 거기에 강한 의지력이 작용해 꿈의 실현을 위해 어떤 장애라도 극복하려는 강인한 힘이 생긴다.

⑬ 꿈과 소망에 이르는 힘의 원동력이야말로 '비전'이다. '회사를 이렇게 만들고 싶다'는 비전을 그리고 그것을 직원과 공유해 의욕을 최대한 끌어올리는 것이 기업 발전에 있어 큰

추진력이 된다.

⑭ 직원의 의욕을 굳건하게 하는 것이 '미션'이다. 회사의 사명, 목적을 명확히 하고 그것을 직원과 공유하는 것이 중요하다.

⑮ '대의'란, '사람으로서 마땅히 지켜야 할 큰 도리'라고 정의된다. 그렇다면 '사'를 벗어난 '공'을 위해 도리를 지켜야 한다. 이 '대의'에는 사람을 움직이는 큰 힘이 있다.

⑯ 전 직원이 공유할 수 있고 동기부여로 이어지는 공명정대한 기업 목적을 갖는 것이 기업 경영에 있어 가장 중요하다.

⑰ 경영이념의 중요성을 자각하고 스스로 회사의 목적을 만들고, 이를 사내에 공유하기 위해 애쓰면 회사가 완전히 바뀐다.

⑱ '나'를 떠나 상대방을 위해, 주변을 위해서라는 목적이 있으면 '진, 선, 미'로 표현되는 인간의 마음속 깊은 곳에 있는 아름다운 마음이 솟아나고, 자연스레 힘이 생긴다. 이러한 아름다운 마음은 이 우주를 떠도는 생명 있는 모든 것을 성장, 발전시키는 흐름에 동조되어 결과도 반드시 좋은 방향으로

흐른다.

⑲ 아름다운 마음을 내려면 경영자가 철학을 배우고, 철학을 통해 마음을 수양해야 한다. 나아가 자신뿐 아니라 직원에게도 철학을 전파하고 사내에 공유하기 위해 힘써야 한다.

⑳ 기업의 고매한 목적을 추구하기 위해서 경영자가 어떤 사고방식으로 경영하겠다는 것을 기업 내에 전하고 공유해야 한다.

㉑ 직원과 마음으로 통하고 회사의 비전, 미션을 확립한 경영자가 다음으로 할 일은 자신이 생각하는 철학을 설명하고 그것을 직원과 공유하는 것이다.

㉒ 보편적인 철학을 전파하기 위해 경영자는 마음을 드높이는 노력을 게을리해서는 안 된다. 자신의 그릇이 작으면 결코 기업은 발전하지 않는다. 경영자는 확고한 철학을 배우고 자신의 그릇을 키우기 위해 노력해야 한다.

㉓ 기업을 크게 성장, 발전시키기 위해서는 직원들이 경영자에

게 반하게 하고, 일의·의의를 설파하고, 나아가서는 비전을 높이 내걸고 미션을 확립하고, 철학을 끊임없이 이야기해야 한다. 그리고 경영자 자신의 마음을 드높이는 데 집중해야 한다.

㉔ 기업이 작은 상태 그대로 좀처럼 성장하지 않을 때나 작은 기업을 갓 설립했을 때는 몇 명 되지 않는 직원의 의욕을 최대한으로 끌어올리는 것이 가장 중요하다.

㉕ 일하는 사람의 의식, 마음이 바뀌면 회사도 바뀐다.

㉖ 대의명분이 있고, 그것이 오염되지 않은 순수한 것이라면 반드시 우주의 힘을 빌릴 수 있다. 순수한 마음으로 한결같이 노력하는 사람의 행위는 우주가 돕는다.

経営

끝까지 읽어주셔서 감사합니다.

본문 26~27쪽에 기술된 것처럼 이나모리 가즈오는 이렇게 말했습니다.

경제라는 현상적인 측면에서는 표면적으로 이런저런 형태로 여러 가지가 변화할 것입니다. 하지만 경영 자체는 그 같은 변화에 부화뇌동해서는 안 된다고 생각합니다. 방법론만으로 회사를 경영하는, 즉 경영학에서 가르치고 있는 것만으로 '기업 경영이라고 하는 것은 이런 것이다'라고 생각하고 경영의 방법이나 술책만을 경영으로 여기는 분들은 주변이 변하면 거기에 휩쓸리게 됩니다. 그러나 경영자는 어떤 변화가 생겨도 근본으로까지 파고 들어간 확고한 경영철학을 견지해야지, 경영이라는 것을 그리 쉽게 바꿔서는 안 된다고 생각합니다.

1976년, 교세라 창업 17년 차에 한 말입니다. 이 말처럼 이나모리 가즈오의 경영 실천과 그 근간을 이루는 철학은 평생 변하지 않았습니다.

1970년대의 오일쇼크, 1980년대의 엔고 불황, 1990년대 전반의 버블 붕괴로 인한 일본 경제 침체, 1990년대 후반의 닷컴 버블 붕괴 후의 불황, 그리고 2000년대의 리먼 쇼크로 촉발된 연쇄적인 세계 금융위기 등 이나모리 가즈오의 경영자 인생은 다른 경영자와 마찬가지로 사회 전체의 모든 경제적 위기와 그 길을 함께했습니다.

기업 규모가 확대되고 자신의 입장과 역할이 바뀌는 가운데에도 이나모리 가즈오는 이 책에 서술한 원리원칙을 관철하고 각종 위기를 극복하며 다양한 기업을 성장과 발전으로 이끌었습니다.

앞으로 새로운 사회적 어려움이 닥쳐올 때 이나모리 가즈오가 경영에 대해 강연을 한다고 해도, 틀림없이 이 책에 살아 숨 쉬는 원리원칙을 이야기할 것이라고 생각합니다.

이 책은 이나모리 가즈오의 방대한 강연록을 기반으로 작성한 《이나모리 가즈오 경영 강연 선집》 총 6권 중에서 '이나모리 경영의 본질'을 엄선하여 재구성했습니다.

이나모리 가즈오의 발자취를 '체감'할 수 있는 장소로 교세라 주식회사 본사 근처에 '이나모리 라이브러리'가 있습니다. '이나모리 가즈오의 인생철학과 경영철학을 계승하는 것'을 목적으로 2013년에 설립되어 일반에 공개 중인 시설입니다.

내부에는 방대한 강연록, 젊은 시절의 육성을 담은 동영상과 음성, 교세라 창업 2주 전에 정성껏 작성한 수첩과 실제로 사용한 실물 가방 등 방대하면서도 다양한 자료가 소장, 전시되어 있습니다.

일본의 경영인뿐 아니라 '이나모리 가즈오의 진짜 모습을 알고 싶다'라고 생각하는 많은 분이 국적과 지위, 나이를 초월해 방문해 육성과 일상 속의 자취를 느끼면서 '이나모리 가즈오의 진수'를 체감하고 돌아가는 그런 장소입니다.

방문하실 때는 아래 공식 홈페이지를 참고해주시기 바랍니다.
https://www.kyocera.co.jp/inamori/library/

이 책은 '이나모리 라이브러리'의 여러분의 수고와 큰 지원 덕분에 출판할 수 있었습니다. 이 자리를 빌려 깊이 감사드립니다.

이 책이 독자 여러분의 지침서가 되어 고민을 해결하고 어려움을 극복하고, 뜻을 실현하는 자양분으로 오래도록 사랑받기를 간절히 바랍니다.

다이아몬드사
《이나모리 가즈오 경영 강연 선집》편집팀

'올바른' 경영자, 이나모리 가즈오

나는 지금껏 '이나모리 가즈오'를 폄훼하거나 비판적으로 인식하는 일본인을 본 적이 없다. 경영자건 노동자건, 정치적 성향이 보수적이건 진보적이건, 도쿄를 중심으로 하는 간토 지역의 사람이건 오사카, 교토를 중심으로 하는 간사이 지역의 사람이건, '이나모리 가즈오'라는 이름이 화제에 오르면 한결같이 '위대한 기업 경영자', '훌륭한 사람', 심지어 '국민적 영웅'이라는 찬사를 표한다. 이는 비단 그가 교세라를 세계 최고의 기업으로 만들어냈고 또 국민의 통신요금을 내려야 한다는 대의명분만으로 지금의 KDDI를 과감하게 설립했으며, 나아가 파산 직전의 나락에 떨어졌던 일본의 국민 기업 일본항공의 부활을 성공적으로 이끌어낸 이른바 '경영의 신'이었기 때문만은 아니다. 정의롭고 윤리적이며 사회에 기여하고 사람을 중시하는 '정도경영正道經營'으로도 고수익 기업을 경영할 수 있다는 것을 보여준, 일본에서도 좀처럼 그와 같은 사례를 찾아볼 수 없는 '올바른 경영자'였기 때문이다.

분권, 자율, 책임의 아메바 경영

그런 '올바른 경영자' 이나모리 가즈오의 진수는 우리나라에도 잘 알려져 있고, 내가 번역하여 소개하기도 한 그의 '아메바 경영'에 녹아들어 있다. 아메바 경영이란, 회사 조직을 세분화해 그 세분화된 소조직이 독립적으로 채산을 관리하는 '전원 참여형' 관리회계 기법이다. 우리나라 기업은 그간 이 경영기법의 표면적인 측면만을 벤치마킹하려고 했다. 즉 회사의 비용을 줄이고 생산성을 늘리며 또한 채산의식으로 무장한 직원을 키우는 '회계학으로서의 아메바 경영'에만 초점을 맞춰왔다. 그러나 이와 같은 관리회계 기법이 교세라에서 성공적으로 작동한 이유는 바로 '철학으로서의 아메바 경영'이 자리 잡고 있었기 때문이다. 조직을 작게 쪼개어 소조직이 엄격하게 개별 채산관리에 임하도록 하는 '표층'의 근저에는 소조직에 최고경영자의 권한을 과감하게 위임하고 또 매우 높은 수준의 자율성을 부여하는, 최고경영자의 이른바 '내려놓음'의 경영철학이 자리 잡고 있었다. 바로 그와 같은 '철학으로서의 아메바 경영'이 소조직의 높은 수준의 책임을 담보한 덕분에 그야말로 '전원 참여형 경영'이 가능해진 것이다. 이는 이나모리 가즈오 경영학의 핵심 그 자체다.

이나모리 가즈오 경영학의 총체

이 책은 앞에서 언급한 이나모리 가즈오가 평생 고민하고 노력해온, 인간으로서의 '올바른 경영'과 철학을 기반으로 하는 아메바 경영이 어떠한 것인지를 그의 실제 경험을 토대로 우리에게 생생하게 전한다. 나는 약 20년간 이나모리 가즈오의 수많은 책을 번역하고 그의 경영철학을 연구해왔는데, 이 책만큼 그 두 가지 개념을 체계적이고도 구체적으로 공유한 자료는 없었다. 이 책은 그의 경영철학과 경영기법에 관한 거의 모든 경험을 소상하게 전하고 있으며, 나아가 지금껏 다소 '원자화되어 있던', 즉 주제나 영역별로 나뉘어 개별적으로 소개되어온 그의 경영학은 이 책을 통해 드디어 '하나'로 통합되었다. 이타심, 투혼, 열정과 같은 '정신적인' 영역에 관한 그의 모든 문제의식과 회계, 자금조달, 조직 등과 같은 '물질적인' 영역에 관한 그의 모든 기법과 기술을 총망라한 것이 바로 이 책이다. 오랫동안 그의 책을 우리말로 옮겨온 내게 있어 이 책은 나의 이나모리 가즈오에 대한 기억의 '총체'이기도 하다. 이는, 이 책에 이나모리 가즈오의 모든 것이 담겨 있다는 의미다.

시대가 요청하는, '철학으로서의 이나모리 경영학'

21세기북스 출판사로부터 번역을 제안받았을 때, 이 책의 너무나도 '방대한' 분량으로 인해 솔직히 주저하기도 했다. 그러나 앞에서도 언급했듯이 '정의롭고 윤리적이며 사회에 기여하고 사람을 중시하는', 그야말로 '올바른 경영'과 기업의 고수익 성과 사이에 작용하는 인과관계를 우리나라 기업 경영자에게 어떻게든 제대로 전하고 싶었고, 또 그 인과관계에 관한 이나모리 가즈오의 고민과 노력이 우리 사회에 이른바 '커먼즈commons'로 공유되었으면 하는 열망으로 번역 작업을 수락했다. 그간 우리나라의 수많은 기업을 대상으로 한 강의에서 이나모리 가즈오의 '철학으로서의 아메바 경영'을 전하는 과정에서, 최근에 내가 절감하고 있는 것은 우리나라 기업 중 상당수가 이제 이나모리 가즈오 경영학의 '표층', 즉 독립채산제 관리회계 이면의 '심층'에 있는 철학적인 것에 주목하기 시작했다는 점이다. 그것은 우리 기업의 현상, 즉 객체에 대한 정확한 이해를 의미한다. 우리나라 기업에서 나타나고 있는 이와 같은 '올바른' 변화를 고려할 때, 이나모리 가즈오가 지향해온 '철학으로서의 경영학'의 모든 것을 담고 있는 이 책은 어쩌면 우리나라 기업이 기다리고 있던 선물이라고 해도 과언이 아닐 것이다.

올바른 것, 정의로운 것, 또한 윤리적인 것이 기업의 성과에도 결정적인 동력으로 작용한다는 것. 다소 부담스럽고 파격적이며 생소할 수도 있는 이 '진보적인' 법칙을 후대의 모든 이들을 위해 공유해준 고故 이나모리 가즈오 교세라 명예회장에게 다시 한번 경의를 표한다. 나는 이 책이 우리나라 기업의 '올바른 경영'뿐 아니라 우리 사회의 '윤리적 혁신'에도 기여할 것으로 확신해 마지않는다.

2024년 5월 25일
송도 연구실에서
양준호

KI신서 11959

경영, 이나모리 가즈오 원점을 말하다

1판 1쇄 발행 2024년 6월 28일
1판 4쇄 발행 2024년 10월 23일

엮은이 이나모리 라이브러리+다이아몬드사
《이나모리 가즈오 경영 강연 선집》 공동팀
옮긴이 양준호
펴낸이 김영곤
펴낸곳 (주)북이십일 21세기북스

정보개발팀장 이리현
정보개발팀 이수정 강문형 이종배 박종수 최수진 김설아
교정 교열 신혜진 **디자인 표지** THIS-COVER **본문** 이슬기
출판마케팅팀 한충희 남정한 나은경 최명열 한경화
영업팀 변유경 김영남 강경남 황성진 김도연 권채영 전연우 최유성
제작팀 이영민 권경민
해외기획팀 최연순 소은선 홍희정

출판등록 2000년 5월 6일 제406-2003-061호
주소 (10881) 경기도 파주시 회동길 201(문발동)
대표전화 031-955-2100 **팩스** 031-955-2151 **이메일** book21@book21.co.kr

© 이나모리 라이브러리, 2024
ISBN 979-11-7117-637-3 03320

(주)북이십일 경계를 허무는 콘텐츠 리더

21세기북스 채널에서 도서 정보와 다양한 영상자료, 이벤트를 만나세요!

페이스북 facebook.com/jiinpill21 **포스트** post.naver.com/21c_editors
인스타그램 instagram.com/jiinpill21 **홈페이지** www.book21.com
유튜브 youtube.com/book21pub